이완용 평전

이완용 평전
한때의 애국자, 만고의 매국노

윤덕한 지음

도서출판 길

이완용 평전
─한때의 애국자, 만고의 매국노

2012년 7월 25일 제1판 제1쇄 발행
2016년 8월 15일 제1판 제2쇄 발행
2018년 3월 15일 제1판 제3쇄 발행
2019년 8월 10일 제1판 제4쇄 발행
2020년 4월 15일 제1판 제5쇄 발행
2021년 2월 15일 제1판 제6쇄 발행

2023년 8월 5일 제1판 제7쇄 인쇄
2023년 8월 10일 제1판 제7쇄 발행

지은이 | 윤덕한
펴낸이 | 박우정

기획 | 이승우
편집 | 김춘길
전산 | 최원석

펴낸곳 | 도서출판 길
주소 | 06032 서울 강남구 도산대로 25길 16 우리빌딩 201호
전화 | 02) 595-3153   팩스 | 02) 595-3165

등록 | 1997년 6월 17일 제113호

ⓒ 윤덕한, 2012. Printed in Seoul, Korea
ISBN 978-89-6445-054-3 03900

개정판을 내면서

　13년 전 『이완용 평전』을 처음 냈을 때 학계와 언론계는 물론 일반 독자들로부터 과분한 호평과 찬사를 받은 것이 지금도 기억에 새롭다. 학계의 여러분들이 관련 잡지에 찬사를 아끼지 않은 서평을 써주시고, 모든 중앙 일간지들이 많은 지면을 할애해서 졸저의 서평을 실어주었으며, 인터넷상에는 책의 내용에 충격을 받았다는 독자들의 독후감도 적지 않았다.
　사실 '매국노 이완용'의 일생을 추적하면서 그의 알려지지 않은 '애국적 활동'을 접하고 충격을 받은 것은 나 역시 마찬가지였다.
　이런 찬사와 호평은 내게 책을 쓴 보람을 느끼게도 했지만, 한편으로는 보다 완벽한 작품을 내야 한다는 부담으로도 작용했다. 특히 박노자 교수를 비롯한 관련 학자 몇 분의 "주석을 달았으면 좋겠다"는 지적은 지난 10여 년 동안 마음 한 구석에 큰 짐으로 남아 있었다.

나는 본래 전문연구서가 아닌 대중교양서의 경우 주석이 독서의 흐름을 방해한다고 생각해서 가능하면 주석을 따로 빼서 달지 않고 본문에 녹여 쓰려고 노력했다. 그러나 내용의 성격상 주석을 달아 출처를 밝히고 부연 설명을 따로 하지 않을 수 없는 부분이 적지 않은 것 또한 사실이었다.

이에 나는 꼭 필요하다고 생각되는 부분에 최소한으로 주석을 달고, 또 주석 작업을 하면서 일부 미흡한 본문의 내용을 수정 보완해서 개정판을 내기로 했다. 이것은 지난 10여 년간 나의 마음 한 구석에 남아 있던 짐을 덜어내는 작업이기도 했다.

개정판을 내면서 필자는 평소 느끼고 있던 우리의 '평전 문화'에 대해 간략하게나마 소회를 밝히고자 한다. 위인이건 악인이건 역사에 큰 족적을 남긴 인물들의 일생을 조명하는 전기나 평전은 전 세계적으로 가장 많이 읽히는 출판 장르이다. 이런 인물들의 일생은 그 자체가 하나의 역사의 축소판이다. 우리는 그들의 삶을 통해 역사를 바라보고 반대로 그들을 통해 시대의 고뇌를 읽게 된다. 그들의 파란만장한 삶에 독자들은 숙연해지고 때로는 장탄식을 하며 시대의 고뇌와 역사의 굴절을 이해하게 되는 것이다.

그런데 우리나라는 근래 다소 변화의 조짐이 보이기는 하지만 유독 전기나 평전 시장이 거의 불모지나 다름없을 정도로 황량하다.

왜 그럴까?

제대로 된 평전이 드물기 때문이다. 우리의 평전은 악인은 온갖 있는 사실, 없는 사실을 다 갖다 붙여서 '악의 화신'으로 만들고 위인은 온갖 신화를 덧칠해서 '신격화'하고 있는 것이 현실이다. '악의 화신'과 '신격화' 속에서 한 역사적 인물의 실체는 사라지고 조작된 허상만 남게 되는 것이다. 누가 이런 평전에 흥미를 느끼고 감동을 받겠는가.

우리는 역사적 인물에 대한 평가에서 냉철하게 사실에 기초하기보다는 지나치게 감정에 치우치고 있는 감이 없지 않다. 그 대표적인 예가 민비의 경우이다. 망국에 이르기까지의 과정에서 그녀가 역사와 민족 앞에 저지른 죄과에 대해서는 본문에서 자세히 기술하고 있으므로 여기서는 더 이상 언급하지 않겠다. 다만 올바른 역사인식을 위해서는 역사적 인물에 대한 올바른 평가가 필수적이라는 점만은 지적해두고자 한다.

끝으로 개정판이 나오기까지 자료조사와 확인에 많은 도움을 준 민족문제연구소 책임연구원이며 경희대에서 교양 강의를 하고 있는 김민철 선생과 역시 민족문제연구소 책임연구원이며 중앙대와 한성대에서 한국근대사를 강의하고 있는 이용창 박사에게 깊이 감사드린다.

필자의 의뢰로 이완용이 일제로부터 받은 은사금을 비롯해 이 책에 나오는 구한말의 수많은 화폐 금액을 오늘날의 화폐가치로 환산해서 계산해준 초판 발행 당시의 한국은행 조사부 관계자들에게도 뒤늦게나마 감사의 말씀을 드린다.

이 책은 본래 도서출판 중심에서 초판 1쇄부터 3쇄까지 냈으나 출판사 사정으로 이번에 도서출판 길에서 개정판을 내게 되었다.

어려운 출판 환경에도 좋은 책을 꾸준히 내고 있는 도서출판 길의 박우정 대표와 바쁜 출간 일정 속에서도 개정판의 편집 작업에 우선해서 수고해준 이승우 기획실장을 비롯한 편집진에게도 감사드린다.

2012년 7월 춘천에서
윤덕한

책머리에

　신문사를 그만두고 1996년 친일문제를 연구하는 민족문제연구소의 상임연구원으로 일하면서부터 이완용(李完用, 1858~1926)의 일생을 조명하는 책을 써야겠다고 마음먹었다. 그가 우리 현대사의 질곡이 되고 있는 친일문제의 원인 제공자라는 생각에서였다. '만고의 역적으로 지탄받는 인물의 매국적 삶을 역사에 고발함으로써 오늘 분단체제에 기생해 특권을 누리고 있는 반민족 분자들과 후세에 나타날지도 모를 매국노들에게 경종을 울려야겠다'는 다소 거창한 소명의식도 집필의욕을 북돋았다.

　그러나 작업에 착수한 지 얼마 안 되어 곧 큰 혼란에 빠지고 말았다. 지금까지 알려진 것과는 너무나 다른 이완용의 모습이 계속 드러났기 때문이다.

그는 결코 며느리와 사통할 정도의 패륜아도 아니었으며 고종에게 칼을 들이댈 만큼 배은망덕한 인간도 아니었다. 오히려 그와는 반대로 술도 마실 줄 모르고 여자도 밝히지 않았으며 오로지 시문과 서예를 낙으로 삼은 전형적인 조선 선비였고 일제에 협력하면서도 조선 왕실에 끝까지 충성을 바친 '충신'이었다.

그리고 구한말 애국 계몽운동을 주도한 독립협회의 위원장과 부회장, 회장으로서 독립협회 전체 존속기간의 3분의 2 이상 동안 사실상 독립협회를 이끌었으며 학부대신으로서 이 땅에 의무교육 제도를 처음으로 도입해 법제화한 인물도 그였다는 사실이 확인되었다.

이건 정말 엄청난 혼란이 아닐 수 없다. 민족 반역자의 매국적 삶을 역사에 고발함으로써 후세에 교훈으로 삼겠다는 당초의 집필 의도는 완전히 빗나간 것 같았다. 고발은커녕 그의 알려지지 않은 애국 활동을 들춰냄으로써 매국행위를 희석시킨다는 오해를 살 수도 있다는 생각이 들었다. 그래서 과연 집필을 계속해야 하느냐는 회의에 빠진 적도 있다.

한동안의 정신적 혼란을 겪은 끝에 다음과 같은 결론에 도달했다. 지금까지 우리는 탐욕스럽고 패륜적이며 배은망덕한 인간 말종이라는 '그럴듯한 매국노 이완용 상'을 만들어 놓고 거기에 삿대질을 하면서 위안을 삼아왔다. 그런 인간이니까 매국까지도 서슴지 않았다고 생각하면서 우리는 망국과 매국의 모든 책임을 그에게 떠넘겨왔다. 이것은 우리에게서 망국의 치욕감을 어느 정도 덜어주는 위안이 될 수 있을지는 모른다. 그러나 진실은 아니다. 진실이 아닌 것에서 역사의 교훈을 얻을 수는 없다.

이제 문제는 '엉뚱한 이완용 상'에 욕설을 퍼붓는 것이 아니라 한때 대단히 애국적이었던 인물이 왜, 어떻게 해서 만고의 매국노로 전락하게 되었는가 하는 그 비극적 과정과 변신의 논리를 밝히는 데 있다. 우리는 이런 작업을 통해서만이 그의 매국행위의 본질을 파악할 수 있는 동시에 제2의 이완용이 나타나는 것을 막을 수 있을 것이다.

그러면 이완용의 매국의 변이나 논리는 무엇인가.
그것은 한마디로 '대세상 어쩔 수 없었다'는 것이다. 매국노에도 여러 가지 유형이 있지만 이완용은 '일제의 조선 강점이라는 대세'를 별다른 저항 없이 순순히 받아들인 '대세 순응형'이었다. 좋은 집안 배경에다 뛰어난 머리로 공부를 잘해서 일찍 출세한 현실주의자, 그런 현실주의적 인물이 대세에 떠밀려 가면서 매국노가 된 것이다. 이것이 바로 매국노 이완용의 참모습이다.

오늘날 우리 사회의 상층부를 구성하는 인간형이 다름 아닌 이런 대세 순응형 현실주의자들이라는 것을 부정할 사람은 없을 것이다.

이완용은 1894년의 갑오경장으로부터 시작해서 아관파천, 독립협회 활동, 을사조약, 정미7조약, 한일합방, 식민통치에 이르기까지 우리 근현대사의 중요 고비마다 관련되지 않은 곳이 없다. 이들 사건에 대한 우리 역사학계의 평가가 아직 정리된 것은 아니다. 그러나 이완용 평전을 쓰면서 종래 우리 역사가 드러내기를 꺼려했던 우리 역사의 부끄러운 부분들을 진실에 입각해서 과감히 역사의 전면에 끌어내 기술했음을 밝혀둔다.

예를 들면 민비살해 사건의 주범은 명백히 대원군이며 을사조약의 실질적인 최고 책임자는 이른바 을사5적이 아니라 고종이고, 독립문의 현판은 이완용 작품이라는 사실 등이다. 값싼 애국심으로 역사의 진실을 호도하기보다는 진실의 토대 위에서 냉정한 자기반성을 통해 역사에서 교훈을 얻어야 한다는 신념에서다. 이런 의미에서 이 책은 기자 출신인 필자의 우리 근현대사 취재를 통한 역사적 진실 규명이며 역사고발이라고 감히 말할 수 있을 것이다.

끝으로 이 책이 나오기까지 자료 수집과 확인에 많은 도움을 준 민족문제연구소와 연구소 책임연구원이며 경희대에서 한국근대사를 강의하고 있는 김민철 선생에게 깊이 감사드린다. 본문의 날짜는 1896년 이전까지는 음력을 위주로 했으나 외국과 관련된 부분은 더러 양력을 사용했으며 1896년부터는 양력으로 표기했음을 밝혀둔다.

1999년 7월

윤 덕 한

• 차례 •

개정판을 내면서 • 5
책머리에 • 8

1 • 문제의 제기, 『독립신문』의 일관된 이완용 찬양과 비호를 어떻게 볼 것인가
'대한의 몇 째 안 가는 재상' • 17

2 • 보잘것없는 양반 집안의 장남으로 태어나다
우봉 이씨 시조묘를 찾아 개축한 이완용 • 25

3 • 첫 번째 인생의 전기, 명문대가로의 입양
양부 이호준은 대원군의 친구이자 사돈 • 31
시문과 서예를 즐긴 전형적 조선 선비의 풍모 • 38
벼슬길 시작부터 세자를 가르친 온건 개화파 • 46

4 • 두 번째 인생의 전기, 신식 교육과의 만남
이완용은 세계화 논리의 증조 할아버지 • 57

5 • 초대 주미 공사관원으로 워싱턴에 부임하다
청국의 간섭과 험난한 부임 과정 • 69

　　　　서양인 남녀 승객들의 망측한 무도회 • 80
　　　　클리블랜드 미국 대통령을 만나다 • 84
　　　　서구 사회를 가장 깊이 있게 관찰한 친미파 원조 • 89

6 • 알렌의 지원으로 30대에 학부대신이 되다
　　　　주일 전권공사 부임 거부 • 99
　　　　정동파의 대표로 일본세력 배격에 앞장서다 • 111
　　　　학부대신으로서 의무교육제도를 도입하다 • 116

7 • 아관파천을 주도하다
　　　　대원군의 민비살해와 미국 공사관 피신 • 127
　　　　파천 당일 대신 감투를 세 개나 쓰다 • 140

8 • 외부대신으로서 무더기로 외국에 이권을 넘겨주다
　　　　경인철도 부설권 허가와 뇌물수수 혐의 • 153

9 • 서재필과 함께 독립협회를 이끌다
　　　　독립협회 위원장에 선출되다 • 165
　　　　외부대신직을 걸고 러시아의 군사교관 파견을 거부하다 • 174
　　　　만민공동회 개최 다음날 전북 관찰사로 쫓겨가다 • 182
　　　　공금 유용혐의로 전북 관찰사에서 해임당하다 • 192

10 • 매국의 길로 들어서다
  8년 만의 학부대신 재입각 • 197
  을사조약에 찬성하다 • 203
  엄귀비의 방으로 뛰어든 한규설 • 212
  보호조약의 최고 책임자는 고종이다 • 222

11 • 이토를 대신해 고종을 퇴위시키다
  이토의 추천으로 총리대신이 되다 • 229
  "황실과 나라를 지키는 길은 양위밖에 없다" • 237

12 • 이토 암살에 넋을 잃고
  황태자의 소사(少師)가 되다 • 255
  '며느리와 사통했다' 삼척동자도 노래 불러 • 263
  서울시 일원에 사흘간 가무음곡 금지명령 • 270

13 • 이재명 의사의 칼을 맞다
  일진회의 합방 주장에 반대하다 • 275
  대한의원 입원실에서 맞은 '경술년' 새해 아침 • 280

14 • 이름뿐인 나라마저 일제에 넘겨주다
  "그물 속으로 물고기가 뛰어 들어왔다" • 287

15 • 총독정치에 적극 협력하다
　　 일본 천황과 조선 왕실에 똑같이 충성을 바치다 • 297
　　 3·1운동과 동족을 향한 협박 • 305

16 • 학교비 납부 거부 소동과 여론의 집중 비난
　　 조선 귀족 중 민영휘 다음의 두 번째 재산가 • 317

17 • 화려한 장례식, 고종 국장 이후 최대의 장례 행렬
　　 생전의 영광이 죽어서도 이어지다? • 327

18 • 이완용만 매국노인가
　　 비열한 책임전가와 역사의 이지메 • 337

이완용 관련 연표 • 343

참고문헌 • 347

찾아보기 • 351

1

문제의 제기, 『독립신문』의 일관된 이완용 찬양과 비호를 어떻게 볼 것인가

'대한의 몇 째 안 가는 재상'

　　대한에 학문 있는 정치가가 몇이 없으나 그 중에 마음이 발라 나라를 자기 목숨보다 중히 여기는 사람들이 혹시 있는 것을 알리라. 몇 달 전에 리완용 씨가 외부대신으로 있을 때에 어떤 외국 사신 하나가 대한 정부에 대하여 무슨 권리를 자기 나라 사람에게 주라고 하여 그 때 내각에 있던 대신 중에도 그 권리를 대한 사람에게 주지 말고 외국 사람에게 주자는 의론이 매우 있었으나 리완용 씨가 혼자 대한 인민을 위하여 못 주겠다고 정정당당히 정부에서 말한 까닭에 그 외국 공사가 리완용 씨를 좋아 아니하여 매우 불편한 일이 많이 있었으나 리완용 씨가 죽는 것을 무서워 아니하고 자기 생각에 나라를 위하여 옳은 일을 기어이 할 양으로 그 외국 공사의 책망과 한 정부 안에 있는 대신들의 성냄을 받아가면서도 자기 힘껏 그 일을 방어할 양으로 하다가 필경 일은 자기 경영과 같이 아니 되었으나 대체 리씨가 자기 나라 임금과 인민을 대하여 자기 직분을 하였는지라……. 그 까닭에 우리가 리씨를 대한의 몇 째 아니 가는 재상으로 알고 또 갈린 탁지대신 박정양 씨도 리완용 씨와 같이 칠 만한 재상이라…….

위 글은 『독립신문』 1897년 11월 11일자 1면 논설의 일부분이다. 이 인용문은 맞춤법만 오늘날 형태로 바꾸었을 뿐 내용은 거의 본문 그대로 옮긴 것이다. 『독립신문』 창간 이후 논설은 서재필(徐載弼)이 도맡아 써왔으니 위 인용문 역시 서재필이 썼음에 틀림없을 것이다. 서재필이 본래 무관 출신인데다 갑신정변 이후 10여 년 동안 미국에서 망명생활을 하다가 귀국한 탓으로 글솜씨가 서툴러서인지 아니면 아직은 한글 전용에 익숙지 않아서인지 이 논설은 인용하기가 곤란할 정도로 문장에 조리가 없고 맺고 끊음이 분명치 않다.

그렇지만 이 논설은 종래 우리가 '매국노 이완용'에 대해 갖고 있던 선입관이나 고정관념을 완전히 뒤엎는 내용들을 담고 있어 충격적이다. 이완용은 시세의 흐름에 따라 친미파, 친러파, 친일파로 카멜레온적 변신을 거듭한 기회주의자의 전형이며 고종(高宗) 앞에서 칼을 빼들고 양위를 강요한 배은망덕하기 이를 데 없는 인간 말종으로 우리 머릿속에 깊이 각인되어 있다.

그런데 그 이완용이 나라와 민족의 이익을 지키기 위해 생명의 위협을 무릅쓰고 외세에 저항했다고 쓰고 있지 않는가. 나아가 이완용을 대한의 몇 째 안 가는 재상이라고까지 극찬하고 있다. 다른 신문도 아닌 『독립신문』이 말이다.

여기에서 우리는 심각한 의문과 혼란에 빠지지 않을 수 없다.

이완용이 죽음을 두려워하지 않고 외국 공사의 압력과 심지어 같은 내각 대신들의 미움을 받아가면서까지 강대국의 부당한 이권 요구를 거부했다는 『독립신문』의 이 논설 내용은 과연 사실인가.

그렇다면 그로부터 불과 8년 후 을사조약에 '적극' 찬성함으로써 매국노의 오명을 천추에 남기게 된 그의 극적인 변신은 어떻게 설명되어야 하는가.

이 논설에서 부당하게 권리를 강요했다고 지목한 외국은 어느 나라이며 압력을 행사한 사신은 누구이고 이권의 내용은 무엇인가.

『독립신문』은 왜 이권의 내용과 이권을 강요한 나라를 직접 밝히지 못하고 이렇게 우회적인 표현을 쓸 수밖에 없었는가.

의문은 여기서 그치지 않는다.

혹시 『독립신문』이나 서재필이 이완용과 특수한 관계를 맺고 있어서 그를 비호하기 위해 허위 과장 보도를 한 것은 아닌가.

『독립신문』이라고 하면 갑신정변 실패 후 일본을 거쳐 미국에 망명했던 서재필이 1895년 12월에 귀국해서 이 땅의 민초들에게 독립의식을 고취시키고 민중을 계몽하기 위해 창간한 우리나라 최초의 순한글 민간 신문이다. 서재필이 조국에 돌아와 독립협회 활동을 하면서도 미국 국적을 갖고 필립 제이슨(Philip Jaisohn)이라는 미국 이름을 쓰면서 미국인으로 행세한 것에 대해 비판적 평가가 없는 바도 아니며 또 『독립신문』의 논조 가운데 숭미(崇美) 사대적 기미가 보이는 것도 부인할 수 없는 사실이다. 가령 1896년 10월 10일자 논설에서 학부대신 경질과 관련해 조선이 부강한 나라가 되려면 새로운 학문을 배우고 낡은 습관을 버려야 한다고 강조하면서 "김치와 밥을 버리고 우류과 브레드를 먹게 되며……" 운운한 것 등이 그러한 사례이다.

그렇지만 『독립신문』이 제국주의 열강의 침략 앞에서 정부와 백성 모두가 방향 감각을 잃고 우왕좌왕하던 시대에 민중의 대변지를 자임하며 탐관오리와 부정부패를 고발하고 민중들에게 자주독립의식을 일깨워준 점은 나름대로 높이 평가할 만한 부분이다.

특히 절대적으로 한문 문화에 젖어 있던 당시에 순한글 신문을 발행했다는 것 자체가 하나의 획기적인 사건이었으며 거기에 『독립신문』의 창간 정신과 발행 의지가 담겨 있다고 해도 지나침이 없을 것이다. 그래서 오늘날 한국 언론계는 『독립신문』 창간일인 4월 7일을 '신문의 날'로 정해 기념하고 있는 것이다.

이런 신문이니 만큼 결코 근거 없는 허튼소리로 이완용을 칭찬하고 나서지는 않았을 것이라는 점만은 짐작할 수 있다. 그런데 『독립신문』의 이 같은 이완용 찬양과 비호는 한두 번으로 그치지 않는다.

> 지금 외부대신 리완용 씨는 일 년 동안에 한 고생이 외인들은 알 수가 없으나 이때에 외부대신 지위가 그렇게 샘낼 자리가 아닌 것이 이 대신은 다만 조선 사람들만 가지고 교제하는 것이 아니라 외국들과 상관이 많이 있는 까닭에 조선 같은 나라에서 외국과 탈 없고 모양 흉하지 않도록 교제하는 것이 그리 쉬운 일이 아니요 리씨가 일 년 동안에 한 일을 보게 되면 자기 힘껏 자기 재주껏 평화토록 조선에 큰 해 없도록 일을 조치하여 갔으니 만일 리씨가 갈리게 되면 리씨보다 나은 이가 또 있을는지 모르겠더라.

『독립신문』 1897년 1월 23일자 1면 논설의 일부분이다. 이 역시 서재필이 쓴 것에 틀림없는 글이다. 당시는 고종이 러시아 공사관으로 파천한 지 1년이 다 되어가는 시점으로 독립협회를 중심으로 해서 고종 환궁운동이 한창 고조되고 있던 때였다.

또 고종 환궁운동을 둘러싸고 독립협회와 러시아 공사관 사이에 갈등이 깊어지고 정부 내에서도 친러 수구파와 독립협회에 참여한 대신들 사이에 알력이 표면화되고 있던 시기였다. 이런 와중에 연초부터 개각설이 파다하게 퍼지고 있었다.

말하자면 이 논설은 개각설이 퍼지고 있던 상황에서 이완용의 외부대신 유임을 노골적으로 지원하고 있는 것이다. 물론 『독립신문』은 이 논설에서 정부대신을 자주 교체하는 것은 나라에 도움이 되지 못한다고 지적하고 당시 전임설이 나돌던 군부대신 민영환(閔泳煥), 내부대신 박정양(朴定陽) 등도 바꾸지 않는 것이 좋겠다는 의견을 피력하고 있다.

민영환이나 박정양 모두 당시 정부 안에서는 물론 일반 백성들 사이에서도 상당한 신망을 받고 있던 인물이었음은 주지의 사실이다.

『독립신문』은 이완용을 이들과 같은 반열, 아니 그보다도 더 높은 위치에 놓고 이완용만한 외부대신감이 어디 있겠느냐고 의문을 표시하고 있는 것이다.

> 학부대신 리완용 씨는 평일에 애국 애민하는 마음만 가지고 나라를 아무쪼록 붙잡고 백성을 구완하며 나라 권리를 외국에 뺏기지 않도록 하려고 애를 쓰다가 미워하는 사람을 많이 장만하여 필경 주야로 사랑하던 자기 대군주 폐하를 떠나 평안남도로 관찰사가 되어 간다니 관찰사의 직무도 또한 대단히 중한 직무요 임금과 백성을 사랑하여 일하는 데서도 정부에 있는 사람만은 못하나 또한 중임은 중임이라. 이 대신이 정부에서 나가는 것에 조선을 사랑하고 조선 대군주 폐하께 충성 있는 사람들은 다 섭섭히 여기더라.

1897년 9월 1일, 이완용이 외부대신에서 학부대신으로 밀려난 지 꼭 한 달 만에 다시 평안남도 관찰사로 쫓겨 가게 되자 『독립신문』은 그 섭섭하고 아쉬운 감정을 9월 4일자 「잡보」에 위와 같이 쓰고 있다. 정유재란 때 원균의 모함을 받아 백의종군하게 된 충무공 이순신을 동정하는 글도 이보다 더 애틋하지는 못했을 것이다.

여기서도 의문은 계속된다.

오직 나라와 백성만을 사랑하고 임금에게 충성을 다하는 그가 왜 이토록 '험난한' 벼슬살이를 하고 있는가.
그를 미워해서 지방으로 쫓아낸 세력의 정체는 무엇인가.

> 삼월 이십사일 독립협회 회중에서 임시회를 열고 회원 리건호 홍긍섭 최경식 삼씨를 총대 위원으로 특별히 정하여 전라북도 관찰사 리완용 씨를 전별하면서 회중에서 리완용 씨에게 편지하기를 각하가 본래 맑은 덕과 중한 물망으로 좋은 벼슬도 많이 하고 일찍 대신도 하였고 또 본회 부회장의 직임을 겸하여 범백 사무를 열심으로 한 지가 이미 삼 년을 지났고 또 여러 사람이 한가지 소리로 천거하여 회장이 되어서 …… 하늘을 가리켜 함께 맹세하고 기어이 황상 폐하를 보호하여 우리나라 자주독립의 권리를 튼튼케 하였으니 요사이 사업이 많지 않다고 이르지 못하겠는데 뜻밖에 …… 칙명을 받아 오늘 길을 떠나는지라 본 회원들이 수레를 붙들어 창연하고 결연함은 어찌 그 다 하리요……. 엎드려 원컨대 각하는 더욱 가다듬어 진무하고 순찰하여 천하의 뜻을 맑게 하기를 구구히 바라노라고 하였다더라.

전라북도 관찰사로 떠나는 이완용을 독립협회 회원들이 전별하면서 보인 감회의 일단을 1898년 3월 29일자 『독립신문』 「잡보」는 위와 같이 감동 깊게 전하고 있다.

여기서 특히 눈길을 끄는 대목은 독립협회 회원들이 이완용을 가리켜 '맑은 덕과 중한 물망의 소유자'라고 표현한 부분이다. 자신의 사리사욕을 위해 나라까지 팔아먹었다는 매국노가 이처럼 고매한 인격의 소유자일 수가 있을까.

또 독립협회 회원들이 길을 떠나는 이완용의 수레를 붙들고 그처럼 비장한 심정을 토해낸 이유는 무엇일까.

『독립신문』에는 이밖에도 이완용에 관한 보도가 몇 차례 더 등장한다. 모두 그를 찬양하거나 비호하는 내용들이다. 그에게 비판적인 기사는 단 한 줄도 발견되지 않는다.

　과연 『독립신문』의 이 같은 보도내용은 사실이고 공정한 것인가.

　『독립신문』의 이완용 보도와 관련해 위에서 제기한 수많은 의문이 바로 이완용 평전의 출발점이며 그에 대한 해답이 곧 평전의 종점이 될 것이다. 물론 여기서 바로 그 해답을 제시할 수도 있다.

　그러나 이완용이라는 한 매국노의 삶을 총체적으로 훑어보는 가운데 이러한 해답은 저절로 풀려나올 것이다.

　이제 그의 출생부터 시작해서 매국노의 대명사로 불리는 한 인물의 일생을 추적하고 평가해보자.

2
보잘것없는 양반 집안의 장남으로 태어나다

우봉 이씨 시조묘를 찾아 개축한 이완용

이완용(李完用)은 1858년 6월 7일 오후 1시쯤 경기도 광주군 낙생면 백현리, 지금의 판교 부근에서 우봉(牛峰) 이씨 집안의 가난한 선비 이호석(李鎬奭)의 장남으로 태어났다. 우봉 이씨의 시조는 고려 명종 때의 이공정(李公靖)이며 이완용은 공정의 23대손이다. 이공정은 황해도 우봉현 도리촌 태생으로 벼슬이 금자광록대부 문하시중에까지 올랐다. 문하시중은 고려 때 나라의 모든 정사를 총괄하던 대신으로 조선시대의 영의정이나 좌의정 또는 우의정에 해당하는 벼슬이다.

그런데 한 가지 재미있는 것은 이완용이 오래 전에 없어진 우봉 이씨 시조 이공정의 분묘를 일제시대에 찾아내 개축했다는 사실이다. 이완용이 사망한 다음해인 1927년 그의 생질이자 오랫동안 비서로 일했던 김명수(金明秀)가 이완용의 약력과 문집 등을 엮어『일당기사』(一堂紀事)라는 책을 펴냈는데, 이 책 속에 이완용이 그 시조의 묘를 찾아내 개축한 과정이 상세히 기록되어 있다. 일당은 이완용의 호다. 일본어로 쓰여진『일당기사』는 활자가 크기는 하지만 상하권 815쪽의 방대한 분량으로 이완용의 출생부터 사망에 이르기까지의 일생이 날짜별로 상세하게 기록되어 있으며, 을사조약이나 고종 양위와 같이 그와 관련이 있는 중요 사안에 대해서는 간단한 전후 설명도 들어 있다. 이밖에 그가 올린 상소문, 서신, 시문, 제문, 조사, 추도사, 축사, 연설문 등도 실려 있다.『일당기사』의 내용은 다른 기록과 대조해볼 때 비교적 정확한 편인데, 다만 그의 독립협회 활동과 관련해서는 단 한 줄도 언급이 없으며 아관파천과 관련해서도 그의 역할에 대한 기술이 없다. 그가 친미·친러파로서 배일적이었던 독립협회 활동이나 아관파천을 일제시대에 내세울 수는 없었기 때문일 것이다.

『일당기사』에 의하면 이공정의 분묘는 언제 없어졌는지도 모를 만큼 오래 전에 없어져 우봉 이씨 가문에서 그 정확한 위치를 모르고 있었다. 그런데 이완용이 죽기 1년 전인 1925년 5월경 황해도 장단군 소남면 지금리 서원동에 사는 문창업(文昌業)이라는 사람이 장단군 소남면 유덕리 마답동에서 이공정 묘의 지석(誌石)을 발견해 이완용에게 들고 왔다.[1] 이완용은 사실 우봉 이씨가 생긴 이래 그 집안에서 배출된 수많은 인재 가운데서도 가장 출세한 인물이었다.

비록 매국노라는 손가락질은 받고 있었지만 대한제국의 총리대신을 3년 이상 지냈고 당시에는 조선총독부 중추원 부의장으로서 위세를 떨치고 있었다. 그런 만큼 그 시조의 묘지석을 우연히 발견한 시골 촌부가 그것을 들고 이완용을 찾아온 것은 어쩌면 자연스러운 일로 보인다. 지석은 죽은 사람의 이름과 출생 및 사망 일자, 행적, 무

---

1)『一堂紀事』, 하 765~66쪽.

덤의 모양과 방향 등을 기록해 무덤 앞에 묻어둔 판석을 말한다.

이완용은 이 지석의 진위 여부를 확인하기 위해 6월 5일 우봉 이씨 종친 몇 명을 데리고 현장에 가서 직접 조사를 했다. 그 결과 이 지석이 이공정 분묘에서 나온 것임을 확신하고 이 사실을 전국의 모든 우봉 이씨 종친에게 통보한다. 이어 6월 28일 자신의 옥인동 저택에서 종친회의를 열어 이공정의 분묘를 개축하고 석물을 설치하기로 최종 결정한다. 종친회의는 또 이공정의 분묘가 있는 산판을 사들이기로 했다. 이에 따라 이완용은 9월 27일 사람을 현지로 보내 산판 평가액 1천540원 가운데 240원을 원소유자에게 지불하고 우봉 이씨 대표 몇 명과 매도자가 공동 소유하는 것으로 등기를 마쳤다. 이공정 분묘는 그해 연말인 12월 5일 개축 공사가 마무리되어 전국의 우봉 이씨 종친 대표들이 참석한 가운데 제사를 지내게 된다. 이완용이 죽기 두 달 전이었다. 그는 이날 행사에는 해소병으로 참석하지 못했다. 결국 잃어버렸던 우봉 이씨 시조의 묘를 23대손인 매국노 이완용이 찾아낸 것이다.

우봉 이씨는 조선시대에 들어와서도 이완용의 15대조인 이길배(李吉培)가 태종 때 도관찰사를 지낸 것을 비롯해 문과 급제자 40명에 우의정과 이조판서, 대제학 등을 배출한 대표적 양반 씨족 가운데 하나다.

그러나 이완용의 직계 집안은 9대조 이래로 이렇다 할 벼슬살이를 한 사람이 없어 우봉 이씨 가문 중에서도 가세가 가장 빈한한 편에 속했다. 따라서 그의 아버지 이호석은 겨우 선비의 체면을 유지하며 어렵게 살아온 것으로 보인다. 이런 사정을 반영하듯 이완용의 생가에 관해서는 전해져 오는 기록이 거의 없다. 『일당기사』에도 이완용 생가의 집안형편이나 내력, 가족 관계 등에 대해서는 전혀 언급이 없다. 별로 내세울 만한 것이 없었기 때문일 것이다.

다만 그가 출생하던 날 특이했던 일화 한 토막을 소개하고 있다.

그의 어머니 신(辛)씨가 산기로 신음하다가 갑자기 고통이 가시면서 스르르 잠이 들어 꿈을 꾸었다. 말을 탄 수백 명의 병사가 집의 사방을 둘러싸고 있었는데 꼬리는 모두 집안으로, 머리는 밖으로 향하고 있었다. 그녀는 꿈에서 깨어나자 곧 순산했다. 이완용의 서모가 부엌에 들어가 산모에게 줄 밥을 지으려고 하는데 갑자기 하늘이 변해 비바람과 뇌성벽력이 그치지 않았다. 너무도 놀라 어찌할 바를 모르고 허둥대다가 하늘이 잠잠해지기를 기다려 다시 부엌에 들어가 보니 그릇들이 부서지고 날아가서 온전한 것이 없었다. 그런데 오직 쌀을 담은 그릇만 다행히 그대로 있었다.[2]

이 꿈과 이변을 어떻게 해석해야 할까. 매국노로서의 삶을 예시하는 전조로도 볼 수 있을 것이고 아니면 험한 세상 속에서도 부귀와 복록을 누리게 될 귀인의 팔자를 타고났다는 해몽도 가능할 것이다. 사실 이완용은 동족으로부터 매국노라고 욕은 얻어먹었지만 생전에 사람으로서 누릴 수 있는 온갖 부귀와 영화를 한 몸에 걸친 '행운아'였다.

이완용은 여섯 살 때 아버지 이호석에게 『천자문』을 배우기 시작했는데, 워낙 총명해서 몇 달 만에 다 마치고 이어 『동몽선습』을 배웠다. 일곱 살에 『효경』, 여덟 살에 『소학』을 끝내 주위에서 모두 놀랍게 여겼다. 총명한데다 배우기를 좋아해서 밤에 곤하게 잠을 자다가도 아버지가 일으켜 세워 어느 구절을 외워보라고 하면 입에서 줄줄 흘러나왔다고 한다.[3]

이완용이 태어난 해는 조선 말기의 철종 9년으로 외척인 안동 김씨의 세도가 극에 달하고 있던 때였다. 조선 중기 이래 서로 패를 갈

---

2) 같은 책, 하 474~75쪽.
3) 같은 책, 하 476쪽.

라 죽고 죽이던 당파 싸움이 조금 뜸해지는가 했더니 이제는 척족이 무능한 왕을 끼고 권력을 농락하면서 나라를 좀 먹고 있었다. 나라의 기강은 극도로 문란해지고 부정부패와 가렴주구가 만연해 이미 조선왕조는 말기적 증상을 드러내고 있던 시기였다. 이완용이 태어나던 그해 8월에는 서울 장안에 도둑이 들끓어 포도청이 이를 막기 어려운 지경에 이르렀으며 이런 현상은 곧 남부 지방의 민란으로 이어졌다.

밖으로 서양 세력의 동양 침략은 점점 거세져 청나라는 아편전쟁으로 영국에 홍콩을 탈취당한 이후 이제는 영국과 프랑스 연합군에게 북경마저 위협당하고 있는 상황이었다. 영·프 양국은 1856년 청국 관헌이 홍콩 선적의 애로우 호를 수색해 해적 혐의자를 체포한 것과, 프랑스 선교사 한 명이 피살된 것을 트집 잡아 연합군을 만들어 광동을 점령하고 1858년에는 천진까지 육박해 북경을 위협하고 있었다.

영·프 양군은 결국 1860년 8월 북경을 점령하고 청국 황제 함풍제는 열하로 도피하기에 이른다.

이런 와중에 러시아는 영·프 양국과 청국 사이를 중재해준 대가로 청국으로부터 우수리 강 동쪽의 연해주 7백 리 땅을 피 한 방울 흘리지 않고 빼앗다시피 차지했다. 이로써 우리나라는 두만강을 사이에 두고 러시아와 국경을 맞대게 된다. 이보다 앞서 러시아는 17세기 이래 꾸준히 동진정책을 추진해온 끝에 1851년에는 이미 블라디보스토크에 군항을 건설하고 있었다.

영·프 연합군이 북경을 점령하고 청국 황제가 열하로 피난했다는 소문은 청국을 다녀온 사신을 통해 조선에도 퍼지게 되었다. 조정과 민간 모두 큰 충격을 받고 장안의 민심은 일대 혼란에 빠져들었다. 청국이 서양 오랑캐의 침범으로 그들의 발상지인 만주조차 부지하지 못하게 되면 청국 황제는 조선으로 몽진하게 될 것이고, 그렇게 되면 조선도 서양 오랑캐들의 침범을 면하기 어려울 것이라는 불안과 억측이 급속도로 퍼져나간 것이다. 양반이나 부유층들 가운데 일부는 보따리를 싸들고 산중으로 피난을 가고 일반 백성들 중에는 서양 오랑캐의 살육을 모면하기 위해 천주교라도 믿는 체하려고 가슴에 십자가를 달고 다니는 사람까지 생겨났다.

그러나 이런 소동도 잠시, 청국과 영·프 사이에 화평 교섭이 성립되고 황제가 북경으로 돌아갔다는 소식이 전해지면서 조선은 다시 중세의 깊은 잠 속으로 빠져들어 갔다.

한편 일본은 1853년 미국의 페리 제독에 의해 문호가 개방된 후 다음해 3월 미국과 화친조약을 맺은 데 이어 영국, 러시아 등과 잇달아 화친조약을 맺게 된다. 조선이 미국과 수호조약을 맺은 것이 1882년 4월이니까 일본은 이보다 28년이나 앞서 미국과 국교를 연 것이다.

일본은 아직 막부가 통치하고 있던 1858년 한 해 동안에 미국, 네덜란드, 러시아, 영국, 프랑스 등 5개국과 통상조약에 조인한다. 메이지 유신이 일어나기 꼭 10년 전이다.

3

첫 번째 인생의 전기,
명문대가로의 입양

양부 이호준은 대원군의 친구이자 사돈

경기도 광주군 낙생면의 가난한 시골집에서 어린 시절을 보내던 이완용은 10살 되던 1867년 4월 20일 같은 집안의 먼 친척인 이호준(李鎬俊)의 양자로 들어가게 된다. 이날 이완용은 서울에서도 양반 벼슬아치 동네로 소문난 안국동의 이호준 집에 들어가 양부모에게 인사를 드린다. 상견례가 끝나고 양어머니 민씨가 밥상을 잘 차려서 들여왔다. 이완용이 음식을 먹는 모습을 지켜보던 민씨가 "고기가 질기면 뱉어라"고 말하자 그는 "이미 입에 넣은 것을 어떻게 뱉습니까"라고 대답해 방안에 있던 사람들이 모두 박수를 치며 웃었고 이호준 역시 이 말을 듣고 내심 기특하게 생각했다고 한다.[1)]

이완용을 양자로 들일 때 이호준의 나이는 47세였다. 그때 이호준에게는 평양 기생에게서 낳은 열네 살짜리 아들 윤용(允用)이 있었으나 서자에게는 집안의 대를 잇게 하지 않는 당시의 관례에 따라 양자를 들인 것이다. 일부 학자들은 이완용의 묘가 전라북도 익산군에 있는 것을 근거로 출생지 역시 이곳일 것이라는 주장을 펴고 있다. 즉 이호준이 전라도 관찰사로 있을 때 전라감영에서 멀지 않은 곳에 사는 이완용이 재주가 뛰어나다는 소문을 듣고 그를 양자로 들였다는 것이다. 그러나 이 주장은 사실과 다르다. 이완용을 양자로 들이던 해 이호준은 오늘날의 청와대 의전수석비서관 격인 예방승지로서 고종을 측근에서 모시고 있었다. 그가 전라도 관찰사로 나간 것은 이보다 3년 후인 1870년이다.

이호준과 이완용의 생부 이호석은 굳이 촌수를 따지면 32촌간으로 남이나 다름없는 사이다.

이호준의 집안은 우봉 이씨 가운데서도 최고의 명문가다. 이호준의 7대조인 이상(李翔)은 호가 타우(打愚)이며 경종 때 이조참판과 대사헌을 지냈다. 이상은 유명한 유학자 신재(愼齋) 김집(金集)에게 학문을 배웠고 노론의 태두인 우암(尤菴) 송시열(宋時烈)의 천거로 대간직에 올랐으나 당쟁에 휘말려 옥사했다.

또 이상의 바로 아래, 즉 이호준의 6대조인 귀락당(歸樂堂) 이만성(李晩成) 역시 이조판서를 지냈다. 이만성은 우의정을 지낸 이숙(李翻)의 둘째 아들로 태어나 이상의 양자로 들어갔는데 부자가 모두 송시열의 문하에서 가르침을 받았다. 그는 노론으로서 소론이 주도한 신임사화(辛壬士禍)에 연루되어 전라도 부안으로 유배되었다가 다시 서울로 압송되어 문초를 받던 중 옥사했다. 타우와 귀락당 부자 2대가 연달아 당쟁에 말려 옥사를 한 것이다.

이만성의 조카인 도암(陶菴) 이재(李縡)는 성리학의 대가로 '일세의

---

1) 『一堂紀事』, 하 477쪽.

대유학자'라는 추앙을 받은 인물이다. 문장이 뛰어나『사례편람』(四禮便覽) 및『삼관기』(三官記)라는 책을 저술했다.『사례편람』은 기본적인 관혼상제의 실례를 모아놓은 책인데 노론 계열에서는 그 후 제례의식 때 이 책을 그대로 따라 시행함으로써 후세에 큰 영향을 미치게 된다. 이조 중기 이후는 관혼상제의 의식이 인간의 생각과 행동을 지배하던 시대였으며 이것을 둘러싸고 당쟁이 끊이지 않았다. 따라서 이런 의식의 규범이 되었던『사례편람』은 그만큼 그 시대 인간의 의식과 행동을 규정하는 지침서 역할을 했던 것이다.

이재는 영조 때 노론의 핵심 인물로서 대제학을 두 차례나 지냈으며 만년에는 경기도 용인의 한천서원(寒泉書院)에 은거해서 후학들을 가르쳤다.

한마디로 이호준의 가계는 조선 후기 이래 집권 세력인 노론 계열의 중심에 속했다.

그런데 이 집안의 특징은 빈번히 혈육이 단절되어 양자로 가계를 이어왔으며 또 이들이 집안을 크게 빛냈다는 점이다. 위에 언급한 타우 이상이나 귀락당 이만성 모두 양자로 들어온 사람들이며 이완용의 양부 이호준 역시 양자로 입적되어 대를 이어 받았다. 이로 미루어 이완용도 우봉 이씨 집안에서 신동이라는 소문이 자자하게 됨에 따라 이와 같은 명문가의 양자로 선택된 것이 아닌가 추측된다. 이 집안은 이완용 대에 이르러 그가 총리대신에 오름으로써 그 영광이 절정에 달했으나 동시에 이완용의 매국행위로 인해 멸문의 화를 입게 되었다.

명문가의 후예답게 이호준은 혼맥과 교우관계가 아주 화려했다.

그의 처는 여흥 민씨로 이조판서를 지낸 민용현(閔龍顯)이 장인이다. 역시 여흥 민씨를 처가로 갖고 있으며 그보다 한 살 위인 대원군(大院君)과는 친구 사이이자 사돈관계이다. 그의 서자 이윤용이 대원군의 서녀와 혼인을 하게 된 것이다. 거기에다 이호준은 고종의 등극

〈표 1〉 우봉 이씨 세계도(牛峰 李氏 世系圖)

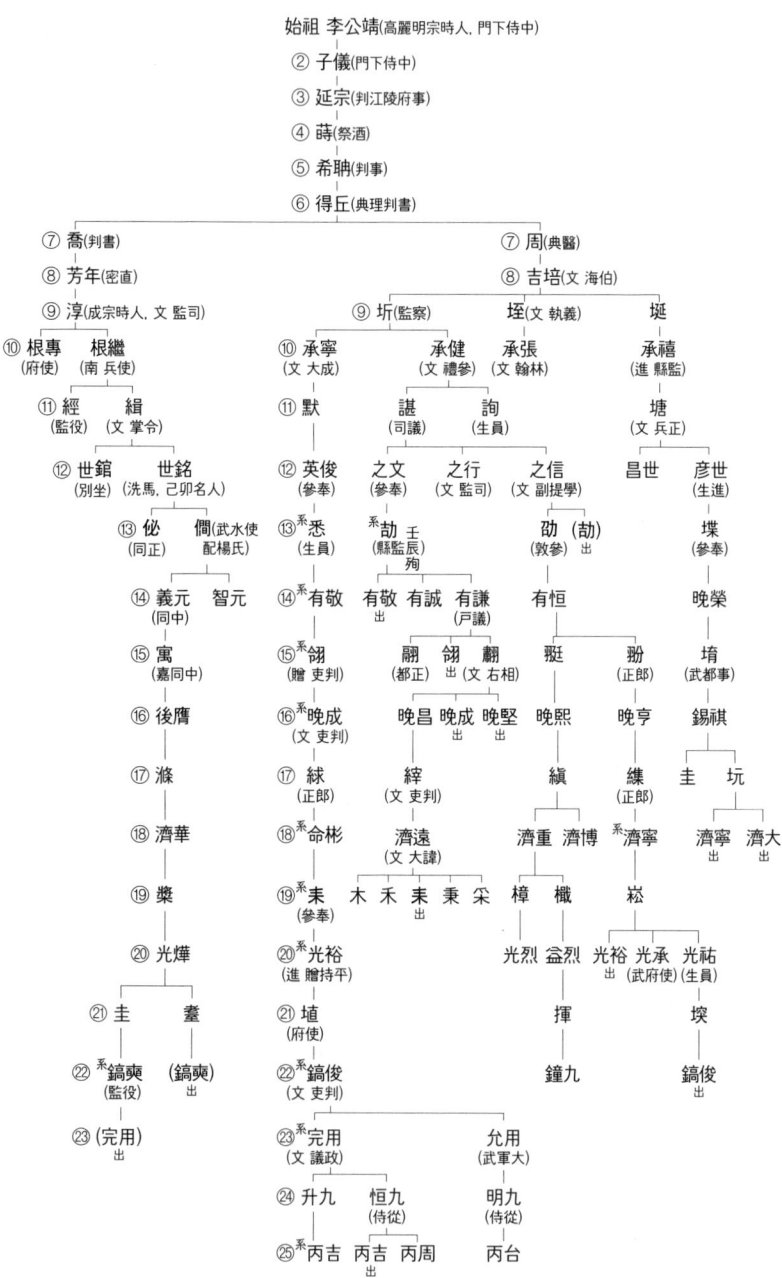

34 · 이완용 평전

에도 무시 못할 역할을 한 것으로 전해지고 있다. 이호준의 사위인 조성하(趙成夏)는 익종비인 조대비의 친정 조카다. 당시 조대비는 궁중에서 최고 어른이었지만 안동 김씨의 세도에 눌려 제대로 대접을 받지 못하고 있었다.

역시 외척의 세도에 숨을 죽이며 기회를 노리고 있던 대원군이 조대비의 도움으로 자신의 둘째 아들 명복(命福)을 등극시킨 것은 잘 알려진 일이다. 그런데 대원군이 동병상련의 관계에 있던 조대비에게 접근할 때 그들 사이의 다리 역할을 한 것이 바로 이호준이다. 대원군이 조대비에게 보내는 비밀 서한을 이호준에게 주면 이호준은 이를 사위인 조성하를 통해서 조대비에게 전달했다는 것이다.

이런 배경으로 이호준은 1863년 고종 등극과 함께 벼락출세를 하게 된다. 고종이 왕위에 오르기 전 그의 경력은 평안남도 강서와 임천 군수를 지낸 것이 전부였다. 명문가의 후예인데다 혼맥 등의 배경으로 과거에 급제하지 않고도 이른바 '음관'(蔭官)으로 시골 수령 자리를 얻었던 것이다.

그러나 그는 고종 등극 다음해에 44세라는 늦은 나이로 증광별시(增廣別試) 문과에 급제하면서 일약 중앙 정계의 실력자로 떠오른다. 홍문관 수찬을 시작으로 동부승지, 이조참판, 전라도 관찰사, 규장각 직제학을 거쳐 과거 급제 10년 만에 형조판서에 이르게 된다. 이후 그는 대원군이 권좌에서 밀려나고 민씨 척족이 권력을 독점하던 시기에도 이조와 병조판서를 두루 역임하고 판중추부사를 거쳐 정1품 중추원 의장에 오른다. 그는 1901년 궁내부 특진관으로 사망할 때까지 30년 이상 정부의 요직이라는 요직은 거의 다 한두 차례씩 역임했다. 고종 재위기간은 임오군란, 갑신정변, 갑오경장, 민비시해, 아관파천과 같은 정치적 사변이 끊이지 않던 격동의 시기였다. 이런 와중에서 수많은 조정 대신과 정객들이 참살당하거나 외국에 망명하고 아니면 감옥에 갇히거나 귀양을 갔다. 정변이 일어날 때마다 권력은 부침을 거듭해 계속해서 온전하게 자리를 지킨 자를 찾기가 힘들었다. 그런데 이런 격동의 시기를 살면서 이호준만은 이와 같은 정치적 사건에 단 한 번도 휘말리지 않고 무려 30년 이상 국왕의 총애를 받으며 평탄한 벼슬살이를 했다. 이것은 조선 말기의 정치사에서 거의 기적과 같은 일이다. 이로 미루어 그는 처세의 달인 중에서도 가히 입신의 경지에 이른 달인이었다고 해야 할 것이다. 이호준의 이와 같은 처세술을 이어 받은 탓일까. 이완용 역시 한일합방 때까지 20여 년 동안 조선왕조에서 벼슬살이를 했지만 단 한 차례도 감옥에 가거나 귀양살이를 한 적이 없다. 음모와 중상모략이 끊이지 않고 그로 인한 피바람이 가실 날이 없던 조선왕조 5백 년의 정치사를 통해 부자 2대가 50년 가까이 함께 조정에 몸담고 있으면서 귀양 한 번 가지 않은 경우는 아마도 이완용 부자가 유일할 것이다. 이것은 이호준의 7대조 이상과 6대조 이만성이 연달아 당쟁에 휘말려 옥사한 것과도 좋은 대조를 이룬다. 조상들의 이런 참화가 그들 부자를 보다 기회주의적인 처신으로 이끌었는지도 모른다. 이호준은 본래 대원군 계열에 속하는 사람이다. 이런 그가 대원군과 민비(閔妃)의 20여 년에 걸친 추악을 극한 권력투쟁의 와중에서도 승승장구할 수 있었던 것은 그의 처가가 민비와 같은 집안인 여흥 민씨였다는 점도 크게 작용한 것으로 보인다. 그는 대원군과 민비 양쪽에 양다리를 걸칠 수 있는 조건을 갖추고 있었던 것이다. 그에 대한 세평은 괜찮은 편이었으며 청백리에다 명관이라는 평도 들었다. 벼슬아치치고 탐관오리 아닌 자가 없던 조선 말기에 그는 적어도 돈과 관련된 잡음에 휘말린 적이 없었다. 그가 관찰사를 지낸 경북과 전라도 지방에는 송덕비도 여러 개 남아 있었다. 그러니까 이완용이 이호준의 양자로 들어가던 해는 바야흐로 이호준이 출세가도를 향해 질주하기 시작하던 바로 그 시기였다. 이로써 남다른 총명에다 가문의 배경까지 갖추게 된 이완용에게 입신출세는 이미 예약된 셈이나 마찬가지였다. 1926년 2월 13일,

이완용이 사망한 지 사흘째 되던 날 당시 『동아일보』는 그의 죽음과 관련해 '무슨 낯으로 이 길을 떠나가나'라는 제목의 사설에서 "애당초 대가의 양자로 들어가지 않고 시골에서 땅이나 파다가 말았더라면 매국노 소리는 듣지 않게 되었을 것"이라고 썼다. 그렇다. 그가 매국노의 오명을 남기게 된 인생의 전기는 바로 명문가로의 입양으로부터 비롯되는 것이다.

이호준은 관직생활만 무난하게 한 것이 아니라 집안도 잘 다스린 것으로 보인다. 사실 이완용과 그의 형 윤용은 기본적으로 사이가 좋을 수 없는 관계였다. 나이가 네 살이나 더 많으면서도 서자 출신이라는 이유로 집안의 대를 잇는 자리를 양자로 들어온 이완용에게 빼앗긴 윤용의 심사가 편할 리 없었기 때문이다. 그런데도 그들 형제는 큰 갈등 없이 일생 동안 남다른 우애를 과시하며 서로 돕고 살았다.

물론 '서로 돕는다'는 말속에는 매국행위까지도 포함되어 있어 씁쓸한 뒷맛을 남기지만 어쨌든 이호준의 가정교육과 인품이 이들의 우애를 돈독하게 만든 것만은 부인할 수 없을 것 같다.

이완용은 양아버지 이호준에 대한 효성이 지극했으며 집안 조상들도 지성으로 섬겼다. 이호준은 말년에 삼청동 별장에서 거주했는데 당시 이완용은 이곳에서 10리 이상 떨어진 지금의 남대문 밖 중림동에 분가해서 살고 있었다. 이완용은 공무로 바쁜 중에도 눈이 오나 비가 오나 하루도 빠짐없이 양아버지에게 문안인사를 드렸다고 한다.

이완용은 "나는 다른 사람의 양자다. 나를 양자로 삼은 것은 오로지 조상의 제사를 끊이지 않도록 하기 위함이다. 내가 양자로 들어온 이후 재산을 물려받은 것이 없다 하더라도 어찌 나의 책임을 소홀히 하여 나를 양자로 데려온 본뜻을 저버릴 수 있겠는가"[2]라고 말하면서 일 년에 열두 번씩 돌아오는 제사와 네 번의 절사(節祀), 한 달에

---

2) 같은 책, 하 784~85쪽, 「言行雜錄」.

두 번씩 치르는 차례를 지성으로 지냈다. 특히 제삿날에는 관직에 있을 때도 출근하지 않고 사람도 접촉하지 않으면서 하루 종일 의관을 갖추고 정성을 다했다고 한다.

시문과 서예를 즐긴 전형적 조선 선비의 풍모

이완용이 양자로 들어간 지 얼마 되지 않은 어느 날이었다. 그를 데리고 어느 세도가의 잔치에 갔다 집에 돌아온 양모 민씨는 울음을 터뜨리면서 이완용을 꾸짖었다.

"전에 어느 잔치 석상에서 보니 아무개 집 아이는 벌써 어린 티를 벗어나 자태가 의젓해서 사람들이 모두 훗날 대신감이라고 칭찬하더라. 그런데 오늘 너에 대해서는 미천한 인물이라고 손가락질을 하면서 어린 티가 줄줄 흐른다고 험담을 했다. 너도 눈과 귀가 있으니 이런 말을 들었을 것이다. 너는 이런 말을 듣고도 분하지도 않느냐."[3]

이완용은 눈물을 흘리며 머리를 숙이고 "어머니 용서해주십시오. 다시는 그러지 않겠습니다"라고 빌었다. 이후부터 그의 행동과 말이 전과 완전히 달라져 차츰 성숙한 모습을 보였다고 한다. 입양 직후 시골 출신인 그가 서울의 명문대가 자제들에 비해 얼마나 촌스럽게 굴었으며 또한 멸시를 받았는가를 짐작케 하는 대목이다.

이완용은 말수가 대단히 적고 목소리는 낮았으며 여럿이 모여 떠드는 것을 좋아하지 않았고 말은 반드시 생각한 후에 아주 천천히 신중하게 했다. 그는 평소 말이 급하면 항상 실수하기 쉽다고 경계해왔다고 한다. 그가 말이 너무 없자 이호준은 "너는 어떤 일에 대해 마음속으로 분명히 알고 있다 하더라도 말이 너무 적어 마땅히 설명해야 할 것도 이를 표현하지 못하고 있다. 이는 남자로서 처세에 대단

---

3) 같은 책, 하 808쪽, 「言行雜錄」.

히 좋지 않은 영향을 미칠지도 모르는 습관이니 고쳐야 할 것이다. 앞으로는 동료 간에 모인 자리에서도 농담이나 객설도 구애받지 말고 하도록 노력해 보아라"고 가르쳤다. 이완용은 양부의 이런 가르침을 잘 받들어 열심히 시도한 결과 그 후에는 과연 어떤 모임에서도 말하는 데 조금도 곤란을 느끼지 않았고 수천 군중 앞에서 다소의 연설도 할 수 있게 되었다고 한다.[4]

그가 이처럼 말이 없었던 것은 본래 성격 탓도 있었겠지만 어린 나이에 양자로 들어가게 된 환경변화가 더 큰 영향을 미쳤을지도 모른다. 가난한 시골의 초가집에 비해 안국동의 고래등 같은 기와집에 우선 기가 죽었을 것이고 드나드는 사람들의 차림새나 행동거지에도 주눅이 들었을 것이다. 친부모에게 한참 응석을 부릴 나이에 지체 높은 양부모 눈치를 살피며 행동에 각별히 조심하다 보니 자연히 말수가 적어질 수밖에 없었을 것은 쉽게 짐작할 수 있는 일이다.

이완용은 입양 다음해부터 독선생을 모시고 본격적인 과거 준비에 들어간다.

이호준은 그의 재주에 크게 기대를 걸었음인지 이완용의 교육에 대단한 정성을 쏟고 투자를 아끼지 않는다. 충청북도 전의군의 선비 정익호(鄭翼浩)를 안국동 집에 초빙해서 스승으로 앉히고 『대학』과 『논어』를 배우도록 했다. 16세 때부터는 명필로 소문난 이용희(李容熙)를 모셔와 친구와 함께 서예를 익히게 했다. 이것이 훗날 그가 당대의 명필로 이름을 날리는 밑바탕이 되었다.

13세 되던 3월에 그보다 한 살 위인 양주 조씨 조병익(趙秉翼)의 딸과 혼인했다. 이때 이호준은 전라도 관찰사로 전주에 부임해 있었는데 이완용은 수시로 전주감영에 내려가 부친에게 문안인사를 드린다. 그의 전주행에는 스승 정익호와 이용희가 동반할 때도 있었다.

---

4) 같은 책, 하 799~800쪽, 「言行雜錄」.

21세 때부터는 평안북도 태천군의 유명한 선비 박세익(朴世翼)을 초빙해서 수년간에 걸쳐 『시경』 『서경』 『주역』 등 3경을 반복해서 강습 받았다. 이 사이 그의 생부 이호석과 양모 민씨가 차례로 사망했다.

이완용은 마침내 25세 되던 1882년 10월 24일 증광별시 문과에 급제한다. 증광별시란 나라에 큰 경사가 있을 때 이를 기념하기 위해 특별히 실시하는 과거를 말한다. 이때의 증광시는 그해 6월에 일어났던 임오군란을 평정하고 충북 장호원에 피신해 있던 민비가 무사히 환궁한 것을 기념하기 위해 치러진 것이다. 이완용이 과거에 급제했을 당시 이호준의 벼슬은 이조판서였다.

임오군란은 민씨 척족정권의 무능과 부패, 탐욕이 자초한 재앙이었다. 민비가 권력을 장악한 지 9년 여 만에 국고는 완전히 거덜나 있었다. 조정의 문무백관들은 벌써 5년 이상 봉급 구경을 하지 못했으며 구식 군대의 병졸들은 13개월 동안이나 급료를 받지 못하고 있었다. 군졸들의 급료라고 해야 한 달에 쌀 6말 반에 불과했다. 이 정도가 되면 이건 이미 나라라고 할 수가 없었다. 고관들이야 봉급이 없어도 백성들을 등쳐 배를 불릴 수 있었지만 힘없는 군졸들은 당장 입에 풀칠하기가 어려웠다. 군졸들의 불만이 심상치 않자 13개월 만에 겨우 한 달치 급료를 준다면서 나눠 준 것이 무게를 늘리기 위해 물을 부어 썩거나 모래가 반이나 섞인 쌀이었다. 군졸들이 격분해 난을 일으킨 것은 오히려 당연했다.

정부 관리와 군졸들에게는 봉급을 주지 못하면서도 민비는 자신이 낳은 세자, 뒤의 순종을 위해 나랏돈을 그야말로 물 쓰듯이 낭비했다. 무엇이 그리도 급했던지 7년 전 두 살 배기 아들을 세자로 만들기 위해 청나라 이홍장(李鴻章)에게 엄청난 뇌물을 바치고 청나라로부터 세자 책봉을 받아냈다.

민비의 미신 신봉은 국내는 물론 외국에까지 소문이 날 정도로 유명했다. 그녀가 이처럼 미신에 빠진 것은 순전히 무지에서 비롯된 것이었다. 세자 책봉을 받은 후에는 금강산 1만 2천 봉의 봉우리마다 돈 1천 냥과 쌀 한 섬, 베 한 필씩을 바치고 세자의 무병장수를 빌었다. 궁중에는 무당과 복술 맹인 등의 잡인들을 끌어들여 굿판과 치성이 그칠 날이 없었다.

유명한 점쟁이 이유인(李裕寅)은 점 한번 잘 쳐주고 즉석에서 상으로 비단 1백 필과 돈 1만 냥을 받았다고 한다.[5] 이러니 가뜩이나 빈약한 국고가 남아날 턱이 없었다.

군란의 와중에서 민씨 척족세도가들의 집은 대부분 불에 타고 민비는 난군을 피해 충주 장호원으로 몸을 숨긴다. 그러나 척족의 중심인물이던 민겸호(閔謙鎬)는 대궐로 몸을 피했다가 결국 군졸들의 칼날 아래 비명횡사하고 만다. 당시 그는 병조판서 겸 정부의 쌀을 관리하던 선혜청의 당상으로서 군란을 촉발시킨 직접 당사자였다.

민겸호는 대원군의 셋째 처남이며 을사조약이 체결되자 비분강개해 자결한 민영환의 아버지다. 그러니까 민영환은 대원군의 처조카이자 고종의 외사촌 동생이다. 그 아버지는 가렴주구를 일삼다 난군에게 참살을 당했는데 그 아들은 충신의 아름다운 이름을 역사에 남기게 되었으니 어쩐지 어울리지 않는 부자의 모습이다. 군란과 함께 척족정권은 풍비박산되고 대원군이 다시 9년 여 만에 권좌에 오른다.

그러나 임오군란과 뒤이은 민비의 책동으로 이 나라는 일본과 청국의 군사적인 각축장이 되고 만다. 일본은 군란의 와중에서 서대문 밖에 있던 공사관이 불타고 일본인이 13명이나 살상당했다. 난을 피해 일본으로 달아났던 서울 주재 공사 하나부사 요시타다(花房義質)는 군란 발발 20일 만인 6월 29일 1개 대대의 병력을 이끌고 인천에 들어온다.

이어 7월 7일에는 청나라 군대 4천 명도 남양만에 상륙한다. 이때

---

5) 진단학회/이선근, 『한국사』(최근세편), 을유문화사, 1978, 465쪽.

원세개(袁世凱)는 제독 오장경(吳長慶)과 정여창(丁汝昌)의 막료로 따라오게 된다. 청나라는 일본의 군사행동을 견제할 필요를 느끼고 군란 평정을 명분으로 출동을 서두르고 있던 중 때마침 민비의 구원 요청을 받고 급히 군대를 파견한 것이다. 청나라 군대가 서울에 입성했을 때는 이미 군란은 완전히 수습되어 있었다. 그런데도 민씨 척족은 청나라 장수에게 군란 가담자를 색출해서 응징해달라는 요청을 했다.

청나라는 군대를 둘로 나누어 원세개는 왕십리, 오장경은 이태원의 군인 동네를 한밤에 습격해서 170여 명의 구식 군인들을 군란 가담자라고 하여 체포한다. 그들은 체포자 가운데 10여 명을 청룡도로 참수해 그 목을 성벽에 걸어놓는 만행을 저질렀다. 군란이 수습된 후 '청나라 군대에 의한 난리'가 또 한 번 벌어진 격이다. 그런데도 당시 조선 민중들은 청나라 군대의 이 같은 만행에 대해 감히 저항할 엄두조차 내지 못했다. 중국에 대한 골수에 박힌 사대사상과 외경심을 반영하는 것이다.

이것은 마치 오늘날 한국사회에서 한국전쟁 당시 미군에 의해 자행된 만행을 언급하는 것 자체가 금기시 내지 불온시되고 있는 것과 같은 현상이다. 사대의 행태는 그 대상을 달리해서 오늘날에도 이렇게 지속되고 있는 것이다.

임오군란을 계기로 일본은 공사관 경비를 구실로 2개 중대의 병력을, 청나라는 '속방 보호'를 명분으로 4천 명의 군대를 서울에 상주시킨다. 더구나 조선정부는 군란 처리와 관련해 일본과 맺은 제물포조약의 규정에 따라 주둔 일본군의 병영시설과 그 수선비 등 유지비까지 부담하게 된다. 일본은 자기들의 필요에 따라 군대를 주둔시키면서 그 주둔비까지 조선정부에 부담시켰던 것이다.

이것은 오늘날 한국정부가 주한 미군 유지비 일부를 부담하고 있는 것과 매우 흡사한 형태이다.

이로부터 오늘날까지 이 땅에는 일본과 청국, 러시아, 미국 등 주변 열강의 군대가 돌아가면서 주둔해오고 있다. 특히 남한 땅에는 그 때 이후 오늘 현재까지 외국 군대가 주둔하지 않은 날이 단 하루도 없었다. 한국의 '지도자들' 가운데는 통일 이후에도 미군이 계속 주둔해야 된다는 얼빠진 주장을 하는 사람들이 적지 않으므로 앞으로도 남한에는 미군이 거의 반영구적으로 주둔할 것이 확실해 보인다.

세계 192개 국가 가운데 19세기 후반부터 21세기까지 3세기에 걸쳐 주변 열강의 군대를 돌아가면서 받아들이고 있는 나라가 한국 말고 또 있을까. 그러면서도 부끄러운 줄 모르고 그것을 당연하게 생각하는 나라가 정녕 한국 말고 이 지구상에 또 있을까. 이제 외국 군대는 이 땅에서 마치 물이나 공기처럼 있는지 없는지조차 느끼지 못할 정도로 우리 생활의 한 부분이 되어버렸다. 생각하면 서글프고 부끄러운 일이다. 어떠한 이유와 명분으로도 외국 군대를 제 땅에 들여놓고 진정한 의미에서 자주와 독립과 자존을 말할 수는 없을 것이다. 근세 들어 그런 외국 군대의 주둔은 바로 임오군란으로부터 시작된 것이다. 청나라 군대는 서울에 진주한 지 사흘 만인 7월 13일 민비와 척족의 책동으로 대원군을 중국 천진으로 끌고 간다. 정권쟁탈을 위해서는 외국 군대도 서슴없이 끌어들이고 이제는 시아버지까지 외국 군대가 납치해가도록 운동을 한 것이다.

그러니까 이완용이 합격한 증광별시는 민씨 척족이 청나라 군대를 등에 업고 권력을 다시 장악한 것을 기념하기 위해 특별히 실시한 과거였다.

과거급제 증서를 수여하던 11월 2일, 고종은 경복궁 인정전에 나와 친히 수여식을 거행하고 특별히 이완용의 집에 궁중의 악공을 보내서 급제를 축하하는 음악을 연주해주도록 지시한다. 문무과 급제자 십 수명 가운데 국왕으로부터 이런 은혜를 입은 행운아는 몇 명 되지 않았다. 이호준과 그 아들 이완용에 대한 왕실의 각별한 총애와 관심을 반영하는 특별 배려였던 것이다.

든든한 집안 배경에다 과거까지 합격했으니 이제 이완용의 출세는 보장된 것이나 마찬가지다. 그의 아버지는 고종 등극에 적지 않은 공을 세웠고 실권을 쥐고 있는 민씨 척족은 그의 외가나 다름없다. 거기에다 그는 민비의 생환을 축하하기 위해 실시된 과거에 합격했으니 민비의 각별한 총애를 받을 조건을 다 갖추게 된 셈이다.

이완용의 성격에 대해서는 당시 조선인이나 일본인 모두 비슷하게 평하고 있다.

신중하고 사려 깊으며 의지가 강하고 과단성이 있다는 것이다.

"그의 성격은 돌과 같이 침착하고 얼음과 같이 냉정하여 소심 주도하고 사려 과단한 변종의 인물이었다." 그가 죽던 해 서울에서 발간된 잡지 『신민』(新民) 14호에 실린 이완용의 성격 묘사다.[6]

"이완용 후작은 사려 깊은 인물이다. 무슨 일이든지 신중하게 생각하고 주위에 자주 의견을 물었으며 쉽게 결정을 내리지 않는다. 그러나 일단 결정하고 나면 반드시 실행하고 실행하면 반드시 실적을 보았다." 통감부 시절 내각 법전조사국 사무관으로서 이완용을 가까이에서 관찰한 일본인 오다 간지로(小田幹治郞)가 그를 두고 평한 말이다.[7] 이밖에도 그를 의지가 강하고 과단성 있는 인물이라고 칭찬한 일본인의 인물평은 수없이 많다.

그들 일본인들은 한결같이 이완용이 조선인들의 결사적인 반대에도 불구하고 을사조약과 고종 양위, 한일합방과 같은 '어려운 문제들'을 기민하고 과감하게 감행한 그 '결단'과 '의지'를 높게 평가하고 있는 것이다. 개인으로 보면 분명히 장점이라고 할 수 있는 이완용의 이러한 성격상의 특징들이 결국은 매국행위를 하는 데 기여했던 것이다.

---

6) 『新民』 14호, 新民社, 1926. 6, 89쪽.
7) 『一堂紀事』, 상 37쪽, 오다 간지로의 서문.

이완용의 사생활은 당시는 물론 오늘날의 기준에서 보더라도 상당히 건전한 편이었다. 그는 술은 조선 술이나 서양 술을 막론하고 간신히 한 잔을 들 정도여서 주량이라고 할 것이 없었다.[8] 여자도 밝히지 않았다. 33세 때 순창 기생을 첩으로 들였으나 몇 년 후 그녀가 죽자 더 이상 첩을 두지 않고 부인 조씨와 해로했다. 당시 돈 있고 권력 있던 고관대작들이 저마다 한두 명의 첩을 거느리고 있던 것에 비하면 높이 살 만한 부분이다.

다만 재물 욕심은 대단해서 당시 전국에서 몇 손가락 안에 꼽히는 재산을 모았다. 그러나 그는 "오늘의 재산은 소유자의 것이라기보다는 다른 사람의 것을 일시 보관하고 있다고 보아야 한다"라고 자신의 재산관을 피력하고, 또 "하늘이 일시적으로 맡겨놓은 물건을 자기 고유물로 생각하여 방심한다면 하늘은 반드시 이를 다른 곳으로 옮기는 것이 고금의 천리이다. 하늘이 재산이라는 것을 한 사람이나 한 곳에만 무궁하게 보존시키지 않는 것은 이런 이유 때문이다"라고도 말했다.[9]

1926년 그가 사망한 후 그의 유언에 따라 유족들이 당시 총독 사이토 마코토(齋藤實)에게 3만 원의 거금을 사회사업 기금으로 전달한 것도 좋게 해석하면 이완용의 이런 재산관의 일단을 반영한 행동이라고 볼 수도 있다. 한국은행의 계산에 의하면 당시 3만 원은 1999년의 화폐가치로 환산할 때 쌀값 기준으로 약 2억 1천6백만 원에 해당하는 돈이다.

일제시대에 이완용의 재산이 3백만 원에 달한다는 소문이 있었으니 그의 재산 규모에 비해 결코 많은 돈을 내놓은 것이라고 할 수는 없다. 그러나 죽으면서 사회사업 기금을 내놓는 경우가 드물었던 당

---

8) 같은 책, 하 797쪽, 「言行雜錄」.
9) 같은 책, 하 794쪽, 「言行雜錄」.

시의 사회상에 비추어 본다면 무조건 냉소만 할 수 없는 면도 있다.

그는 술도 즐기지 않고 여자도 밝히지 않았다. 그의 유일한 취미는 책을 읽고 서예에 몰두하는 것이었다. 따라서 붓과 벼루와 먹, 종이 등 이른바 문방사우와 도서 수집에 탐닉하여 거실에 이들을 진열해놓고 감상하기를 즐겨했다.

그는 "사람들은 집에서 할 일이 없을 때는 심심하다고 말하는데 나는 일생 동안 심심하다는 것을 알지 못한다. 책과 붓과 먹이 다 나의 벗이다. 이들을 벗 삼아 즐기는데 무엇 때문에 무료하겠는가"라고 자신의 일상적인 취미를 내비치기도 했다.[10]

이완용의 성격은 호방한 것과는 거리가 멀며 내성적이고 매사를 치밀하게 생각하는 사색형이다. 오로지 글 읽기와 글씨 쓰기, 시문 짓기를 낙으로 삼은 그의 풍모는 전형적인 조선 선비, 바로 그것이었다. 이와 같은 그의 성격과 풍모는 본래 타고난 것도 있겠지만 양아버지 이호준의 가르침과 대대로 이어져온 그 집안의 가풍에 따라 형성된 것으로 보인다.

벼슬길 시작부터 세자를 가르친 온건 개화파

이완용은 과거에 급제한 지 4년 만인 1886년 3월 24일 규장각 대교(待敎)로 임명되어 관직의 길에 들어선다. 대교란 규장각의 정7품으로부터 정9품까지의 한 벼슬이다. 과거에 급제하고도 이렇게 오랫동안 벼슬을 기다린 것은 비어 있는 자리가 없었기 때문이다. 그 당시에도 오늘날처럼 인사 적체 현상이 심해서 과거에 급제하고도 3, 4년씩 기다리는 것은 보통이었다. 그래도 임금을 가까이에서 보필할 수 있는 중앙에서 벼슬길을 시작한 것은 가문 덕을 본 것이다. 과거에

---

10) 같은 책, 하 798쪽, 「言行雜錄」.

합격했더라도 배경이 없으면 지방으로 발령 나는 것이 보통이고 한 번 지방으로 밀려나면 좀처럼 중앙으로 진출하기가 힘들었다.

그 사이 세상은 또 많이 변해 있었다.

갑신정변의 회오리가 조선 정계를 한바탕 휩쓸고 지나갔다. 임오 군란 후 청국으로 끌려갔던 대원군은 납치 3년 만에 풀려나 운현궁에 돌아와 있었다. 1885년 8월 원세개의 호송 아래 66세의 노구를 이끌 고 그가 환국하자 민비는 눈에 쌍심지를 돋우고 대원군의 수족들을 보복 처단하기에 정신이 없었다. 그가 귀국한 후 며칠 사이에 척족에 게 목숨을 잃은 그의 수하만도 30명이 넘었다. 청국이 대원군을 석방 할 움직임을 보이자 척족은 민영익(閔泳翊)을 이홍장에게 급히 보내 계속 붙잡아 달라고 애걸하는 추태까지 연출했다.

청국이 뜻밖에도 대원군을 석방해서 귀국시킨 것은 척족세도를 견 제하기 위해서였다. 언제는 척족의 부탁을 받고 그를 납치해가더니 이제는 거꾸로 그 척족을 견제하기 위해 그를 돌려보낸 것이다. 권력 투쟁에 이성을 잃은 시아버지와 며느리를 외세는 그들 편리한 대로 이렇게 마음껏 우롱하고 있었다.

당시 민비와 척족은 청나라에 기대 권력을 유지하고 있으면서도 청국의 간섭이 심해지자 은근히 그 손아귀에서 벗어나고자 러시아에 보호를 요청하고 있었다. 척족이 러시아에 의지하려고 한 것은 이밖 에도 갑신정변 이후 청국과 일본의 개전설이 파다하게 퍼진 것도 한 원인으로 작용했다. 즉 청국과 일본 사이에 전쟁이 벌어지면 조선은 화를 입게 될 것이 뻔하며 왕실도 위태롭게 될 것이므로 왕실을 보 전하기 위해서 러시아에 보호를 요청하자는 것이었다. 당시 척족에게 러시아는 세계 최강의 육군을 가진 거대국가로 인식되고 있었다.

이런 기미를 알아챈 청국은 물론 일본도 신경을 곤두세우지 않을 수 없었다. 갑신정변 직후인 1885년 4월 청국의 이홍장과 일본의 이 토 히로부미(伊藤博文)는 천진에서 만나 임오군란 이후 조선에 주둔

시켜온 양국 군대를 모두 철수시키기로 합의했다. 그리고 이 천진조약에 따라 양국은 이미 철군을 진행하고 있었다. 갑신정변 때 두 나라 군대가 충돌한 것을 계기로 더 이상의 무력충돌을 방지하기 위해서였다. 그런데 철군이 끝나기도 전에 척족이 중심이 되어 러시아를 끌어들이려고 하니 두 나라가 긴장할 법도 했다. 그래서 그 척족세도를 견제하기 위한 조치의 하나로 대원군을 귀국시키고 철군으로 천진에 와 있던 원세개를 조선 왕실을 감시하기 위한 '감국대신'(監國大臣)으로 다시 조선에 파견하게 된 것이다.

청일 양국의 철군은 이용하기에 따라 조선이 두 나라의 간섭에서 벗어나 보다 자주적으로 나갈 수 있는 절호의 기회였다. 그런데 오로지 왕실의 안전만을 추구한 무능한 군주와 척족이 이 기회를 활용해 나라의 자주독립을 확보할 생각은 못하고 또 다른 외세를 끌어들이려다 호된 시어머니를 만나게 된 것이다.

원세개의 공식직함은 '주차조선총리교섭통상사의'(駐箚朝鮮總理交涉通商事宜)로 서울 주재 청국공사에 해당한다. 그러나 교섭이나 통상이라는 것은 명칭에 불과하고 사실은 이홍장을 대신해 조선 왕실이 러시아에 보호를 요청하는 것과 같은 '엉뚱한 짓'을 하지 못하도록 감시하기 위해 파견된 일종의 '감국대신'이었다.

원세개의 조선 파견과 그를 통한 조선 왕실 감시는 일본도 적극 찬성하고 있었다. 원세개는 이후 1894년 청일전쟁이 발발하기 직전 도망치듯이 서울을 떠날 때까지 거의 10년 동안 이 나라의 조정과 민간 사이에서 '원대인'으로 불리며 국왕을 능가하는 위세를 부렸다. 그는 인사문제를 포함해 내정은 물론 외교까지 간섭하며 사실상 조선을 지배하다시피 했다.

원세개는 본래 청나라에서 과거에 떨어진 후 돈을 주고 벼슬을 산 자로서 학문의 소양은 얕았지만 민첩하고 대담하며 두뇌가 명석한 야심가였다. 그가 화려한 예복을 입고 경복궁에 들어오면 궁녀들이 전각의 기둥 뒤에 숨어 그를 훔쳐보며 한숨을 쉬었다는 말이 있을 정도로 미남이기도 했다.

원세개가 '감국대신'으로 부임했을 때 서울에는 일본 이외에 미국, 영국, 독일, 러시아 등의 공사와 영사가 주재하고 있었다.

다른 나라 외교관들은 대궐에 들어올 때면 궐문 밖에서 가마를 내려 신발에 흙을 묻히며 전각까지 걸어 들어왔으나 원세개는 가마를 타고 들어왔다. 국왕 앞에서 다른 나라 외교사절들은 반드시 기립하도록 되어 있었으나 원세개만은 자리에 앉을 수 있는 특권을 누렸다.

서울 주재 외교관들은 원세개에 대한 특별대우에 항의하며 자신들에게도 똑같은 대우를 해달라고 요구했다. 그들은 이런 요구가 관철되지 않으면 국왕의 신년 하례식에 참석하는 것을 거부하겠다고까지 위협했다. 그러나 소용이 없었다. 이런 항의를 접수한 당시 조선정부의 외아문은 원세개가 앉아 있는 청국 공사관의 일개 지부에 지나지 않았기 때문이다.

26세의 새파란 원세개가 부르면 백발이 성성한 조선의 대신들은 꼼짝 못하고 그의 공관으로 달려가 협박조의 훈시를 들어야 했다.

1980년 이른바 서울의 봄을 구가할 당시 이 나라의 대권을 노린다는 3김씨는 주한 미국 대사관의 일개 정무참사관을 서로 경쟁적으로 만나고 다녔다. 그리고 그것을 마치 자신에 대한 미국정부의 지원인 것처럼 과시하려고 했다. 물론 전두환 군부가 미국의 암묵적인 비호 아래 민주화를 저지하고 권력을 탈취하려던 당시의 상황에서 미국정부의 지원을 얻고자 애쓴 3김씨의 처지를 이해 못할 바는 아니다. 그러나 어떠한 이유로도 국내정치에 외세를 이용하고 의지하려는 태도는 정당화될 수 없을 것이다. 더구나 대권을 노린다는 지도자들이 외국 대사관의 일개 정무참사관을 만난다는 것 자체가 격에도 어울리지 않는 행동이다. 이 나라 지도층의 외세에 대한 추종과 굴종은 이처럼 뿌리 깊은 역사적 배경과 전통을 갖고 있는 것이다. 원세개는 자기 공관에서 서울 주재 각국 외교사절들을 초청해 연회를 열 때는 조선 조정의 대신들을 제일 말석에 앉히는 상식 이하의 심술도 부렸다.

원세개는 마침내 고종이 또다시 러시아 공사 카를 이바노비치 베베르(Karl lvanovich Weber)를 통해 러시아에 보호를 요청했다는 이유로 고종을 폐위시키고 대원군과 결탁해 대원군의 손자 이준용(李埈鎔)을 왕위에 앉히려는 음모까지 꾸미게 된다.

이준용은 대원군의 장남 이재면(李載冕)의 아들로 대원군이 각별히 사랑하는 장손자다. 대원군은 자신을 납치했던 청나라를 원망하기는커녕 당시 원세개와 끈끈한 관계를 맺고 있었다. 민씨 척족이 자신의 수족들을 처단하고 박해하자 원세개에 의지해서 그의 고종 폐위음모에 기꺼이 가담했던 것이다.

고종의 러시아에 대한 보호요청 사실은 민영익이 조선정부가 베베르에게 보낸 보호요청 밀서 부본을 훔쳐서 원세개에게 밀고함으로써 드러나게 되었다. 민영익은 다른 척족들과는 달리 청국을 '배반'하고 러시아를 끌어들이려는 정책이 극히 위험하다는 판단에 따라 이런 짓을 저질렀다.[11]

이때 고종에게 보호요청 사실을 추궁하던 원세개가 "하마터면 고종을 때릴 뻔했다"는 얘기가 서울 장안에 파다하게 퍼지기도 했다.[12] 한 나라 국왕의 위신과 권위가 이 지경까지 유린을 당하고 있었던 것이다. 국왕 폐립 음모는 이홍장이 승인하지 않음으로써 중도에서 포기하게 되지만 원세개의 횡포가 어느 정도인가를 짐작케 하는 사건이다.

이완용이 규장각 대교로 임명받아 벼슬길에 들어섰을 당시는 이처

---

11) 진단학회/이선근, 앞의 책, 820~22쪽; F. H. 해링튼, 이광린 옮김, 『개화기의 한미관계 : 알렌 박사의 활동을 중심으로』, 일조각, 1997, 226쪽.
12) F. H. 해링튼, 앞의 책, 229쪽.

럼 원세개가 조선 정계를 호령하고 있던 때였다.

관직에 나온 지 두 달도 채 안 되는 4월 12일, 이완용은 홍문관 관리 10명과 함께 연명으로 갑신정변의 잔당인 신기선(申箕善) 등을 엄하게 처벌하라는 상소를 올린다. 이완용은 그보다 8일 전에 규장각 대교에서 홍문관 수찬(修撰)으로 자리를 옮겼었다. 수찬은 홍문관의 정6품 벼슬로 서책을 편찬하는 직책이다.

신기선에 대한 혐의 내용은 그가 갑신정변 당시 국왕의 명령을 전달하고 전달받는 승지로서 김옥균(金玉均) 등이 공포한 법령을 직접 썼으며, 정변 후 일본에 망명한 박영효(朴泳孝)의 아버지가 죽었을 때 돈을 모아 묻어주고, 김옥균과 편지 연락을 했다는 것 등이다. 신기선은 본래 개화당도 아니고 오히려 극단적인 사대수구파에 속하는 인물이다. 정변 당시 개화파의 협박에 못 이겨 목숨을 부지하기 위해 그들의 지시에 따랐을 뿐이었다.

그런데 그 후 1년 반이나 지난 시점에서 새삼스럽게 4월 10일 사헌부와 사간원에서 이 문제를 들고 나와 그를 처벌하라고 상소를 올린 것이다. 신기선은 당시 부호군이라는 종4품의 무관직에 있었다. 고종은 왜 이제서야 이런 상소를 올리느냐고 핀잔을 주면서 다음날로 신기선, 이도재(李道宰) 등 관련자 5명을 섬으로 귀양 보내라고 지시했다.

그러자 그 다음날, 즉 4월 12일 이완용을 비롯한 홍문관 관리들과 사헌부, 사간원에서 처벌이 약하다고 벌떼처럼 들고일어난 것이다. 이어 영의정 심순택(沈舜澤)을 포함한 대신들도 여기에 합세를 했다. 그들은 한결같이 의금부로 하여금 신기선 등을 엄하게 신문토록 하여 보다 가혹한 형벌을 내려야 한다고 임금에게 거듭 상소하는 소동을 벌였다. 이완용이 속한 홍문관에서는 무려 6번이나 똑같은 상소를 올렸다.

이것은 왕실을 향한 일종의 마녀사냥식 충성경쟁이다. 그것은 마치 한 마리의 개가 그림자를 보고 짖으면 만 마리의 개가 영문도 모르고 따라 짖는 것과 같은 소동인 것이다. 이런 식의 행태는 이조 5백 년을 통해 일상적으로 되풀이되는 단막극이다. 이런 단막극 속에서 수많은 인재들이 뜻을 펴지 못한 채 억울하게 사라져갔다. 그때 갑신정변의 잔당으로 몰려 하마터면 목숨을 잃을 뻔했던 신기선은 그 후 정부 대신이 되어 수구파의 대표 노릇을 하는 아이러니를 연출한다.

갑신정변은 1884년 10월 17일(양력 12월 4일) 개화당이 일본의 힘을 빌려 사대수구파를 제거하고 정부를 개혁하려고 일으킨 정변이다. 김옥균을 중심으로 한 개화파는 이날 우정국 청사에서 각국 외교사절들과 정부 고관들이 참석한 가운데 우정국 개설을 축하하는 연회가 열리는 것을 계기로 수구파를 일망타진하고 정권을 잡으려 했던 것이다. 이들의 거사는 임오군란 이후 서울에 주둔하고 있던 청나라 군대의 개입에 의해 3일 천하로 끝나고 만다. 이때 창덕궁에서 개화파를 보호하고 있던 일본군을 공격해 퇴각케 함으로써 정변을 좌절시킨 청나라 지휘관이 바로 원세개였다.

갑신정변 당시 이완용은 아직 임용을 기다리고 있던 예비관료였다. 정변의 주역인 김옥균은 이완용보다 일곱 살, 홍영식(洪英植)은 세 살이 많았지만 박영효는 그보다 세 살, 서광범(徐光範)은 한 살, 서재필은 여덟 살이나 아래였다. 이들이 정권을 잡아 정부를 일대 혁신하려는 엄청난 일을 벌이고 있을 때 이완용은 아직 과거에 급제한 흥분이 채 가시지 않은 서생이었다.

정변의 주역 대부분이 이완용 못지않은 명문 집안 출신들이다. 박영효는 철종의 사위였으며 홍영식은 영의정을 지낸 홍순목(洪淳穆)의 아들이고 서광범의 할아버지는 예조판서, 아버지는 이조참판을 지냈다. 당시 김옥균과 박영효, 서재필은 이미 일본을 둘러보고 홍영식과 서광범은 일본은 물론 미국과 유럽까지 다녀와 문명개화의 필요성을 절감하고 있었다.

박영효가 임오군란 사죄 사절단을 이끌고 1882년 8월 일본에 가면서 일본행 기선 안에서 태극기를 만들어 사용했다는 것은 너무나 유명한 얘기다. 이들에 비하면 이완용은 아직 우물 안 개구리나 다름없었다.

김옥균 일당이라면 누구보다도 이를 가는 사람이 민비다. 민씨 척족의 우두머리로 그녀의 수족 노릇을 하던 민태호(閔台鎬)와 민영목(閔泳穆)은 정변 당시 개화당에게 참살을 당하고 민태호의 아들로 그녀의 친정 조카인 민영익은 난자를 당했다. 그러니 갑신정변의 잔당을 처벌하라는 잇단 상소가 흐뭇하지 않을 수 없었다.

상소 소동이 가라앉을 즈음 이완용은 홍문관 수찬에서 동학교수(東學敎授)를 거쳐 난데없이 우영군사마(右營軍司馬)와 해방영군사마(海防營軍司馬)라는 무관직을 임명받는 등 한 달이 멀다하고 직책이 바뀐다. 일관성 없고 임금의 기분에 따라 아침저녁으로 벼슬을 남발하는, 문란하기 이를 데 없는 당시의 인사 난맥상을 보여주는 행태이다.

그로부터 1년 후인 1887년 4월 28일, 이완용은 홍문관 응교(應敎)로서 또다시 홍문관 관리들과 연명으로 신기선과 지운영(池運永), 지석영(池錫永) 형제를 잡아다가 신문할 것을 요청하는 상소를 올린다. 응교는 홍문관의 정4품 벼슬이다. 관직에 나온 지 1년 만에 정4품으로 고속승진을 한 것이다. 물론 이 때에도 사헌부와 사간원에서 먼저 똑같은 상소를 올렸다.

지석영은 1879년 우리나라에서 처음으로 종두를 실시하고 그 후 이를 널리 보급한 개화기의 선각자이자 국문학자다. 종두를 매개로 개화당 인사들과 가깝게 지내면서 정변을 도왔다는 것이 혐의 내용이다. 그의 형 지운영은 김옥균을 암살하라는 밀명을 받고 일본에 건너갔다가 오히려 김옥균과 내통했다는 의심을 받았다.

마침내 이완용은 다른 동료 7명과 함께 죄인을 신문하고 답변을 기록하는 문사낭청(問事郎廳)으로 임명되어 임금과 영의정 심순택 등이 지켜보는 앞에서 신기선의 죄를 캐묻는다.

그러나 당초부터 신기선에 대한 혐의 자체가 부풀려진 것이어서 별다른 여죄를 밝혀내지 못한 채 1년 이상 소란을 떤 이 사건은 신기선에게 곤장 몇 대를 치고 다시 귀양지로 보내는 것으로 싱겁게 마무리되고 말았다. 그러나 지석영은 이때 전라도 강진군 신지도로 귀양 가서 6년간이나 유배생활을 하게 된다.

이번 상소 소동은 물론 이완용이 앞장선 것도 아니고 또 이제 관직에 나온 지 1년도 안 되는 그가 주도할 입장도 못 된다. 따라서 이것을 두고 당시 그의 정치적 성향이 수구적이었다고 단정하는 것은 무리다.

그때 이미 그는 조정에서 신식 교육기관으로 설립한 육영공원(育英公院)에 자원해서 입학할 정도로 개화에 적극적인 관심을 보이고 있었기 때문이다. 다만 그가 신기선 등을 처벌하라고 끈질기게 상소하고 마침내 문사낭청으로 직접 신문에 참여한 것으로 보아 왕실과 척족에 대한 충성심이 남달랐다는 점만은 짐작할 수 있다. 이것은 그의 집안이 왕실과 민씨 척족 양쪽에 모두 각별한 인연을 맺고 있다는 점에서 지극히 자연스런 일이기도 하다. 이번 상소와 그의 정치적 성향을 굳이 연결시킨다면 그는 갑신정변과 같은 식의 급격한 개혁운동에는 찬성하지 않고 있다는 것 정도일 것이다. 사실 그는 그 후 일관되게 점진적 개혁의 입장을 견지했다.

신기선에 대한 처리가 끝난 직후 이완용은 당시 이조판서이던 이병문(李秉文)의 천거로 세자에게 학문을 가르치는 시강원(侍講院)의 겸사서(兼司書)라는 직책을 맡는다. 이때의 세자가 대한제국의 마지막 황제가 되는 순종(純宗)이다. 전제군주 국가에서 왕통을 잇는 세자를 교육하는 일만큼 중요한 임무도 없다. 따라서 이런 직책은 학문과 인품이 뛰어나다고 인정받은 사람에게만 맡기는 것이 상례였다. 또 세자의 스승이 된다는 것은 세자가 등극했을 때 지위를 보장받을 수 있다는 것을 의미한다. 이완용이 관직에 나간 지 1년 여 만에 시강원의 겸사서를 맡았다는 것은 그만큼 조정 안에서 촉망을 받았다는 얘기다.

세자가 『소학』 제2권의 강론을 마치자 5월 29일 고종은 영의정 심순택에게 길이 잘 든 말 한 필을, 이완용에게는 어린 말 한 필을 상으로 내린다.[13] 이처럼 그는 벼슬길 시작부터 국왕의 측근에 있으면서 총애를 받았던 것이다. 과거 급제자 가운데서도 이런 행운을 누리는 사람은 극히 드물었다.

---

13) 『一堂紀事』, 하 495~96쪽.

4

두 번째 인생의 전기,
신식 교육과의 만남

이완용은 세계화 논리의 증조 할아버지

이완용은 관직에 나온 지 6개월 만인 1886년 9월, 조정에서 영어와 신학문을 가르치기 위해 세운 육영공원에 입학하게 된다. 그는 학부대신으로 있던 1907년 2월의 어느 날 조카 김명수와 얘기하던 중 "당시 미국과의 교제가 점점 긴요해졌기 때문에 그때 신설된 육영공원에 들어가 미국에 가게 되었다"고 말한 것으로 『일당기사』에 적혀 있다. 이로 보아 육영공원 입학은 순전히 그 자신이 스스로 원해서 결정한 것임을 알 수 있다.

그런데 조카와의 이 대화에서 이완용의 인생관을 엿볼 수 있는 중요한 대목이 나와 눈길을 끈다. 그는 "나의 지나온 바를 말한다면 최초 25세경에는 종래 조선인이 목적으로 삼았던 문과에 급제했다. 그런데 당시로부터 미국과의 교제가 점점 긴요해졌기 때문에 그때 신설된 육영공원에 입학하여 미국에 가게 되었다. 갑오경장 후 을미년에 이르러 아관파천 사건으로 인해 러시아당이라는 말을 들었다. 그 후 일러전쟁이 끝났을 때 여기에서 전환하여 현재의 일본파라는 칭호를 얻었다. 때에 따라 마땅한 것을 따를 뿐 달리 길이 없다. 무릇 천도(天道)에 춘하추동이 있어 이를 변역(變易)이라 하며 인사(人事)에 동서남북이 있어 이 또한 변역이라 한다. 천도와 인사가 때에 따라 변역하지 않으면 이는 실리를 잃어 끝내 성취하는 바가 없을 것이다"라고 말했던 것이다.[1]

간단히 말해 변화하는 세상에 따라 사람도 변해야 실속을 챙길 수 있다는 논리다. 이는 소위 세계화 시대를 맞아 오늘날 이 땅을 풍미하고 있는 '변해야 살아남는다, 변하지 않으면 죽는다'는 구호를 이완용이 일찍이 1백여 년 전에 터득했음을 보여주는 것이다. 그런 의미에서 이완용의 '변역 논리'는 '세계화 논리'의 증조 할아버지뻘쯤 되는 '선각자적 논리'라고 해도 무리는 없을 것이다. 그러나 이완용의 이 변역 논리가 결국은 매국을 정당화하는 기회주의적 처신으로 이어졌다는 것에 주목할 필요가 있다. 오늘 무차별적으로 이 땅을 휩쓸고 있는 세계화 논리의 함정이 바로 여기에 있는 것이다.

육영공원의 설립 배경은 1883년으로 거슬러 올라가게 된다. 한미수호통상조약이 체결된 지 꼭 1년 만인 1883년 5월, 미국은 초대 조선 주재 전권공사로 루시우스 H. 푸트(Lucius H. Foote)를 파견해 서울에 상주시킨다. 그때 서울에 상주 공관을 두고 있는 나라는 일본이 유일했다. 일본은 1880년 11월 26일부터 서대문 밖에 청수관(淸水館)이라는 이름으로 불린 공사관을 개설하고 있었다. 강화도조약이 체결된 지 4년 만이었다. 그러니까 이 땅에 일본 국기가 휘날리기 시작한

---

1) 『一堂紀事』, 하 803쪽, 「言行雜錄」.

것은 바로 이날부터였다. 미국은 청나라 북양대신 이홍장의 주선으로 일본에 이어 두 번째로 조선과 수교를 하게 되었는데 상주 외교관도 일본 다음으로 서울에 파견하게 된 것이다.

미국이 푸트를 공사로 파견하자 조정에서는 이에 대한 답례로 그 해 7월 척족세도의 거물인 민영익을 전권대사, 홍영식을 부사, 서광범을 종사관, 유길준(兪吉濬)과 변수(邊燧) 등을 수행원으로 삼아 총 8명으로 구성된 소위 보빙사절을 미국에 보내게 된다. 이들이 우리 역사상 최초로 서구 세계에 파견되어 서양 문물을 직접 체험하게 되는 공식 사절단이다.

이들이 미국을 둘러보고 귀국한 후 '세계 각국과의 교섭을 위해서는 어학 교육이 가장 시급한 과제'라는 인식 아래 미국의 적극적인 지원을 받아 설립한 것이 바로 육영공원인 것이다.

그러면 여기서 민영익 일행의 미국 방문과 육영공원 설립 과정을 좀더 상세히 살펴보기로 하자. 보빙사절단은 1883년 7월 26일 인천에서 미국 군함 모노케시(Monocacy) 호를 타고 일본의 나가사키로 향한다. 2개월 전 푸트 공사가 조선에 부임할 때도 이 군함을 타고 왔었다. 모노케시 호는 그보다 12년 전 신미양요 때 강화도를 포격한 미국 군함 5척 가운데 한 척이었다. 침략전쟁을 수행한 군함이 이번에는 보빙사절을 싣고 우호와 친선을 나르는 아이러니를 연출한 것이다. 민영익 일행은 나가사키에서 기선으로 바꿔 타고 다시 요코하마로 이동한다. 당시 요코하마와 미국의 샌프란시스코 간에는 정기 여객선 항로가 개설되어 있었다. 민영익은 요코하마에 머무는 동안 퍼시벌 로웰(Percival Lowell)이라는 이름의 미국인 한 명을 안내인으로 채용해 함께 미국까지 동행하게 된다. 로웰은 미국 보스턴 출신으로 하버드 대학을 졸업한 후 당시 일본을 여행 중이었다.

이 로웰이 바로 『고요한 아침의 나라, 조선』(*Choson, The Land of the Morning Calm*)의 저자이다. 그는 그해 12월 미국 방문을 마치고 귀국하는 홍영식을 따라 제물포로 들어와 3개월간 조선에서 머문 적이 있는데 이때의 체험을 위의 제목으로 엮어 다음해에 보스턴에서 출간한 것이다. 이 책은 근세조선의 모습을 최초로 서구 세계에 소개한 저작물로 오늘날까지도 한국이 '고요한 아침의 나라'로 불려지고 있는 것은 바로 이 책의 제목에서 비롯된 것이다.

민영익은 로웰과 함께 통역을 위해 영어를 할 줄 아는 일본인 한 명도 고용해 미국에 데리고 갔다. 사절단의 수행원 가운데 유길준은 1881년 신사유람단을 따라 일본에 갔다가 그곳에 남아 1년 6개월간 유학한 경험이 있어 일본어에 능숙했다. 따라서 로웰의 영어를 일본인이 일본어로 유길준에게 통역해주면 유길준은 이를 다시 우리말로 전달하는 3중 통역으로 의사소통을 했던 것이다.

사절단은 태평양을 건너 9월 2일 샌프란시스코에 도착, 기차로 시카고를 거쳐 9월 15일 워싱턴의 알링턴 호텔에 여장을 푼다.

미국정부에서는 미국 아세아함대에서 복무한 경험이 있는 조지 C. 포크(George C. Foulk) 해군 소위를 이들에 대한 안내인으로 배치했다. 포오크는 일본어와 중국어를 어느 정도 이해하고 동양에 강한 호기심을 갖고 있던 청년 사관이다.

당시 체스터 A. 아서(Chester A. Arthur) 미국 대통령은 뉴욕에 머물고 있었다. 이들은 9월 18일 오전 11시 뉴욕의 피프스 에비뉴 호텔에서 아서 대통령에게 고종의 신임장을 제정한다. 상투를 틀고 사모관대를 한 조선 조정의 전통적인 관복 차림이었다. 그런데 이때 사절단 일행이 아서 대통령 앞에서 무릎을 꿇고 이마를 바닥까지 조아리는 조선식 큰절을 올려 미국 측을 당황하게 했다.

이들은 이후 20여 일 동안 포크 소위의 안내로 뉴욕·보스턴·워싱턴 등 미국 동부의 주요 도시를 다니며 선진 문물과 제도를 돌아보게 된다. 뉴욕의 병원과 소방서, 우편국, 전신국, 이브닝포스트 신문사, 웨스트포인트 육군사관학교 등을 두루 시찰한 것이다. 모범농장도 둘러보고 농무성으로부터 각종 개량종자도 얻었다. 미국은 동양에서 온 이 낯선 사절단에게 성의를 다해 친절과 환대를 베풀었다.

10월 12일 민영익 일행은 백악관으로 아서 대통령을 예방하고 작별인사를 한다. 이때 아서 대통령은 민영익에게 유럽을 거쳐 조선으로 돌아가는 배표 3장을 제공했다. 민영익은 여기서 자신은 서광범, 변수와 함께 이 배표를 이용하기로 하고 홍영식 일행은 먼저 귀국하도록 결정했다. 또 유길준은 본인의 희망에 따라 미국에 남아서 공부하도록 배려했다. 이렇게 해서 유길준은 우리나라 최초의 미국 유학생이 된 것이다. 홍영식은 미국에 올 때와 마찬가지로 샌프란시스코에서 배를 타고 태평양을 건너 그해 12월 귀국한다. 이때 홍영식이 미국인 퍼시벌 로웰과 동행해서 귀국했음은 앞서 언급한 대로다. 한편 민영익과 서광범, 변수는 아서 대통령이 준 배표로 11월 19일 뉴욕에서 미국 기선 트랜턴(Trenton) 호를 타고 여행을 겸한 귀국길에 오른다. 민영익 일행에는 새로 주조선 미국 공사관 해군 무관으로 임명된 포크 소위도 동행하게 된다. 이들은 뉴욕을 떠나 대서양을 건너 지중해와 인도양을 거쳐 다음해 5월 31일 제물포에 돌아온다. 보빙사절로 미국을 향해 떠난 지 꼭 10개월 만이다.

이들은 귀국 도중 프랑스의 마르세유에서 내려 포크의 안내로 파리와 런던을 구경하고 이탈리아의 로마, 이집트의 카이로도 관광한다. 이어 수에즈 운하를 거쳐 인도양을 돌아 인도와 싱가포르, 홍콩 등에도 기착하는 등 거의 세계 일주를 하다시피 했다. 극소수의 관리들만이 일본이나 중국을 다녀온 것이 외국여행의 전부였던 시절에 이들 3인의 이 같은 여정은 놀랄 만한 체험이었음에 틀림없다. 또 조선의 개화를 위해 소중한 자산이 될 수도 있는 경험이었다.

우리 역사상 최초로 서구 문명사회를 직접 접하고 온 이들 보빙사절단의 문화적 충격은 이만저만한 것이 아니었다.

홍영식은 귀국 후 어떤 친구에게 "나는 눈이 부시는 듯한 광명 속에 갔다 온 것 같다"고 말했다.[2] 민영익 역시 서울에 돌아온 다음날 푸트 미국공사를 방문한 자리에서 "나는 암흑세계에서 태어나 광명세계에 갔다가 또다시 암흑세계로 돌아왔다. 나는 아직 내가 나갈 길이 똑똑히 보이지 않는다. 머지않아 그 길이 보이기를 바란다"[3]고 충격으로 얼떨떨해진 자신의 소감을 털어놓았다.

영어 교육을 위주로 한 신식 교육기관, 즉 육영공원의 설립과 우편제도의 도입은 이런 분위기 속에서 개화를 위한 첫 조치로 시도된 것이었다. 민영익 일행의 귀국 3개월 후인 1884년 9월에는 이미 고종이 육영공원 설치를 윤허했고 미국공사 푸트에게 학생들을 가르칠 미국인 교사 3명을 구해달라는 요청까지 하게 된다. 조정에서는 미국 교사들이 도착하는 대로 1885년 초에는 학교 문을 열 계획 아래 준비를 추진하고 있었다.

한편 우편제도는 홍영식이 우정국 총판으로 임명되어 실시를 서두른 결과 1884년 11월 18일(양력) 우정국을 개설하기에 이른다.

그런데 이런 와중에 개화당에 의해 갑신정변이라는 일대 정치적 사변이 돌출하게 된 것이다. 육영공원 설치 계획은 일시 중지될 수밖에 없었다. 정변의 소용돌이 속에서 미국에 보빙사절로 갔다 온 인사들도 대부분 희생당하거나 일본에 망명하는 비운을 겪게 된다. 원세개의 군막을 드나들며 사대수구파의 대표 노릇을 하던 민영익은 개화당에게 난자를 당해 빈사상태에 빠지고 홍영식은 개화파의 3일 천하가 끝나는 날 청나라 군사와 수구파의 손에 참살을 당했다. 서광범과 변수는 김옥균, 박영효, 서재필 등과 함께 일본 군대의 보호 아래 간신히 목숨을 건져 일본으로 망명하게 된다.

7개월 전 민영익 일행이 세계 일주를 마치고 제물포에 도착해 서

---

2) 문일평, 『한미50년사』, 탐구당, 1975, 139쪽.
3) 같은 책, 142쪽.

울로 돌아오던 날 서광범은 동행한 포크에게 "민영익이 외국에 있을 때의 생각과는 딴판으로 서양의 진보주의에 대해 장차 큰 세력을 가지고 반동으로 나올 것이니 무서운 일"이라고 걱정을 했다. 그의 걱정대로 한때 개화파와 뜻이 통했던 민영익은 구미 여러 나라를 돌아보고 온 이후 오히려 더욱 수구적인 입장을 보이며 개화파를 핍박하는 데 앞장을 서고 있었다. 김옥균도 『갑신일록』에서 "민영익이 구주와 미국을 유람하고 돌아온 뒤로부터는 청국에 붙는 뜻이 더욱 굳어지고 일본사람을 미워하는 빛이 겉으로 드러났다"고 적고 있다.[4]

청나라를 등에 업고 권력을 농락하던 척족세도의 주역으로서 그의 관심은 오로지 민씨 일족의 부귀와 영화를 유지하는 것뿐이었다. 결국 그는 갑신정변의 무대가 된 우정국 연회장에서 개화파의 첫 칼날을 받게 된다.

당시 50만 원이라는 거금을 들여 개설했던 우정국 건물은 단 한 건의 우편물을 처리하고 잿더미로 변해버렸다. 그 우편물은 조선에 와 있던 개신교 선교사 호러스 N. 알렌(Horace N. Allen)에게 미국에서 보내온 크리스마스 선물이었다.

나라의 개화를 위해 더 없이 긴요한, 몇 명 안 되는 인재들이 이렇게 정쟁과 정변의 와중에서 스러져 간 것은 민족사를 위해 참으로 불행한 일이 아닐 수 없다. 이 나라의 지배집단이 서로 힘을 합쳐 주체적 역량으로 근대화를 추진할 생각은 하지 못하고 제각기 외세를 등에 업고 파당을 이루어 권력투쟁을 벌인 당연한 결과다.

메이지 유신의 원훈인 이토 히로부미가 1862년 21세의 나이로 같은 조슈(長州) 지방 출신의 이노우에 가오루(井上馨) 등과 함께 영국에 유학 가서 그때 배운 신지식을 토대로 근대일본을 건설하는 데 중추적 역할을 한 것과는 좋은 대조를 이룬다.

---

4) 김옥균, 조일문 역주, 『甲申日錄』, 건국대학교출판부, 1977, 35쪽.

갑신정변으로 일시 중단되었던 육영공원 설립 계획은 1885년 4월 미국정부로부터 조선에 보낼 교사 3명을 선발했다는 통고가 오면서 다시 논의되기 시작했다.

이때 초대 전권공사로 부임했던 푸트는 귀국하고 해군 무관으로 와 있던 포크 소위가 중위로 진급되어 대리공사로 근무하고 있었다. 푸트가 귀국한 것은 미국정부가 조선 주재 미국공사의 지위를 전권공사에서 변리공사로 격하시킴에 따라 자신의 지위 역시 강등된 것에 대한 반발 때문이었다. 미국이 전권공사를 파견한 지 1년 여 만에 그 지위를 격하시킨 것은 다른 서구 제국들의 예를 고려한 조치로 보인다. 당시 조선과 수교를 하고 있던 서구 국가들은 미국을 제외하고 모두 총영사나 대리공사급을 파견하고 있었다.

영국과 독일이 공사가 아닌 총영사를 파견한 것은 어느 면에서 조선에 대한 청국의 종주권을 반쯤 인정한다는 의사 표시였다. 푸트나 포크 모두 조선에 부임한 이래 개화당과 가깝게 지냈으며 특히 포크는 갑신정변을 지원했다는 혐의를 받고 원세개로부터 기피와 경계의 대상이 되기도 했다.

미국정부는 교사 파견에 앞서 포크를 통해 교사의 처우에 관한 조건을 확실하게 정하도록 지시했다. 동양의 나라들이 계약과 계산 문제에 분명치 않다고 본 때문이다. 포크와 오늘날의 외무장관 격인 외아문 독판 김윤식(金允植) 사이에 교사의 월급은 125달러로 하며 조선에 도착할 때까지의 1인당 여비 600달러도 조선정부에서 부담한다는 합의가 이루어졌다. 또 교사에게는 사택을 마련해주고 고용계약 기간은 우선 2년으로 하기로 했다.

마침내 1886년 7월 4일 미국인 교사 3명이 조선에 도착했다. 이들은 모두 뉴욕의 유니온 신학교 출신들로 호머 B. 헐버트(Homer B. Hulbert)와 델젤 A. 벙커(Dalzell A. Bunker) 부부, 조지 W. 길모어(George W. Guilmore) 부부 등이 그들이다.

이들 가운데 헐버트는 그때부터 대한제국이 일제에 합병당하기 직전까지의 험난했던 시기를 대부분 이 땅에서 보내며 우리와 끊을 수 없는 인연을 맺게 된다. 그는 을사조약 직전 고종의 밀서를 갖고 미국에 건너가 미국정부 요인들에게 일본의 강압적인 대조선정책을 설명하고 미국의 개입을 요청했으며 1907년 헤이그밀사 사건 당시에는 밀사들을 안내하는 등 일제의 침략에 신음하던 대한제국의 구명을 위해 나름대로 헌신적인 노력을 기울였다.

그는 또 『대한제국의 소멸』(The Passing of The Corea)이라는 책을 저술해 우리 개화기 연구에 귀중한 자료를 남기기도 했다.

그는 해방 후인 1949년 7월 29일 초대 대통령 이승만의 초청으로 80여 세의 노구를 이끌고 한국을 방문했다가 기관지염으로 1주일 만에 사망, 한국 땅에 뼈를 묻었다.

교사들의 부임과 함께 육영공원 설립은 구체적으로 빠르게 추진되었다. 교사들과 상의를 거쳐 교육 과목은 영어 이외에 수학, 자연과학, 각국 역사, 지리, 정치학 등도 포함하기로 했다. 다만 종교, 즉 기독교를 가르치는 것은 금지되었다.

학교 건물도 지금의 정동 구 대법원 자리에 새로 지어 마련하고 동시에 학생 선발에 들어갔다. 학생은 조정의 당상관과 당하관, 즉 고급 관료들의 아들과 사위, 아우, 조카, 친척 가운데 감당할 만한 사람을 추천하여 선발하라는 국왕의 지시가 떨어졌다. 이처럼 육영공원은 처음부터 일종의 귀족학교로 출발한 것이다.

학생은 좌원과 우원 두 반으로 나누어 좌원은 현직 관리 중에서 젊고 유능한 사람을 뽑아 집에서 통학하게 하고 우원은 15세에서 20세에 이르는 재능 있고 총명한 양반 고관 자제를 선발해 기숙사에서 생활하도록 했다.

이완용은 현직 관리인만큼 좌원 학생으로 선발되었다. 육영공원 개교 당시 좌원은 이완용을 포함해 14명, 우원은 21명으로 구성되었다.

육영공원은 1886년 9월 23일 정식으로 문을 열고 수업에 들어간다. 알파벳을 읽고 쓰는 것으로부터 시작해 강의는 순전히 영어로 했으며 교과서도 영어로 된 것을 사용했다. 학생들은 처음에는 서양인 교사에게 배운다는 호기심에서 수업에 상당히 열심이었다. 그들은 특히 지리에 흥미를 가졌는데 만국지리를 배우면서 세계 각국의 크기와 위치를 알게 되고 동시에 조선이 대단히 작은 나라라는 사실도 실감하게 되었다. 이완용도 이곳에서 영어, 지리와 함께 산수라는 것을 처음으로 접하게 된다.

그러나 시일이 지나면서 학생들은 규칙적인 학교 교육에 적응하지 못하고 싫증을 보이기 시작했다. 엄한 듯하면서도 느슨한 전통적인 서당식 교육에 비해 엄격하게 시간을 지키며 규칙적으로 실시되는 서구식 교육 방법이 생리에 맞지 않았던 것이다. 더구나 좌원 학생들은 관직을 갖고 있으면서 학교에 다녔으므로 공무를 핑계로 결석하는 일이 잦았다.

모두 양반 고관들의 자제인지라 우원의 학생들은 기숙사에서 교실에 갈 때에도 하인에게 책을 들게 했으며 좌원 학생들은 가마를 타고 담뱃대를 들린 하인을 앞세우고 등교했다. 교사 가운데 길모어는 상전들이 공부하는 동안 이들 하인들이 교실 옆에서 자주 장난을 치는 바람에 수업에 지장이 있을 정도였다고 적고 있다. 이런 분위기이니만큼 교사들의 통제 아래 효과적인 교육이 이루어지기는 어려웠다.

육영공원은 그보다 조금 앞서 1886년 6월 미국 감리교 선교사 헨리 G. 아펜젤러(Henry G. Appenzeller)에 의해 설립된 배재학당이나 역시 1886년 5월 미국인 메리 F. 스크랜턴(Mary F. Scranton) 부인이 세운 이화학당에 비해 교육 여건 면에서 훨씬 유리한 조건에 있었다. 육영공원은 국왕의 적극적인 관심과 지원 아래 정부에서 세운 학교로서 교사와 학교 시설을 제대로 갖추고 출발했기 때문이다. 그러나 학생들이 양반 고관의 자제들로 이루어진 귀족학교로서 공부에 성의가 부족했고 정부 당국의 관리도 소홀해 결국 개교 9년 만에 문을 닫고 말게 된다.

그 동안 이 학교를 거쳐간 학생도 112명에 달하지만 이완용을 제외하고는 좋은 의미든 나쁜 의미든 뚜렷하게 두각을 나타낸 인물도 별로 찾아볼 수 없다. 주프랑스공사를 지낸 민영돈(閔泳敦)과 주영국공사로 재직 중 을사조약이 체결되자 런던에서 자살한 이한응(李漢膺)이 눈에 띄는 정도다.

그러나 이완용에게 육영공원은 명문 집안의 양자로 들어간 것 못지않게 또 한 차례 인생의 전기를 가져다주게 된다. 그는 육영공원에 입학함으로써 신학문과 신문명에 접할 수 있게 되고 다음해, 즉 1887년 7월 20일 새로 개설되는 미국 주재 조선 공사관의 참찬관(參贊官)으로 임명받게 되는 것이다. 참찬관은 공사관에서 전권공사 다음의 두 번째 서열이다. 그가 초대 주미 공사관원으로 가게 된 것은 비록 10개월도 채 안 되는 짧은 기간이지만 육영공원에서 공부한 것이 참작되었음은 말할 필요도 없다. 그는 이를 계기로 친미파가 되어 주미 공사관에서 함께 근무했던 알렌의 지원으로 30대에 학부대신이 되고 이어 정동파의 대표로서 아관파천과 독립협회 활동을 주도하게 되는 것이다. 따라서 육영공원 입학은 이때부터 그가 1898년 7월 독립협회에서 제명당할 때까지 12년 동안의 삶을 규정하는 전기가 되었다고 해도 과언이 아니다.

5

초대 주미 공사관원으로
워싱턴에 부임하다

청국의 간섭과 험난한 부임 과정

이완용은 앞서 주미 전권공사로 임명된 박정양과 함께 1887년 8월 7일 경복궁 안에 있는 건청궁에서 고종을 알현하고 미국에 부임하기 위해 그날 출발한다는 하직인사를 한다. 주미 공사관 참찬관으로 임명받은 지 17일 만이다. 그때 박정양은 47세로 지금의 내무부 차관격인 내무협판을 맡고 있었다. 미국 해군 중위 포크가 조선 주재 미국 대리공사로 근무했던 것에 비하면 조선정부는 상당히 고위직을 미국공사로 임명한 셈이다.

초대 주미 공사관원은 전권공사 박정양, 참찬관 이완용, 서기관 이하영(李夏榮)과 이상재(李商在), 번역관 이채연(李采淵) 및 수행원 2명, 무관 1명, 하인 2명 등을 포함해 모두 10명으로 구성되었다. 여기에 우리나라 최초의 개신교 선교사인 미국인 알렌이 외국인 서기관으로서 공사관원을 안내하는 역을 맡았다. 이들 가운데 박정양과 이완용 두 사람에게만 이날 고종을 알현하고 하직인사를 할 수 있는 기회가 주어졌다. 박정양과 이완용은 명문 출신 양반에다 과거에 급제한 조선의 소위 정통 고급관료들이다. 특히 박정양은 1881년 일본에 신사유람단으로 다녀와 기기국(機器局)의 초대 총판을 역임한 개화파 관료에 속했다.

이에 비해 이상재는 당시 나이는 이완용보다 여덟 살이나 많았지만 뚜렷한 벼슬이 없다가 박정양의 추천으로 이번 공사관원에 합류하게 되었다. 이상재는 일찍이 과거에 떨어진 뒤 박정양의 집에서 13년간이나 '겸인'(傔人) 생활을 하며 그의 개인비서 비슷하게 지내왔다. 이런 인연 때문에 이상재는 그 후에도 바늘에 실 가듯이 박정양이 가는 곳에는 항상 따라다니게 된다.

이하영은 부산에 있던 일본인 상점의 점원 출신이다. 그는 상점 일로 나가사키를 다녀오다 배 안에서 처음 조선을 찾던 알렌을 만났으며 그 뒤 서양인 여성 노블의 사환과 조리사로 일하면서 영어를 익혔다. 그는 궁중을 출입하며 민비와 가깝게 지내던 노블의 추천으로 외아문 주사 자리를 얻었다. 이것이 그가 주미 공사관원으로 선발되고 이어 대신으로까지 출세하는 계기가 되었다.

이채연 역시 출신이 불분명한 인물로 주미 공사관원 번역관에 임명될 당시 외아문 주사로 근무하고 있었다. 이렇게 볼 때 초대 주미 공사관원 가운데 박정양을 제외한 나머지는 그 출신이나 지위로 보아 이완용과 상대가 되지 않는 인물들이었다. 이하영이나 이채연의 출세는 개화기에 들어서면서 조선왕조의 전통적인 관료 임용제도가 무너지고 있는 것을 반영하는 것이다. 이완용은 과거에 급제한 정통 양반관료로서 이들 출신마저 분명치 않은 '미천한 인물들'과 함께 미국에서 근무하게 된다. 공사관원 일행은 이날 바로 인천으로 떠날 예정이었다. 알렌은 벌써 그의 가족과 함께 성문 밖으로 나가 박정양 일행을 기다리고 있었다.

그런데 우려했던 대로 원세개가 이들의 앞길을 가로막고 나섰다. 원세개는 조선이 서방 국가에 외교사절을 파견하는 것은 청국의 '속방'으로서 도리에 어긋날 뿐만 아니라 해외에 무역상 하나도 없으면서 외교사절을 상주시키는 것 또한 국가 재정의 낭비라며 사절단의 출발을 중지시키라고 요구했다.

당초 조선이 미국을 비롯한 서구 여러 나라와 수교를 한 것은 순전히 이홍장의 권유와 주선에 의해서였다. 이홍장은 강화도조약 이후 일본세력이 조선에 급속도로 침투하는 것을 보고 이를 견제하기 위해 자진해서 이들 나라와 수교를 주선했던 것이다. 그런데 이제 와서 조선이 그들의 속방이라는 이유로 공사 파견을 방해하는 자가당착을 범하고 있었다. 원세개의 강요 앞에서 사절단의 출발은 중지될 수밖에 없었다.

이보다 2개월 앞서 조선정부는 이미 도승지 민영준(閔泳駿)을 일본에 변리공사로 파견했으며 미국과 함께 유럽 국가에도 전권공사 파견을 서두르고 있었다. 조선정부가 이처럼 상주 외교사절을 파견키로 한 것은 청국의 간섭에서 벗어나 자주독립 국가의 체면을 살리고자 함이었다.

1886년 말경 고종은 자신의 시의이자 고문 역할을 하고 있던 알렌에게 "미국은 왜 우리에게 군사교관을 보내지 않고 있는가. 미국이 그처럼 조선에 무관심한 이유가 무엇인가"라고 물었다.

조선정부는 민영익이 보빙사절로 미국에 갔다 온 직후부터 미국에 정치고문과 군사교관을 파견해달라고 요청해놓고 있었다. 그런데 미국은 육영공원 교사 3명을 보냈을 뿐 다른 문제에 대해서는 이렇다 할 관심을 보이지 않고 있었다.

민영익이 보빙사절로 미국을 다녀온 이후 미국에 대한 고종의 기대와 환상은 거의 절대적이었다. 민영익과 홍영식이 보고하는 미국의 광대함과 풍요로움, 높은 물질문명 발달 수준 그리고 조선에 주재하는 미국공사와 선교사, 교사들의 친절한 태도와 너그러운 마음씨가 미국에 대해 더할 수 없는 호감을 갖게 만들었던 것이다. 거기에다 미국은 영토적 야심이 전혀 없는 나라이며 조선과 멀리 떨어져 있어 조선을 침략할 위험도 없다고 생각했다.

어디 그뿐인가. 미국은 조선과의 수호조약 제1조에서 '만약 제3국이 체약한 일방 국가에 대해 모욕적인 행동을 하게 되면 반드시 서로 도와 거중 조정한다'라고 규정함으로써 조선이 제3국으로부터 침략을 받을 경우 도와줄 의무가 있다는 것을 조약으로 명문화해 놓기까지 했다. 조선이 이때까지 일본이나 서양 여러 나라와 수호조약을 맺었지만 이런 조항을 조약에 자진해서 포함시킨 나라는 미국밖에 없었다. 이 조항은 조선이 일본에 병합당할 때까지도 미국에 대한 환상을 버리지 못하게 만든 가장 큰 요인으로 작용했다. 조선 왕실은 한때 미국에 보호를 의탁하려고 한 적까지 있다. 하지만 이것은 어디까지나 미국에 대한 고종의 일방적인 짝사랑일 뿐이었다.

1885년 가을 미국 국무장관 토머스 F. 베이어드(Thomas F. Bayard)는 서울 주재 대리공사 포크에게 다음과 같은 훈령을 내린다. '조선은 청국과 일본, 러시아 그리고 영국의 이해가 얽히고설킨 갈등의 중심지며 적의에 찬 음모가 이루어지는 곳이다. 그러므로 미국의 이익을 위해 명백히 밝혀두어야 할 것은 이 모든 것으로부터 초연하고, 아무것도 해서는 안 되며, 이익을 얻기 위해 서로 대립하고 있는 나라와 한편이 되거나, 음모에 끼어든 것처럼 보이는 어떠한 일에도 휘말려 들어서는 안 된다.'

이처럼 당시 미국의 대조선정책은 확고하게 불간섭과 불개입 입장을 취하고 있었다. 이런 입장은 비단 조선에만 해당하는 것이 아니라 미국의 일반적인 대외정책의 기조였다. 미국이 조선정부의 간청에도 불구하고 군사교관을 파견하지 않고 있었던 것도 이런 정책 때문이었다.

그러나 당시 고종은 물론 조선 조정 안에서 이런 미국의 대외정책 기조를 어렴풋이나마 이해할 수 있었던 사람은 단 한 명도 없었다. 그들은 단지 그때 서울에 주재하고 있던 몇몇 미국인들의 친절과 동정을 미국정부의 정책으로 착각하고 미국에 터무니없는 기대와 환상을 품고 있었던 것이다.

고종의 물음에 대해 알렌은 "이는 조선이 워싱턴에 상주 공사관을 두고 있지 않기 때문이며 이로 인해 미국은 조선이 청국의 속방이라는 주장을 믿고 있다"고 대답했다. 귀가 얇아 남의 말을 잘 듣는 고종은 즉석에서 미국에 공사관을 설치해야겠다고 다짐하고 그에게 2백만 달러의 차관을 얻는 일도 직접 맡아달라고 부탁한다.[1] 알렌은 워싱턴에 공사관을 설치하고 유지하는 데 따른 비용을 산출해서 고종에게 보고했다. 이렇게 해서 초대 주미 공사관원의 파견을 보게 된 것이다.

그러면 이렇게 고종에게 막강한 영향력을 행사하는 알렌은 도대체 어떤 인물인가. 그가 이 나라 최초의 장로교 선교사로 조랑말을 타고 서울에 들어온 것은 1884년 9월이었다. 그때까지만 해도 그는 조선 정부의 박해를 피하기 위해 자신의 신분을 미국 공사관 소속의 의사로 숨기고 있던 이름 없는 의료 선교사에 불과했다.

그러나 조선에 들어온 지 3개월도 안 되는 그해 12월 4일 밤을 기해 큰 키에 깡마르고 붉은 머리털을 가진 이 선교사의 운명은 조선 정계의 막후 실력자로 바뀌게 된다. 그날 밤 그는 요란하게 문을 두드리는 소리에 잠에서 깨어났다. 푸트 미국공사가 그의 의술을 급히 필요로 한다는 전갈을 보내온 것이다.

---

[1]   F. H. 해링튼, 앞의 책, 239쪽.

그날, 즉 갑신정변이 일어나던 그날 밤 10시쯤 척족세도의 핵심 인물이던 민영익은 우정국 연회장에서 개화파의 칼날에 치명적인 상처를 입었다. 그는 함께 연회에 참석했던 독일인 묄렌도르프(Paul Georg von Möllendorff), 일명 목인덕(穆麟德)에 의해 목인덕의 집으로 옮겨졌으나 별다른 치료도 받지 못한 채 빈사상태에 놓여 있었다. 이홍장에 의해 조선정부의 외교고문으로 파견된 목인덕은 당시 외아문 협판직을 맡고 있으면서 척족 수구세력과 한통속을 이루고 있었다.

알렌을 부르기로 한 것은 바로 목인덕이었다. 민영익이 칼에 맞은 상처는 머리, 얼굴, 팔 등 일곱 군데 이상이나 되었다. 그날 알렌은 일본인 의사 한 명의 도움을 받아가며 밤을 꼬박 새워 민영익의 상처를 소독하고 꿰맸다. 사대수구파의 우두머리 민영익은 참으로 아이러니컬하게도 자신이 반대하던 일본인과 서양 선교사에 의해 목숨을 건지게 되었다.

민영익은 본래 민태호의 아들이다. 민태호 역시 갑신정변 당일 밤 개화파에게 살해당했다. 민태호의 딸, 즉 민영익의 여동생은 민비에 의해 이제 열한 살밖에 안된 세자의 빈으로 책봉되어 있었다. 민씨 척족세도를 억만년 누리기 위해서였다.

그런데 민영익은 이보다 9년 앞서 민비의 친정 오빠 민승호(閔升鎬)의 양자로 입양되었다. 그러니까 민영익은 민비의 친정 조카였다. 민승호는 본래 대원군의 둘째 처남이다.

그런 그가 무남독녀이던 민비 집안의 대를 잇기 위해 11촌 아저씨뻘인 민비의 아버지 민치록(閔致祿)의 양자로 들어갔던 것이다. 그러므로 민승호는 본래 대원군의 처남이자 고종의 외삼촌이었다가 이제는 엉뚱하게 고종의 처남이 되어버린 것이다. 민승호는 대원군이 집권한 후 한때 그의 각별한 총애를 받았었다. 그런데 배은망덕하게도 민비와 한패가 되어 대원군을 몰아내고 병조판서로 세도를 부리다가 의문의 폭사를 당하게 된다.

대원군이 권좌에서 밀려난 지 1년 정도 지난 1874년 11월, 민승호는 어느 시골 군수로부터 '대단히 귀한 물건이니 남의 눈을 피해 대감이 직접 열어보라'는 은근한 편지와 함께 봉물함을 받는다.

뇌물 받는 데 이력이 난 민승호는 편지에 쓰인 대로 하인들도 물리친 채 내실에서 어머니와 열두 살 된 아들이 지켜보는 가운데 잔뜩 기대에 부풀어 '봉물 궤짝'을 손수 끌러보다 일가 3대가 그 자리에서 폭살을 당하고 만다. 봉물함으로 위장한 폭탄이었던 것이다. 당시 일반에서는 이 사건의 배후로 운현궁을 지목하는 것이 대체적인 분위기였다. 대원군과 민비의 화해할 수 없는 '22년 전쟁'은 바로 이 사건으로부터 불붙기 시작한 것이다. 그리고 이들 시아버지와 며느리가 경쟁적으로 외세를 끌어들이거나 외세에 업혀 권력투쟁을 벌이는 사이에 나라는 돌이킬 수 없는 망국의 수렁으로 빠져들어 갔다.

민영익은 이렇게 해서 다시 대가 끊기게 된 민비 집안의 손을 잇기 위해 죽은 민승호의 양자로 들어갔던 것이다.

이런 민영익을 살려냈으니 알렌의 위상이 어떻게 되겠는가.

"작은 사람이라도 때로는 큰 노름을 할 때가 있는 법이다." 알렌이 자신의 일생을 두고 한 말이다. 그의 이 말대로 그는 우연히 척족세도의 거물 민영익의 목숨을 구해주게 됨으로써 이름 없는 선교사의 처지에서 벗어나 일약 조선 정계를 요리하는 큰 도박판에 끼어들게 되었다.

알렌은 죽은 목숨이나 다름없던 민영익을 살려낸 그의 '신통한' 의술 덕분에 국왕과 왕비의 시의로 임명받아 대궐을 무상으로 출입할 수 있게 된다. 민영익과는 그가 백인임에도 불구하고 형제의 의를 맺었다. 알렌은 이완용과 같은 1858년생으로 민영익보다 두 살 위였다. 조정에 대한 알렌의 영향력은 어느새 미국공사를 능가하고 있었다. 왕실의 움직임에 관한 정보를 얻기 위해 오히려 공사가 그에게 물어볼 정도가 되었다. 알렌은 조선정부에 장로교 선교부가 운영하는

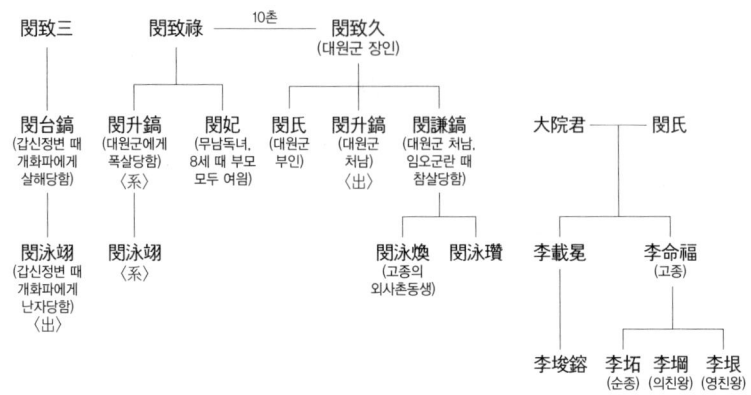

〈표 2〉 대원군과 민비 집안의 인척 관계도

병원을 하나 설립하게 해달라고 청원한다. 그의 청원은 별다른 이의 없이 받아들여져 갑신정변 때 살해된 홍영식의 집을 병원으로 해서 1885년 4월 문을 열게 된다. 이 병원이 우리나라 최초의 근대식 의료기관인 제중원으로 오늘날 연세대 세브란스 병원은 그 뿌리가 여기서 시작된 것이다.

가톨릭은 조선에서 포교활동을 시작한 이래 피로 점철된 순교의 가시밭길을 걸어왔다. 대원군 집권 초기 3년 동안에만도 전국에서 학살당한 천주교도는 8천 명을 넘었다. 로마제국의 초기 기독교도 탄압을 연상케 하는 일대 학살극이었다.

그런데 개신교는 알렌 덕분에 처음부터 왕실의 묵인 아래 안전하게 전도활동을 펼칠 수가 있었다. 호러스 G. 언더우드(Horace G. Underwood)와 아펜젤러 등이 왕실의 측근에서 활동하며 전도의 일환으로 배재학당과 같은 학교를 설립할 수 있었던 것도 모두 알렌의 측면 지원으로 가능했다.

시간이 지나면서 알렌은 차츰 그의 활동 영역을 넓혀 고종의 정치고문 역할까지 하게 된다. 그리고 마침내 주미 공사관 개설과 함께 조선정부로부터 연봉 3천 달러를 받는 외국인 서기관으로 임명받게 된 것이다. 이 연봉은 그가 장로교 선교사로서 받는 급료의 2배가 넘는 액수다. 이때 알렌은 거의 매일 고종을 만나다시피하면서 정치는 물론 군사 외교에 관한 문제까지 조언을 하고 있었다. 심지어 고종은 당시 서울 주재 미국공사 윌리엄 H. 파커(William H. Parker)가 매일 술에 취해 공사관에 드러누워 있으면서 조선에 전혀 관심을 보이지 않자 알렌에게 "미국정부에 공사를 소환하고 대신 포크 소위를 임명해줄 것을 요청할 수 있는가"라고 묻기까지 한다. 이런 사정으로 해서 미국의 장로교 외국 선교부는 알렌의 보고서를 토대로 국무성보다도 더 조선 실정을 잘 파악하고 있다고 자랑할 수 있었다.

원세개의 요구로 박정양을 비롯한 조선인 공사관원들은 미국으로 부임하기 위해 남대문 밖까지 나갔다가 다시 돌아오지만 알렌은 그대로 제물포로 떠났다. 알렌은 벌써 집과 가재도구까지 정리한 상태였다.

청국의 간섭에 의해 주미공사 파견이 중단되자 우선 미국정부가 강력히 반발하고 나섰다. 조선 주재 미국공사 휴 A. 딘스모어(Hugh A. Dinsmore)는 원세개에게 제3국의 외교문제에 간섭하는 행위는 월권이라고 지적하고 항의했다. 미국정부는 북경 주재 자국 공사를 통해서도 사절단의 교환 상주는 청국의 주선에 의해 체결된 양국의 수호조약에 따른 것이며 더욱이 조선이 일본에 사절을 파견할 때는 가만히 있다가 미국에 보낸다고 하니까 문제를 삼는 이유가 무엇이냐고 따졌다. 조선정부도 청국에 사절을 보내 주미공사 파견을 허락해 달라고 새삼 요청을 했다.

이렇게 3국 사이에 논란이 진행되고 있는 사이 알렌은 먼저 일본으로 떠났으며 이완용도 대구를 향해 출발했다.

이완용의 양아버지 이호준은 당시 경상도 관찰사로 있었다. 이완용은 미국에 부임하는 길에 아버지에게 하직인사를 하기 위해 경상도 감영이 있는 대구에 들르게 된 것이다. 그는 대구를 거쳐 부산에서 공사관원들과 합류해 일본으로 갈 예정이었다. 그를 제외한 나머지 일행들은 기선으로 인천을 출발해 부산에 들르도록 되어 있었다. 그런데 부산에서 한 달 가까이 기다려도 박정양 공사 일행이 탄 배는 나타나지 않았다. 그는 하릴없이 부산 부근의 산천과 유적지를 둘러보며 시간을 보냈다.

문제가 발생한 지 48일 만인 9월 25일 이홍장은 소위 '영약 3단'(另約三端)이라고 하는 세 가지 조건을 붙여서 주미공사 파견을 승인한다고 조선정부에 통보해왔다. 그 조건이란 첫째 조선공사는 주재국에 도착하면 먼저 청국 공사관에 가서 보고하고 청국공사를 경유하여 주재국 외무부에 가야 하며, 둘째 공식행사나 연회석상에서 조선공사는 청국공사 다음에 앉아야 하고, 셋째 중요 문제가 있을 때 조선공사는 청국공사에게 미리 상의해야 된다는 것이었다.

이런 우여곡절 끝에 박정양 공사 일행은 마침내 9월 28일 오후 4시 제물포에서 미국 군함 오마하(Omaha) 호에 탑승해 부임길에 오르게 되었다. 이들이 배에 오를 때 미국 측은 태극기를 높이 달고 군악을 연주하며 예포 15발을 쏘아 공사 일행에게 환영과 경의의 뜻을 표시했다. 오마하 호는 10월 2일(양력 11월 16일) 제물포를 출항해 이틀 후 부산에 정박해서 이완용을 태우고 그날 오후 다시 부산을 떠나 다음날인 19일 일본의 나가사키 항에 도착했다. 사절단 일행은 여기서 먼저 와 있던 알렌과 합류하게 된다.

나가사키에서 박정양과 이완용, 이채연은 당시 홍콩에서 도피생활 중이던 민영익을 만나보기 위해 다시 독일 우편선을 타고 11월 21일 홍콩으로 향했다. 민영익은 1년 4개월 전 원세개에게 조선 조정이 러시아에 보호를 요청한 사실을 밀고했다가 사태가 뜻밖에 고종 폐위 음모로 확대되자 이번에는 왕실에 이 음모를 알려주는 '이중간첩' 노릇을 했었다. 그의 사전 통보로 고종 폐위음모가 저지되었다는 일부의 주장도 있기는 하지만 아무튼 이 소동으로 그는 입장이 난처해진 데다 신변에 위협까지 느껴 홍콩으로 피신해 있었던 것이다. 민영익은 당시 왕실의 내탕금을 홍콩의 은행에 예치해두고 최고급 호텔인 빅토리아 호텔에 묵으면서 호화생활을 하고 있었다.

일행은 이곳에서 민영익과 함께 홍콩 총독을 방문하고 관광을 한 다음 마카오를 거쳐 18일 만인 12월 8일 요코하마로 돌아온다. 박정양과 이완용이 미국에 부임하는 길에 이처럼 여러 날을 허비하며 홍콩에 머물고 있던 민영익을 찾아간 것은 주미 공사관 개설에 따른 업무 협의 겸 그로부터 미국에 다녀온 경험을 듣고 참고도 하기 위한 것으로 보이지만 사실상 불필요한 여행이었다. 알렌도 그의 1887년 11월 21일자 일기에서 "박정양이 온갖 반대에도 불구하고 홍콩행을 고집했다"(to go to Hongkong where he insisted upon going against every protest)라고 적어 박정양 일행의 홍콩행에 강력히 반대했음을 밝히고 있다.[2] 사실 그들의 홍콩행은 별로 필요 없는 것이었다. 왜냐하면 박정양 일행이 나가사키에 도착하기 전인 11월 6일 알렌이 이미 홍콩으로 가서 민영익을 만나 공사관 개설과 관련한 문제를 협의

---

2) 알렌의 이 부분 일기 원문은 다음과 같다. "On Sunday I procured tickets for the Minister, First Secretary Ye Wan Yong, interpreter Ye Chah Yun and servant Huh Yong Up to go to Hongkong where he insisted upon going against every protest." 그런데 단국대 사학과 김원모(金源模) 교수의 책 『알렌의 일기』(단국대학교출판부, 2008)는 이 부분을 "일요일(20일)에 나는 朴定陽 공사, 서기관 李完用, 번역관 李采淵, 그리고 武弁 李鐘夏 등 4명의 홍콩행 여객권을 구입했다. 박 공사는 홍콩에서 부임 반대를 물리치고 미국행을 고집했던 것이다"(142쪽)라고 원문에도 없는 작문성 오역을 해놓고 있다. '개화기의 귀중한 사료를 완역했다'는 이 책은 이런 류의 오역투성이어서 일반 독자는 물론 전문 연구자들에게도 큰 혼란을 줄 수가 있다. 1991년 초판 발행 이후 2008년 3쇄가 나올 때까지도 이런 엉터리 번역들을 바로잡지 않고 버젓이 그대로 내고 있는 것은 우리 학계와 출판계를 위해서 실로 부끄러운 일이 아닐 수 없다.

하고 공사관 개설 자금으로 2만 달러의 수표와 민영익이 박정양에게 보내는 서신까지 받아가지고 돌아왔기 때문이다. 당시 민영익은 민비의 친정 조카라는 것 외에 아무런 공식직함도 갖고 있지 않은 망명객이었다. 그런 그로부터 공사관 개설 자금을 수령했다는 것은 당시 조선의 국가 운영이 얼마나 전근대적이며 척족의 세도가 어느 정도였는가를 짐작케 하는 대목이기도 하다.

서양인 남녀 승객들의 망측한 무도회

알렌을 포함한 주미 공사관원 일행 11명은 10월 26일(양력 12월 10일) 일본 주재 서리공사 김가진(金嘉鎭)의 전송을 받으며 영국 기선 오셔닉(Oceanic) 호를 타고 요코하마를 떠나 샌프란시스코로 향한다. 기선의 선장은 어느새 태극기를 준비해 식당과 사절단이 출입하는 문 입구에 걸어두는 친절을 베풀었다. 일행은 그 태극기를 보면서 반가운 마음과 함께 서양인들의 외교술과 상술에 새삼 감탄을 하게 된다. 그들은 태평양을 횡단하는 도중에 날짜 변경선을 통과하며 동반구와 서반구의 밤낮이 다르다는 것을 알게 되고 하와이에 들러서는 이렇게 작은 섬나라의 군주가 황제를 칭하며 독립을 유지하고 있는 데에 놀라기도 했다.

하와이를 지나 태평양을 횡단하는 19일간의 지루한 항해가 끝나갈 무렵 승객들은 선상에서 크리스마스이브를 맞게 되었다. 박정양은 서양인 승객들로부터 파티에 함께 참석하자는 요청을 받았으나 몸이 아프다는 핑계로 거절한다. 그들은 가끔 선상에서 서양인 남녀들이 서로 껴안고 춤추는 망측한 광경을 기이한 눈길로 바라본 적이 있다. 전통적 유교 사상의 두꺼운 껍질 속에 갇혀 있던 그들에게 서양인의 파티는 너무나 이질적인 것이었다.

크리스마스 다음날인 12월 26일 알렌은 자신의 일기에 다음과 같이 적고 있다.

공사는 나약하고 우둔한 인물(a weak imbecile)이며 공식 통역관은 바보로서 영어도 할 줄 모른다. 그들은 대변을 볼 때 변기에 앉는 대신 서서 볼 것을 고집하여 항상 변소를 더럽히고 심하게 그들의 발자국을 변기에 남긴다. 연신 담배를 피우는데다가 목욕을 하지 않음으로써 몸에서 나는 똥 냄새와 담배 냄새, 퀴퀴한 오줌 냄새, 음식 냄새 등이 뒤섞여 그들의 방에서는 계속 악취가 풍긴다. 승객들은 대단히 친절했지만 내 자신과 마찬가지로 그들을 쫓아낼 수만 있다면 무척 고마워했을 것이다. 나는 매일 아침 규칙적으로 공사를 보러 가서 그를 깨워 갑판으로 데려간다. 그들의 방에는 오래 머물러 있을 수가 없다. 그들의 옷에서 기어 다니는 이를 지적해주어야 하기 때문이다. 옷에서는 이상한 냄새가 풍겨 나왔지만 그들은 별로 신경 쓰는 것 같지 않았다.

알렌은 이 일기에서 수행원 강진희(姜進熙)는 몹시 더러우며 옷을 반쯤 걸치고 여기저기 기웃거려 승객들을 짜증나게 하고, 이상재도 더러운 사람(the dirty man)이라고 비난하고 있다. 그가 일행 가운데 그래도 괜찮게 평한 사람은 이완용과 이하영뿐이었다. "서기관 이완용과 이하영이 일행의 형편없는 인상을 그나마 덜어주었다"고 한 것이다.

우리는 알렌의 이 일기에서 당시 서양인의 눈에 비친 이 나라 관리의 모습과 위생 상태를 어느 정도 짐작할 수 있다. 또 4년 전 민영익 일행의 미국 방문과 세계일주 경험이 이들 주미 공사관원에게 아무런 도움도 되지 못하고 있다는 사실도 확인하게 된다.

민영익 일행이 우리 역사상 최초로 서양 세계를 돌아보고 엄청난 문화적 충격을 받았다는 것은 앞서 기술했지만 그들 중 누구도 자신들의 '그 놀라운 체험'을 기록으로 남긴 사람은 없다. 오늘날 그들 보빙사절 일행이 남겨놓은 서양 견문기는 단 한 줄도 찾아볼 수가 없다. 이것은 정말 '놀랄 만한 우리의 기록문화 부재'를 보여주는 것이다. 민영익과 홍영식이 서구 세계에 다녀와서 털어놓은 것은 오직 고종에게 그들이 보고 들은 바를 몇 마디 말로 보고한 것이 전부였다. 그들은 기록만 남기지 않은 것이 아니라 서양의 실상과 풍속에 대해 주변 동료들에게도 적극적으로 알리지 않은 것 같다. 막대한 나랏돈을 써가며 엄청난 사실을 보고 와서도 전혀 정보를 공유하지 않은 것이다.

홍영식과 함께 미국에서 조선에 들어와 3개월간 머물다 돌아간 로웰은 그의 짧은 체험을 『고요한 아침의 나라, 조선』이라는 한 권의 책으로 엮어 다음해 출간했다. 이밖에도 구한말에 이 땅을 다녀간 서양인들 상당수가 그들이 보고 들은 것을 책으로 내고 우리가 불량배 비슷하게 생각하는 일본의 낭인들도 저마다 조선의 역사와 풍물에 관한 책을 저술했다. 이 책들이 그들의 조선침략에 길잡이가 되었음은 물론이다.

우리는 지금 이들 외국인의 저작물이 아니면 우리 근현대사를 제대로 재구성할 수가 없다. 그래서 우리는 역사는 오래되었으되 역사가 없는 민족이 된 것이다.

조선의 양반 선비들은 모였다 하면 공자와 맹자를 뇌며 글자랑을 일로 삼았다. 그런데 글은 왜 배우고 쓰는가. 그 놀라운 서양 세계의 체험들을 단 한 줄도 기록으로 남길 줄 모르면서 글은 무엇에 쓰려고 배우고 또 그런 글자랑이 무슨 의미가 있는가. 그들에게 글은 오직 과거에 합격하기 위한 출세의 수단이고 자신의 유식을 과시하기 위한 도구일 뿐이었다.

물론 홍영식과 민영익 일행이 돌아온 지 얼마 되지 않아 갑신정변이 일어남으로써 차분하게 기록을 남길 만한 경황이 없었을 것이라고 이해할 수도 있다. 그러나 그렇다고 하더라도 단 한 줄의 견문기도 남기지 않았다는 것은 그들의 한심한 기록 정신을 보여주는 것이며 그 후에도 이런 노력이 없었다는 것은 역사에 대한 의무를 저버린 행동이라고 지적하지 않을 수 없다.

만일 민영익 일행 가운데 누군가가 서양인의 풍속과 위생 습관 같은 것을 그들이 본 대로 자세히 기록으로 남겨 정보를 공유했더라면 적어도 알렌이 그의 일기에서 서술한 것과 같은 모욕적인 비난은 덜 들었을 수도 있었을 것이다.

우리 역사상 최초로 서양 견문기록이 등장한 것은 1895년에 발간된 유길준의 『서유견문』(西遊見聞)이다. 유길준이 보빙사절 수행원으로 민영익을 따라 미국에 첫발을 디딘 지 무려 12년 만에 나오게 된 것이다. 물론 유길준이 서유견문을 탈고한 것은 이보다 6년 전이며 박정양의 미국 견문기라고 할 수 있는 『미속습유』(美俗拾遺)는 1888년에 쓰여졌다고 하지만 당시 일반에 공개되지 않음으로써 그 의미는 반감될 수밖에 없었다.

공사관원 일행을 태운 오셔닉 호는 요코하마를 출발한 지 19일 만인 11월 14일(양력 12월 28일) 오전 8시쯤 샌프란시스코 항에 도착했다. 그러나 그 배의 3등 객실 승객 가운데에서 천연두 환자가 발견되는 바람에 승객들은 배에서 내리는 것이 금지되었다. 나흘 동안 배에 갇혀 있다가 우선 1등 객실 승객만 상륙이 허락됨에 따라 공사관원 일행은 11월 18일, 양력으로 1888년 1월 1일 마침내 미국 땅을 밟게 되었다.

일행은 일단 샌프란시스코 시내에 있는 팔레스 호텔에 투숙했다. 이런 일정은 물론 알렌이 사전에 정해 놓은 데 따른 것이다. 팔레스 호텔은 8층 높이에 객실이 1천 개나 되는 당시로서는 엄청나게 규모가 큰 호텔이었다.

일행이 객실에 올라가기 위해 엘리베이터를 탔을 때 작은 소동이 벌어졌다. 엘리베이터가 움직이자 모두 알렌을 붙들고 공포에 질려

지진이 일어났다고 소리를 지른 것이다.[3] 알렌이 엘리베이터의 작동 원리에 대해 설명해 주었으나 일행은 그 뒤 나막신을 신고 달가닥거리며 계단만을 이용했다.

일행은 1월 4일 기차를 타고 샌프란시스코를 떠나 미대륙을 동서로 횡단하여 5일 만인 9일 워싱턴 역에 도착했다. 태극기를 앞세우고 워싱턴 역에 내렸을 때 일행을 맞은 사람은 그들이 투숙하기로 되어 있는 에비트 호텔의 사장 한 명뿐이었다. 박정양은 조선의 관례로 보아 당연히 미국정부 관리가 영접을 나올 것으로 기대하고 있었다. 그러나 미국정부는 부임하는 외국공사를 영접하는 관례가 없었다.

클리블랜드 미국 대통령을 만나다

이완용은 워싱턴 도착 다음날인 1월 10일 박정양 공사의 지시에 따라 번역관 이채연 그리고 알렌과 함께 미국 국무성에 가서 공사관원 일행의 부임 사실을 알리고 대통령에게 신임장을 제정할 날짜를 정해달라고 요청했다. 이들이 이날 국무성에 제출한 조회문은 한문을 원본으로 삼고 이것을 영문으로 번역한 것이었는데 영문은 알렌이 직접 썼다. 국무성에서는 다음날 바로 회답이 왔다. 우선 13일 박정양 공사가 직접 국무성에 들어와 신임장 부본을 제출하고 그날 대통령 면담 날짜를 잡자는 것이었다.

그런데 국무성에서 회답이 오던 날 문제가 발생했다. 워싱턴 주재 청국 공사관에서 참찬관 등 3명이 에비트 호텔로 박정양을 찾아와 "왜 먼저 청국 공사관에 들르지 않고 바로 국무성에 조회문을 보냈느냐"고 힐난조로 따지는 것이었다. 공사관원 일행이 서울을 출발하기 직전 이홍장이 원세개를 통해 조선정부에 보낸 소위 '영약 3단'에 의

---

[3] 호러스 N. 알렌, 신복룡 역주, 『조선견문기』, 집문당, 2010, 150쪽.

하면 박정양은 워싱턴에 도착하는 대로 먼저 청국 공사관에 보고하고 청국공사와 함께 미국 국무성에 가도록 되어 있었다.

청국공사 장음환(張蔭桓)은 이들이 워싱턴에 도착하던 날 이미 국무성에 '세 가지 조건'의 내용을 설명하고 양해를 구하는 조회문까지 보내놓고 있었다. 청국공사는 그들의 소위 종주권을 과시하기 위해 조선 공사관원들을 '자신이 데리고' 국무성에 가서 소개하고 대통령에게 신임장을 제정하는 자리에도 함께 참석하려고 준비하고 있었던 것이다. 그는 대통령이나 국무장관 면담 자리에는 알렌과 같은 외국인은 배제시키려고까지 마음먹고 있었다. 그들의 종주권을 과시하는 데 방해가 되는 존재라고 생각했기 때문이다.

청국 공사관 참찬관의 추궁에 대해 박정양은 "자신이 서울을 출발할 당시 이홍장 대신으로부터 원세개 총리에게 전보가 왔다는 말은 들었으나 배를 타는 시간이 촉박해서 정부의 명령은 받지 못했으므로 자기 마음대로 그 조건을 이행하기는 어렵다"고 일단 청국 측의 요구를 거부했다. 이날 이들 사이의 대화는 서로 한문을 종이에 써서 의사를 소통하는 필담으로 진행되었다. 청국 측은 면담이 끝나자 필담을 나눈 종이를 거두어 가지고 자기 공관으로 돌아갔다.

다음날 즉 1월 12일 박정양은 참찬관 이완용을 청국 공사관으로 보내 전날 자신을 찾아준 데 대한 감사의 뜻을 표시하려 했으나 청국 측은 만나주지도 않고 그대로 돌려보냈다. 대신 그들은 다시 박정양에게 편지를 보내 위협적인 문투로 '세 가지 조건'의 이행을 요구했다.

이와 관련해 우리 역사는 박정양을 비롯한 초대 주미 공사관원들이 일치단결해서 청국의 부당한 압력을 물리치고 의연하게 자주외교를 펼쳤다고 기록하고 있다.

그러나 알렌의 기록은 이와 사뭇 다르다. 알렌은 사태가 벌어질 때까지도 이 같은 세 가지 조건이 있었다는 사실 자체를 몰랐다. 알렌에 의하면 박정양은 12일 청국 측의 요구대로 청국 공사관을 방문하려고 했다는 것이다. 알렌은 그러한 행동은 외교 관례에 어긋나는 것일 뿐만 아니라 조선이 독립국임을 알리기 위해 워싱턴에 공사를 파견한 목적에도 위배되는 것이라고 극력 만류했다. 미국 국무성에서도 신임장을 제정하기 전에 다른 나라 공사관을 방문하는 것은 금지되어 있다는 뜻을 표시했다. 그런데도 박정양은 청국 측의 위협에 굴복해 그들의 요구에 따르려고 했다.

알렌은 마침내 마지막 수단으로 만일 박정양이 베이어드 국무장관을 만나기 전에 청국 공사관을 찾아가거나 명함을 보낸다면 사임해 버리겠다고 위협했다.[4] 이러한 위협은 즉각 효과를 나타냈다. 박정양을 비롯한 공사관원들은 모든 면에서 거의 전적으로 알렌에게 의지하고 있었다. 만일 그가 사임한다면 공사관원 일행은 이 워싱턴 천지에서 그야말로 길 잃은 양이 되는 것이다. 박정양은 청국에 대한 두려움도 컸지만 결국 알렌의 말을 따르기로 결정했다.

알렌은 앞서 그의 일기에서 박정양을 비롯한 공사관원들을 대단히 혹평했지만 그 뒤 조선 주재 미국공사 딘스모어에게 보낸 편지에서도 "이 나라 정부에서 반도 전체를 찾아 헤매보아도 워싱턴 주재 공사라는 직책에 그보다 더 부적합한 사람은 찾을 수 없을 것"이라고 쓰고 있다.[5] 알렌은 미국 주재 조선 공사관의 일원으로서 서울을 떠나기 전부터 박정양을 '아버지'라고 불러 그를 기분 좋게 했었다. 그러나 그의 능력에 대해서는 이렇게 혹평을 하고 있었던 것이다.

박정양에 대해서는 우리 측 자료에서도 개화기의 대표적인 개혁파 관료라는 평도 있지만 대체로 그가 무능하다고 할 정도로 온순하고 공손하며 무색무취한 인물이라는 데는 평가가 일치하고 있다. 이런 성향 덕분에 험난했던 격동의 조선 말기에 그가 비교적 무난하고

---

4) *Allen's Diary*, 1888. 1. 13.
5) F. H. 해링튼, 앞의 책, 162쪽 각주 15; 같은 책, 249쪽.

평탄한 벼슬살이를 한 것도 사실이다.

알렌이 공사관원 가운데 유일하게 호의적으로 평가한 사람은 이완용 한 명뿐이었다. 그에 대해서는 '재능 있는 서기관 이완용'이라고 평했던 것이다.[6]

어찌되었건 박정양은 청국 공사관의 요구를 무시하고 13일 오전 이완용·알렌 등과 함께 국무성에 들어가 베이어드 장관을 만나 신임장 부본을 직접 전달하고 나흘 후인 17일 대통령에게 정식으로 신임장을 제정하기로 합의했다. 이날 이들의 국무장관 면담에는 뉴욕 주재 조선 명예영사인 에버렛 프레이저(Everett Frazar)도 합석했다. 프레이저는 뉴욕에 거주하는 사업가인데 4년 전 민영익이 뉴욕을 방문했을 때 그와 접촉해서 명예영사직을 얻었었다. 그는 이것을 인연으로 발명왕 에디슨으로부터 조선에 전기를 가설할 수 있는 권리를 얻어 경복궁 안의 건청궁에 전등시설을 해주고 상당한 이득을 챙겼다. 박정양 일행이 서울을 출발하기 바로 전이었다.

알렌이 공식 통역관인 이채연은 영어도 할 줄 모른다고 일기에 썼지만 사실 그 당시 공사관원과 미국인 관리 사이의 의사소통은 대단히 불완전했다. 그때 서기관으로 워싱턴에 갔던 월남 이상재는 뒷날 "미국 반벙어리와 조선 반벙어리가 적당히 절충해서 의사를 소통했다"면서 "그로 인해 우스운 일도 많이 있었다"고 당시를 회고했다.[7] 이채연은 외아문에서 1년 정도 영어 공부를 했다고 하지만 간신히 쉬운 말이나 할 줄 알았다고 한다. 이채연이 이 정도이니 육영공원에서 몇 달 영어를 배운 이완용은 더 말할 필요도 없었을 것이며 나머지는 숫제 알파벳도 이해 못하는 수준이었다.

알렌도 3년 가까이 조선에서 살았지만 조선말은 서툴렀다. 그래서

---

6) F. H. 해링튼, 같은 책, 252쪽.
7) 車相瓚 편, 『朝鮮四千年秘史』, 북성당서점, 1934, 218쪽, 「米國에公使갓든이약이」.

통역을 할 때면 미국 반벙어리와 조선 반벙어리가 서로 적당히 절충을 해서 의사를 소통했다는 것이다.

그때 워싱턴과 뉴욕에서는 서재필과 서광범이 어렵게 고학을 하면서 망명생활을 하고 있었다. 그들이 갑신정변 실패 후 일본에 망명했다가 미국으로 건너온 지도 벌써 3년 가까이 되었으니 영어는 어느 정도 소통이 가능했을 것이다. 하지만 그들은 왕실과 척족 모두 이를 갈면서 목숨을 노리고 있는 '역적'들이다. 워싱턴 주재 초대 공사관원들은 이역만리 같은 하늘 아래 있으면서도 그들과 감히 접촉할 꿈도 꾸지 못했다. 이완용도 2년 이상 워싱턴에 주재하는 동안 그들과 접촉한 흔적은 없다.

대통령에게 신임장을 제정하는 1월 17일은 아침부터 눈발이 날리고 있었다. 박정양을 필두로 한 공사관원들은 이날 오전 11시쯤 숙소인 에비트 호텔을 나서 먼저 국무성으로 향했다. 참찬관 이완용이 신임장이 들어 있는 상자를 받들고 먼저 마차에 올라 선두에 서고 박정양은 서기관 이하영과 이상재, 번역관 이채연 등과 함께 뒤를 따랐다. 이들은 모두 사모관대를 한 조선의 전통적인 관복 차림이었다. 이어 갓을 쓰고 두루마기를 입은 수행원 2명과 군복 차림을 한 무관과 하인들도 마차를 타고 동행했다. 알렌과 뉴욕 주재 명예영사 프레이저는 그들의 예복을 입고 안내역을 맡았다.

공사관원 일행이 국무성에 도착하자 베이어드 장관과 세블론 브라운(Sevelon Brown) 차관은 곧바로 이들과 함께 백악관으로 출발했다. 백악관 입구에서 마차를 내려 무관과 하인은 밖에서 기다리게 하고 베이어드의 안내로 일행은 응접실에서 잠시 휴식을 취했다. 조금 뒤에 베이어드 장관, 브라운 차관과 함께 스티븐 G. 클리블랜드(Stephen G. Cleveland) 대통령이 나타났으나 박정양은 보통 사람들과 똑같은 복장을 하고 있는 그가 대통령일 것이라고는 생각지도 못했다. 그들은 미국 대통령은 화려하고 위엄 있는 제복을 입고 나타날 것으로 생각하고 있었던 것이다.

뒤늦게 그가 대통령이라는 것을 알고 공사관원 일행은 황급히 무릎을 꿇고 이마를 방바닥에 조아리는 큰 절을 올리려 했으나 허락되지 않자 더욱 당황했다. 박정양은 신임장을 읽기 위해 상자에서 신임장을 꺼내려 했으나 당황한 나머지 열쇠를 찾지 못해 인사말도 제대로 하지 못했다. 그래도 미국 대통령과 국무장관은 웃음을 참고 의연히 대처함으로써 손님들을 무안하지 않게 해주었다.[8] 신임장 제정 의식은 10여 분 만에 아주 간단히 끝났다.

박정양은 백악관을 나와 이날 오후에는 워싱턴에 주재하는 각국 공사관과 미국 정부의 각부 장관들을 방문해 문 밖에 명함을 두고 오는 것으로 부임인사를 대신했다.

그리고 다음날에는 워싱턴 시내에 3층짜리 양옥집을 세 내어 옥상에 태극기를 게양하고 정식으로 공사관을 개설했다. 서울에서 데려간 하인이 2명 있었지만 현지 사정에 어두웠으므로 흑인 2명을 일꾼으로 고용했다. 박정양을 비롯한 공사관원 10명은 모두 이 집에서 함께 침식을 하며 생활했고 알렌은 공사관 부근에 집을 얻어 살면서 매일 이곳으로 출근했다.

서구 사회를 가장 깊이 있게 관찰한 친미파 원조

박정양이 부임했던 시기는 마침 연초여서 미국정부 고관이나 다른 나라 공사관 주최의 연회가 자주 열렸다. 어느 연회 석상에서 그는 어깨와 목이 드러난 야회복을 입은 여인들을 보고 '기생'이라고 불렀다. 알렌은 그들이 기생이 아니라 사회적으로 유력한 집안의 부인과 딸들이라고 설명해주었다. 그는 그런 집안의 여인들이 어떻게 저런

---

[8] 호러스 N. 알렌, 앞의 책, 150~51쪽.

차림으로 다른 사람 앞에 나서도록 허용되는지 이해할 수 없다는 표정을 지었다. 몇 차례 연회에 참석하면서 공사관원들은 알렌을 통해 그들 여인과 대화를 나눌 수 있을 정도로 이곳 분위기에 익숙해져 갔다.

그러나 낯선 땅에서의 공사관 생활은 고달프기 이를 데 없는 것이었다. 말도 통하지 않고 무엇보다도 음식과 세탁이 문제였다. 본국에서 따라간 하인 두 명이 이것을 해결했으나 여인들의 뒷바라지 속에서 호의호식하던 입맛에 맞을 리가 없었다. 미국에 부임한 지 5개월 만에 이완용은 병에 걸려 이채연과 함께 귀국길에 오른다. 이완용은 본래 건강 체질이라 어려서부터 특별히 병을 앓은 적이 없다. 위장도 튼튼한 편이어서 평생 소화불량이라는 것을 모르고 살았다. 다만 가끔 두통과 현기증으로 고통을 받았는데 이것이 그의 일생의 지병이었다. 나이 일흔이 가까워서도 안경 없이 신문과 잡지를 읽을 정도로 눈도 밝았다.[9] 미국에서 얻은 병이 구체적으로 무엇인지는 밝히지 않았으나 하여튼 그는 미국으로 떠난 지 7개월 만인 1888년 5월 8일 고종에게 귀국인사를 하게 된다.

이완용은 3개월 여의 휴식기간을 가진 뒤에 정3품 통정대부(通政大夫)로 품계가 오르고 승정원 동부승지(同副承旨)로 임명받는다. 벼슬길에 들어선 지 2년 5개월 만에 당상관에 오르는 초고속 승진을 한 것이다. 곧 이어 전보국(電報局) 회판(會辦)으로 자리를 옮기고 이조참의를 겸직하게 된다. 이조참의로 임명받은 지 사흘 만에 이번에는 교섭통상사무 참의를 맡으라는 지시가 떨어졌다. 전보국 회판이나 교섭통상사무 참의 모두 새로운 문물을 도입해 시행하고 대외관계를 다루는 중요한 자리였지만 이렇게 직책이 빈번하게 바뀌고서야 무슨 일인들 제대로 할 수 있을 것인가. 당시의 인사라는 게 대개 이런 식

---

9) 『一堂紀事』, 하 800쪽, 「言行雜錄」.

이었다.

교섭통상사무 참의로 임명받은 지 며칠 지나지 않은 그해 10월 말 이완용은 다시 미국 공사관으로 부임하라는 명령을 받는다. 이때부터 그는 1890년 10월 귀국할 때까지 만 2년 동안 대리공사로서 사실상 미국 주재 공사관의 책임자로 근무하게 된다.

이완용이 다시 미국으로 출발할 당시 워싱턴 공사관은 개설한 지 1년도 안 되어 빈집처럼 적막한 분위기에 싸여 있었다. 박정양은 이미 서기관 이상재와 무관, 하인 한 명씩을 데리고 워싱턴을 떠나 귀국길에 오른 뒤였다. 공사관은 서기관 이하영이 수행원과 하인 한 명을 데리고 대리공사로 지키고 있었다. 박정양은 청국의 종주권을 무시했다는 이유로 끝내 청국의 압력을 받아 소환을 당하게 된 것이다. 청국은 미국의 항의로 마지못해 조선정부의 전권공사 파견을 승인했지만 처음부터 공사관 개설 직후에는 그 지위를 대리공사로 격하시켜 유명무실하게 만들려고 작정하고 있었다.

그래서 박정양이 이른바 그들의 '영약 3단'을 지키지 않았다는 이유로 끈질기게 책임 추궁을 한 끝에 결국 조선정부로 하여금 소환을 하게 했던 것이다. 박정양은 클리블랜드 대통령에게 병으로 일시 귀국한다는 인사를 한 후 알렌이 '워싱턴에서 일어난 일에 대해 모든 책임을 자신이 지겠다'고 써준 문서를 받아들고 불안한 마음으로 귀국길에 올랐다.

워싱턴 공사관에는 청국의 요구에 따라 이제 더 이상 정식 공사는 파견할 수가 없게 되었다. 조선 조정은 그래서 이완용을 급작스럽게 미국에 부임케 한 다음 대리공사로 임명했던 것이다.

고종이 빈약한 재정에도 불구하고 워싱턴에 전권공사를 파견한 것은 청국의 간섭에서 벗어나 독립국의 체면을 세우는 한편 미국의 지원을 얻어 보기 위해서였다. 그러나 결론부터 말하면 당초의 이런 공사관 개설 목적은 하나도 달성하지 못했다.

청국의 간섭을 물리치기에는 당시 조선 왕실과 대신들이 너무 무력했으며 대미 외교는 그것을 담당할 만한 식견과 능력을 갖춘 인물이 단 한 명도 없었다. 사실 상투에 갓을 쓰고 두루마기를 걸친 조선 외교사절의 모습은 미국 사회에 전혀 어울리지 않는 것이었다. 그들의 차림새는 일시 호기심의 대상이 될 수는 있었지만 결코 존경의 대상이 되지는 못했다.

월남 이상재는 당시 워싱턴에 공사관을 두고 있는 나라는 41개국이나 되었는데 연회석 같은 데서 보면 대부분의 외교사절들이 머리를 깎은 양복 차림이었다고 한다. 눈에 띄는 복색을 한 외교관은 돼지 꽁지 같은 머리에다 마태기를 쓰고 소매가 긴 상의를 입은 청국 사절과 끝이 뾰족한 모자를 쓴 터키공사 그리고 조선 외교사절뿐이었다는 것이다. 그 중에서도 상투까지 튼 조선 사절들의 모습이 단연 시선의 표적이 되었다. 서양인들은 여자를 제외하고 실내에서는 모두 모자를 벗는 것이 관습이다. 그런데 우리 공사관원들은 실내에서도 갓을 쓰고 있는데다 얼굴에 수염도 별로 없어 연회석 같은 데서 여자 취급을 받는 일이 흔했다.[10]

당시 미국에는 중국인이 약 30만 명 이상 거주하고 있어서 미국인들은 동양인이라면 대개 중국사람으로 인식하고 있었다. 공사관원들이 길을 가면 미국 아이들이 떼 지어 따라다니며 '차이나' '차이나'라고 놀리고 심지어 박정양은 그의 '이상한' 옷차림 때문에 미국의 어린아이들에게 돌세례를 받는 봉변을 당한 적도 있다.[11] 조선 외교사절을 워싱턴 외교무대에 등장시키는 안내자 역할을 한 알렌은 미국인들로부터 "다음번 쇼는 어디서 보여주느냐"는 비아냥 섞인 농담을 듣기도 했다.[12]

---

10) 車相瓚 편, 앞의 책, 216쪽.
11) 문일평, 앞의 책, 202쪽.
12) F. H. 해링튼, 앞의 책, 251쪽.

박정양은 소환당할 때까지 10개월가량 워싱턴에 주재하는 동안 미국을 상대로 한 외교활동에 정신을 쏟은 것이 아니라 온통 청국과의 관계에만 신경을 쓰며 시간을 보내다 돌아오게 되었다. 그는 워싱턴에 도착한 이틀 후부터 끊임없이 청국의 '영약 3단' 위반 시비와 문책 위협에 시달렸던 것이다.

사실 워싱턴 주재 조선 외교관이 할 일도 별로 없었다. 청국이나 일본은 당시 미국 땅에 거주하는 그들의 교민도 많고 상거래도 활발해 할 일이 많았지만 조선은 보호해야 할 거류민이나 여행자도 없었다. 그가 재임중에 한 것이라고는 펜실베이니아 주 출신 미국 하원의원 찰스 오닐(Charles O'Neill)의 요청을 받고 로버트 H. 데이비스(Robert H. Davis)라는 미국인을 필라델피아 주재 조선 명예영사로 임명한 것[13] 정도였다.

오히려 워싱턴에서의 외교활동은 알렌이 거의 좌지우지하다시피 해서 그의 독무대였다고 해도 과언이 아닐 것이다. 그 중에 대표적인 것이 2백만 달러 차관교섭이었다.

알렌은 워싱턴으로 떠날 때 고종으로부터 특별히 부탁을 받은 바도 있고 또 그 자신과 미국의 이익을 위해서도 이 사업을 적극적으로 추진했다. 그는 미국의 신문에 조선은 보물의 나라이며 금과 은이 엄청나게 매장되어 있고 국왕은 인자한 마음씨를 가진 인물이라고 선전했다. 조선에 금이 많이 난다는 소문은 그때 청국에 거주하는 서양인들 사이에도 널리 퍼져 있었으며 일부 투기꾼들에게는 조선이 마치 신비의 보물 나라인 것처럼 비쳐진 것도 사실이었다.

알렌은 조선에 있을 때 이런 소문을 토대로 금광에 대단한 관심을 갖고 나름대로 일본인 광산기술자들의 조사 자료를 입수해 열심히 분석을 해보았다. 그 결과 그는 개인적으로 평안북도 운산금광이 엄

---

13) 문일평, 앞의 책, 204~05쪽.

청나게 사업성이 있다는 것을 확신하고 있었다.

그는 고종의 승인 아래 이 운산금광 채굴권을 담보로 2백만 달러 차관 교섭에 나섰다. 알렌은 뉴욕 월가의 금융업자들을 상대로 차관 교섭이 잘 되면 금광채굴권은 물론 철도, 전기, 수도 부설과 같은 이권도 얻을 수 있다고 설득했다. 알렌은 조선인 광부의 임금은 일당 5~10센트에 불과한 데 반해 금광석은 톤당 150달러에 달해 막대한 이익을 올릴 수 있다고 선전했다. 그는 진심으로 미국의 사업가들이 그들의 이익을 위해서 이들 사업에 투자하기를 권유하고 다녔다.

그래서 마침내 유력한 금융업자들이 신디케이트를 만들어 금광 개발에 나설 움직임을 보이기 시작했다. 그들은 금광 탐사비로 1만 달러를 내놓고 채광 설비를 위해 50만 달러를 투자하려고 했다. 일이 계획대로 추진된다면 차관교섭도 전망이 밝을 것 같은 분위기였다.

그런데 이때 주미공사 박정양의 밀수사건이 터졌다. 이완용이 병으로 귀국한 지 한 달가량 된 그해 6월 『뉴욕헤럴드』는 박정양 공사가 외교관의 특권을 이용해 관세를 물지 않고 담배를 밀수해서 미국 시장에 내다 팔았다고 폭로했다. 그것은 사실이었다. 박정양은 워싱턴에 부임하기 위해 서울을 출발할 때 여섯 상자나 되는 많은 양의 담배를 가지고 왔었다.

그는 그 가운데 3상자를 당시 링컨대학에 유학중이던 이계필(李啓弼)을 통해 필라델피아에 몰래 팔았던 것이다.[14] 이 사건은 알렌이 나서서 밀수행위는 공사가 한 것이 아니라 공사관의 수행원이 저지른 것이라고 적당히 변명함으로써 수습되었지만 차관교섭에 좋지 않은 영향을 미치게 되었다. 알렌이 박정양을 워싱턴 주재 공사로 가장 부적합한 인물이라고 혹평한 것도 그의 무능과 함께 이런 밀수사건이 복합적으로 작용한 때문이었다. 뒤이어 조선과 관련해서 또 다른

---

14) F. H. 해링튼, 앞의 책, 253쪽 ; *Allen's Diary*, 1888. 11. 21, 11. 29, 12. 9.

끔찍한 내용이 미국 신문에 보도되었다.

　백인들이 조선의 어린아이들을 납치해서 눈을 도려내 사진기의 렌즈로 사용하고 나머지는 끓여서 약으로 먹고 있다는 소문이 서울에 돌고 있다는 것이었다.[15] 이 같은 보도는 미국의 금융업자들로 하여금 조선을 완전한 미개국으로 인식하도록 하기에 충분했다. 이후 광산개발 투자와 차관교섭은 시들해지고 결국 중단되기에 이른다.

　이완용이 다시 워싱턴에 부임했을 당시는 상황이 대개 이런 식으로 진행되고 있을 때였다. 공사관은 활기를 잃고 알렌도 실의에 빠져 있었다. 두 사람은 이런 분위기 속에서 1년 가까이 함께 근무하게 된다. 이 사이에 이완용의 영어 실력은 많이 향상되어 이제 영어로 어지간한 의사소통은 가능하게 되었다.

　알렌은 조선 공사관에서 더 이상 할 일이 없다는 것을 알고 1889년 말 이번에는 서울 주재 미국 공사관의 서기관으로 변신하게 된다. 알렌은 서울로 떠나면서 국무성에서 근무한 경험이 있는 세블론 브라운을 그의 후임으로 추천했다. 이완용은 알렌이 서울로 돌아간 후 브라운과 1년 동안 함께 근무하게 된다.

　이완용은 워싱턴 공사관에서 2년가량 대리공사로 근무하지만 사실 그가 이 기간 동안 외교관으로서 한 일은 거의 없다. 또 할 일도 없었다. 조선과 미국 사이에 특별한 외교 현안이 있었던 것도 아니고 인적·물적 교류라고 할 만한 것도 없었다. 이완용의 행적과 관직생활을 날짜별로 상세히 정확하게 기록해 놓은 『일당기사』에도 이 기간의 활동에 대해서는 단 한 줄도 언급이 없다. 1888년 12월 일자 미상에 대리공사로 임명받았다는 것과 1890년 10월 일자 미상에 명을 받고 귀국했다는 것이 기록의 전부다.

　1904년 11월 17일 미국 국무장관 존 헤이(John Hay)는 서울 주재

---

15) F. H. 해링튼, 앞의 책, 142, 145~46쪽.

미국공사 알렌에게 이런 편지를 보낸다. "나는 조선정부가 왜 이곳에 공사관을 유지하고 있는지 이해할 수 없다. 이것은 그들에게 전혀 쓸데없는 일이다."[16)]

그러나 2년 여의 미국 생활은 이완용에게 세계정세에 눈을 뜨게 하고 친미파로서의 입장을 굳히게 하는 결정적 계기가 되었다. 그는 초대 공사관원 가운데 가장 오랫동안 미국에 체류했으며 따라서 당시 조선정부 관료로서는 서구 선진문명 사회를 가장 장기간에 걸쳐 깊이 있게 관찰할 수 있었다. 그는 입법, 사법, 행정이 분리된 미국의 3권 분립제도와 공직자를 국민이 직접 선출하는 선거제도를 목격했다.

워싱턴의 거대한 의사당과 정부청사, 대법원, 박물관, 공원과 같은 공공시설과 기차와 전차 같은 대중교통 시설 그리고 은행, 회사, 신문사, 대규모 공장, 각종 학교와 같은 근대적 시설도 둘러보았다. 이러한 제도와 시설 가운데 어느 것 하나도 당시 조선 사회에는 존재하지 않았다. 그는 특히 의무교육제도에 깊은 관심을 갖고 미국이 이처럼 번영한 토대가 교육에 있다고 나름대로 분석했다. 따라서 조선의 문명개화를 위해서는 교육을 통해 백성들을 계몽하고 이를 토대로 서구의 제도와 문명을 도입하는 점진적 방법을 택할 수밖에 없다고 생각했다.

그는 미국 체류를 통해 미국이 세계에서 가장 부유한 강국이라는 것을 확신했으며 조선의 자주와 독립을 지켜줄 수 있는 나라도 미국뿐이라는 생각을 갖게 되었다. 그러나 그가 당시 미국의 대외정책 기조가 오로지 상업적 이권 획득에만 관심이 있을 뿐 다른 나라의 내정이나 독립 유지와 같은 정치적 문제에는 개입하지 않는다는 것임을 파악하고 있었는지는 의문이다.

---

16) F. H. 해링튼, 앞의 책, 250쪽, 각주 16.

이완용이 1890년 10월, 2년 여의 주미 대리공사직을 마치고 귀국했을 때 그는 조선의 관료 가운데 윤치호(尹致昊), 유길준 등과 함께 영어를 구사할 줄 아는 서너 명 중 하나였으며 서구 세계를 가장 깊이 있게 이해하는 친미파의 우두머리가 되어 있었다. 그러나 이완용은 미국에 오랫동안 체류한 서재필이나 서광범, 윤치호가 기독교로 개종해 철저하게 개신교를 신봉하게 된 것과는 달리 불교와 유교라는 전통사상에 애착을 갖고 죽을 때까지 이것을 고수했다. 이는 물론 서재필이나 서광범이 기약 없는 망명객으로서 미국 사회에 융화할 필요를 느꼈던 데 비해 이완용은 외교관으로서 일시적 체류자라는 입장의 차이에서 온 것일 수도 있다. 또 현직 정부 관료로서 아직까지 내놓고 기독교를 찬양하거나 신봉하는 것은 모험일 수도 있었다.

그러나 이완용이 말년까지 불교에 심취했던 것은 이런 입장이나 여건의 차이에서 온 것이라기보다는 기본적으로 그가 전통사상에 무게를 두고 있던 보수주의자였다는 것이 더 정확한 분석일 것이다.

그는 "예로부터 조선에서는 유교와 불교의 도를 함께 행하는 가운데서 어진 사람과 현명한 사람이 나왔음을 알 수 있다. 유와 불의 뜻은 똑같이 사람으로 하여금 선으로 돌아가게 하는 데 있다. 유는 세상을 윤리로써 바르게 하고 인륜으로써 밝게 하니 그 공이 크며 불은 헛된 생각을 버리게 하고 사람을 깨달음으로 인도함으로써 편안함을 얻도록 한다. 유, 불이 세상에 있는 것은 새에 양 날개가 있는 것과 같고 수레에 두 바퀴가 있음과 같다"고 설파한 적이 있다.[17]

그는 기본적으로 문명개화를 위해 서양의 기술을 받아들이되 동양의 도에 기초해서 그것을 수용하자는 이른바 동도서기(東道西器)론적 입장을 취하고 있었다. 이런 보수적 입장이 그로 하여금 미국의 자유평등사회를 체험했음에도 불구하고 수구적인 민씨 척족에게 끝까지

---

17) 『一堂紀事』, 하 791~92쪽, 「言行雜錄」.

충성을 바치게 한 배경이 되지 않았을까 생각된다. 또 서양의 침략에 대항해 동양 여러 나라가 단결하자는 이른바 이토 히로부미의 동양평화론에 동조하고 끝내 매국까지 하게 되는 정신적 배경도 그 실마리를 여기서 찾을 수 있지 않을까 짐작해본다.

6

알렌의 지원으로
30대에 학부대신이 되다

주일 전권공사 부임 거부

　1890년 10월 이완용이 주미 대리공사로 만 2년 동안 근무하고 귀국했을 당시 국내 정치상황은 그가 미국으로 떠날 때와 별로 달라진 것이 없었다. 원세개는 '감국대신'으로서 여전히 조선 정계를 호령하고 있었으며 그에게 빌붙은 민씨 척족의 세도 또한 전과 다름없었다. 세계는 문명개화를 향해 눈부시게 발전하고 있었지만 조선은 사대 수구집단의 지배 아래 허송세월을 하고 있었다.

　이완용은 귀국한 그달 29일에 승정원 우부승지(右副承旨)로 임명받았다가 또 며칠 지나지 않아 내무참의를 하라는 지시를 받는다. 그때 이완용의 양아버지 이호준은 경상도 관찰사를 그만두고 남한강 변 여주 읍내의 여락헌(余樂軒)이라는 정자에 거처하며 강상의 풍월을 즐기고 있었다. 당시 이호준의 나이 70세였다. 이완용은 자신의 부인 조씨를 여주에 보내 아버지를 시중 들게 하고 자신은 수시로 서울과 여주를 오가며 문안을 드렸다.

이때 이완용은 부인이 여주에 가 있었으므로 자신의 수발을 들게 하려고 순창 기생 출신을 첩으로 들여앉혔다. 이것이 그가 일생에서 처음이자 마지막으로 들인 첩이다. 그 여인은 정확한 날짜는 기록에 없으나 몇 년 안 되어 죽었으며 이완용과의 사이에 소생도 없었다. 이완용은 내무참의로 임명받은 지 3일 만인 11월 9일 아예 여주로 내려가 아버지를 모시기 위해 사직 상소를 올린다.

이에 대해 고종은 "너는 사직하지 말고 편한 대로 왔다갔다 하라"(爾其勿辭 從便往來)는 지시를 내린다.[1] 임금의 이완용에 대한 각별한 총애를 엿볼 수 있는 배려다. 이완용은 이어 승정원 좌부승지를 거쳐 1891년 3월 28일 성균관의 으뜸 벼슬인 대사성(大司成)에 오르고 5월 19일에는 종2품 가선대부(嘉善大夫)로 품계가 오르면서 세자를 가르치는 시강원의 검교사서(檢校司書)로 임명받는다. 벼슬길에 들어선 지 6년, 나이 34세에 참판급인 종2품에 오른 것이다. 이로부터 사흘 뒤인 5월 22일 형조참판을 배수했으나 세자를 가르치는 검교사서가 형옥(刑獄)을 다루는 관직을 겸하는 것은 사리에 어긋난다는 시강원의 상소에 따라 곧바로 교체된다. 시강원 검교사서를 맡으면서도 그는 임금을 가까이에서 모시는 승정원 좌승지와 교환서 총판, 이조참판, 육영공원의 책임자인 변리사무, 한성부 좌윤, 공조참판 등의 요직을 역임한다. 이 사이 그는 세자가 『중용』과 『시경』 제2권을 마치는 날 두 차례나 상으로 어린 말 한 필씩을 받았다.

1893년 8월 6일 생모 신씨가 사망하자 그는 상을 치르기 위해 시강원 검교사서와 공조참판 등 모든 벼슬에서 물러난다.

---

1) 『一堂紀事』, 하 508쪽.

그가 생모 상을 당해 벼슬에서 일시 물러나 있는 동안 조선 천지는 또다시 격동의 세월을 맞게 된다. 1894년 정월, 새해가 열리는 것과 함께 전라도 고부군에서 전봉준의 지휘 아래 동학 농민군이 봉기한 것이다. 탐학과 가렴주구에 시달리던 농민들이 마침내 무기를 들고 일어선 것이다.

동학군의 기세는 순식간에 전라도 지방 전역으로 확산되고 4월 28일에는 전주성까지 함락되기에 이른다. 무능하고 부패한 척족정권은 놀란 나머지 원세개에게 달려가 청나라 군대를 불러다가 동학군을 토벌해달라고 애원한다. 당시 척족세도의 우두머리로서 대표적인 탐관오리로 지탄을 받던 민영준이 원세개의 공관을 뻔질나게 드나들며 청국 군대를 불러들이는 데 앞장을 섰다.

이 민영준이 뒤에 이름을 민영휘(閔泳徽)로 바꾼 자이며 한일합방 때 자작의 작위를 받고 일제시대에 조선 제일의 부호라는 소리를 듣던 인물이다. 그리고 그가 일제시대에 자신의 이름자를 따서 세운 학교가 바로 휘문학교다.

청나라는 기다렸다는 듯이 1천5백여 명의 병력을 아산만에 상륙시켰다. 당시 일본과 청국의 관계로 보아 어느 한 나라가 조선에 군대를 파견하면 상대방도 군대를 보낼 것이고 그렇게 되면 양국 군대가 조선 땅에서 충돌할 것은 불을 보듯 뻔한 상황이었다. 그런데도 왕실과 척족정권은 우선 발등에 떨어진 불부터 끄자는 심산으로 스스로 재앙을 불러들인 것이다. 청국 군대의 출동과 동시에 일본도 인천에 대규모 병력을 상륙시키기 시작했다. 일본정부는 조선이 청국에 파병을 요청했다는 소식을 듣자마자 청국과 한판 붙을 각오 아래 우선 혼성여단 규모의 대병력을 파견하기로 즉각 결정했다. 갑신정변 당시 원세개에게 쫓겨난 수모를 갚고자 지난 10년간 군비를 확장하면서 기회를 노려 오던 일본이었다. 이제 스스로 찾아온 호기를 그대로 지나칠 그들이 아니었다. 이때쯤 조선의 관군은 동학군으로부터 전주성을 탈환했으며 청일 양군의 출동 소식을 듣고 동학군의 활동도 어느 정도 소강상태에 들어가 있었다. 그런데도 일본군은 속속 증강되어 경인가도를 뒤덮고 마침내는 조선정부의 극력 반대에도 불구하고 멋대로 서울까지 진주한다.

그들은 동학란이 진정돼 가고 있으니 철수해달라는 조선정부의 요구와 양국 군대를 동시에 철수하자는 청국 측 제안을 모두 거부하고 새로운 문제를 들고 나왔다.

즉 동학란이 일어난 것은 조선의 내정이 부패했기 때문이며 따라서 내정개혁 없이는 또다시 이 같은 내란이 일어날 수밖에 없다. 그러므로 일본군은 내란의 근본 원인이 되고 있는 조선의 내정을 개혁하지 않고는 철수할 수 없다는 것이었다.

조선 주재 일본공사 오도리 가이스케(大鳥圭介)는 이와 함께 '종속문제'를 가지고 조선과 청국 양쪽을 압박하고 나왔다. 청국이 조선에 출병하면서 그들의 '속방'을 보호하기 위해서라고 밝혔는데 조일수호조약 제1조는 조선이 자주독립 국가로서 일본과 평등한 권리를 갖는다고 규정하고 있다. 따라서 '속방'이라는 표현은 조일수호조약을 부인하고 모독하는 것이다. 조선정부는 청국의 이 '속방' 주장을 인정하는지 여부를 즉시 밝히라고 요구한 것이다. 오도리의 이런 질문 앞에서 조선정부는 그야말로 답변할 길이 막막했다.

'인정'한다고 하면 당장 일본이 윽박지를 것이고 부인하면 청국으로부터 불호령이 떨어질 것이기 때문이다. 결국 조선정부 외아문이 원세개의 사전 승인 아래 '속방' 여부에 대해 직접적인 언급은 회피한 채 '자주'와 '평등' 운운한 조일수호조약 내용을 준수할 것이라고 답변함으로써 일단 곤경은 넘겼지만 이 일련의 과정은 당시 조선정부가 처한 고단한 입장을 상징적으로 보여주는 것이다. 외세에 의지해 권력을 유지하고 있는 자주성 없는 정권의 숙명이라고 해야 할 것이다.

일본군의 대대적인 서울 진주와 함께 안경수(安駉壽), 김가진, 조희연(趙義淵), 유길준, 권형진(權瀅鎭), 김학우(金鶴羽)와 같은 친일 개화파들이 기지개를 켜고 활발히 움직이기 시작했다. 반면 친청 사대수구파는 왕년의 기세가 꺾이고 원세개도 남몰래 귀국을 서두르고 있었다. 청국 군대는 멀리 아산만에 주둔하고 있는데 일본군이 사실상 서울을 장악하고 있는 상황에서 그들은 자연히 의기소침해질 수밖에 없었다. 원세개는 내심 일본군의 기세에 겁을 먹고 달아날 궁리를 하고 있었다.

1894년 6월 18일 첫 새벽에 원세개는 허름한 교자를 타고 호위병 한 명도 없이 그의 공관을 빠져 나와 허겁지겁 인천으로 달려가 귀국길에 올랐다. 소갈증에 만성 이질로 고생하고 있으니 귀국을 허락해 달라는 간청이 그 전날 받아들여졌던 것이다. 행차 때마다 국왕을 능가할 정도로 요란을 떨며 위엄을 부리던 그는 이렇게 초라한 모습으로 전송객 하나 없이 도망치듯이 서울을 떠났다.

이렇게 해서 1885년 8월 대원군 호송위원으로 서울에 입성한 이래 10년 가까이 계속된 원세개의 조선 지배는 막을 내렸다. 일본은 당시 원세개를 체포하려고 했었다. 그가 3일만 늦게 서울을 떠났다면 그는 일본군의 손에 잡혀 곤욕을 치렀을 것이다. 그렇게 되었다면 그가 1916년 중국 신해혁명의 성과물인 공화제를 훔쳐 황제를 참칭하는 역사의 희극은 일어나지 않았을지도 모른다. 그가 귀국 이후 이처럼 중국 정계에서 거물로 성장할 수 있었던 것도 조선 정계를 10년간 조종하며 키운 음모술에 힘입은 바 크다고 해야 할 것이다.

원세개의 귀국과 함께 민씨 척족은 하루아침에 끈 떨어진 뒤웅박 신세가 되고 조선 정계는 이제 일본공사 오도리의 독무대로 변했다.

일본은 마침내 6월 21일(양력 7월 23일) 새벽 대원군을 앞세우고 용산 주둔 병력 가운데 1개 연대를 동원해 경복궁을 포위 점령한 다음 조선정부에 개혁을 강요한다. 이날 대원군은 참으로 몇 년 만에 고종을 만난 자리에서 노기 띤 얼굴로 국왕의 실정을 질책하고 민씨 척족을 조정에서 몰아낸 뒤 권력을 장악했다.

대원군의 등장과 함께 척족세도의 우두머리 노릇을 하던 좌찬성 민영준과 민응식((閔應植), 민형식(閔炯植) 등은 모두 섬으로 귀양 가는 신세가 되고 대표적인 사대수구파로서 척족에게 붙어 권력을 누리던 영의정 김병시(金炳始)와 좌의정 조병세(趙秉世), 우의정 정범조(鄭範朝) 등도 관직에서 쫓겨났다. 일본은 이렇게 대원군을 이용해서 개혁에 방해가 되는 척족과 수구파들을 제거한 것이다.

이와 함께 김홍집(金弘集)을 영의정으로 하는 개혁 내각이 성립되고 군국기무처라는 개혁 주도 회의체 입법기구가 출범했다. 이때부터 우리 역사상 단군 이래 최대의 변혁이라고 할 수 있는 갑오경장이 시작된 것이다. 군국기무처는 일본의 주도 아래 정부와 왕실의 관제는 물론 일반 사회제도에 이르기까지 가히 혁명적이라고 할 만한 개혁 조치들을 숨 돌릴 틈도 없이 쏟아냈다.

일본군의 경복궁 점령과 동시에 청일 양군은 전쟁상태에 돌입하고 7월 1일(양력 8월 1일)에는 정식으로 선전포고를 하게 된다. 청국은 속방인 조선왕국 보호를, 일본은 조선을 청국으로부터 독립시키기 위해서라는 것을 전쟁 명분으로 내세웠다. 결국 민씨 척족이 동학란 진압을 위해 섣불리 청국 군대를 불러들인 것이 화근이 되어 이 땅은 외세의 전쟁터가 되고 만 것이다.

이런 격변이 일어나고 있을 때 이완용은 생모 신씨의 상을 당해 소용돌이의 현장에서 멀찌감치 떨어져 있었다. 이때 그의 이복 형 이윤용은 경무사를 맡고 있으면서 17명으로 구성된 군국기무처 회의원의 일원으로 개혁세력에 가담하고 있었다. 따라서 당시 이윤용은 일본과 가까운 인물로 분류되고 있었다.

경무사는 갑오경장에 의한 관제개편에 따라 좌우 포도청을 합쳐 새로 발족한 경무청의 책임자로서 오늘날의 경찰청장에 해당하는 직위다.

　이완용은 상중임에도 불구하고 8월 16일 일본 주재 전권공사로 부임하라는 명령을 받는다. 갑오경장 이후 '일본이 베풀어준 후의에 감사'하는 뜻으로 박정양을 일본에 보빙대사(報聘大使)로 보내면서 그를 전권공사로 임명한 것이다. 이번에도 이상재는 박정양의 수행원으로 임명되었다.

　이완용이 선뜻 전권공사를 받아들이지 않자 외무아문은 20일 "지금처럼 사무가 매우 긴급한 때에 외국과의 교제를 맡게 된 관리는 관습에만 얽매일 것이 아니라 상복을 벗고 일본에 부임하는 것이 좋겠다"는 상소를 올린다. 고종은 그대로 하라고 승인했다.

　사실 일본과 청국 사이에 전쟁이 한창이고 조선에서는 일본 주도에 의한 개혁 작업이 숨가쁘게 진행되고 있던 당시 상황에서 주일 전권공사만큼 중요한 직책도 없었다.

　그러나 1주일 후인 27일 이완용은 임금에게 "아직 생모의 상중이므로 일본에 주재하라는 명을 받들기 어려우니 전권공사를 교체하여 달라"는 상소를 올려 허락을 받는다. 1주일 만에 임금이 자신의 지시를 뒤집고 이완용의 청을 들어준 것이다.

　이완용이 일본 주재 전권공사로 임명받았을 당시 일본군은 청국과의 전쟁에서 승승장구하고 있었으며 서울 정계는 완전히 일본 천지가 되어 있었다. 즉 8월 17일 일본군은 평양성에서 버티던 청국군 2만 명을 전멸시키다시피 하며 평양성을 점령함으로써 아직도 청국을 믿고 일본을 얕잡아 보던 조선의 관민을 경악케 했던 것이다. 또 그날 압록강 어구 해상에서 벌어진 해전에서도 일본 해군은 청국 군함 4척을 격침시키고 7척을 대파하는 승리를 거두었다. 일본은 이 해전에서 군함에 약간의 손상을 입었을 뿐이었다. 이로써 서해의 제해권은 일본이 완전히 장악하게 되었다. 물론 이런 소식은 일본 측에 의해 즉각 서울 정계에 알려졌다.

이완용이 이런 상황에서 일본 주재 전권공사 부임을 거부한 것이 그가 밝힌 대로 순전히 생모의 상중이었기 때문인지 아니면 다른 나름대로의 계산 때문인지는 확실치 않다. 다만 확실한 것은 이때까지도 이완용은 일본보다는 미국을 더 믿고 의지했던 친미파였다는 사실이다. 실제로 그는 청일전쟁 발발 이후 미국 공사관 서기관 알렌을 비롯해 주로 구미 국가의 외교관들과 자주 접촉하면서 사태의 추이를 주시하고 있었다.

만일 이완용이 이때 일본 전권공사로 가게 되었다면 그는 좀더 일찍 친일파로 변신했을지도 모른다. 그리고 '일본말을 할 줄 모르는 친일파'라는 약간은 특이한 존재가 되지 않았을지도 모른다. 이완용은 영어는 어느 정도 했지만 일본말은 죽을 때까지도 조금밖에 하지 못했다. 초기 친일파들은 대부분 정치적 사건으로 일본에 망명했던 인물들이거나 일본 유학생 출신들로서 일본말에 능숙했다. 이에 비해 이완용은 미국에 부임하는 길에 일본에 잠시 들른 것을 제외하면 한일합방 때까지 일본을 정식으로 방문한 적도 없고 따라서 일본말도 못하는 친일파치고는 다소 특이한 존재였다.

일본은 청일전쟁 개전 3개월 후인 9월 27일 조선정부를 보다 확실하게 장악하고 조종하기 위해 오도리 공사를 소환하고 일본 정계의 거물 이노우에 가오루를 후임으로 파견한다. 이노우에는 일찍이 20대 초에 이토와 함께 영국에 유학한 메이지 유신의 일급 공로자이며 내각 총리대신 대리까지 역임하고 당시는 백작의 작위에다 내무대신을 맡고 있던 거물이었다.

그는 1876년 운양호 사건 문제로 조선과 일본 사이에 열린 강화도 회담에 일본 측 특명부전권대신으로 참석해 강화도조약에 서명한 장본인이다. 임오군란 때는 일본정부의 외무경으로 사태처리에 깊숙이 관여했고 특히 갑신정변 직후에는 서울에 직접 건너와 정변 과정에서 희생당한 일본인에 대한 보상 등을 요구해 한성조약에서 이를 관철시킨 조선통이다. 그는 이토와 마찬가지로 메이지 유신을 주도한 조슈(長州) 번의 무사 출신으로 얼굴에 칼자국이 10군데나 되는 험상 궂은 인상의 소유자였다. 그러나 거물 정치인답게 포용력과 인내심 또한 대단했다.

이노우에는 10년 전의 원세개를 능가하는 위엄과 위세로 서울에 부임했으며 그를 맞는 조선 정계는 주눅이 들 대로 들어 있었다. 그러나 그의 태도는 원세개와는 사뭇 달랐다. 국왕에게 대단히 공손했으며 갑오경장 과정에서 왕권이 다소 침해당한 것을 인정하고 왕실을 보호하는 데 진력하겠다고 말함으로써 단번에 고종과 민비의 마음을 사로잡았다.

그는 서울에 부임한 다음날 뜻밖에도 미국 공사관 서기관 알렌에게 사람을 보내 민비를 직접 알현할 수 있도록 주선하고 조언해달라고 부탁한다.[2] 당시 알렌은 민비가 알현을 허용하는 유일한 외국인 남성이었다. 알렌은 일본의 유명한 대정치인이 자신을 알아주는 데 감격한 나머지 이를 적극 주선했다. 이노우에가 부임 직후인 10월 7일 조정 대신의 배석도 물리친 채 고종과 민비를 동시에 만날 수 있었던 것은 이런 알렌의 막후 주선에 의해서였다.

눈치 빠른 민비는 이때 고종으로 하여금 이노우에에게 특별한 '신표'를 즉석에서 만들어주도록 조치하는 호의를 베풀었다.[3] 이노우에가 왕실과 긴밀히 연락할 일이 있으면 언제라도 국왕을 찾을 수 있도록 하기 위해서였다. 첫 대면에서 민비는 그만큼 이노우에를 신임하게 된 것이다.

일본 세상이 되면서 갑신정변 이후 일본과 미국에서 기약 없는 망명생활을 하던 정변의 주역들에게도 마침내 다시 빛을 볼 수 있는 기

---

[2] 진단학회/이선근, 『한국사』(현대편), 313~15쪽.
[3] 같은 책, 319쪽.

회가 찾아왔다. 박영효는 벌써 일본의 주선으로 10년 만에 귀국해서 정계 복귀를 노리며 왕실과 접촉하고 있었다. 박영효라면 누구보다도 치를 떨던 민비가 일본을 등에 업은 그의 활용가치를 알고 은밀히 관복 한 벌을 지어 보내며 먼저 화해의 손길을 뻗쳤다.[4] 민비와 대원군은 사사건건 상극이다. 그들 중 어느 한쪽과 가까워진다는 것은 다른 쪽의 원수가 된다는 것을 의미한다. 따라서 이때부터 박영효가 대원군으로부터 미움을 받고 경계의 대상이 된 것은 당연한 일의 순서였다.

대원군과 군국기무처는 성격상 충돌할 수밖에 없었다. 대원군은 일본에 업혀 권좌에 복귀했으나 기본적으로 개혁과는 거리가 먼 수구적인 인물이다. 그는 자신이 모든 권력을 장악한 것으로 알고 그것을 행사하려 했으며 군국기무처의 개혁 작업에 제동을 걸기 일쑤였다. 일본 측에서 볼 때 그는 이제 더 이상 이용가치도 없고 오히려 거추장스러운 개혁 작업의 방해물일 뿐이었다.

이런 와중에서 대원군이 애지중지하는 장손자 이준용의 역모사건이 터져 정국에 또 한 차례 파문이 일게 된다. 이준용은 대원군의 장자인 이재면의 장남으로 고종에게는 조카가 된다. 당시 24세이던 그는 내무협판을 맡고 있었다. 그런데 그가 내무참의 박준양(朴準陽) 등 대원군 계열 세력과 함께 동학군을 서울로 끌어들여 고종을 폐위시키고 왕위를 찬탈하려 했다는 것이다. 이 사건은 대원군과 친일 개화파 사이에 갈등이 고조되고 있는 상황에서 친일파들이 대원군 세력을 몰아내기 위해 꾸민 음모라는 설도 없지 않았다. 사건은 아직 대원군이 권좌에 앉아 있었으므로 크게 확대되지 않은 채 봉합되었으나 불씨는 여전히 남아 있는 상태였다.

일본공사 이노우에는 부임 이후 대원군보다는 왕실에 힘을 실어

---

4) 같은 책, 328쪽.

주는 것이 정국 운영에 도움이 된다는 판단을 내리고 대원군을 제거하기로 작정했다. 그는 대원군이 청일전쟁 개전 직후 평안관찰사 민병석(閔丙奭)을 통해 평양의 청국군 진영에 보낸 친필 서한을 대원군 앞에 디밀었다. 그 서한은 대원군이 일본과 친일 개화파를 비난하면서 청국의 승리를 기원하는 내용을 담고 있었다. 일본이 평양성을 점령한 후 평양 감영에서 노획한 문서 속에 들어 있던 것이었다.[5]

대원군은 서울에서 일본을 등에 업고 권력을 장악했으면서도 뒤로는 평양의 청국군과도 내통했던 것이다. 그것은 고종도 마찬가지였다. 그때까지만 해도 청국이 전쟁에서 이길 것으로 보고 뒷날에 대비해 일종의 이중 플레이를 한 것이다. 일본은 고종이 청국군 진영에 보낸 서한에 대해서는 별다른 문제를 삼지 않고 대원군에게만 책임을 추궁했다.

대원군은 크게 무안을 당한 끝에 이노우에에게 직접 사과하고 정계 은퇴를 선언하지 않을 수 없었다. 일본군에 업혀 경복궁에 들어온 지 꼭 4개월 만인 10월 21일이었다. 그의 권좌 복귀는 결국 척족을 권력에서 축출하는 것으로 임무를 끝내고 이렇게 단명으로 끝나고 말았다.

그로부터 한 달 후인 11월 21일 박영효가 내무대신으로 입각하는 이른바 제2차 김홍집 내각이 발족했다. 이 내각은 김홍집과 박영효가 권력을 양분하는 일종의 연립내각 같은 성격을 지니고 있었다.

이완용은 이 제2차 김홍집 내각에 외무대신 김윤식 아래의 외무협판으로 들어가게 된다. 그가 생모 상을 치르기 위해 공조참판에서 물러난 지 1년 3개월 만이다. 이완용은 이때도 아직 생모 상이 끝나지 않았으므로 관직에 나갈 수 없다는 상소를 올렸으나 고종은 허락하지 않았다. 당시 부모가 사망하면 3년상을 치르는 것이 관례였으므로

---

5) 같은 책, 316~17쪽.

이완용의 생모 상은 다음해 8월에 끝나게 되어 있었다. 박영효가 내무대신으로서 사실상 내각을 좌지우지할 때 이완용은 겨우 외무협판이었으니까 이때까지만 해도 이완용의 정치적 비중은 박영효에 비교가 되지 않을 정도로 보잘것없는 것이었다.

한동안 잊혀진 듯하던 이준용 역모사건은 대원군이 실각한 다음해, 즉 1895년 3월 들어 역모의 내용이 상당 부분 사실인 것으로 드러났다. 이에 따라 이준용에 대한 체포와 처벌이 정국의 최대 관심사로 등장했다.

이준용은 대원군이 끔찍이 아끼는 장손이다. 경망하고 철이 없다는 비난도 듣고 있었지만 고종의 왕위를 위협하는 인물로 지목되어 민비가 항상 경계하고 있던 대상이었다. 그런데 당시 내무대신 박영효와 법무대신 서광범이 민비의 내밀한 뜻을 받들어 가장 강경하게 이준용에 대한 엄벌을 주장하고 나섰다. 민비가 그들을 받아들인 이후 그들과 민비 사이는 어느새 불구대천의 원수에서 정치적 동반자로 변해 있었다. 대원군의 사위인 경무사 이윤용도 이제는 아무런 힘도 없게 된 장인보다는 민비의 편을 적극적으로 들었다.

마침내 박영효의 심복 순검들이 새벽에 운현궁에 들이닥쳐 대원군이 보는 앞에서 이준용을 구타하며 경무청으로 끌고 갔다.

자신의 면전에서 벌어진 믿기지 않는 광경에 대원군의 분노는 이성을 잃을 정도로 극에 달했다. 그는 몸소 이준용이 구금된 특별재판소로 달려가 즉각 석방을 요구했다. 그것이 받아들여지지 않자 마침내 재판소 부근 민가에 유숙하면서 농성을 벌이기까지 했다. 당시 민비는 이 기회에 화근을 아예 없애버릴 작정으로 이준용에게 극형을 내리려 했고 박영효도 여기에 적극 동조했다. 결국 이 사건은 고종의 특별 배려로 이준용을 강화도 교동에 10년간 유배하는 것으로 마무리되지만 민비에 대한 대원군의 원한은 골수에 사무치게 된다.

동시에 박영효와 자신의 사위인 경무사 이윤용에 대해서도 복수의 칼날을 세운다. 대원군은 14년 전인 1881년에도 그의 서자로서 장자였던 이재선(李載先)이 역모사건에 휘말리게 되어 사약을 받고 죽는 억장 무너지는 고통을 겪었었다. 그때도 민비는 대원군이 그녀의 양오라비 민승호 일가를 폭살시킨 것에 복수하기 위해 이재선을 죽이는 데 앞장을 섰었다. 대원군은 이준용이 강화도로 유배를 가게 되자 그와 조금이라도 더 가까운 곳에 머물려고 거처를 운현궁에서 한강변 마포 공덕리의 별장 아소정(我笑亭)으로 옮긴다.

정동파의 대표로 일본세력 배격에 앞장서다

청일전쟁은 예상과 달리 개전 9개월 만에 일본의 일방적인 승리로 막을 내렸다. 1895년 3월 일본 수상 이토 히로부미는 청국의 북양대신 이홍장을 시모노세키로 불러 굴욕적인 강화조약을 강요했다. 10년 전 갑신정변 직후 청국과 담판을 할 때는 이토가 천진으로 찾아가 다소 불리한 입장에서 이홍장과 협상을 했었다. 그러나 이번에는 처지가 완전히 역전되어 이홍장이 시모노세키로 달려와 이토에게 종전과 강화를 구걸하게 된 것이다. 이홍장은 일본군이 북경을 위협하고 있는 상황에서 3월 23일(양력 4월 17일) 일본의 요구를 대부분 그대로 받아들인 강화조약에 조인했다.

시모노세키 조약의 제1조는 '청국은 조선이 완전무결한 자주독립국임을 인정하며 조선이 청국에 대해 시행하던 조공도 폐지한다'고 규정했다. 이로써 조선은 3백 년에 걸친 청국과의 종속관계에서 벗어나 명목상이나마 '자주독립'을 얻게 되었다.

청국은 이어 봉천성 남부의 요동반도와 대만 및 팽호도를 일본에 할양하고 전쟁 배상금으로 3억 엔을 지불하기로 약속했다. 이러한 강화조약 내용은 조선의 조야를 다시 한번 놀라게 만들었다. 천자의 나라 청제국이 섬나라 일본에게 이처럼 굴욕적인 조건으로 강화조약을 맺었다는 것 자체가 믿겨지지 않는 충격이었던 것이다.

그러나 곧이어 더욱 놀랄 만한 사태가 전개되었다. 일본이 청국과 강화조약을 조인한 지 꼭 1주일째 되던 3월 29일 러시아와 프랑스, 독일 3국은 각기 그들의 도쿄 주재 공사를 통해 일본의 요동반도 점유를 반대하는 각서 형식의 '우호적 권고'를 일본정부에 제시했다. 일본이 군사적으로 중국 대륙의 일부를 영구 점령하는 것에 대해 이들 3국이 공식적으로 반대 입장을 표명한 것이다. 특히 만주와 조선에 지대한 관심을 갖고 있던 러시아가 이 3국간섭을 주도하고 나섰다. 형식은 '우호적 권고'지만 내용은 이 요구에 응하지 않을 경우 군사적 조치까지도 암시하는 것이었다. 당시 일본은 이들 3국과 전쟁을 벌일 힘이 없었다. 그들은 3국으로부터 각서를 접수한 지 12일 만에 요동반도를 포기한다는 내용의 각서를 이들 정부에 전달했다.

일본이 3국간섭에 굴복해서 요동반도를 청국에 돌려주기로 했다는 충격적 소식은 곧바로 조선에도 전파되었다. 이어 서울 주재 러시아, 프랑스, 영국, 미국 등의 외교사절들이 공동으로 조선에서 철도와 광산 등의 이권을 일본이 독점하는 것에 대해 일본 공사관에 항의했다. 이른바 조선판 4국간섭이 시작된 것이다.

사정이 이렇게 바뀌면서 일본을 대하는 조선정부의 태도도 확연히 달라지기 시작했다. 우선 일본의 주선으로 권력에 복귀한 박영효에게조차 이노우에의 말이 먹히지 않았다. 박영효는 서울 시내에서 일본인 상인들의 조계를 확장해달라는 이노우에의 요구를 내무대신으로서 단호히 거부했다. 당시 박영효는 조급하게 자신의 세력 확장을 꾀하며 총리대신 김홍집과 끊임없이 갈등을 빚는 바람에 내각이 와해될 위기에 이르고 있었다. 이노우에는 김홍집과 박영효의 연립내각 유지를 통해 일본의 영향력을 지속시킬 생각으로 박영효에게 타협을 권유했으나 아무런 효과도 거두지 못했다. 청일전쟁이 끝나자마자 조선정부에 대한 일본의 영향력은 이렇게 추락하고만 것이다.

민비 역시 각서 한 장으로 일본을 눌러버린 거대 강국 러시아에 의지해서 세력을 만회하고 일족의 권력을 회복할 생각으로 러시아와 은밀히 접촉을 시도하고 있었다.

이런 상황에서 서울 정계에 미국과 러시아 세력을 배경으로 한 새로운 정치집단이 등장하기 시작했다. 이완용을 중심으로 한 이른바 정동파 그룹이었다. 이제까지 조선에서 정치세력이라고 하면 청국을 등에 업은 사대수구파와 일본의 지원을 받는 친일 개화파가 대종을 이루고 있었다. 이런 의미에서 구미세력을 배경으로 한 정동파는 전혀 새로운 정치집단이었다. 따라서 이들이 서울 정계에서 활개를 치기 시작한 것은 순전히 3국간섭 이후 조선을 둘러싸고 새롭게 형성되기 시작한 외세의 판도 변화를 반영하는 것이었다.

당시 정동은 미국, 러시아, 영국 등의 공사관과 영사관이 모여 있는 조선의 외교 중심지였다. 이들 구미 국가의 외교관들과 선교사들은 오래 전부터 서울클럽이라는 일종의 사교 모임을 만들어 친목을 도모하고 있었다. 1895년 정동에 손탁 호텔이 등장하면서 이들은 이곳을 모임장소로 이용했다. 이때 손탁 호텔에 자주 드나들던 구미 인사들은 존 M. B. 실(John M. B. Sill) 미국공사와 알렌 서기관, 조선정부의 미국인 고문 윌리엄 M. 다이(William M. Dye)와 찰스 W. 리젠드르(Charles W. Legendre), 미국인 선교사 언더우드와 아펜젤러, 러시아 공사 베베르 등으로 미국인이 대부분을 차지했다.

손탁 호텔은 러시아 공사 베베르의 처형인 안토니에테 손탁(Antoniette Sontag)이 왕실로부터 하사받은 정동의 가옥을 외국인들의 모임장소로 활용하면서 처음에는 손탁 양저, 손탁 빈관, 한성빈관 등으로 불리기도 했다. 미모의 독일 알자스로렌 지방 출신 독신녀인 손탁은 1885년 8월 초대 조선 주재 러시아 공사로 부임하는 베베르를 따라 서울에 왔다. 그녀는 베베르의 소개로 궁중에 출입하면서 민비의 환심을 사 민비로부터 왕실 소유의 가옥을 하사받아 이곳을 외국인들의 사교장소로 이용했던 것이다. 손탁은 3국간섭 이후에는 러시아에 접근하려는 민비와 베베르를 연결시켜주는 다리 역할을 하기도 했으며 1902년 한식 가옥을 헐고 여기에 러시아풍의 근대식 2층 호텔을 지었다. 이것이 우리나라 최초의 서양식 호텔인 손탁 호텔이다.

이완용은 미국에서 귀국한 이후에도 알렌과는 수시로 만났으며 그의 소개로 언더우드나 아펜젤러 같은 선교사들과도 가깝게 지내고 있었다.

이런 배경으로 이완용을 비롯한 주미 공사관원 출신 조선인 관리들은 손탁 호텔에 출입하면서 구미 외교사절들과 자연스럽게 어울릴 수 있었다. 이들은 청일전쟁의 추이에 관해 정보와 의견을 나누기도 했지만 그 모임의 성격은 어디까지나 사교적인 것이었다. 당시 손탁 호텔을 무대로 구미 인사들과 자주 어울린 조선인 관료는 이완용 이외에 이하영, 이채연, 이상재, 윤치호 등 주로 초대 주미 공사관원 출신들로서 박정양도 여기에 속했다.

조선 정계와 일본 공사관원 관계자들은 이들 조선인 관리들의 움직임에 주목하면서 이들을 정동파 또는 영어파라고도 불렀다. 정동파라는 이름은 이들이 어울리는 손탁 호텔이 정동에 소재한 데서 비롯된 것이다. 이들은 조선 정계에서 하나의 파벌로 인식되고 있었지만 이전의 사대수구파나 친일 개화파에 비해 아직까지는 외세의 어느 한쪽에 전적으로 의지하려는 외세 의존적 성격은 덜한 편이었다.

그런데 3국간섭 이후 일본의 영향력이 줄어들고 러시아가 위세를 부리면서 이범진(李範晉), 민영환 등 친러파들도 손탁 호텔에 얼굴을 나타내기 시작했다. 이범진은 대원군 시절 대원군의 수족으로서 천주교도 학살을 진두지휘했던 훈련대장 이경하(李景夏)의 서자이다. 이범진은 문과에 급제했지만 그 아버지가 대원군 사람이었기 때문에 민비정권 아래서 출세를 기대할 수가 없었다. 하지만 그는 미남인데다 가무에 뛰어난 재주를 가지고 있었다. 그는 우연히 민비가 신임하는 단골 점쟁이 신령군(神靈君)을 따라 궁중에 들어와 민비 앞에서 춤을 춘 것이 그녀의 눈에 들어 급격한 출세를 하게 되었다. 이후 그는 자신을 출세시켜준 민비에게 무조건적인 충성을 바친다. 이범진은 과거에 합격했다고는 하지만 무식하고 지독하게 수구적인 인물이다. 민영환은 일찍부터 민영익과는 달리 청국의 간섭에서 벗어나기 위해서는 러시아를 끌어들여야 된다는 주장 아래 베베르와 접촉해온 척족의 대표적 친러파였다.

3국간섭으로 일본의 영향력이 퇴조하는 분위기에서 친러파의 거두 이범진과 민영환 등이 가세함에 따라 정동파는 점차 일본을 배격하고 러시아와 미국에 기대는 정치세력으로 그 성격이 변모하기 시작했다.

본래 이완용과 이범진은 그들의 아버지가 모두 대원군 계열이었다는 공통점을 갖고 있다. 그러나 출세 과정과 정치적 성향이라는 면에서는 상당한 거리가 있다. 이완용이 명문 집안의 적자로서 정상적인 출세 코스를 밟은 데 비해 이범진은 과거에 합격했다고는 하지만 이경하의 서자로서 민비의 눈에 들어 비정상적으로 급격히 출세한 인물이다. 이완용은 선진문물 도입에 적극적인 관심을 갖고 있는 개화파에 속했지만 이범진은 철두철미한 수구파였다.

그러나 이들 정동파 관리들에게는 몇 가지 공통점이 있었다. 청일전쟁 이후 계속된 일본의 내정간섭에 반감을 품고 일본에 적대적인 반면 구미세력에 호감을 갖고 있었으며 민비와 왕실에 절대적으로 충성을 바치고 있다는 점이다. 이런 측면에서 민비와 정동파는 정치적인 동반자가 될 수 있는 공통분모를 갖고 있었다. 따라서 정동파가 왕비파라고 불린 것도 이런 배경 때문이다.

민비는 일본이 세력을 떨칠 때는 일본의 비위를 맞추기 위해 박영효까지 받아들였다. 그런데 이제 러시아가 위세를 부리자 구미세력을 배경으로 활개를 치기 시작한 정동파를 끌어들인 것이다. 정동파는 민비와 러시아 공사 베베르 사이를 이어주는 고리 역할을 하게 된다. 박영효가 소위 역모사건으로 일본에 재차 망명한 후에는 서광범도 정동파에 가담하게 되고 1895년 12월 귀국한 서재필도 정동파로 활약하게 된다. 서재필은 귀국 후 한동안 언더우드 집에 머물렀는데 언더우드가 다리를 놓아 정동파와 제휴를 하게 된다.

이처럼 정동파는 그 출신 배경이 다양하고 정치적 성향도 일정하지 않았다. 그러나 정동파는 영어파라고 불린 것에서도 엿볼 수 있듯이 미국에 배경을 두고 있었으며 그 핵심은 어디까지나 초대 주미 공사관원 출신들이었다. 그리고 그들의 실질적인 우두머리는 이완용이었다. 박정양도 정동파로 분류되기는 했지만 그의 소극적인 성격으로 인해 활동이 두드러지지는 않았다.

학부대신으로서 의무교육제도를 도입하다

이노우에의 조정에도 불구하고 박영효와 김홍집의 갈등으로 제2차 김홍집 내각은 출범 6개월도 못 되어 와해되고 만다. 김홍집이 스스로 총리대신에서 물러나게 된 것이다. 그런데 후임 총리는 박영효가 아니라 뜻밖에도 박정양이 맡게 된다.

박정양이 총리에 발탁된 것은 순전히 알렌의 추천에 의해서였다. 고종은 개각을 앞두고 미국 공사관 서기관 알렌에게 후임 총리감으로 누가 좋겠느냐고 물어본다. 알렌은 서슴없이 당시 학부대신을 맡고 있던 박정양을 천거하고 이어 이완용도 대신으로 추천했다. 알렌이 추천하기 전까지 박정양은 단 한 번도 총리 후보로 거론된 적이 없는 인물이다.[6]

그러면 알렌은 왜 자신이 그토록 무능한 인물이라고 혹평한 박정

---

6) F. H. 해링튼, 앞의 책, 162쪽.

양을 총리로 추천하고 이완용까지 대신으로 밀었는가. 그것은 자신과 미국에서 함께 근무한 인연으로 친밀하게 지내는 그들을 요직에 앉힘으로써 조선에서의 이권획득 사업, 그 중에서도 운산금광 채굴권 획득을 쉽게 하기 위해서였다. 알렌은 이들 두 사람 이외에 이채연도 농상공부협판으로 들여앉힌다. 친일파들로 짜여진 전임 김홍집 내각은 미국인에게 금광 채굴권을 내주는 것을 막고 있었다.

박정양은 워낙 온건한 사람이라 왕실에서 볼 때도 박영효보다 다루기 쉬웠고 일본 측에서도 특별히 거부감을 가질 이유가 없었다. 그렇게 해서 박정양은 5월 8일 김홍집의 뒤를 이어 총리대신에 임명되고 이틀 후(양력 6월 2일) 그의 후임 학부대신으로 외부협판 이완용이 입각하게 된다. 이로써 이완용은 관직에 들어선 지 9년 만에 38세의 나이로 대신의 반열에 오르게 되었다.

이번 박정양 내각은 전임 김홍집 내각에 비해 친일보다는 친미·친러적 색채를 더 강하게 풍겼다. 이것은 당시 조선을 둘러싼 외세의 세력 판도를 그대로 반영한 것이었다. 사실 이제까지 조선의 정계라는 것은 항상 조선을 둘러싼 외세의 세력 판도를 그대로 반영하는 거울이나 다름없었다. 청국이 호령할 때는 친청 사대수구파가 권력을 농락하고 일본이 세력을 떨치면 친일 개화파가 득세를 하다가 이제 러시아가 위세를 부리자 친미·친러파가 권력의 전면에 부상하게 된 것이다.

이러한 현상은 조선 말기나 구한말로써 그친 것이 아니라 오늘날까지 그대로 이어지고 있다. 1945년 8·15와 함께 남한에 미군이 진주한 이래 한국에서는 미국의 압도적인 영향력 아래 반세기 이상 친미파 세력이 정치권력을 독점해오고 있다. 이들 친미파는 일제가 패망하기 직전까지 '귀축 미영을 격멸하자'고 악을 쓰던 친일 반민족 분자들이 주축을 이루고 있다. 그들은 미군 진주와 함께 재빠르게 그 섬기는 대상을 일본에서 미국으로 바꾸었던 것이다.

이런 기회주의적 처세가 지배하는 사회에서 정의나 원칙, 소신과 같은 차원 높은 도덕률은 설 땅을 찾을 수가 없다. 오직 힘있는 자를 쫓는 해바라기적 처신만이 최선의 행동양식으로 자리 잡을 뿐이다.

앞으로도 미군이 남한 땅에 계속 주둔하는 한, 한국에서 친미집단 이외의 정치세력이 권력을 장악하는 일은 사실상 불가능하다고 단언해도 크게 틀린 말은 아닐 것이다. 기본적으로 외세에 종속된 정치군사 구조 아래에서 자주적인 세력이 권력에 접근하는 것은 원천 봉쇄되어 있다고 해도 과언이 아니다.

알렌은 이렇게 박정양과 이완용, 이채연을 권력의 핵심에 밀어넣은 후 본격적인 이권획득 사업에 착수한다. 알렌은 운산금광 채굴권을 자신의 친구이자 요코하마에 본사를 두고 있는 미국무역상사(American Trading Company) 사장인 제임스 R. 모스(James R. Morse)에게 따주기로 오래 전부터 약속해둔 상태였다. 그는 이렇게 함으로써 모스로부터 사례금을 받을 수 있을 뿐만 아니라 그의 지원으로 조선 주재 미국공사나 아니면 다른 사업체의 대표 자리를 얻을 것으로 기대하고 있었다. 미국 공사관 서기관으로서 알렌이 받는 연봉은 1천5백 달러에 불과했다. 이 돈으로는 저축은커녕 생활하기에도 빠듯했다.

당시 광산 관할권은 농상공부 소관 아래 있었다. 그런데 농상공부 대신 김가진은 친일적인 인물이었으며 변덕이 심해 믿을 수 없다고 알렌은 생각했다. 그래서 알렌은 김가진에게 운산 지역의 광산 관할권을 궁내부로 넘기면 국왕이 기뻐할 것이며 국왕의 총애도 받을 것이라고 농간을 부려 결국 관할권을 궁내부로 넘기게 만든다.[7] 그러나 금광 관할은 궁내부에 넘겨진 뒤에도 역시 친일파인 정병하(鄭秉夏)가 책임자로 있는 궁내부의 내장원에서 맡게 되어 채굴권 획득이

---

7) 같은 책, 163~64쪽.

여의치 않게 돌아갔다.

이렇게 알렌이 운산금광 문제로 고심하고 있을 때 뜻밖에도 민비가 나서서 이 문제를 간단히 해결해 주었다. 민비가 그 이권을 알렌에게 내주라고 지시했던 것이다.

민비는 '알렌이 지난 10년간에 걸쳐 조선 왕실에 조언하고 봉사한 것에 대한 감사의 표시로' 이 금광 채굴권을 하사한 것이다. 알렌은 모스를 대신해서 7월 15일 금광 개발권 계약서에 서명했다. 그가 박정양과 이완용을 내각의 요직에 들어앉힌 지 2개월 만이다. 계약 조건은 일체의 개발 경비를 미국인이 부담하고 조선 왕실에 이익금의 25퍼센트를 지불하며 채광 기간은 25년으로 한다는 것이었다. 알렌은 계약 체결 후 이 문제와 관련해 조선인 관리 누구에게도 뇌물을 준 일이 없다고 밝혔으나 모스에게 '앞으로 이완용과 이채연을 이용하면 일이 잘 될 것'이라고 시사해 묘한 여운을 남기고 있다.[8] 이완용은 3년 전에도 알렌과 모스가 광산 개발권을 얻을 수 있도록 도와준 적이 있다. 그때 모스는 계약 체결을 위해 서울까지 왔으나 원세개의 간섭으로 실패했다.

한편 박영효는 이번 개각에서 총리대신이 되지는 못했지만 내부대신으로서 여전히 내각의 실력자로 행세했다. 그래서 이번 내각은 박정양 내각이 아니라 박영효 내각이라는 평이 나오기도 했다. 그러나 그것은 어디까지나 표면적인 것이었으며 이때쯤 박영효는 이미 고립무원의 상태에 빠져들고 있었다. 3국간섭 이후 일본의 영향력은 급속히 쇠퇴하고 있었고 이런 사정을 반영하듯 이노우에는 본국 정부와 대조선정책을 협의할 겸 휴가를 핑계로 일시 귀국해버렸다.

박영효가 내부대신으로서 경찰권을 장악하고 있다고는 하지만 그는 이미 내각에서 소수파로 몰리고 있었다. 갑오경장 때 군국기무처

---

8) 같은 책, 165쪽.

회의원으로 대표적인 친일파였던 안경수와 농상공부대신 김가진은 어느새 슬그머니 박영효에게 등을 돌리고 정동파 쪽을 기웃거리고 있었다. 알렌을 비롯한 구미 외교사절들도 그를 친일세력의 우두머리로 보고 기피하는 기색을 감추지 않았다.

이 사이 민비는 이완용과 이범진 등을 통해 러시아 공사 베베르와 활발하게 접촉을 벌이며 본격적으로 세력 만회를 꾀하고 있었다. 자연히 박영효와 이완용은 정적관계에 설 수밖에 없게 되었다. 이완용이 철종의 사위이며 갑신정변의 주역인 박영효의 정적이 되었다는 것은 그만큼 정치적으로 많이 성장했다는 것을 의미한다.

박영효와 이완용은 기본적으로 그들의 배후 외세가 일본과 미국이라는 차이도 있었지만 왕실에 대한 충성심이나 개혁의 방법에 대해서도 상당한 입장 차이를 보이고 있었다. 박영효가 왕실의 권한을 제한하고 내각의 힘을 강화하려고 한 데 반해 이완용은 왕실과 척족에 거의 무조건적인 충성을 보였다. 또 박영효가 개혁에 대해 조급하고 이상주의적인 데 비해 이완용은 점진적이고 현실주의적인 접근 자세를 취했다.

박영효는 왕실과 러시아 공사관 사이의 접촉을 차단하기 위해 왕궁 경비병을 기존의 시위대 대신 자신의 영향력 아래에 있는 훈련대로 교체하려고 했다. 훈련대는 청일전쟁 기간 중 일본군이 훈련시킨 부대였다. 고종은 훈련대보다는 시위대를 더 신임하면서 박영효의 계획에 제동을 걸었다. 이 문제로 결국 그는 왕실과 충돌하고 권력에 복귀한 지 겨우 7개월 만에 왕비를 해치려 했다는 석연치 않은 역모 혐의를 받고 일본으로 다시 망명하게 된다.

청일전쟁 개전 이후 일본세력이 조선 정계를 압도하는 분위기에서 그는 일본을 등에 업고 망명 10년 만에 화려하게 내부대신으로 입각해 자신의 개혁 이상을 펴보려고 했었다. 한때는 이준용 역모사건을 단호하게 처리함으로써 민비의 총애를 듬뿍 받기도 했다. 그러나 이제 퇴조하는 일본세력과 함께 그는 또다시 기약 없는 망명의 길을 떠나게 된 것이다. 조정에서는 그를 역모혐의로 체포하려고 했다. 그러나 그의 지휘 아래 있으면서 가깝게 지내던 경무사 이윤용이 이런 정보를 사전에 알려줌으로써 체포를 면하고 일본 공사관으로 피신할 수 있었다.

박영효가 일본으로 망명한 후 박정양은 두 달 만에 총리에서 내부대신으로 내려앉고 김홍집이 다시 총리로 돌아왔다. 이른바 제3차 김홍집 내각이 성립된 것이다. 이번 내각 역시 당시 조선을 둘러싼 외세의 판도를 그대로 반영해 친일세력보다는 친미·친러파가 우세했으며 이들 구미파는 대부분 척족에 동조적이었다.

이완용은 이번 개각에서도 그대로 학부대신에 유임되었다. 학부대신이라는 자리는 갑오경장 이전까지만 해도 조선정부의 관제에는 없었다. 예조에서 외교·문화·교육사업을 함께 맡아보았던 것이다. 그런데 갑오경장 때 교육사업의 중요성을 감안해 예조에서 교육행정사업을 전문적으로 담당하는 학부를 별도로 분리해 설립했던 것이다.

새로 설립된 학부의 초대 대신에는 박정양이 임명되었으며 이완용은 2대 대신으로 입각했다. 박정양이 학부대신으로 있을 때는 이상재가 참의로서 순한글로 된 교과서 편찬사업을 추진했다. 그리고 이완용이 학부대신으로 입각했을 때 협판에는 윤치호가 임명되었다. 이처럼 초창기 학부는 미국과 인연이 있는 정동파 인물들이 주류를 차지하고 있었다. 그리고 바로 이들에 의해 우리 역사상 최초의 근대식 학교 교육과 의무교육제도가 법률적으로 제도화되어 도입되기 시작했다. 물론 당시 갑오경장은 전적으로 일본의 주도와 각본에 따라 이루어진 것이 사실이다. 그러나 교육 부문만은 미국 교육제도를 주의 깊게 관찰한 이들 정동파 관료들의 생각이 상당 부분 반영된 것으로 평가되고 있다.

이때 이완용이 학부대신으로 재직한 기간은 4개월 정도에 불과했다. 그러나 이 짧은 기간에 우리 교육 사상 지울 수 없는 몇 가지 중요한 일이 이루어진다.

그 첫째가 고려 말기 이래 이 나라의 최고 교육기관으로 자리 잡아온 성균관을 크게 개편한 것이다. 성균관은 과거 급제를 목표로 삼아 공부하는 곳으로 당시 학생은 30여 명에 불과했다. 그저 유교 경전을 기계적으로 외우고 자연 풍경을 주제로 한 시나 문장을 짓는 것이 교육 내용의 대종을 이루고 있었다. 그런데 갑오경장으로 과거제도가 폐지됨에 따라 성균관의 개편은 불가피한 상태에 있었다.

이완용은 학부대신에 임명된 지 2개월 만인 1895년 7월 2일 국왕의 재가를 받아 칙령 제136호로 성균관 관제 개편을 발표하고 이어 8월 9일 학부령 제2호로 '성균관 경학과 규칙'을 공포했다. 이에 따라 성균관은 종래의 유교 경전 이외에 역사와 지리, 산술을 교과목에 포함시키고 학년과 학급을 구분하며 수업 연한과 규칙적인 시험제도를 도입하는 등 근대적인 교육기관으로 어느 정도 탈바꿈하게 된다. 당시 성균관을 완전히 폐지하지 않고 경학과로 개편한 것은 아직 이를 대체할 만한 근대적인 고등교육기관이 없는 상태였기 때문이다. 그래서 성균관을 개편해 새로운 교육 내용과 방법으로 고급관료를 양성하기 위해서였다.

이완용은 이어 전국적인 범위에서 소학교 교육을 실시할 목적으로 7월 19일 국왕의 재가를 받아 칙령 제145호로 소학교령을 공포했다. 소학교령은 8세부터 15세까지를 학령으로 하며 수업연한은 심상과 3년, 고등과는 2년 또는 3년으로 하고 교과목은 독서, 작문, 산술, 체조, 조선 역사, 조선 지리, 외국 역사, 외국 지리 등으로 한다는 것을 주요 내용으로 담고 있다.

소학교령은 우리 역사상 최초로 근대적인 초등교육의 의무화를 규정하고 그 교육체계와 내용 및 관리운영 전반을 법적으로 제도화했다는 점에서 무시 못할 의미를 지니고 있다. 이 소학교령에 따라 이

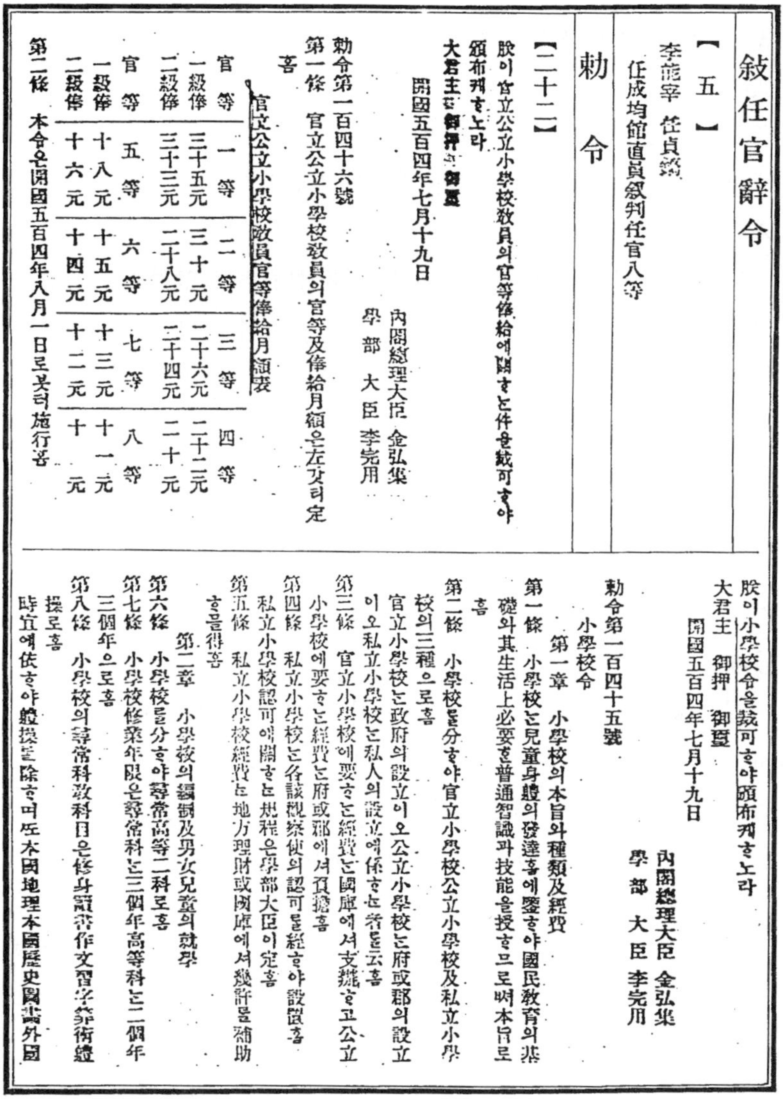

敍任官辭令

【 五 】

李能宰 任貞鎬

任成均館直員敍判任官八等

勅令

【二十二】

朕이 官立公立小學校敎員의 官等俸給에 關혼 件을 裁可호야 頒布케 호노라

大君主 御押 御璽

開國五百四年七月十九日

內閣總理大臣 金弘集

學部 大臣 李完用

勅令第一百四十六號

第一條 官立公立小學校敎員의 官等及俸給月額은 左와 갓티 定 홈

官立公立小學校敎員官等俸給月額表

官等	一等	二等	三等	四等
一級俸	三十五元	三十元	二十六元	二十二元
二級俸	三十三元	二十八元	二十四元	二十元
官等	五等	六等	七等	八等
一級俸	十八元	十五元	十三元	十一元
二級俸	十六元	十四元	十二元	十元

第二條 本令은 開國五百四年八月一日로붓터 施行홈

勅令第一百四十五號

小學校令

第一章 小學校

第一條 小學校는 兒童身體의 發達홈에 鑒호야 國民敎育의 基礎와 其生活上必要혼 普通知識과 技能을 授홈으로뻐 本旨로 홈

第二條 小學校를 分호야 官立小學校公立小學校及私立小學校의 三種으로 홈

官立小學校는 政府의 設立이오公立小學校는 府或郡의 設立이오私立小學校는 私人의 設立에 係호는者를 云홈

第三條 官立小學校에 要호는 經費는 國庫에셔 支撥호고公立小學校에 要호는 經費는 府或郡에셔 負擔홈

第四條 私立小學校로 認可를 經호야 設립호者로 認可를 經호야 設립홈

私立小學校認可에 關호는 規程은 學部大臣이 定홈

第五條 私立小學校經費는 地方의 情況에 因호야 幾許금 補助홈을 得홈

第二章 小學校의 編制及男女兒童의 就學

第六條 小學校를 分호야 尋常科와 高等科二科로 홈

第七條 小學校修業年限은 尋常科는 三個年高等科는 二個年 三個年으로 홈

第八條 小學校의 尋常科敎科目은 修身讀書作文習字算術體 操로 홈

時宜에 依호야 體操를 除호며 本國地理本國歷史圖畵外國

〈그림 1〉 소학교령 칙령 사본

이완용이 학부대신으로서 고종의 재가를 받아 반포한 소학교령 사본. 이처럼 명백한 역사적 기록이 있음에도 불구하고 일부 교육사가들은 소학교령을 반포한 학부대신이 '박정양'이라고 역사를 왜곡하고 있다.

완용이 학부대신으로 재직중이던 그해 8월 서울에서 장동, 정동, 계동, 묘동 등 4개 관립 소학교가 문을 열고 학생들을 모집하기 시작했다.

소학교령에 이어 7월 23일에는 학부대신 이완용 명의의 학부령 제1호로 한성사범학교 규칙과 한성사범학교 부속소학교 규칙이 공포된다.

당시 서울과 지방에서 학교가 활발히 설립되고 있었으나 막상 근대적인 학교 교육을 담당할 교사는 거의 없다시피 했다. 따라서 교사의 양성은 교육사업에서 다른 어떤 문제보다도 시급한 과제였다. 그래서 한성사범학교 관제는 박정양이 학부대신으로 있을 때 이미 마련되어 학교 문을 열은 상태였다. 이완용은 이를 뒷받침하기 위해 세부 규칙을 서둘러 제정했던 것이다.

부속소학교는 일찍이 이완용이 영어를 배웠던 육영공원을 개편한 것으로 소학교 교육과 함께 사범학교 학생들의 실습을 위해 설립되었다.

일본과 '유학생 파견에 관한 계약서'가 체결된 것도 이완용이 학부대신으로 재직중일 때 이루어진 것이다. 이완용은 일본의 게이오의숙(慶應義塾) 설립자 후쿠자와 유키치(福澤諭吉)와 매년 일정한 유학생을 게이오의숙에 파견하되 첫 해에는 300명을 보내기로 하는 계약서를 교환했다.

이완용은 민비시해 당일인 그해 8월 20일(양력 10월 8일) 해임당할 때까지 불과 4개월 남짓 학부대신으로 재임하지만 우리 교육사상 지울 수 없는 흔적을 남겼다.

만고의 매국노로 지탄받는 인물이 우리 교육사에 획을 긋는 자취를 남겼다는 것은 우리 역사의 수치이자 심각한 고민거리임에 틀림없다. 그래서 우리 교육사는 이완용의 이름을 빼버리거나 심지어는 그의 업적을 박정양의 이름으로 대체하는 적극적인 역사 왜곡까지도 서슴지 않고 있다. 그러나 그런다고 해서 그 수치와 딜레마가 해소될 수 있을까. 이완용과 관련한 우리 역사의 딜레마는 또 있다. 바로 다음에 다루게 될 독립협회 활동과 관련한 것이다.

7

아관파천을 주도하다

대원군의 민비살해와 미국 공사관 피신

한때 원세개를 능가하는 위세로 서울에 입성했던 일본의 거물 공사 이노우에는 부임 11개월 만에 퇴조하는 일본세력과 함께 공사직을 사임하고 도쿄로 돌아갔다. 그는 휴가에서 돌아온 후 고종과 민비를 만난 자리에서 조선의 재정난을 돕기 위해 시모노세키 조약에 따라 일본이 청국에서 받게 된 전쟁 배상금 3억 엔 가운데서 3백만 엔을 조선정부에 기증하겠다고 밝혀 잠시 왕실을 설레게 했다. 그러나 그 기증금 약속은 일본정부와 의회의 승인을 받지 못해 결국 공수표로 끝나고 만다.

당시 일본정부의 대조선정책은 완전히 난관에 부딪쳐 있었다. 갑오경장 때처럼 적극적인 간섭을 하게 되면 러시아의 개입을 불러올 것은 불을 보듯 뻔했다. 그렇다고 방관을 하면 조선정부는 척족 수구파가 권력을 장악하고 일본을 배척하면서 그들이 지난 1년 여 간 추진해온 '내정 개혁'을 완전히 물거품으로 만들어버릴 가능성이 높았다. 그렇게 되면 그들이 청일전쟁을 통해 조선에서 얻는 것은 아무것도 없게 된다. 실제로 박영효가 일본에 다시 망명한 이후 조선정부는 갑오경장 이후의 개혁을 상당 부분 부정하고 개혁 이전 상태로 돌아가는 조치를 취하고 있었다.

이노우에의 3백만 엔 기증금 약속은 이런 상황에서 조선 왕실을 회유하기 위한 고육지책으로 나온 것이었지만 공수표로 끝남으로써 척족과 왕실의 친러 경향을 더욱 부채질하는 결과만 초래했다.

이노우에의 후임 공사는 미우라 고로(三浦梧樓)라는 육군 중장 출신의 외교 문외한이었다. 그는 이토나 이노우에와 같은 조슈 번 출신으로 평생을 말 잔등에서 보낸 전형적인 무골이며 참선승을 자처할 정도로 불도에 몰입해 있던 인물이다. 그는 1895년 7월 13일 서울에 부임한 이후 단 한 차례 신임장을 제정하기 위해 고종을 알현한 것을 제외하고는 대궐 출입도 하지 않고 다른 나라 외교사절들과도 접촉하지 않으면서 오로지 남산 기슭의 일본 공사관에 틀어박혀 불경만 외고 있었다. 그래서 그는 서울 외교가에서 '독경공사'로 불려졌다. 일본 공사관은 임오군란 때 서대문 공사관이 불에 탄 후 이곳으로 옮겨 새로 건립되었다. 그러나 이때 이미 미우라와 대원군은 밀사를 통해 은밀히 접촉하면서 모종의 음모를 꾸미고 있었다.

한편 민씨 척족은 일본공사 교체를 3국간섭에 따른 일본의 대조선정책 후퇴로 파악하고 더욱 노골적으로 친러 배일정책을 추구하고 나왔다. 일본군이 훈련시킨 훈련대를 해산시킬 계획 아래 우선 훈련대의 주요 간부들을 해임하고 8월 16일에는 친일파 김가진을 농상공부대신 자리에서 내쫓고 친러파의 대표 이범진을 그 자리에 앉혔다. 김가진에 이어 내부협판 유길준을 의주부 관찰사로 쫓아내는 등 친일파를 내각에서 완전히 제거해버렸다. 공덕리 대원군의 별장에도 순검 수십 명을 배치해 엄중히 감시하기 시작했다. 이와 함께 정부 안의 일본인 고문관들도 모조리 축출한다는 소문이 돌았다.

그러나 친일파를 내각에서 일소하던 바로 그날, 즉 8월 16일 일본인 궁내부 고문관 오카모토 류노스케(岡本柳之助)는 공덕리 대원군 별장을 방문해 대원군과 민비 제거에 관한 중요한 합의를 하게 된다. 오카모토는 궁내부 고문관이라는 직책상 대원군과 접촉이 잦은 편이었다. 그는 이날 남의 눈을 의식해 일본으로의 귀국을 앞두고 인사차 대원군을 찾는 형식을 취했다. 그는 별장 사랑에서 대원군에게 거사 후 국왕을 보필해 궁중을 감독하되 정사는 내각에 맡겨 일체 간섭하지 않으며 이준용을 3년 기한으로 일본에 유학 보낸다는 등의 4가지 조건을 적은 각서를 제시하고 대원군으로부터 자필 확인을 받아냈다.[1] 거사 일자는 추후 적당한 날을 택해 대원군에게 통보해주기로 했다. 이 각서는 오카모토에 의해 미우라에게 전달되었다.

일본이 대원군에게 이런 다짐을 요구한 것은 갑오경장 당시 그를 앞세워 척족을 몰아내기는 했으나 그가 사사건건 정사에 관여해 오히려 그들에게 방해가 된 경험 때문이었다. 이날 대원군이 각서에 자필 확인하는 자리에는 그의 장자 이재면과 장손 이준용도 함께 동석해 대원군에게 4개 조항에 찬성할 것을 적극 권고했다.[2] 이준용은 강화도 교동에 유배되었다가 두 달 전쯤 특별사면되어 대원군과 함께 공덕리 별장에서 기거하고 있었다. 이노우에의 주선에 의해 전라도 영광군 임자도로 귀양 갔던 척족세도의 대표 민영준과 교환 조건으로 풀려났던 것이다.

민씨 척족은 8월 19일에는 군부대신 안경수를 시켜 일본 공사관으

---

1) 진단학회/이선근, 앞의 책, 594쪽.
2) 같은 책, 595쪽.

로 미우라 공사를 방문해 다음날 훈련대를 무장해제시키고 민영준을 궁내부대신에 임명한다는 통고를 하면서 양해를 구했다. 안경수는 불과 몇 달 사이에 친일파에서 변신해 배일적인 척족의 편에 붙어 있었다. 미우라는 훈련대 무장해제에 대해서는 아무런 반응을 보이지 않았고 민영준 임명에는 찬성한다는 뜻까지 표시했다.

그러나 이때 이미 미우라는 행동을 결심하고 있었다. 그는 안경수가 돌아가자마자 서울 거주 일본인 낭인들과 훈련대 대대장 우범선(禹範善), 이두황(李斗璜) 등을 일본 공사관으로 불러들였다. 훈련대가 무장해제당하기 전에 대원군을 앞세우고 민비를 제거하기로 작정했던 것이다. 이런 사정도 눈치 채지 못하고 그날 밤 민비의 거처인 건청궁 옥호루에서는 안경수, 정병하 등이 참석한 가운데 민영준의 재득세를 축하하는 연회가 질펀하게 벌어지고 있었다.

다음날, 즉 8월 20일(양력 10월 8일) 새벽 3시 일단의 일본인 낭인들과 훈련대 병사들은 "암여우를 죽여라"고 외치며 대원군을 호위하고 공덕리 대원군 별장을 떠나 경복궁으로 향했다. 13년 전 구식 군대가 임오군란을 일으켜 대궐에 난입했을 때도 그들은 "여시를 죽여라"고 아우성치며 민비를 찾았었다.

대원군은 출발에 앞서 자신의 거사 취지를 밝히는 국태공(國太公) 명의의 고유문(告諭文)을 발표하고 서울 시내에 이를 게시하도록 지시했다. 고유문은 '근일 소인배들이 어진 사람을 배척하고 간사한 무리를 기용하여 유신의 대업을 중도에 폐지하고 5백 년 종사도 하루가 급하게 위기에 처해 있으니 나는 종친으로서 이를 좌시할 수가 없다. 그러므로 이번에 입궐하여 대군주를 보익하고 사악한 무리들을 쫓아내 유신의 대업을 이루고 5백 년 종사를 지키려 하니 너희 백성들은 안심하고 생업을 지킬 것이며 섣불리 경거망동하지 말라. 만일 너희 백성이나 병사 가운데 나의 길을 막는 자가 있으면 반드시 큰 죄로써 다스릴 것이요, 너희들은 후회막급할 것이다'라는 무시무시한 내용이

었다.[3]

간단히 말해서 민씨 척족이 권력을 잡고 갑오경장의 개혁을 무위로 돌려 나라를 위태롭게 하고 있으니 이들을 척결해버리겠다는 뜻이다.

이날 대원군은 함께 따라 나서기를 원하는 손자 이준용에게 "너는 남아 있다가 만일 오늘의 거사가 실패하게 되면 일본으로 망명하여 후일을 기하라"[4]고 말한 후 새벽 3시쯤 가마에 올랐다. 이들이 서대문에 이르자 미리 계획된 대로 일본군 수비대와 우범선, 이두황이 지휘하는 훈련대의 주력이 가세를 했다.

그들은 일본인 낭인패와 훈련대 병사들을 앞세우고 곧바로 대궐 담을 넘어 들어가 광화문을 열어젖힌 후 국왕과 왕비가 거처하는 경복궁 내 건청궁으로 돌진했다. 당시 궁궐은 미국의 퇴역 육군 소장 출신 윌리엄 M. 다이 장군이 지휘하는 5백여 명의 시위대가 지키고 있었으나 일본인 낭인패 50여 명과 훈련대 병사들에게는 상대가 되지 않았다. 시위대 가운데 절반은 무장도 되어 있지 않았고 무장된 병사들의 장비도 보잘것없는 구식 총이 고작인데다 군기와 사기는 더 엉망이었다. 난입자들의 총소리 몇 방에 시위대 병졸들은 단 몇십 분을 못 버티고 모조리 줄행랑을 쳐버렸으며 다이 장군만이 혼자서 폭도들의 만행을 지켜보는 꼴이 되었다.

이 사이 대원군은 경복궁 내 강녕전에서 잠시 휴식을 취하며 사태의 진전을 지켜보고 있었다. 궁내부 고문관 오카모토는 경복궁 내부를 손바닥 들여다보듯이 세세히 알고 있었다. 오카모토의 안내로 폭도들은 민비의 침전인 옥호루로 난입하여 궁녀들의 머리채를 잡아끌고 칼을 겨누며 왕비의 소재를 대라고 윽박질렀다. 그들은 마침내 방

---

[3] 같은 책, 600쪽; 정교, 조광 편, 이철성 역주, 『대한계년사』 권2, 소명출판, 2004, 108쪽, 을미년(1895), 고종 32년 8월 기사; 『一堂紀事』, 상 6쪽.

[4] 진단학회/이선근, 앞의 책, 601쪽.

한구석에 숨어 있던 가냘프게 생긴 여인을 발견했다. "왕비인가"라고 묻자 여인이 아니라고 고개를 흔들며 대청마루로 뛰어나가려는 순간 칼날이 떨어졌다. 왕세자의 이름을 부르는 여인의 처절한 비명이 세 차례 옥호루의 새벽 공기를 가르고 이내 잠잠해졌다. 그녀가 마지막 숨을 거두는 장면을 목격한 것은 훈련대 제2대대장 우범선이었다. 서너 명의 궁녀가 끌려와 시신이 민비임을 확인했다. 당시 그녀의 나이 45세였다.

고종 3년이던 1866년 16세의 나이로 대원군에 의해 왕비로 간택된 이후 그녀가 진실로 행복했던 기간은 아마도 아직 권력의 맛을 알지 못하던 초기 7년간이었을지도 모른다. 그 후 양오라비 민승호 일가가 대원군에게 폭살당한 것을 시작으로 임오군란과 갑신정변을 거치며 그녀의 주변에서는 피바람이 그칠 날이 없었다.

민비가 살해되었다는 것은 즉각 강녕전에 머물고 있는 대원군에게 보고되었다. 이로써 1873년 11월 대원군이 실각한 이후 22년간 계속된 시아버지와 며느리 사이의 이성을 잃은 권력투쟁은 대원군이 일본인과 훈련대를 이끌고 경복궁에 들어와 민비를 죽임으로써 그 막을 내렸다. 척족과 20여 년간 항쟁을 벌이는 사이에 이제 그의 나이도 76세가 되어 기력도 많이 쇠약해지고 허리도 굽어 지팡이에 의지하지 않고는 걷기도 힘들 정도의 노인이 되어 있었다. 강녕전에서 대기중이던 대원군은 공포에 쌓인 국왕이 그를 부르는 형식을 빌려 건청궁에 들어와 부자가 대면하게 된다.

대원군이 건청궁으로 향하던 바로 그 시각, 민비의 시신은 홑이불에 쌓인 채 부근 궁궐 소나무 숲으로 옮겨져 석유가 뿌려진 가운데 초가을의 새벽 하늘로 한줄기 연기가 되어 사라지고 있었다.

우리 역사는 민비가 잔인무도한 일본인에게 살해되었다는 것만을 강조하면서 대원군의 역할에 대해서는 입을 다물고 있다. 그리고 민비가 일본인에게 살해되었다는 사실만으로 마치 그녀가 무슨 항일구

국열사나 되는 것처럼 추모하는 분위기도 없지 않다. 그러나 이것이 역사적 진실이며 이성적이고 정당한 역사 인식인가.

민비시해를 일본공사 미우라가 주도하고 실행한 것은 부인할 수 없는 사실이다. 당시 일본이 러시아를 끌어들이려는 민비를 동양 평화의 화근으로 보고 제거할 생각을 품은 것 또한 사실이다. 러시아를 끌어들임으로써 조선에서 그들의 청일전쟁 승리를 물거품으로 돌리려는 민비에 대해 일본인들이 품은 증오심이 상상을 넘는다는 것도 사실이었다.

그러나 대원군이 일본인들의 민비제거 음모에 가담하지 않았다면 감히 그들이 궁궐을 침입해서 한 나라의 왕비를 살해하려는 꿈을 꿀 수 있었을까. 아무리 그들이 민비를 증오하고 제거하려는 충동이 강했다 하더라도 대원군이 앞장을 서지 않았다면 그처럼 무모한 방식으로 일을 벌이지는 못했을 것이다. 왜냐하면 그 결과가 국제적으로 얼마나 큰 파장을 일으킬 것이며 그로 인해 그들이 입을 타격이 어느 정도 심각할 것인지쯤은 충분히 예상할 수 있기 때문이다. 더구나 당시 일본 수상은 외교통인 이토 히로부미가 맡고 있지 않았던가.

민비시해는 실행은 일본인이 했지만 그 형식은 어디까지나 대원군이 주도한 것으로 되어 있었다. 실제로 미우라에게 먼저 접근해 민비 제거를 암시한 사람이 대원군이라는 기록도 없지 않다.[5] 대원군은

---

5) 정교, 앞의 책, 101~103쪽, 을미년(1895), 고종 32년 8월, 「이하응(李昰應)이 일본인과 훈련대 병사를 동원해 궁궐을 침범하고 왕후 민씨를 시해하다」 기사에 "때마침 대원군은 궁중을 혁신하고 도와서 바르게 이끄는 책임을 스스로가 맡겠다고 하면서, 미우라 고로에게 자신의 뜻을 암암리에 전달하고 도움을 구했다. 이 달 16일 미우라는 서기관 스기무라 후카시(杉村濬)와 오카모토 류노스케(궁내부와 군부의 고문관으로 대원군과 친밀하게 지내던 자이다)와 공사관에 모였다. …… 대원군의 입궐을 돕고, 그 기회를 틈타 궁중에서 권력을 마음대로 부리는 핵심 인물인 왕후를 시해하기로 의결했다"라는 구절이 있다. : F. H. 해링튼, 앞의 책, 282쪽; F. A. 맥켄지, 신복룡 옮김, 『대한제국의 비극』, 탐구당, 1974, 79~80쪽.

그가 끔찍이도 아끼는 장손자 이준용이 하마터면 민비에게 목숨을 잃을 뻔한 이후 그녀에 대한 원한이 그 어느 때보다도 뼈에 사무쳤던 것이 사실이다.

민비시해에 대해 우리는 마땅히 일본인에게 책임을 물어야 한다. 그러나 그에 못지않게, 아니 그보다 훨씬 더 통렬하게 자신의 개인적인 원한을 풀기 위해 일본인들을 끌어들여 나라를 세계의 웃음거리로 만든 대원군의 행동을 비판해야 할 것이다. 아울러 이런 사태를 초래한 민족사에 대해 스스로 부끄러워하고 깊이 자성해야 할 것이다.

우리가 민비시해와 관련해 오로지 일본인에게 모든 책임을 돌리고 일본인만을 욕하면서 대원군의 역할을 외면하고 비판하지 않는다면 우리는 역사에서 아무런 교훈도 얻지 못할 것이다. 역사에서 교훈을 얻지 못하는 민족에게 미래는 없다.

오늘 우리는 세계 유일의 분단국가로서 3세기에 걸쳐서 주변 열강의 군대를 제 나라 땅에 들여놓고도 별로 부끄러운 줄을 모르고 있다. 그리고 옛 식민 종주국인 일본과 정상회담이나 외무장관, 국방장관 회담을 하는 자리에서는 반드시 빠지지 않는 주제가 하나 있다. 바로 한일 공조다. 도대체 한일 공조의 대상이 누구인가. 과거 식민 종주국과 힘을 합쳐 제 형제자매인 동족에게 압박을 가하자는 것이 한일 공조의 실체가 아니고 무엇인가. 이런 치욕적인 민족 자해행위를 하고 있는 나라가 이 지구상에 대한민국 말고 또 있는가. 그러면서도 부끄럽게 생각하기는커녕 그것을 당연한 것으로 받아들이고 있다. 왜 이런 수치와 비극이 연출되고 있는가.

그것은 우리가 역사에서 교훈을 얻지 못하고 있기 때문이다. 민비시해를 오로지 일본인의 침략 야욕 탓으로만 돌리며 대원군의 책임을 쏙 빼버리는 것과 같은 역사인식이 계속되는 한, 민족사의 비극은 되풀이될 수밖에 없을 것이다. 역사는 과거가 아니라 바로 오늘의 현실이다.

다음은 민비에 대한 인식과 평가의 문제다. 민비가 일본을 배척하고 러시아를 끌어들이려다 일본인에게 살해당한 것은 사실이다. 그러나 그녀가 이런 행동을 한 배경이 무엇인가. 나라의 자주독립을 위한 백년대계에서 나온 것인가. 아니면 헐벗고 굶주리는 백성들을 먹여 살리기 위한 고육지책이라도 되었던가. 그녀에게 이런 생각은 애당초 털끝만큼도 없었다. 그녀의 유일한 관심은 자신의 친정 일족들을 권력에 앉혀 길이 복록을 누리도록 하고 자신의 뱃속으로 낳은 세자를 무사히 왕위에 앉히는 것뿐이었다. 이것을 위해 그녀는 청국 군대도 끌어들이고 한때는 일본공사 이노우에게 솔깃하기도 했으며 마침내는 러시아에 붙으려고 한 것이다. 그녀에게 소신이나 원칙, 식견 같은 것은 없었다. 오직 일족들을 위한 사리사욕만이 그녀의 행동을 지배하는 동기가 되었으며 그것을 위해서라면 어느 누구와도 손을 잡았다. 나는 이 책을 쓰는 동안 민비의 행태를 보면서 '아! 이 여인이 나라를 망치는구나, 아! 이 여인이 정녕 나라를 망치는구나'라고 수없이 통탄을 하지 않을 수 없었다. 그러면서 그녀 자신을 위해서나 나라를 위해서나 그녀는 임오군란 당시 구식 군대의 손에 죽었어야 했다고 한탄했다. 그녀가 그때 죽었다고 해서 그 뒤의 역사가 크게 달라졌으리라고 보지는 않는다. 그러나 적어도 그녀로 인해서 촉발된 수많은 분란과 비극은 일어나지 않았을 것이며 조선을 둘러싼 외세의 각축전, 특히 러일 간의 각축전도 양상이 조금은 달라졌을지도 모른다. 오늘날 일부 얼빠진 사람들은 마치 민비가 외세를 능란하게 요리한 대단한 여걸이라도 되는 듯이 말하지만 외교가 무슨 애들 소꿉장난인가. 그녀의 입장에서 일본을 배격하고 러시아를 끌어들이려고 한 것은 충분히 이해가 간다. 그러나 세계정세와 국가 간의 외교관례에 대한 이해가 조금이라도 있었다면 적어도 그 방법과 과정이 그렇게 조악하지는 않았을 것이다. 청일전쟁 이후 일본에 추파를 던지다가 3국간섭으로 러시아가 위세를 떨치자 하루아침에 표변해 너무나도 노골적으로 일본을 배척하면서 러시아에 붙은 것이 과연 외교인가. 애들 소꿉장난도 이보다 더 졸렬하고 유치하지는 않았을 것이다. 이런 조악한 행태가 결국은 그녀의 목숨을 앗아가고 이 나라를 외세의 각축장으로 만든 것이 아닌가.

대원군은 세계정세에 어두워 쇄국정책으로 나라의 앞길을 망치기는 했지만 그래도 집권 초기에는 안동 김씨 척족세도를 척결하여 문란한 내정을 바로잡고 서원 철폐와 같은 과감한 개혁을 단행함으로써 정치를 쇄신하는 업적을 쌓기도 했다. 그러나 민비는 미신행위로 국고를 탕진하고 분별없이 외세를 끌어들여 이 땅을 외세의 각축장으로 만들었을 뿐 20여 년간 권력을 농락하면서 역사에 긍정적인 역할은 단 한 가지도 한 것이 없다. 무능하고 유약한 고종의 배후에서 모든 정책을 좌지우지하며 당과 파를 짓게 함으로써 국정의 혼란을 극에 달하게 해 뜻있는 신하들의 불만을 산 것도 또한 사실이다. 그녀가 일본세력을 배격했다는 이유 하나만으로 마치 항일애국열사나 되는 것처럼 대접하는 것은 이성적인 역사인식이 아니다.

그녀가 일본을 배척하고 러시아에 붙으려고 한 이유는 간단하다. 일본이 갑오경장 당시 대원군을 내세워 그녀의 일족들을 권력에서 몰아내고 그녀도 정치에 간여하지 못하게 하는 동시에 왕실과 내각을 분리해 모든 국사는 내각에서 처리하고 왕은 재가만 하도록 함으로써 왕권을 제약했기 때문이다.

3국간섭을 주도한 이후 러시아가 청국과 조선의 보호국을 자처하며 장기적으로 조선을 병합하려는 야욕을 품고 있었다는 것은 당시 바보가 아니면 누구나 눈치 채고 있었다. 1891년 5월 31일 러시아가 태평양 연안으로의 세력 확대라는 원대한 계획 아래 착공한 시베리아 횡단철도는 이때쯤 극동을 향해 급속도로 진전되고 있었다. 시베리아 횡단철도는 러시아의 이러한 국가적 목적에 따라 서시베리아의 첼랴빈스크에서 연해주 남안의 블라디보스토크까지 7천616킬로미

터를 철도로 연결하는 야심찬 공사였다. 그들은 이제 그 철도의 극동쪽 종점과 연결될 수 있는 부동항을 조선에서 구하려고 했다.

러시아는 유럽과 아시아 대륙에 걸쳐 광대한 영토를 가졌지만 당시 흑해로의 진출은 터키에 의해 저지되어 있었고 북해로 겨우 숨통이 트여 있었지만 해양 강국 영국이 길목을 지키고 있었으며 천신만고 끝에 건설한 극동의 블라디보스토크는 겨울이면 얼어붙어 쓸모가 반감되었다. 당시 극동에서의 부동항 획득은 러시아의 야심이라기보다는 생명선과도 같은 것이었다. 그래서 그들은 그 목적 달성을 위해 무능하고 사리사욕에 사로잡힌 척족과 왕실에 접근해 왕실이 싫어하는 내정개혁은 단 한마디도 입 밖에 내지 않으면서 오로지 감언이설로 민비의 비위 맞추기에 정성을 다했던 것이다. 따라서 일본을 배척하고 러시아에 붙었다는 것이 결코 애국적인 행동이었다는 평가는 성립되지 않는다.

일본공사 미우라가 사태 수습을 위해 국왕의 부름을 받고 건청궁에 도착한 것은 이날 아침 8시경이었다. 그는 고종이 자신을 부를 것을 알고 미리 대기하고 있었다. 미우라가 입궐하자 그때까지 총과 칼을 들고 건청궁 주변을 서성거리던 일본인 낭인패 30여 명은 약속이나 한 것처럼 대궐을 빠져나갔다. 대원군과 미우라는 이미 각서로써 약속한 대로 궁내부대신에 대원군의 장자 이재면을 임명했다. 이어 즉석에서 친미·친러파로서 민비파로 지목된 학부대신 이완용과 농상공부대신 이범진, 경무사 이윤용을 해임하고 군부대신 안경수도 사태의 책임을 물어 면직시켰다. 학부대신 서리는 법부대신을 맡고 있던 서광범이 겸직하도록 한 것을 비롯해 군부대신에 조희연, 농상공부대신 서리에 정병하, 내부협판에 유길준을 기용하는 등 친일파 일색으로 내각을 개편했다.

한편 이날 새벽 미국 공사관 서기관 알렌은 총소리에 놀라 잠에서 깬 후 곧바로 러시아 공사관으로 달려가 베베르를 만났다. 미국공사

존 실은 당시 휴가를 얻어 귀국중이었으므로 그가 대리공사를 맡고 있었다. 알렌과 베베르는 국적과 외교관이라는 신분을 떠나 개인적으로 친구처럼 가깝게 지내고 있는 사이였다. 둘은 사태의 진상을 알아보기 위해 먼저 일본 공사관으로 갔으나 미우라 공사는 이미 대궐에 들어가고 없었다.

그들은 즉시 가마를 경복궁으로 돌렸다. 경복궁으로 가는 도중에 그들은 광화문 앞길에서 총칼을 들고 제멋대로 활보하고 있는 일본인 낭인패들을 목격했다. 대궐에 도착하자 곧 국왕 알현을 요청했으나 조금 전 궁내부대신으로 임명된 이재면은 국왕이 몸이 불편하다는 이유로 알현을 거부했다. 알렌과 베베르는 미우라가 고종을 알현하고 있는 사실을 지적하며 그들에게도 알현 기회를 달라고 다시 요청했다.

2시간을 기다린 끝에 두 사람은 대원군과 미우라에 둘러싸여 공포에 떨고 있는 고종을 알현할 수 있었다. 국왕은 대원군과 미우라가 옆에 있었기 때문에 아무런 말도 못하고 겁에 질린 눈으로 구원을 호소하는 것 같았다. 알렌과 베베르는 국왕의 표정으로 모든 것을 짐작할 수 있었다.

알렌이 민비가 살해된 것을 확인하고 대궐에서 나와 미국 공사관으로 돌아온 시간은 이날 오전 11시경이었다. 그가 공사관 안에 들어섰을 때 그의 침실에는 이완용, 이윤용 형제와 이하영, 이채연, 민상호(閔商鎬), 현흥택(玄興澤) 등 그와 친하게 지내던 정동파 관료들이 겁에 질린 얼굴로 모여 있었다. 그들은 대원군이 일본인과 훈련대를 앞세우고 대궐로 쳐들어왔다는 소식을 듣고 치외법권 지역인 미국 공사관으로 몸을 피했던 것이다. 알렌은 본국 정부의 의사도 들어보지 않고 그의 조선인 '친구'들에게 공사관을 피신처로 제공했다.

친러파의 대표인 이범진과 이학균(李學均)도 이미 러시아 공사관으로 피신해 있었다. 이로써 3국간섭 이후 러시아와 미국세력을 배경으로 민비와 손을 잡고 친러 배일정책에 앞장섰던 정동파는 하루아침에 도망자의 신세로 전락하고 말았다.

이완용이 이때 미국 공사관에 피신한 것에 대해 『일당기사』에는 다음과 같이 적혀 있다.

> 전에 대원군의 손자 이준용의 옥사가 있었던 당시 그의 형 이윤용이 경무사로서 그 일을 처리함으로써 이윤용이 대원군의 원한을 산 것은 자연스런 일이다. 이완용은 스스로 생각하기에 민비와 대원군의 세력이 서로 용납할 수 없다는 것을 알고 장차 시국에서 떠날 것을 생각하며 형세를 관망하던 중 이날 홀연 대원군이 입궐하여 모든 정사를 처리한다는 소식을 듣고 즉시 형제가 함께 미국 공사관으로 피신하게 되었다. 미국 공사관의 알렌은 전에 미국에 주재할 때부터 서로 친밀하게 지낸 인연이 있다.[6]

그들이 피신한 직접적인 동기는 5개월 전 순검들이 운현궁에 들어가 이준용을 무자비하게 체포할 당시 이윤용이 경무사로서 그 일에 관련되어 있었으므로 대원군의 보복이 두려웠기 때문이었다는 것이다. 사실 이완용은 몰라도 이윤용은 대원군 손에 걸려들었다면 왕비까지도 죽이는 판국이었으니 결코 온전하지는 못했을 것이다. 그러나 이범진과 이완용 형제를 제외한 나머지 정동파 관료들의 외국 공사관 피신은 일본세력의 재등장에 지레 겁을 먹고 과잉반응을 보인 감이 없지 않다.

이후 국내에서 정변이 일어날 때마다 권력층들이 외국인에게 의지해 목숨을 구걸하는 행동은 하나의 관행처럼 굳어져갔다. 5·16 쿠데타 당시 총리 장면이 새벽에 허겁지겁 옷을 주워 입고 미국 대사

---

6) 『一堂紀事』, 상 1~2쪽, 「美舘의 避禍」.

관 직원 숙소 문을 두드렸다가 문을 열어주지 않자 카르멜 수녀원에 몸을 숨긴 것이나 1979년 전두환 군부가 12·12 반란을 일으켰을 때 국방장관 노재현이 자기 가족들을 데리고 미8군 영내로 달아난 것 등이 모두 그 같은 예들이다.

사흘 후인 23일 조정은 이완용과 안경수를 징계에서 해제하고 다음날 두 사람을 중추원 1등 의관에 임명하는 특별 은전을 베풀었다. 중추원은 군국기무처가 해체된 이후 내각의 자문기구로 설립된 실권 없는 정부기관이다. 중추원 의관 자리는 통상적으로 정부 고위직에서 물러난 인물들에게 주어졌으며 이들은 이곳에서 내각의 자문에 응하며 다시 발탁될 날을 기다렸다.

이완용이 학부대신에서 해임당한 지 나흘 만에 중추원 1등 의관으로 임명되었다는 것은 대원군에게도 크게 밉보이지 않았다는 반증일 것이며 안경수는 한때 군국기무처 회의원으로서 친일파였다는 점이 참작된 조치로 보인다.

그러나 이완용은 이 임명을 받아들이지 않고 계속 미국 공사관에 머물면서 고종을 경복궁 밖으로 빼내 정권을 탈취할 음모를 꾸민다.

파천 당일 대신 감투를 세 개나 쓰다

민비시해 후 경복궁 호위는 훈련대가 국왕이 신임하는 시위대를 쫓아내고 자청해서 맡고 있었다. 민비시해에 가담한 훈련대에 의해 궁궐이 점령당한 형국이었다. 내각은 친일파가 장악을 하고 궁중은 대원군이 버티고 앉아 눈을 부라리고 있었다.

고종은 완전히 고립무원의 상태에 빠져 극도로 신변의 위협을 느끼고 있었다. 그는 옆에서 시중을 드는 측근 신하조차 믿지 못하고 독살의 위협에 떨면서 음식도 들지 못하고 밤에는 잠도 제대로 이루지 못했다.

한동안 그는 삶은 달걀이나 자신이 직접 보는 앞에서 만든 음식이 아니면 입에 대려 하지 않았다.

알렌은 그런 국왕을 위로하고 안심시키기 위해 거의 매일 베베르와 함께 대궐을 찾았다. 이들이 문안인사를 오면 고종은 그들의 귀에다 입을 대고 자신의 딱한 처지를 호소하며 동정을 구했다. 때로는 그들의 손을 잡고 눈물을 흘리기도 했다.

러시아 공사 베베르는 고종에게 음식을 담은 양철 상자를 바치고 그 상자를 여는 열쇠도 직접 건네주었다. 이로부터 러시아 공사 베베르와 미국인 선교사 언더우드 등이 돌아가면서 자물쇠를 채운 철가방에 음식을 담아 대궐로 날랐다. 그러면 고종은 자신이 손수 그 열쇠로 상자를 열고 음식을 꺼내 들었다.

이제 고종이 믿는 것은 구미 외교사절들과 서양인 선교사들뿐이었다. 고종은 언더우드 등에게 밤에 옆에 함께 있어줄 것을 간곡하게 요청했다. 그래서 언더우드와 헐버트, 아펜젤러 등은 밤마다 교대로 고종의 옆을 지켰다.

알렌의 표현대로 "국왕은 그야말로 어린애가 아버지에게 매달리듯" 자신에게 의지했다.[7)]

밤에 총소리라도 나면 고종은 겁에 질린 목소리로 "서양인들은 어디 있느냐"고 선교사들을 찾았다. 등극 이후 숱한 참극을 겪고 이제는 자신의 지척에서 왕비까지 살해된 마당이라 고종이 이렇게 불안에 떠는 모습을 이해 못할 바는 아니다.

그러나 3천 리 강토와 1천만 백성의 생사여탈권을 한 손에 쥐고 32년간이나 군림해온 전제군주가 자신의 주변에 믿을 만한 측근 신하 한 명도 두지 못하고 오로지 몇 명의 서양인에게 신변의 안전을 의지하고 있는 모습은 무엇을 뜻하는가. 그것은 고종 자신의 불행이

---

7)　F. H. 해링튼, 앞의 책, 291쪽.

자 당시 이 나라의 황량한 군신관계를 보여주는 비극이기도 했다. 그의 이런 모습에서는 그 어디에서도 군왕으로서의 위엄이나 용기, 체면 같은 것은 찾아볼 수가 없었다. 오직 자신의 한 목숨에 연연하는 겁 많고 나약한 평범한 인간의 모습만이 부각될 뿐이다. 그래서 서양인들은 고종을 지극 정성으로 돌봐주면서도 뒤에서는 '조선의 겁쟁이 왕'이라고 흉을 보았던 것이다.

한편 그때까지도 정동의 외국 공사관에 피신하고 있던 이완용과 이범진은 전 시종 임최수(林最洙) 및 안경수 등과 함께 친일세력의 포로가 되어 불안에 떨고 있는 고종을 경복궁에서 빼내 외국 공사관으로 옮길 것을 모의한다. 이들의 이런 모의에는 러시아 공사 베베르와 알렌 그리고 언더우드 등의 선교사들도 측면 지원을 했다. 알렌은 주재국의 국내 정치문제에는 개입하지 말라는 본국 정부의 지시에도 불구하고 민비시해 후 서울 주재 외교사절 가운데서도 가장 앞장서서 미우라에게 이 사건과 관련한 일본의 책임을 추궁했었다. 민비시해 이틀 후 고종은 대원군의 강요에 의해 왕후 민씨가 일족을 끌어들여 국정을 어지럽혔다는 이유로 왕비를 폐위한다는 조칙을 반포했었다. 이때에도 알렌은 가장 강경하게 "이 조칙은 국왕의 뜻에서 나온 것이라고 인정할 수 없다"고 반박했었다.

알렌은 이미 민비의 배려로 평안북도의 노다지 금광 채굴권을 자신의 친구 모스에게 얻어준 바 있다. 민비가 사라진 것은 그에게도 커다란 타격이었다. 더구나 일본과 친일파가 조선 조정을 장악하고 있는 한, 그는 더 이상의 이권을 얻는 것이 불가능했다. 알렌은 자신의 이익을 위해서도 친일 내각을 무너뜨릴 필요를 느끼고 있었던 것이다.

민비가 시해당한 지 한 달 20여 일 만인 10월 12일 새벽, 윤웅렬(尹雄烈) 등 30여 명의 반일파는 러시아 공사관에서 얻은 실탄 80여 발로 무장을 하고 고종을 빼내기 위해 경복궁 춘생문으로 접근했다.

윤웅렬은 갑신정변 당시 개화파에 의해 병조판서로 임명된 친일적 인물이었다. 그러나 이때는 그 아들 윤치호와 함께 정동파로 변신해 언더우드 집에 머물면서 이번 일에 가담한 것이다. 이들의 거사에는 궁중을 경비하고 있는 친위대 일부도 안에서 내응하기로 약속이 되어 있었다. 그러나 이 사건의 모의를 주동했던 안경수가 성공 가능성이 없다고 보고 전날 밤 외부대신 김윤식에게 밀고하고 또 내응하기로 했던 친위대 장교도 밀고를 함으로써 음모는 싱겁게 미수로 끝나고 만다.

춘생문 사건이 실패로 끝나자 이범진은 러시아 군함을 타고 상해로 망명했으며 이완용은 그대로 미국 공사관에서 피신생활을 계속했다. 이완용은 알렌과 함께 이 사건에 깊숙이 관여했으나 이날 새벽 춘생문에 직접 나타나지는 않고 다만 모의와 배후 조종만 했다.

춘생문 사건이 실패로 끝나면서 그 여파가 엉뚱한 곳으로 비화되었다. 일본은 당시 미우라 등 민비시해 사건 관련자 48명을 본국으로 소환해 히로시마 감옥에 구금하고 재판을 진행하고 있었다. 알렌을 비롯한 서울 주재 외교관들의 항의로 그들의 개입 사실이 드러남에 따라 마지못해 취한 조치였다.

미우라의 소환과 함께 각국 공사들이 대원군을 민비시해 사건의 주범으로 지목해 노골적으로 기피함으로써 그의 정치생명도 이제 완전히 끝나가고 있었다. 그런데 춘생문 사건에 미국인과 러시아 공사관 관계자들이 개입되었다는 사실이 드러나자 일본은 이를 국왕 탈취 미수사건이라고 대대적으로 보도하고 비난하면서 자신들의 민비시해 혐의를 희석시키는 데 이용했다. 왕비시해 사건이나 국왕탈취 사건에 모두 외국세력이 관련되어 있다는 점에서는 별로 큰 차이가 없다는 논리가 배경에 깔려 있었다. 그리고 다음해 1월 증거 불충분을 이유로 미우라 이하 전원을 석방해버렸다. 결국 춘생문 사건은 일본에 의해 미우라 등 민비시해 관련자들을 석방하는 빌미로 이용되었던 것이다.

민비시해의 혼란한 정국 와중에서도 김홍집 내각은 갑오경장 이후의 내정개혁을 계속 추진해 몇 가지 급격한 조치를 취한다. 11월 15일자로 다음해부터 양력을 채택하고 독자적인 연호를 사용한다고 반포하는 동시에 연호를 건양으로 정했다. 그때까지도 조선은 청국의 연호를 사용하고 있었다. 이와 함께 단발령을 반포하고 그날 밤으로 국왕 이하 정부대신 전원이 삭발을 단행했다. 고종의 상투는 농상공부대신 정병하가 직접 잘랐다. 그리고 순검들을 동원해 서울 시내에서 행인들을 상대로 무차별적인 강제 삭발을 실시했다. 김홍집 내각에게는 이것이 결정적인 실책이었다.

그렇지 않아도 민비시해로 흉흉하던 민심이 강제 삭발을 계기로 폭발한 것이다. 강원도 춘천을 시작으로 전국 도처에서 국모의 원수를 갚고 단발령에 결사반대한다는 기치 아래 의병이 들고 일어났다. 민비가 살아 있을 때 그녀는 모든 악의 근원으로 지목되어 백성들의 원성의 대상이었다. 그러나 세상인심이란 변덕스런 여인의 기분처럼 수시로 변하기 마련이다. 그녀가 참혹하게 세상을 떠나게 되자 백성들의 원성은 어느새 일국의 국모가 그렇게 생을 마칠 수는 없다는 동정과 복수를 해야 한다는 충렬의 감정으로 변했다.

4·19 이후 하와이로 망명했던 이승만이 시신으로 돌아오자 당시 국민들이 보인 감상적 감정이나 박정희 장례식 때 나타난 동정적 민심과 같은 것이었다. 이런 감상적 감정이 결국은 전두환 군부 집단의 권력 탈취욕을 부채질해 역사 발전을 가로막는 부정적 작용을 하지만 어찌됐건 민비시해 이후에도 백성들 사이에서 그런 감정이 퍼졌었다. 그런데 이런 민심에 단발령이 기름 역할을 한 것이다.

김홍집 내각은 의병들을 진압하기 위해 궁궐 경비 병력을 포함해 서울에 있던 친위대의 주력을 지방으로 파견했다. 자연히 서울의 경비는 허술해질 수밖에 없었다.

당시 조선군의 총 병력은 서류상 7천5백 명 정도였으나 실제로는 4천여 명에 불과했으며 이중 절반가량이 서울에 주둔하면서 치안과 궁궐 수비를 맡고 있었다.

이 틈을 놓치지 않고 정동 외국 공사관에 피신해 있던 이범진, 이완용 등은 다시 러시아 공사 베베르와 손을 잡고 음모를 추진하기 시작했다. 춘생문 사건 실패 후 상해로 망명했던 이범진은 어느새 소문도 없이 귀국해 있었다.

이범진은 민비시해 후 고종의 총애를 받고 있던 엄상궁과 짜고 밤중이면 궁중에 음산한 분위기를 연출해 그렇지 않아도 불안감으로 밤잠을 못 자던 고종의 공포심을 더욱 부채질했다. 한때 무당을 따라다녔던 그인지라 이런 일에는 이력이 나 있었다.

1896년 1월 하순 무렵, 양력을 채택했다고는 하지만 음력 세모를 맞아 여느 해나 마찬가지로 서울은 다소 분주한 모습을 보였다. 경복궁에서도 전에 없이 궁녀들이 탄 가마가 새벽과 늦은 밤에 신무문을 뻔질나게 들락거렸다. 궁궐을 수비하던 훈련대 군졸들은 처음에는 가마를 열어보고 엄중히 감시를 했으나 매번 궁녀들이 타고 있었으므로 나중에는 크게 신경 쓰지 않고 그대로 통과시켰다. 이러는 사이에 궁녀들과 낯이 익고 또 가끔 그들이 내주는 술과 안주에 겨울밤의 허기와 무료를 달래기도 했다.

한편 베베르는 2월 10일 흉흉한 민심과 지방의 소요로부터 공사관을 보호한다는 구실 아래 인천에 정박중이던 러시아 군함으로부터 수병 120여 명을 서울로 불러들여 그들 공사관 주변에 배치했다. 대포도 1문을 끌어다가 정동 언덕에 걸어놓았다.

이렇게 준비가 되어가자 엄상궁은 "대원군과 친일파, 일본인들이 공모하여 국왕을 폐위시키려는 중대 음모를 추진중"이라고 거짓말로 고종을 속이고 "왕실의 안전을 위해서는 국왕이 극비리에 러시아 공사관으로 이어할 수밖에 없다"고 권했다.[8] 그렇지 않아도 고종은 민비가 시해당한 경복궁이 무섭고 하루라도 빨리 그곳을 벗어나고 싶었다.

2월 11일 날이 채 밝기 전 두 틀의 궁녀용 가마가 북악산에서 몰아치는 찬바람을 받으며 경복궁 신무문 앞에 나타났다. 궁궐 경비 군졸들에게는 전날 밤 전에 없이 푸짐하게 술과 안주가 나왔었다. 아직 술이 덜 깬 눈을 비비며 군졸들은 요즘 자주 보던 궁녀 가마인지라 무심하게 궁궐 문을 열어주었다.

가마는 신무문을 나서자 곧바로 정동 러시아 공사관으로 향했다. 가마가 러시아 수병들이 철통같이 경비하고 있는 공사관에 도착했을 때 가마에서 내린 사람은 뜻밖에도 고종과 왕태자였다. 이완용과 이범진, 베베르가 이들을 맞았다.

고종은 베베르의 안내로 공사관에 들어서자마자 경무관 안환(安桓)을 불러들여 총리대신 김홍집, 내부대신 유길준, 농상공부대신 정병하, 군부대신 조희연, 법부대신 장박(張博) 등의 다섯 대신을 역적으로 규정해 '포살하라'고 지시했다. 미우나 고우나 어제까지 얼굴을 맞대고 국사를 논하던 대신들을 아무런 재판 절차도 없이 처단하라고 명령한 것이다. 법 절차를 무시한 전제군주의 잔인하고도 감정적인 처사가 아닐 수 없다. 이때 서광범도 국내에 있었다면 친일파로 지목되어 목숨을 부지하기 힘들었을 것이다. 그러나 그는 당시 워싱턴에 머물고 있었으므로 화를 면했다. 박영효가 일본에 다시 망명한 이후 계속 신변에 불안을 느끼다 민비시해 사건 직후 주미공사를 자원해서 미국으로 건너갔던 것이다.

김홍집을 비롯한 내각 대신들과 국왕의 측근 시신들은 고종이 러시아 공사관으로 떠난 지 세 시간이나 지난 뒤에야 이런 청천벽력 같은 사실을 알았다. 김홍집은 주변의 만류를 뿌리치고 고종을 알현해

---

8) 진단학회/이선근, 앞의 책, 730쪽.

그 뜻을 알아보려고 러시아 공사관으로 가기 위해 경복궁을 나섰다. 그러나 몇 발짝 못 가 광화문 앞에서 순검들에게 체포되어 정병하와 함께 경무청으로 끌려가던 중 순검과 흥분한 군중들에게 처참하게 맞아 죽었다.

그의 시체는 손발이 묶인 채 온갖 모욕을 당하며 광화문에서 종로까지 개 끌리듯 끌려가 종각에 며칠 동안이나 그대로 방치되었다. 영의정 한 번에 총리대신을 두 번이나 지낸 개화파 김홍집의 최후는 이처럼 처참의 극에 달했다. 탁지부대신 어윤중(魚允中)도 서울을 벗어나 고향인 보은으로 달아나던 중 다음날 용인에서 살해당했다.

이조 5백 년의 정치사는 정적끼리의 끝없는 피의 보복의 역사였다. 정권을 잡은 세력은 가장 잔인한 방법으로 정적을 죽이는 것이 상례처럼 되어 있었다. 화해와 용서, 관용의 전통은 찾아볼 수가 없고 오직 복수심만이 불을 뿜었다. 오죽하면 원세개조차 민비 측에게 대원군에 대한 가혹한 정치보복을 자제하고 화해하라고 권했겠는가. 원세개만이 아니라 일본과 러시아도 조선의 이런 정치풍토를 개탄하면서 온건과 화해를 촉구했었다. 경위야 어찌되었건 국내 정치와 관련해 다른 나라로부터 이런 권유와 충고를 일상적으로 받는다는 것 자체가 부끄럽고 수치스러운 일이 아닐 수 없다.

그런데 이런 보복적 정치풍토는 이조 5백 년으로 끝난 것이 아니라 오늘날에도 지속되고 있다는 데에 더 심각한 문제가 있다. 해방 후 숱하게 벌어진 정치적 암살사건, 그리고 이승만에 의한 조봉암 제거, 박정희와 전두환에 의한 김대중 살해기도, 이 모든 것이 관용과 타협을 모르는 이 땅의 보복적이고 음모적인 정치풍토에 뿌리를 두고 있는 것이다. 이런 풍토가 지속되는 한, 진정한 의미에서의 정치적 안정은 기대할 수 없다.

고종은 김홍집 내각의 요인들을 처단하라고 명령한 데 이어 그 자리에서 이완용을 외부대신에 임명하고 학부대신 서리에 농상공부대신 서리까지 맡으라는 지시를 내린다. 아관파천은 오로지 이완용 한 사람을 위한 것인 양 대신 감투 세 개를 한꺼번에 쓰게 된 것이다. 일찍이 유례가 없는 감투벼락이다. 그의 형 이윤용도 군부대신 겸 경무사로 임명받았다. 고종이 민씨 척족과 왕실에 변함없이 충성을 바쳐온 이완용 형제를 얼마나 신뢰하고 있었는가를 여실히 보여주는 인사다.

민비 폐위 조치에 반발해 중추원 의장으로 밀려났던 박정양이 내부대신 겸 총리대신 서리에 임명되어 사실상 내각을 이끌게 되었다. 아관파천과 함께 친일 김홍집 내각 요인들은 하루아침에 맞아 죽거나 일본으로 망명하는 신세가 되고 대신 친미·친러파가 다시 권력을 장악하게 된 것이다. 4개월 전 민비시해 당일 친미·친러파가 외국 공사관으로 피신하고 친일파가 권력을 독점한 것과 정반대되는 현상이 벌어진 것이다.

이완용의 이날 행적에 대해 『일당기사』에는 다음과 같이 기록되어 있다.

> 미국 공사관에 피신해 있으면서 멀리 미국으로 건너가 당분간 시국을 관망하려고 했다. 그런데 어느 날 홀연 대군주 폐하의 부름을 받고 무슨 영문인지도 모르고 백씨(윤용)와 함께 러시아 공사관으로 가서 폐하를 알현했다. 그때 임금을 모시고 있던 사람은 전 농상공부대신 이범진 한 명뿐이었다.[9]

즉 그는 고종의 아관파천을 몰랐고 이에 직접 개입하지도 않았음을 암시하고 있는 것이다.

그러나 이는 사실과 다르며 그가 뒷날 "일본이 대한정책에 실패하

---

9) 『一堂紀事』, 상 12쪽, 「露舘行在所에 命을 받고 가다」.

여 그 힘을 믿을 수가 없었으므로 국왕을 러시아 공사관에 의탁하게 되었다"[10]고 말한 것과도 상치되는 주장이다. 그가 말한 '일본의 대한정책 실패'가 구체적으로 무엇을 뜻하는지는 밝히지 않았지만 이노우에의 3백만 엔 기증금 공수표와 그 후의 민비시해를 의미하는 것으로 해석된다.

사실 민비시해는 일본인의 민비에 대한 격한 감정을 일시적으로 해소시켜 주었을지는 모르지만 일본의 대조선정책이라는 면에서는 엄청난 실패작이었다. 이로 인해 조선의 상하 민심은 더욱 일본을 증오하게 되었으며 끝내 아관파천으로 이어져 일본은 조선 조정에 대한 영향력을 완전히 상실하게 되었던 것이다.

물론 아관파천의 음모를 가장 적극적으로 추진한 인물은 이범진이다. 궁중의 엄상궁과 공모해 고종을 속여 경복궁을 나서게 한 것도 그였으며 러시아 공사관에 머물면서 베베르와 작당해 일을 꾸민 것도 그였다. 그러나 민비시해 후 베베르와 알렌은 일본과 친일 김홍집 내각을 배격하는 정책에서 완전히 보조를 같이하고 있었고 이완용은 그런 알렌과 매일 얼굴을 맞대고 있었다. 이완용은 알렌을 통해 베베르와 접촉하고 이범진 등과도 만나면서 배일적인 정동파의 대표로서 아관파천을 주도했던 것이다. 따라서 아관파천에서 가장 큰 역할을 한 것은 물론 이범진이고 그 다음은 이완용이며 그 둘이 베베르와 함께 러시아 공사관에서 고종과 왕태자를 맞이한 것도 사실이다. 이완용이 아관파천을 주도했다는 것은 파천 당일 고종으로부터 대신 감투를 세 개나 받았다는 것에서도 입증된다. 이날 이범진은 아무런 벼슬도 받지 못했는데 이는 러시아 공사관에 머물면서 아관파천을 주도한 그를 표면에 내세우지 않으려는 베베르의 계산이 작용한 것으

---

10) 같은 책, 상 9~10쪽, 고미야 사보마쓰(小宮三保松)의 서문. 고미야는 통감부 시절 궁내부 차관을 지냈으며 한일합방 후에는 이왕직 장관 민병석 밑에서 이왕직 차관을 지냈다.

로 짐작된다.

『일당기사』에서 이완용이 아관파천과 관련이 없는 것처럼 기술한 것은 대표적인 친일파로서 한일합방을 주도한 그가 한때 일본을 배격하는 일에 앞장섰다는 것을 드러내지 않기 위해 사실을 왜곡한 것으로 해석된다.

이범진과 이완용 등 척족계열의 친러·친미파는 국모시해의 원수를 갚는다는 명분을 앞세워 아관파천을 단행했다. 그러나 이것은 표면적으로 내세우는 명분일 뿐 사실은 러시아라는 또 다른 외세를 등에 업고 친일파 정권으로부터 권력을 탈취한 일종의 정권 탈취극에 지나지 않는 것이었다. 더욱이 아관파천은 한 나라의 주권의 상징인 국왕이 자기 나라에 주재하는 외국 공사관에 몸을 맡기는 일찍이 세계 역사상 유례를 찾기 어려운 주권 포기 행위였다. 이로써 나라의 체면은 더욱 엉망으로 훼손되고 열강으로부터는 독립국으로서의 자격마저 의심받는 사태를 자초하게 된 것이다.

청국이 횡포를 부리면 러시아를 끌어들여 청국의 손아귀에서 벗어나보려 하고 일본이 협박을 하면 역시 미국이나 러시아에 의지해 일본을 견제해보려고 한 것은 어떻게 보면 약소국가의 생존을 위한 몸부림이며 나름의 생존방식이라고 보아줄 수도 있다. 그러나 외세를 물리치기 위해 또 다른 외세를 끌어들인다는 것은 결국 늑대를 피하기 위해 승냥이를 불러들인 꼴이 되고 말았다는 것을 조선 말기의 역사는 보여주고 있다. 그래서 마침내 이 땅을 늑대와 승냥이의 싸움터로 만들고 나라와 민족을 송두리째 승냥이 밥이 되게 했던 것이다. 더구나 조선 말기의 무분별한 외세 의존과 외세 끌어들이기는 나라와 민족의 백년대계를 염두에 둔 전략이 아니라 무능하고 부패한 왕실과 조정의 생존과 연명을 위한 그때그때의 방편이었다는 점에서 반민족적이고 반국가적인 것이었다.

그런데 문제는 이런 타락한 기득권층의 권익 보호를 위한 외세 의

존이 구한말로 끝난 것이 아니라 오늘날에도 지속되고 있다는 데에 있다. 3세기째 계속되고 있는 외국 군대의 주둔과 남북 분단이 그것을 웅변하고 있는 것이다.

한 나라가 자주적이고 주체적일 수 있다는 것은 전적으로 그 나라의 국력에만 좌우되는 것은 아니다. 민족 구성원의 절대적인 지지를 받는 정부는 비록 약소국이라 할지라도 외세에 대해 떳떳하다는 것을 오늘의 세계는 증명하고 있다.

이범진 같은 수구적 인물이야 아관파천이 초래할 국제적 의미와 파장을 짐작하기 어려웠을지도 모른다. 그러나 이완용만 하더라도 미국에 2년 이상 주재하면서 국제관계에도 눈을 떴을 것이며 따라서 이런 행동이 얼마나 파멸적인가는 충분히 예상하고 있었을 것이다. 그럼에도 불구하고 그가 아관파천을 주도했다는 것은 나라의 체면이나 독립보다 척족과 왕실에 대한 충성심이 앞섰으며 권력 탈취에 더 관심이 있었음을 말해주는 것이다.

아관파천으로 나라의 체면은 말이 아니게 되었지만 고종은 심리적인 불안감에서 벗어나 식사와 수면을 마음 놓고 취하면서 안락한 생활을 했다. 덕분에 러시아 공사관에 1년 여 머무는 동안 고종과 왕태자는 혈색도 좋아지고 몸도 상당히 비만해졌다고 한다. 베베르는 고종에게 집무실 겸 거실로 쓸 수 있는 어소(御所)와 침실 각 한 개, 엄상궁 침실 한 개, 궁녀용 거실 한 개 등 4개의 방을 제공했다. 고종은 어소에서 왕태자와 함께 기거하면서 내각 대신들과 외국 사신들을 접견했다.

고종이 러시아 공사관에 머무는 동안 국왕과 태자에 대한 식사는 엄상궁이 직접 챙겼다. 민비가 살아 있을 때 민비에 의해 궁궐 밖으로 쫓겨났던 엄상궁은 러시아 공사관에서 고종에게 밀착 시중을 들면서 임신하게 되고 다음해 왕자를 낳으면서 귀비로 봉해진다. 이 왕자가 순종 즉위 후 황태자가 되는 영친왕 은(垠)이다. 그러므로 아관파천의 최대 수혜자는 파천에서 큰 역할을 한 엄상궁이라고 해도 지나친 말은 아닐 것이다.

 이완용도 아관파천 직후인 그해 4월, 39세의 늦은 나이로 막내딸을 보게 된다. 이완용은 과거에 급제하기 전인 23세 때 장남 승구(升九)를, 그리고 다음해에 잇달아 차남 항구(恒九)를 보았는데 15년 만에 부인 조씨가 40세의 나이로 늦둥이를 낳게 된 것이다. 이 딸이 그후 한때 영친왕 이은의 배필로 정해졌다는 소문이 돌던 장본인이다. 이완용이 총리대신으로 있던 1907년 『대한매일신보』는 "황태자비 간택은 총리대신 이완용 씨의 영양으로 정하였다는 소문이 있더라"고 보도한 적이 있다.[11] 그의 위세가 그만큼 대단했다는 것을 보여주는 기사지만 소문과는 달리 그녀는 달성 서씨 서병항(徐丙恒)에게 출가했다.

---

11) 『대한매일신보』 1907년 8월 11일자, 「잡보」.

8
외부대신으로서
무더기로 외국에 이권을 넘겨주다

경인철도 부설권 허가와 뇌물수수 혐의

아관파천과 함께 내각도 러시아 공사관으로 옮겨져 정부의 모든 정사가 러시아 공사관 안에서 이루어졌다. 이범진과 같은 친러파들은 친일파들의 자객이 두려워 공사관 밖으로 나갈 생각을 못하고 내각의 관리들을 공사관으로 불러들여 일을 처리했다. 아관파천 직후부터 전국의 유생들과 뜻있는 선비들이 국왕의 환궁을 상소했지만 고종과 친러파 대신들은 환궁을 거부하면서 러시아의 보호 아래 연명하고 정권을 유지하는 길을 택했다. 미국에서 귀국한 서재필이 나라의 체면을 내세우며 고종에게 환궁을 호소하자 이범진은 서재필을 역적이라고 몰아붙이기도 했다. 이범진은 아관파천의 주역으로서 자신이 친일파들의 표적이 되고 있다는 것에 불안을 느낀 나머지 파천 5개월 후인 그해 7월 스스로 주미공사를 자원해서 미국으로 떠났다. 그 후 그는 1910년 한일합방 소식을 듣고 러시아 페테르부르크에서 사망할 때까지 미국과 러시아 공사를 전전하며 해외에서 머물게 된다.

아관파천 기간 중 조선정부의 대신과 협판, 국장 등 고위 관료들은 러시아 공사관 정문에서 러시아 경비병에게 조그만 종이쪽지에 쓰인 출입증을 보이고 허락을 받은 후에야 정동의 언덕길을 올라가 국왕을 배알하고 정사를 논의했다. 일국의 대신이라는 사람들이 외국 공사관의 경비병에게 출입을 허가받아 그 공사관에 유폐된 듯한 국왕을 만나는 상황에서 나라의 독립이나 체면 같은 것은 입에 담기조차 쑥스러운 일이었다. 김홍집 내각이 친일 내각이었다면 아관파천 이후 친미·친러파로 조직된 박정양 내각은 베베르의 조종을 받는 러시아의 괴뢰 내각이나 다름없었다.

여기에 국정을 어지럽히는 또 하나의 암적 요소가 등장했다. 바로 러시아어 통역인 김홍륙(金鴻陸)의 존재였다. 김홍륙은 한때 서울에서 물장수 노릇을 한 함경도 지방의 천인 출신이다. 한문은 전혀 몰랐지만 어릴 때부터 블라디보스토크를 내왕하며 러시아어를 익힌 것이 계기가 되어 몇 년째 러시아 공사관의 통역으로 일해 왔다. 이런 배경으로 정동의 손탁 호텔을 출입하며 정동파와 어울리기도 했고 춘생문 사건에도 관여했다. 그러던 중 아관파천이 일어나자 고종과 베베르 사이의 통역을 맡게 된 것이다. 그는 고종의 유일한 러시아어 통역으로서 일약 국왕의 비서실장 격인 비서원승으로 출세하면서 전횡을 부리기 시작했다. 고종에게 베베르의 말이라고 속여 내각의 주요 벼슬자리를 좌지우지했다. 그래서 조정의 크고 작은 벼슬이 모두 김홍륙의 입에서 나온다는 말이 퍼질 정도로 그 폐해가 심각했다. 대신들 대부분이 그의 눈치를 살피면서 그에게 아첨하기를 서슴지 않았다. 실제로 구한말 정교(鄭喬)가 쓴 『대한계년사』(大韓季年史)에는 내부대신으로 임명된 남정철(南廷哲)이 자신의 첩을 김홍륙에게 바치고 그 자리를 얻어 사람들로부터 손가락질을 받았다는 구절이 있다.[1] 그의 전횡과 위세가 어느 정도였는지 짐작할 수 있는 대목이다. 8·15 이후 미군정 아래서 통역들이 농간을 부려 통역정치라는 말을 낳게 했지만 근세 들어 이런 통역정치의 시조는 바로 김홍륙이었다.

아관파천 이후 가장 바빠진 외교사절은 물론 베베르와 알렌이다. 그 중에서도 알렌은 자신의 조선인 친구들이 내각의 요직을 차지하고 있는 이 기회를 이용해서 이권 획득을 하려고 활발히 움직이고 있었다. 이완용을 비롯해 이윤용, 이채연 등 신내각의 핵심 요인들은 모두 4개월 동안이나 미국 공사관에 피신해 있으면서 알렌의 신세를 진 인물들이며 내부대신 겸 총리서리 박정양은 그의 조선인 수양아버지다. 그들 대부분은 초대 주미 공사관원으로 알렌과 함께 워싱턴에서 근무한 정동파 멤버들이다.

이권 획득을 위해서는 이보다 더 좋은 기회가 있을 수 없었다. 당시 외국인들이 가장 탐내는 이권은 인천과 서울을 연결하는 철도 부설권이었다. 개항 이후 인천과 서울 사이에 왕래가 활발해지면서 교통 수요가 많아진 데다 거리가 짧아 상대적으로 건설비가 적게 들어가므로 확실한 이권사업이 될 수 있었던 것이다. 알렌은 오래 전부터 이 철도 부설권 역시 자신의 미국인 친구 모스에게 얻어줄 욕심을 갖고 있었다. 그는 우선 조선 정계를 좌지우지하는 베베르에게 양해를 구했다. 경인철도가 완공되면 러시아가 필요로 할 경우 러시아 군대를 최우선적으로 수송해준다는 조건을 제시했다. 베베르로부터 양해를 얻은 알렌은 곧 이어 외부대신 이완용을 상대로 일을 추진하기 시작했다.

이완용은 아관파천 나흘 후인 2월 15일 외부대신으로서 일본 공사관으로 신임공사 고무라 주타로(小村壽太郞)를 방문해 "앞으로도 일본

---

[1] 정교, 앞의 책, 187쪽, 정유년(1897) 건양 2년 1월 기사.

과 친밀히 지내고 싶다"는 국왕의 뜻을 전달한 적이 있다. 그러나 이는 어디까지나 외교적인 수사일 뿐 당시 조선정부나 이완용은 노골적으로 배일정책을 추구하고 있었다.

러시아가 양해를 하고 일본이 배제된 마당이라 알렌의 이권 획득 운동은 이완용의 도움 아래 신속하게 진척되었다. 마침내 아관파천 두 달도 안 되는 3월 29일 외부대신 이완용과 농상공부대신 조병직(趙秉稷)의 연서로 모스에게 경인철도 허가서가 교부되었다. 허가 조건은 허가일로부터 12개월 이내에 착공하고 그로부터 3년 이내에 완공하며 완공 후 15년간 미국인이 운영한 다음 조선정부가 당시 시가로 철도를 매수한다는 내용이었다.

경인철도 부설권이 미국인의 손으로 넘어가자 일본공사 고무라는 이완용에게 "일본정부의 승낙 없이 경인철도 부설권을 제3국인에게 내준 것은 양국 간의 잠정합동조관에 위배된다"는 항의 공문을 보내왔다. 잠정합동조관은 청일전쟁 초기에 조선과 일본 사이에 체결된 것으로 거기에는 "경인 간에 부설할 철도문제는 조선정부의 재정이 여유가 없으므로 일본정부나 일본인 회사와 계약한 후 시기를 보아 기공되기를 바라지만 지금 그 시기를 못 박기는 어렵다"는 다소 애매한 내용이 들어 있다.

고무라의 항의 공문에 대해 이완용은 "지금 와서 잠정합동조관의 구절을 들어 일방적으로 권리를 주장할 수는 없다"고 지적하고 이어 "금년 1월 귀국 정부에 5백만 원 차관을 요청하면서 그 중 2백만 원은 철도건설비에 쓰겠다고 밝혔으나 그 후 3~4개월이 지나도록 아무런 회답조차 없었으므로 귀국 정부가 철도건설에 응할 의사가 없다고 간주할 수밖에 없다"고 응수했다. 그 후에도 고무라는 몇 차례 더 항의 공문을 보내왔으나 이완용은 이를 무시하고 모스의 철도건설 사업을 적극 후원했다.

알렌이 경인철도 부설권을 모스에게 얻어주는 데 가장 열성적으로

도와준 사람은 물론 이완용과 당시 농상공부협판으로 있던 이채연이었다.

알렌은 이와 관련해 "꼭 주어야 되는 것은 아니나 그래도 모스가 이완용에게는 1만 5천 달러, 이채연에게는 1만 달러의 주식을 주어야 한다고 생각했다. 서재필에게도 좀 줄 가치가 있었다. 왜냐하면 그는 도움이 될 수도 있고, 그렇지 않으면 말썽을 빚게 될지도 몰랐기 때문이다. 만일 모스가 광산과 철도와 관련해서 그를 이용할 수 있다면 년 3천 달러의 봉급으로 그를 고용하라"고 알렌은 모스에게 편지로 권했다.[2] 일설에는 알렌이 왕실에 10만 달러, 관계 대신에게 5만 달러를 헌납하겠다고 제의했다는 소문도 있었다.[3] 당시 미국 공사관 서기관 알렌의 연봉은 1천5백 달러였으며 조선인 광산 노무자의 하루 일당은 5~10센트로 1년 내내 쉬지 않고 뼈 빠지게 일해도 30달러 벌기가 힘들었다. 따라서 1만 5천 달러라는 돈이 얼마나 거액인가는 쉽게 짐작할 수 있다. 모스는 운산금광에 이어 경인철도 부설권도 이완용의 도움으로 얻었으며 또 사업을 추진하는 과정에서도 그의 협조가 절대적으로 필요했다. 이를테면 계약 내용을 변경할 필요가 있다거나 관련 장비를 면세로 들여올 때는 물론이고 미국인 기술자들의 출입국을 위해서도 그의 도움이 필요했다. 따라서 확실한 증거는 없지만 이완용이 모스로부터 상당한 액수의 뇌물을 받았을 개연성은 충분히 있다. 이완용은 일제시대에 조선에서 몇 손가락 안에 드는 거부라는 소리를 들었는데 이런 막대한 재산 형성에는 이때 받은 뇌물도 한몫 했을 것으로 짐작된다.

알렌도 모스로부터 받은 커미션으로 그의 고향인 미국 오하이오

---

2) F. H. 해링튼, 앞의 책, 185쪽.
3) 이현희, 『한국철도사』 제1권 창시시대, 철도청, 1974, 92쪽; 진단학회/이선근, 앞의 책, 786쪽. 당시 농상공부대신이던 조병직이 일본 측에 말한 내용으로 되어 있다.

주 토리도 시에 있는 사업체 두 곳에 투자를 해서 상당한 재미를 보았다.

모스는 무역회사 사장으로서 기본적으로 철도를 부설하거나 광산을 개발할 만한 자금력과 사업능력이 없는 일종의 브로커였다. 그는 경인철도 부설권을 획득한 다음해, 즉 1897년 3월 인천 우각리에서 기공식을 갖고 공사에 들어갔으나 자금 부족으로 부설권을 일본에 넘기고 말았다. 결국 경인철도는 일본인에 의해 1899년 9월 인천-노량진 간이 개통되고 1900년 7월 한강철교가 완공됨으로써 완전 개통되기에 이른다.

이로써 육로로 12시간, 뱃길로 8시간이 걸리던 경인 간 80리 길은 한 시간대로 단축되었다. 오늘날의 기준으로 보면 이완용이 외자유치를 성공적으로 해서 국민생활과 산업활동의 편의를 획기적으로 향상시킨 것이다.

알렌은 경인철도 부설권 획득에 이어 이완용을 상대로 운산금광 채굴권에 대한 계약 내용 변경과 재인가 공작을 벌였다. 운산금광 채굴권은 앞서 기술한 대로 1895년 7월, 민비가 시해당하기 직전에 알렌에게 하사해준 것이다. 그러나 알렌을 통해 이 이권을 얻은 모스는 광산 개발사업을 추진하지 않고 방치하다시피 하면서 25년으로 계약된 채광 기간만 허비하고 있었다. 알렌은 경인철도 부설권을 얻은 지 한 달도 안 된 4월 17일 운산금광 채굴권을 다시 인가받고 채광 기간도 재인가일로부터 25년간으로 한다고 계약 내용을 변경시켰다.

이때도 이완용이 외부대신으로서 궁내부대신 이재순(李載純)과 함께 허가서에 연서함으로써 모스의 이권을 한층 든든하게 뒷받침해 주었다. 앞에서 언급한 것처럼 운산금광 관할권은 당초 농상공부에 속했으나 알렌의 농간으로 궁내부로 이관되었다. 그 전 해 처음 금광 채굴권을 획득할 때는 궁내부대신의 승인만 얻었으나 이번에는 외부대신 이완용의 연서까지 받음으로써 이권에 대한 시비의 소지를 없애버린 것이다. 모스는 경인철도와 마찬가지로 운산금광 채굴권도 다음해 미국인 라이 S. J. 헌트(Leigh S. J. Hunt)에게 3만 달러를 받고 넘겼다.

헌트는 운산금광이 엄청난 사업성이 있다는 것을 확인하고 이 금광 이익에 대한 조선 국왕의 지분 25퍼센트마저 단돈 10만 달러에 사들였다. 이후 미국은 1939년 운산금광에서 손을 뗄 때까지 40여 년간 순금 80여 톤을 채굴해 무려 1천5백만 달러라는 당시로서는 천문학적인 순익을 올렸다. 한국은행이 미국의 물가지수를 이용해 환산한 바에 의하면 1900년대 초의 1천5백만 달러는 1999년에는 2억 4천7백만 달러에 해당하는 거액이다.

미국인들은 조선 왕실에 광산 사용료와 세금을 포함해 겨우 수십만 달러를 지불하고 이처럼 엄청난 이익을 챙겼던 것이다. 당시 세상 물정을 몰랐던 조선 왕실과 관리들이 그야말로 황금알을 낳는 금광을 거의 공짜로 내주다시피 했던 것이다. 그러나 조선왕국의 이런 무지를 이용해 왕실의 지분 25퍼센트마저 단돈 10만 달러에 매입해 모든 이익을 독식한 미국인들의 그 파렴치한 탐욕이야말로 우리가 두고두고 곱씹어볼 대목이다.

1903년 당시 이 금광에는 서양인과 일본인 기술자 각각 70여 명과 중국인 노무자 7백여 명, 조선인 노무자 2천여 명이 일했으며 이 해에 올린 순익만도 75만 달러에 달했다. 미국인들은 새로운 광맥이 발견될 때마다 조선인 노무자들이 광맥에 접근하면 손대지 말라는 뜻으로 '노타치' '노타치'를 연발했다. 그래서 오늘날 돈이 쏟아져 나오는 광맥이라는 뜻의 '노다지'라는 말이 여기에서 유래했다는 것이다.

아무튼 운산금광은 구한말 외국인이 조선에서 얻은 모든 이권 가운데서도 가장 알짜배기였으며 이권의 규모로 볼 때도 세계적인 것이었다. 알렌이 1887년 이래 눈독을 들여왔던 운산금광은 이완용의 도움으로 이렇게 미국인의 손에 넘어갔다. 알렌은 계약을 변경하면서 이로써 미국인의 조선왕국에 대한 투자가 늘어날 것이며 조선에 대한 미국의 관심도 높아질 것이라고 장담했다. 그러나 그들은 조선에서 이익을 챙기는 데 급급했을 뿐 조선을 위해서 한 일은 별로 없었다. 오히려 1905년 가쓰라-태프트 밀약으로 조선을 일본에 넘겨주었으며 을사조약이 체결되던 날 일본인과 함께 축배를 들고 가장 먼저 조선에서 공사관을 철수하는 배신행위를 저질렀을 뿐이다.

미국과 함께 러시아도 함경북도 경원과 경성의 광산 채굴권을 얻었으나 별로 재미를 보지 못했다. 그러나 압록강과 두만강 유역 및 울릉도의 울창한 삼림을 20년 동안이나 벌채할 수 있는 권한을 얻은 것은 대단한 이권이었다. 이러한 이권에는 물론 이완용이 외부대신으로서 모두 도장을 찍었다.

미국에 비해 아관파천의 당사국인 러시아가 상대적으로 이권을 덜 챙긴 것은 베베르가 알렌만큼 이권 획득에 열성적이지 않은 탓도 있지만 이는 당시 러시아의 대외정책과도 관련이 있었다. 러시아는 경제적인 이권보다는 정치적인 영향력 확대에 더 관심을 기울였던 것이다. 일반적으로 영국을 비롯한 서구 열강의 제국주의 정책은 먼저 경제적 진출을 하고 정치적 영향력은 이미 확보한 경제적 이권을 보호하는 차원에서 뒤따라가는 것이 순서였다. 이에 반해 러시아는 정치적 영향력 확대부터 꾀하고 경제적 이권 획득은 그 뒤로 돌렸다.

미국과 러시아가 조선정부로부터 굵직한 이권을 얻자 프랑스, 독일, 영국 등도 이권 쟁탈전에 뛰어들었다. 그래서 아관파천 직후의 조선은 어느 서양인 기자의 표현대로 '이권을 노리는 외국인 모리배들의 즐거운 사냥터'가 되었다. 다만 일본만은 친미·친러 정권과 러시아에 의해 이처럼 즐거운 이권사냥에서 철저히 배제되었다.

프랑스는 일찌감치 그해 7월 경의선 철도 부설권을 획득했고 독일은 강원도의 금성광산 채굴권을 차지했으며 영국은 평안남도의 질 좋은 은산금광을 강점하여 막대한 이득을 올렸다. 이 가운데 경의선 철도 부설권을 제외하고 금성광산과 은산금광 채굴권 허가는 이완용이 외부대신에서 물러난 뒤 이루어진 일이어서 그가 직접 관여하지는 않았다. 경의선 철도 부설권을 3국간섭의 한 당사국인 프랑스에 내준 것은 러시아가 장차 건설을 계획중인 만주철도와 경의선을 연결하려는 장기 포석에 따른 것이었다.

아무튼 아관파천 직후 외국에 무더기로 내준 각종 이권에는 이완용이 외부대신으로서 직접 서명을 했고 특히 미국과 관련된 이권에서는 그 자신이 뇌물을 챙긴 혐의도 짙다. 따라서 이 책의 첫머리에서 인용한 "이완용이 목숨을 걸고 외국에 이권을 내주지 않으려고 했다"는 『독립신문』의 논설 내용은 사실과 다른 것이다. 『독립신문』의 논설과는 달리 이완용은 이때 내준 이권 때문에 정부 안에서 다른 대신들로부터 공격을 받고 끝내 독립협회 회장직에서 축출당하기까지 한다.

서재필이 『독립신문』 논설을 통해 이처럼 이완용을 비호한 것은 물론 전혀 근거가 없는 주장은 아니지만 같은 구미파로서 당파적인 편견도 작용한 것으로 보인다. 이와 관련해서는 다음 장에서 다시 자세히 언급하겠지만 서재필은 1895년 12월 귀국한 이후 언더우드 집에 머물면서 그를 통해 윤치호와 접촉하고 정동파에 가담했던 것이다.

한편 민영환은 아관파천이 일어나던 해 5월 26일 모스크바에서 거행된 러시아의 마지막 황제 니콜라이 2세의 대관식에 특명 전권공사로 참석하게 된다. 베베르가 오래 전부터 자신과 친분을 맺고 있었으며 민씨 척족의 대표에다 고종의 외사촌 동생인 그를 일부러 선택해서 보낸 것이다. 조선 정계의 실력자인 그로 하여금 러시아의 광대함과 막강한 국력을 직접 보게 함으로써 러시아 세력을 보다 확실하게 뿌리내리기 위한 계산에서였다. 민영환은 학부협판 윤치호를 수행원으로 해서 4월 1일 인천을 떠나 태평양을 건너 러시아로 향했다. 그는 4만 엔이라는 엄청난 거액을 여행 경비로 갖고 도중에 미국과 영국, 프랑스, 독일 등을 두루 관광하면서 모스크바에 도착했다.

대관식에는 일본의 원로 군벌 야마가타 아리토모(山縣有朋)와 중국의 이홍장도 전권대신으로 참석해 러시아와 치열한 외교전을 벌이게 된다. 야마가타는 이때 러시아 외상 로바노프(Lobanoff)에게 조선에서 양국 군대가 충돌하는 것을 예방하기 위해서라는 구실을 붙여 조선반도를 38도선 부근에서 러시아와 일본이 남북으로 분할하자는 은밀한 제의를 한다. 이 분할 제의는 러시아가 장차 조선 전체를 병합하려는 욕심을 갖고 거절함으로써 무위로 끝나지만 민영환은 같은 모스크바 하늘 아래 머물고 있으면서도 이런 엄청난 음모가 일본과 러시아 사이에 오간 것을 눈치조차 채지 못하고 있었다.

그는 그저 러시아가 자신에게 베풀어주는 호의에 감사하면서 러시아에 여러 가지 무리한 요청을 하고 있었다. 우선 국왕의 호위를 러시아 군대가 맡아주고 군사교관과 정부 고문을 파견해줄 것과 3백만 엔의 차관을 제공해달라고 매달렸던 것이다. 이것은 사실상 조선이 러시아의 보호국이 되겠다고 자청한 것이나 다름없는 제의였다. 당시 러시아는 20여 개 국가로부터 온 축하사절들을 접대하느라 정신이 없는 와중에서도 민영환을 확실한 친러파로 만들기 위해 극진하게 환대했다. 하지만 이런 요청은 성격상 그들이 선뜻 받아들일 수 없는 것이었다.

이때는 이미 야마가타와 로바노프 사이에 조선에 관한 의정서가 체결되어 러시아나 일본 어느 한 나라가 상대방의 동의 없이 일방적으로 조선에 재정 지원이나 군사적 지원을 할 수 없도록 되어 있었다. 즉 이 의정서는 제1조에서 "조선정부가 외채를 모집할 경우 양국 정부의 '합의' 아래 원조를 제공하며"라고 규정하고 제2조에서 "조선국이 '외국 원조를 빌리지 않고' 국내 질서를 유지하기에 충분한 수의 군대 및 경찰을 창설토록 하며 이의 유지를 조선에 일임한다"라고 규정하고 있었던 것이다. 그런데도 민영환은 이런 사정을 까맣게 모르고 야마가타가 로바노프와 의정서를 맺고 모스크바를 떠난 뒤에도

2개월 이상 모스크바와 페테르부르크를 오가며 군사교관 파견과 차관 제공을 끈덕지게 요청하고 있었다.

러시아 정부는 민영환의 이런 요청을 받고 대단히 애매한 답변으로 일관했다. 일본과의 의정서 때문에 일방적인 지원은 불가능했으며 특히 재정 차관은 그들도 프랑스로부터 차관을 얻어 시베리아 철도를 건설하고 있는 형편이라 제공해줄 여유도 없었다. 그렇다고 딱 부러지게 거절하면 자진해서 그들 품으로 뛰어든 조선을 놓칠 수도 있었기 때문에 확실한 답변을 피한 채 민영환 일행을 관광이나 시키면서 시간을 끌었다. 그들은 일본과 문제를 야기시킬 수 있는 군사교관 파견이나 차관 제공보다는 그저 고종이 자기 나라 공사관에 머물며 신변보호나 받는 아관파천 상태가 지속되기만을 바라고 있었다. 조선 국왕이 자기 나라 공사관에 머물고 있는 한, 정치적 영향력은 확실하게 장악할 수 있었기 때문이다.

러시아는 민영환의 거듭된 요청을 받고 군사교관 문제를 협의하기 위해 군사 전문가를 조선에 파견할 것이며 재정 상태를 조사하고 필요한 재정 수단을 모색하기 위해 역시 관계 전문가를 파견하겠다는 답변을 내놓았다. 명확한 것은 아니지만 러시아가 조선을 지원하겠다는 의사 표시로 해석될 수 있는 답변이었다. 일본과의 의정서에도 불구하고 러시아가 조선을 상대로 일종의 이중외교를 펼친 것이다.

민영환은 그 답변을 받아들고 8월 19일 페테르부르크를 떠나 시베리아를 거쳐 귀국길에 오른다. 당시까지도 시베리아 횡단 철도가 완공되지 않았기 때문에 민영환 일행은 기차와 마차, 배를 번갈아 타며 이르쿠츠크와 바이칼 호, 하바로프스크를 거쳐 블라디보스토크에 도착했다.

그런데 러시아는 민영환이 귀국 도중에 있을 때 군부의 강력한 요구에 따라 방침을 바꿔 조선에 군사교관을 파견하기로 결정하고 이를 일본정부에 통보한다. 러시아는 군사교관의 임무는 고종의 환궁에 대비해 오로지 궁궐을 수비할 경비병을 훈련시키는 것에 국한한다고 설명했다. 일본은 이에 대해 모스크바 의정서 위반이라고 충분히 문제를 제기할 수도 있었지만 별다른 이의를 표시하지 않았다.

그들은 조선에서 다른 무엇보다도 고종을 환궁시키는 것이 급선무였다. 고종이 환궁하기 위해서는 궁궐 경비병 양성이 전제되어야 했다. 그래서 일본은 고종 환궁이라는 절박한 문제를 해결하기 위해 러시아의 군사교관 파견을 울며 겨자 먹기로 받아들였던 것이다.

민영환은 블라디보스토크에서 북경 주재 러시아 공사관 무관을 지낸 푸챠타(Putiata) 대령을 단장으로 장교 2명, 하사관 10명, 군의관 1명 등 14명으로 구성된 러시아 군사교관단과 합류해 부산과 인천을 경유, 10월 21일 서울에 도착했다. 니콜라이 2세 대관식에 참석하기 위해 전권공사로 인천을 떠난 지 7개월 만에 러시아 군사교관단을 대동하고 돌아온 것이다. 이것은 그가 4만 엔의 거금을 경비로 쓰면서 러시아를 상대로 3개월 동안이나 벌인 교섭 끝에 거둔 유일한 가시적 '성과'였다. 러시아 군사교관단은 도착 1주일 후부터 조선군에서 1개 대대 병력 8백 명을 선발해 훈련에 들어갔다.

아관파천 직전까지만 해도 조선군 훈련대는 일본인 교관의 지휘 아래 일본 군복을 입고 일본식으로 훈련을 받았는데, 이제는 러시아 구령에 맞춰 러시아 무기를 들고 러시아식 훈련을 받게 된 것이다. 그리고 8·15 해방 후 오늘날까지 한국 군대는 완벽하게 미군에 의해 훈련되어, 미국의 무기로 무장해서, 미군의 편제로 편성되어, 미군의 작전 지휘 아래 동족과 대치하고 있다. 러시아는 궁궐 수비병 훈련을 표면에 내세웠지만 그들의 목표는 조선군 전체를 러시아식으로 훈련시켜 러시아 군대화하는 것이었다. 조선 군대를 장악한다는 것은 바로 조선의 모든 것을 지배한다는 것을 의미하기 때문이다.

9

서재필과 함께 독립협회를 이끌다

독립협회 위원장에 선출되다

아관파천이 일어난 지 5개월가량 지난 1896년 7월 2일 이완용이 대신으로 있던 외부 청사에서는 이완용을 비롯해 안경수, 이윤용, 김가진 등 14명을 발기인으로 '역사적인' 독립협회 창립총회가 열렸다. 이날 창립총회에 참석한 발기인은 이들 외에 김종한(金宗漢), 권재형(權在衡), 고영희(高永喜), 민상호, 이채연, 이상재, 현흥택, 김각현(金珏鉉), 이근호(李根澔), 남궁억(南宮檍) 등이다.

독립협회의 실질적인 발기 주도자인 서재필은 이날 창립총회에는 참석하지 않았다. 그가 귀국한 이후『독립신문』을 발간한데 이어 독립협회의 산파역을 한 것은 사실이지만 당시 그의 국적은 미국이었으며 그 자신 필립 제이슨이라는 미국 이름을 쓰면서 미국인으로 행세하고 있었다. 따라서 미국인으로서 독립협회의 창립총회에 참석하는 것이 적절치 않다고 생각해 일부러 자리를 피한 것으로 보인다. 그는 그 후에도 독립협회 활동의 전면에 나서기보다는 고문으로서 조언하는 역할을 했다.

이날 독립협회의 발기 목적은 아주 단순한 것이었다. 청일전쟁으로 조선이 자주독립 국가가 되었으니 이것을 세계만방에 알리고 후손에게 전하기 위해 과거 청국 사신을 맞던 치욕적인 자리에 독립기념물을 세우자는 것이었다. 청국과의 수백 년에 걸친 종속관계를 상징하는 영은문(迎恩門) 자리에 독립문을 세우고 청국 사신이 묵던 모화관(慕華館)을 개수해 독립관으로 만들며 그 일대를 독립공원으로 조성해 백성들의 휴식처로 삼자는 생각이었다. 영은문은 청일전쟁이 끝나가던 1895년 2월에 이미 파괴된 상태에 있었다.

또 이같이 뜻 깊은 사업은 정부의 돈만으로 할 것이 아니라 백성들의 모금을 통해 추진하는 것이 더 바람직하다는 판단에 따라 보조금을 모집하자는 것도 독립협회 발기의 한 목적이었다. 나라가 독립이 된 것은 정부만의 경사가 아니라 전국 인민의 경사이므로 백성들의 돈으로 이런 기념물을 건립하자는 생각에서였다. 따라서 보조금을 내는 사람은 누구나 독립협회 회원이 될 수 있도록 했다.

간단히 말해서 독립협회는 독립문을 건립하고 그에 필요한 비용을 모금하기 위해 창립된 것이다. 이날 총회에서 이완용은 위원장으로 선출되었으며 회장에는 안경수가 추대되었다. 위원은 김가진, 김종한, 민상호, 이채연, 권재형, 현흥택, 이상재, 이근호 등 전·현직 대신 및 협판급 8명으로 구성되었다.

안경수는 아관파천 직후 경무사로 임명되었으나 춘생문 사건 당시 그의 기회주의적인 처신이 드러나 중추원 의관으로 밀려나 있었다.

이날 창립총회에서는 즉석에서 보조금도 모집했는데 이완용 형제는 각각 100원을 내놓았다. 회장에 추대된 안경수가 40원을 낸 것을 비롯해 대부분의 발기인이 10원에서 30원을 낸 것에 비하면 이완용 형제는 거금을 쾌척한 셈이다. 이날 모금한 돈의 총액이 510원인데 그중 이완용 형제가 200원을 낸 것이다.[1] 당시 100원은 한국은행이 쌀값으로 환산해본 결과 오늘날의 213만 원에 해당하는 적지 않은 돈이다.

이완용이 독립협회 창립총회에서 위원장으로 선출된 것은 발기인들의 면면을 훑어보면 쉽게 수긍이 간다. 그들 중 상당수가 미국과 관련이 있는 정동파 멤버들인 것이다.

이완용 형제를 비롯해 이채연, 민상호, 현흥택은 민비시해 사건 후 미국 공사관에서 함께 피신생활을 해왔으며 이상재도 정동파 멤버다. 다시 말하면 독립협회는 정동파를 중심으로 발기되었으며 또 실제로 이들이 가장 적극적으로 활동했다. 앞서 밝힌 바와 같이 서재필도 미국에서 귀국한 이후 언더우드를 통해 서구적 가치관을 공유하고 있던 정동파와 접촉하면서 이때쯤에는 정동파로 분류되고 있었다.

그가 귀국한 지 불과 4개월 만에 『독립신문』을 발간할 수 있었던 것도 아관파천 이후 정부의 요직을 차지하고 있던 정동파 관료들의 적극적인 도움에 힘입은 바 크다. 특히 서재필의 『독립신문』 발간사업에는 이완용도 한몫 거들었다. 미국공사 존 실이 서재필의 요청에 따라 외부대신 이완용에게 『독립신문』 기자들이 각 부에 출입하며 취재할 수 있도록 편의를 봐달라는 공문을 보내오자 이완용이 이를 기꺼이 받아들여 관련 증서 2장을 즉시 발급해준 것이다.[2] 8년 전 이완용은 주미 대리공사로 2년 이상 워싱턴에 근무하면서도 같은 워싱턴

---

1) 『독립신문』 1896년 7월 4일자 논설에 게재된 참석자들의 보조금 내역은 안경수 40원, 이완용 100원, 김가진 10원, 이윤용 100원, 김종한 30원, 권재형 30원, 독립신문사 30원, 고영희 20원, 이채연 20원, 현흥택 50원, 이상재 10원, 김각현 10원, 이근호 20원, 남궁억 10원, 조성협 10원 등이다.
2) 『구한국외교문서』 제11권 美案2 1480호 건양 원년 6월 30일. 1483호 건양 원년 7월 7일; 국사편찬위원회 편, 『고종시대사』 4, 건양 원년 6월 30일.

하늘 아래 살던 서재필이나 서광범과 연락 한 번 없이 지냈다. 그러나 그들은 이제 같은 정동파 멤버로서, 그리고 독립협회 주도자로서 제휴하고 있었다.

정동파는 그 형성기부터 이완용이 사실상 지배인 역할을 해왔다. 거기에다 이완용은 아관파천 이후 외부대신으로서 내각의 실세였으며 보조금도 가장 많은 1백 원을 냈다. 따라서 정동파 출신의 고급관료를 주축으로 출발한 독립협회에서 이완용이 위원장으로 선출되고 또 그가 협회활동을 주도하게 된 것은 지극히 당연한 일의 순서였다.

『독립신문』은 독립문 건립에 보조금을 낸 사람은 단 1전을 냈더라도 그 이름을 지면에 실으면서 모금사업을 독려했다. 『독립신문』의 이런 적극적인 지원으로 독립문 건립 계획은 사회 각계의 협조를 얻으며 순조롭게 진행되어 갔다. 왕태자가 거금 1천 원을 하사하고 소학교 학생들과 시장의 상인, 기생들까지도 보조금 모금에 참여했다.

독립협회는 마침내 창립총회를 가진 지 4개월 만인 그해 11월 21일 오후 2시 서대문 독립공원 터에서 독립문 정초식, 즉 주춧돌을 놓는 식을 갖게 된다. 이에 앞서 11월 14일자로 이완용, 권재형, 이채연 명의로 정초식에 참석을 요청하는 초청장이 각국 외교사절을 비롯해 사회 각계에 전달되었다. 초청장의 문구는 '대조선국 독립협회 회원들이 십일월 이십일일 오후 이시 반에 독립공원에서 독립문 주춧돌을 놓을 터인데 예식을 시행하고 축사를 연설할 터이니 각하의 참석하심을 바라옵나이다'라고 되어 있다.

정초식은 정부 대신과 각국 외교사절, 시민, 학생 등 4천여 명이 참석한 가운데 성대하게 열렸다. 이 나라 역사상 일찍이 유례가 없던 사회단체 주최의 대규모 행사였다.

식장에는 늦가을의 푸른 하늘 아래 태극기와 독립협회기가 펄럭이고 흰 바탕에 붉은 글씨로 '독립문'이라고 큼직하게 쓰인 현수막이 내걸렸다.

회장 안경수의 인사말에 이어 배재학당 학도들이 조선가를 부르는 가운데 독립문 주춧돌이 놓여졌다. 이어 배재학당 교사 아펜젤러가 조선말로 대군주 폐하와 왕태자 전하의 만수무강과 조선 독립이 영구히 지속되기를 기원하는 기도를 올렸다.

아펜젤러의 기도가 끝나자 회장 안경수와 이채연이 그 동안의 독립협회 활동 내용을 설명하고 조선의 독립 유지 방안에 대한 연설을 했다. 다시 배재학당 학도들의 독립가가 식장에 울려 퍼졌다.

이어 외부대신 이완용이 단상에 올라 '조선 전정이 어떠할꼬', 즉 조선의 장래라는 주제로 연설을 시작했다. 그는 연설에서 "조선이 독립을 하면 미국과 같이 부강한 나라가 될 것이며 만일 조선 인민이 단결하지 못하고 서로 싸우거나 해치려고 하면 구라파의 폴란드라는 나라처럼 남의 종이 될 것이다. 미국처럼 세계 제일의 부강한 나라가 되는 것이나 폴란드같이 망하는 것 모두가 사람 하기에 달려 있다. 조선 사람은 미국같이 되기를 바란다"[3]고 강조했다. 그가 미국을 이상적인 나라로 생각하고 있는 확실한 친미파임을 보여주는 내용이다.

식이 끝난 후 독립협회 간부들과 외교사절들은 모화관을 개수해 만든 독립관으로 자리를 옮겨 간단한 다과회를 가졌다. 이 자리에는 알렌을 비롯해 일본 대리공사 가토 마쓰오(加藤增雄)까지 조선 주재 외교사절들이 대부분 참석해 독립문 정초식을 축하하는 덕담을 한마디씩 했다. 그러나 러시아 공사 베베르만은 이날 행사에 참석하지 않고 군사교관을 대신 보냈다. 이것은 그 후 벌어지는 독립협회와 러시아 공사관 사이의 갈등을 예고하는 전조와 같았다.

우리 역사학계에서는 독립문과 관련해 오래 전부터 하나의 은밀한 얘기가 오가고 있다. 독립문 상단 앞뒤에 한자와 한글로 '獨立門' '독립문'이라고 새겨진 글씨가 이완용 작품일지 모른다는 내용이다.

---

3) 『독립신문』 1896년 11월 24일자, 1면.

결론부터 말한다면 이 독립문 현판은 이완용이 쓴 것이 1백 퍼센트 확실하다. 독립협회는 독립문 건립을 목표로 정동파가 주축이 되어 창립했으며 이완용은 발기인 가운데 보조금도 가장 많이 냈고 위원장으로서 이 사업을 주도했다.

거기에다 그는 당대 제일의 명필로서 이미 궁중의 여러 전각 현판을 쓴 경력이 있다. 독립문 정초식을 갖기 3개월 전인 그해 8월에도 그는 고종으로부터 덕수궁 내에 설치된 경소전(景昭殿)과 숙목문(肅穆門)의 현판 서사관으로 임명받아 이들 현판을 썼다. 덕수궁 중화문의 상량문과 창덕궁 함원전의 현판도 그의 글씨이며 고종 국장 때는 고종의 일대기를 기록한 행장과 덕행을 칭송하는 시책문도 그가 썼다. 일제시대에는 전국의 명승고적지를 유람하며 수많은 글씨를 남겼는데 경상북도 김천군 직지사의 대웅전과 천왕문의 편액도 그가 쓴 것이다.[4]

무엇보다도 독립문 현판이 이완용 작품이라는 확신은 그 글씨체가 굵고 힘있는 이완용의 전형적인 필체라는 점이다.

『동아일보』 1924년 7월 15일자 연재기사인 「내동리 명물」에도 '독립문'이라는 글씨가 이완용이 쓴 것임을 분명히 밝히고 있다.[5]

일부에서는 독립문 현판이 김가진 글씨라는 주장을 펴기도 하지만 이것은 완전한 난센스다. 당시 김가진은 친일파로서 정동파가 주도하는 독립협회 사업에 적극적이지도 않았고 창립총회 때도 보조금으로

---

4) 『一堂紀事』, 하 746쪽, 「대정12년(1923) 1월 11일 김천군 직지사의 대웅전과 천왕문의 편액 2종을 써서 보냈다」.
5) 기사의 전문은 다음과 같다. "교북동 큰 길가에 독립문이 잇습니다. 모양으로만 보면 불란서 파리에 잇는 개선문(凱旋門)과 비슷합니다. 이 문은 독립협회(獨立協會)가 일어낫슬 때 서재필(徐載弼)이란 이가 주창하야 세우게 된 것이랍니다. 그 우에 색여 잇는 『독립문』이란 세 글자는 리완용이가 쓴 것이랍니다. 리완용이라는 달은 리완용이가 아니라 조선귀족 령수 후작각하 올시다."

〈그림 2〉 독립문 상단에 한글과 한자로 새겨진 현판
이 현판은 1896년 11월 이완용이 독립협회 위원장으로 쓴 것이 확실하다. 굵고 힘있는 글씨가 이완용의 전형적인 필체임을 말해주고 있다.

〈그림 3〉
현재 경복궁 안에 복원된 '함원전'의 현판
함원전은 원래 경복궁에 있던 것을 1920년 6월 창덕궁으로 옮겨 지으면서 순종의 지시로 이완용이 현판을 다시 쓴 것이다.

10원밖에 내지 않았다. 그가 창립총회 당일 위원으로 선정된 것은 사실이지만 독립협회 발기인들의 인적 구성이나 분위기로 보아 활동에 주도적으로 나설 입장은 아니었다. 독립문의 굵은 글씨체 역시 가는 글씨에 능한 그의 필체와는 거리가 먼 것이다.

나라의 자주독립을 기념하기 위해 세웠다는 건축물의 현판을 후세에 매국노로 지탄받는 인물이 썼다는 것은 우리 역사의 비극이며 아이러니다. 이것은 정말 인정하기 괴로운 사실이다. 그래서 '애국심'에 넘치는 일부 학자들은 민족적 자존심을 들먹이며 독립문 현판 시비가 표면화되는 것을 덮어두려고 쉬쉬하고 있다.

그러나 역사의 부끄러운 부분을 감추어둔다고 해서 그것이 자랑스러운 민족의 유산이 될 수는 없을 것이다. 그것은 마치 고름을 그대로 놔둔다고 해서 고름이 살이 되지 않는 것과 같은 이치다. 고름은 짜내야 새 살이 돋아난다. 매국노가 쓴 독립문 현판은 우리 역사의 고름과 같은 것이다. 당장의 아픔을 참고 역사의 고름들을 짜내야만 진정으로 자랑스러운 민족사가 창조될 수 있다.

동시에 우리는 여기서 과연 독립문 건립의 역사적 의의는 무엇인가라는 근본적인 문제를 제기해 볼 필요가 있다. 독립문은 청국과의 종속관계에서 벗어나 조선이 명실공히 자주독립국이 되었다는 것을 세계만방에 알리고 그것을 기념하기 위해 세웠다고 한다. 그러나 그것을 세울 당시 조선의 정치 상황은 어떠했는가. 독립을 내세울 정도로 조선정부는 자주적이었는가.

독립문을 세울 당시인 1896년 11월, 국왕은 러시아 공사관에 몸을 맡기고 있었으며 내각은 러시아 공사 베베르의 조종 아래 움직이는 괴뢰 내각이었다. 주권의 상징인 전제군주가 자기 나라에 주재하는 외국 공사관에 몸을 숨기고 있었다는 것은 주권을 포기하는 행위나 마찬가지다.

이런 상황에서 청국으로부터의 속박에서 벗어나 조선이 독립국이 되었음을 기념하고 이를 세계만방에 알리기 위해 독립문을 건립한다는 그 발상 자체를 어떻게 평가해야 될까. 청국으로부터의 독립만이 독립이며 러시아로의 새로운 예속은 예속이 아니란 말인가. 당시 러시아의 궁극적인 목표가 조선 병합이라는 것은 바보가 아니면 누구나 알아차릴 수 있었다.

사실 청국으로부터의 독립은 굳이 강조할 필요도 없었다. 이미 청국은 그림자도 찾아볼 수 없을 정도로 조선에서 철수한 뒤였다. 원세개가 도망치듯이 서울을 떠난 이후 청국은 조선에 공사관조차 두지 못할 정도로 영향력을 완전히 상실하고 있었다.

왜 여기서 이런 문제를 제기하는가.

이와 비슷한 코미디가 오늘날에도 벌어지고 있기 때문이다. 1995년 김영삼 정부는 식민지 잔재를 청산한다는 명분으로 구 조선총독부 건물을 철거했다. 경복궁 앞에 위압적으로 버티고 서 있던 그 건물을 철거한 것이 잘못이라고 지적하는 것이 아니다. 문제는 일제의 잔재를 청산한다고 법석을 떨면서 왜 오늘의 불평등하고 비정상적인 한미관계는 외면하고 있는가 하는 점이다. 조선총독부 건물 철거에 앞서 미군에게 넘겨준 군사작전권을 회수하고 대북한정책을 비롯해서 미국의 대외정책에 무조건적으로 추종하는 자세부터 되돌아보는 성찰이 진정한 역사 바로 세우기가 아닐까. 수도 서울 한복판의 1백만 평이 넘는 금싸라기 땅을 미군에게 무상으로 제공하고 미군에게 사실상의 치외법권을 인정하고 있는 상황에서 일제 식민지 잔재를 청산한다고 법석을 떠는 것은 또 하나의 자기기만일 뿐이다.

만일 앞으로 국제정세가 극적으로 변해 미국이 한국에서 전면 철수하고 다른 외세가 미국을 대신하게 되는 사태가 전개된다면 어떤 일이 벌어질까. 또다시 역사 바로 세우기를 한다면서 이번에는 미국의 한반도 침략행위를 규탄하고 인천에 있는 맥아더 동상을 비롯해서 전국 곳곳의 미군 전적비를 철거하는 사태가 벌어지지 않는다고 장담할 수 없을 것이다. 이런 행태가 되풀이되는 한, 우리는 역사에서 아무런 교훈도 얻지 못할 것이며 국제사회에서 진정한 자주독립국가로 대접받기도 어려울 것이다.

외부대신직을 걸고 러시아의 군사교관 파견을 거부하다

해가 바뀌어 1897년 1월로 접어들면서 이완용은 고종의 환궁을 강력하게 진언함으로써 베베르와 갈등의 조짐을 보이기 시작했다. 당시 내각은 심상훈(沈相薰)이나 한규설(韓圭卨) 같은 수구파들이 득세를 하고 있었다. 아관파천 직후만 하더라도 박정양, 이완용 등의 정동파를 중심으로 한 개화파가 실권을 잡았으나 시간이 지나면서 수구파의 목소리가 커지게 된 것이다.

아관파천 이래 러시아는 조선의 정치제도가 개화되는 것을 바라지 않는 방향으로 정책을 추진하고 있었다. 러시아는 조선의 내정개혁을 요구하지도 않았을 뿐만 아니라 그런 내색도 비치지 않았다. 조선이 개화되고 내정이 개혁되면 조선에서의 영향력 확대라는 그들의 목적 달성에 장애를 받기 때문이다. 그래서 왕실이 전제권을 강화하면서 갑오경장 이전의 수구적 상태로 돌아가는 것을 적극 지원하고 부추겼다. 수구파는 이런 분위기를 타고 득세를 하게 된 것이다.

수구파의 영향력이 확대되면서 개화파와 갈등이 표면화되자 『독립신문』은 개화파를 옹호하며 수구파 공격에 앞장서게 된다. 『독립신문』이 1896년 6월 4일자 「잡보」에서 수구파 신기선을 정면 공격한 것이 대표적인 경우이다. 신기선은 학부대신으로 임명된 직후 '머리 깎고 양복 입는 것은 야만이 되는 시초이며, 국문을 쓰는 것은 사람을 변하여 짐승을 만드는 것이고, 청국 황제가 주는 정삭을 폐하고 태양력을 쓰는 것은 도리가 아니며, 내각 대신이 국사를 의논하여 결정하는 것은 임금의 권리를 빼앗는 것이고 백성에게 권리를 주는 것이니 이는 모두 역적들이 한 일'이라고 비난하는 상소를 올려 물의를 빚었다. 이에 대해 『독립신문』은 "국문이란 조선 글이며 세종대왕께서 만든 것으로 한문보다 백배가 낫고 편리한즉 내 나라에 좋은 것이 있으면 그것을 쓰는 것이 옳은 일이며 청국 정삭을 도로 받들자고 하는데 청국 황제를 그렇게 섬기고 싶으면 청국으로 가서 청국 신하되는 것이 마땅할 것"이라고 쏘아 붙였던 것이다.

물론 이완용이나 박정양은 왕실의 전제권 강화에 반대하는 입장은 아니었다. 그들은 박영효가 왕권을 제한하고 내각을 강화하려 했던 것과는 달리 왕실에 절대적으로 충성을 바치고 무조건적으로 순종하는 왕당파였다. 그러나 선진문물 도입에 관해서는 신기선과 같은 수구파와는 분명히 입장을 달리했다. 그들은 나라를 발전시키기 위해서는 선진문물을 점진적으로 도입해야 한다고 생각한 개화파였던 것이다.

따라서 아관파천 이후 시간이 지나면서 수구파와 개화파 사이에는 갈등이 깊어지고 있었다.

1897년으로 해가 바뀌면서 이들 수구파는 이완용이 외부대신으로서 외국에 이권을 많이 넘겨주었다고 집중 공격하기 시작했다. 이와 함께 연초부터 개각설이 파다하게 퍼지고 있었다. 이 책의 첫 부분에서 인용한 『독립신문』 1897년 1월 23일자 논설은 이런 상황에서 이완용 등 개화파 대신들을 노골적으로 지원하고 나선 것이다. 즉 이 논설은 개각설이 나돌던 시점에서 이완용만한 외부대신감이 어디 있겠느냐고 하면서 그와 군부대신 민영환, 내부대신 박정양 등 개화파 대신들의 유임을 촉구했던 것이다.

이완용이 고종 환궁운동에 앞장선 것은 독립협회 위원장으로서 어떻게 보면 당연한 행동이라고 볼 수도 있다. 그러나 아관파천을 주도한 그가 이때 환궁을 주장한 것은 수구파 대신들의 공격에서 벗어나기 위한 정략적 의도도 담겨 있었던 것으로 보인다.

어쨌든 환궁에 앞장섬으로써 그는 베베르의 미움을 사지 않을 수 없었다. 러시아는 될 수 있는 대로 오랫동안 고종을 그들 공사관에 붙잡아두고 싶어 했기 때문이다. 그러나 이제 환궁은 더 이상 미룰 수 없는 형편이 되었다. 독립협회 회원을 중심으로 환궁을 요구하는 목소리가 높아가고 있고 정부대신 가운데서도 김홍륙 같은 친러 수구파를 제외하고는 환궁을 해야 한다는 의견이 제기되고 있었다.

러시아 군사교관들에 의한 궁궐 경비병 훈련도 끝나가고 고종이 돌아가기로 되어 있는 덕수궁도 수리가 끝나 더 이상 환궁을 미룰 명분도 없었다.

마침내 고종은 아관파천 1년 만인 1897년 2월 20일 덕수궁으로 환궁했다. 고종이 경복궁이 아닌 덕수궁으로 환궁한 것은 덕수궁이 러시아, 미국, 영국 공사관과 가까운 거리에 있어 무슨 변란이라도 일어나면 이들 나라 공사관에 쉽게 피신할 수 있다는 생각에서였다.

환궁은 했다고 하지만 궁궐은 러시아 군사교관의 지휘를 받는 조선군 경비병들이 수비를 하고 있었으므로 왕실은 여전히 러시아의 절대적인 영향권 안에 있었다.

한편 일본정부는 환궁 6일 후인 2월 26일 야마가타와 로바노프 사이에 맺어진 모스크바 의정서와 아관파천 직후 주조선 일본공사 고무라와 베베르 사이에 체결된 각서 내용을 공개하고 가토 공사를 통해 외부대신 이완용에게 이들 협정의 사본을 공식 전달했다. 조선정부가 러시아에 일방적으로 구애를 해보아야 모스크바 의정서에 의해 아무런 소득도 얻을 수 없다는 것을 보여주기 위해서였다. 일본은 그 동안 러시아를 자극하지 않으려고 참고 있다가 환궁이 이루어지자마자 이들 내용을 공개한 것이다.

이완용은 이에 대해 3월 9일자로 "조선정부가 이들 협정에 간여한 바가 없으므로 조선의 자주권 행사와는 아무런 관계가 없다"고 일본 공사관에 회답을 보냈다. 그러나 조선정부는 이로써 그 동안 러시아에 대해 품어왔던 기대가 환상이었다는 것을 깨닫게 된 것은 물론이고 러시아의 이중외교에 심한 배신감을 느끼지 않을 수 없었다.[6] 조선정부는 이제서야 러시아가 왜 민영환의 재정 차관과 군사교관 파견 요청에 그토록 소극적이었는지 그 이유를 확실하게 알 수 있었다. 모스크바 의정서에 의하면 러시아가 조선정부에 일방적으로 차관을 제공하거나 군사원조를 하는 것은 불가능하도록 되어 있었다. 그런데도 러시아는 이런 사실을 숨기고 마치 조선에 차관을 제공할 것처럼 조선의 재정상태를 조사한다는 명목 아래 전문가를 파견하는 법석을 떨었던 것이다.

조선정부가 이처럼 러시아에 대해 심한 배신감을 느끼고 있을 때 러시아는 또다시 엉뚱한 요구를 하고 나왔다. 조선정부에 러시아 군사교관 160명을 받아들이라고 강요한 것이다. 1년 전 민영환이 니콜라이 2세 대관식에 전권공사로 참석했을 때 러시아에 2백 명의 군사교관을 파견해달라고 요청한 것을 근거로 해서였다. 그때는 민영환의 끈질긴 요청에 대해 그처럼 소극적인 반응을 보이던 러시아가 이제 1년이나 지난 시점에서 새삼 그것을 근거로 군사교관을 강요하고 나선 것이다.

러시아는 대규모의 군사교관을 파견해 조선군 6천 명을 양성하고 그렇게 조직한 군대를 그들의 지휘 아래 두려고 계획하고 있었다. 이것은 조선을 완전히 그들의 군사 요새로 만들고 조선을 사실상 보호국화하겠다는 의도나 마찬가지였다.

일본정부는 이것이 명백한 모스크바 의정서 위반이라고 러시아에 강력히 항의했다. 이와 함께 러시아의 남하를 막기 위해 영국과 공조를 모색했다. 조선 주재 일본공사 가토는 고종에게 러시아의 압력을

---

[6] 일본정부의 러일 간 비밀협정 공개와 이에 따른 조선정부의 반응 및 러시아에 대한 배신감은 이민원, 「아관파천 전후의 한로관계 1895~1898」, 한국정신문화연구원 한국학대학원 박사학위 논문, 1994, 133~36쪽 참조.

거부하라고 종용했다. 그러나 겁 많고 우유부단한 고종은 그럴 힘도 용기도 없었다.

러시아는 베베르에게 고종으로부터 조선군 조직문제를 러시아에 일임한다는 비밀각서를 받아내라고 지시했다. 일본과의 모스크바 의정서를 피해가기 위해서였다. 베베르는 고종에게 비밀각서를 요구하면서 만약 거부하면 궁궐 경비병을 철수하겠다고 위협했다. 궁궐 경비병은 러시아 군사교관의 지휘 아래 있었으므로 그들의 마음먹기에 따라서는 얼마든지 철수가 가능했다. 경비병 철수는 러시아가 고종의 신변 안전을 보장하지 않겠다는 뜻이다. 민비시해 후 한때는 간이라도 빼줄 듯이 고종의 비위를 맞추던 그가 이제 본색을 드러낸 것이다. 고종은 이때부터 베베르를 '제2의 미우라'로 생각하기 시작했다.[7]

그러나 160명이라는 대규모 군사교관 파견은 일본이 극력 반대하는 한 그대로 실현될 수는 없었다. 러시아가 일본과 영국을 상대로 전쟁을 할 각오가 서 있지 않는 한, 그들 뜻대로 강행할 수 없는 사안이었다. 러시아는 방법을 바꿔 당시 군부대신 서리 심상훈을 시켜 이 문제를 추진하기로 했다. 심상훈이 교관단 숫자를 21명으로 줄여 러시아 정부에 요청하는 형식을 취하게 한 것이다.

1897년 5월 7일 베베르는 외부대신 이완용에게 "조선 군부대신이 러시아 군사교관 21명을 요청한 데 대해 적극 협조하겠다"는 뜻밖의 공문을 보내왔다. 심상훈이 러시아 공사관에 요청한 공문에 답하는 형식이었다. 이에 대해 이완용은 5월 10일자로 베베르에게 "본국 군부에서 본 대신을 경유치 않고 직접 귀 공사관으로 조회한 것은 격식에 어긋난 것이므로 구태여 귀 공사가 본 대신에게 조회할 필요가 없는 것이다"라고 회신하는 한편 이 날짜로 고종에게 "대외교섭상의 일체의 공문은 반드시 외부를 거쳐 성명하는 것이 정해진 규칙인데

---

7) 국사편찬위원회 편, 『尹致昊日記』 5, 탐구당, 1975, 1897년 7월 2일자.

군부에서 직접 러시아 공사관으로 조회한 일은 혹 그렇게 하여야 할 사정이 있었는지는 모르지만 신(臣)이 외부대신직에 적당하지 않음이 드러난 것이므로 사직을 청한다"고 사직 상소문을 올렸다.[8] '군사교관 파견 요청'에 협조하겠다는 베베르의 공문을 완전히 무시하고 이런 사태를 초래한 군부의 처사에 반발해 사직까지 청한 것이다.

당시 이완용이 러시아의 군사교관을 거부한 것과 관련해 『일당기사』에는 이윤용의 말을 빌려 그 이유가 다음과 같이 쓰여 있다. "현재의 정세를 살펴볼 때 앞으로 수년 안에 일본과 러시아 간에 충돌이 일어날 것은 불을 보는 것보다도 더 확실하다. 오늘 조선이 러시아 군제를 받아들인다면 뒷날 동양의 형세에 커다란 문제를 만들 것이니 이 점을 걱정하지 않을 수 없다. 차라리 외부대신직에서 물러나는 한이 있더라도 이것은 도저히 받아들일 수 없다."[9] 이런 표면적인 이유 말고도 러시아의 이중외교에 대한 실망감과 배신감이 그의 군사교관 거부 입장을 강화시켰을 수도 있다.

그렇지 않아도 고종 환궁문제로 러시아 공사관과 사이가 벌어졌던 이완용은 이 일로 인해 완전히 베베르의 적이 되고 말았다.

이완용이 군사교관 문제에 대해 이처럼 완강한 태도를 보이자 존실 공사는 그가 외부대신직에서 해임당하지 않을까 걱정하며 알렌을 통해 입장을 바꾸라고 충고하기까지 한다.[10] 그러나 이완용은 스스로 외부대신에서 물러나기로 결심하고 6월 23일자로 다시 사직 상소를

---

8) 『구한국외교문서』 제17권 俄案1 839호 건양 2년(1897) 5월 7일, 840호 건양 2년 5월 10일; 『독립신문』 건양 2년 5월 15일, 「각부 신문」; 국사편찬위원회 편, 『고종시대사』 4, 375~76쪽, 건양 2년 5월 11일.
9) 『一堂紀事』, 상 18~19쪽, 「露國敎練師延聘의 否認」.
10) F. H. 해링튼, 앞의 책, 311, 313쪽. 실 공사와 알렌은 이완용에게 러시아의 군사교관 파견에 반대하는 입장을 철회해달라고 요청한 사실 때문에 1897년 5월 8일자로 셔먼(Sherman) 국무장관으로부터 '주재국의 국내문제에 관여하는 것을 철저히 금한다'는 내용의 훈령을 받는다. 셔먼의 훈령은 실 공사와 알렌이 러시아를 후원하고 있다는 일본정부의 항의에 따른 것이었다.

올린다.

그는 상소문에서 "외국과의 교제는 나라의 안위와 관련되는 중차대한 문제인데 자신은 재주가 부족하고 또 근래 고질병인 두통이 심해져 그 일을 감당하기 어렵다"며 사직을 허락해달라고 호소했다.[11] 그는 그 전 해 9월에도 비슷한 이유를 들어 네 차례나 사직 상소를 올린 바 있다. 이완용은 평소에도 현기증과 두통으로 고생해왔다. 그가 사직 이유 가운데 하나로 두통을 든 것을 보면 외부대신을 하면서 상당히 스트레스를 받고 있었다는 얘기가 된다.

이완용이 러시아 군사교관 문제로 고심하고 있을 때인 1897년 7월 27일 알렌은 그가 그토록 원하던 조선 주재 미국공사직을 얻게 된다. 그의 승진에는 고종도 단단히 한몫을 했다. 고종은 친히 "오래 전부터 나와 조선의 소중한 친구인 알렌을 공사로 임명해달라"고 미국정부에 요청했던 것이다.[12]

이완용의 이의 제기 공문에도 불구하고 러시아는 군부대신 심상훈의 요청에 응하는 형식으로 그해 7월 28일 장교 3명, 하사관 10명으로 구성된 군사교관단 13명을 서울에 파견하고 외부에 고빙 계약을 요구했다. 이완용은 여기에 대해서도 거부 의사를 분명히 했다. 이틀 후인 7월 30일 마침내 그는 외부대신에서 학부대신으로 밀려나고 대신 학부대신이던 민종묵(閔種默)이 외부대신을 맡게 된다. 이로써 그는 아관파천 이후 1년 5개월 만에 외부대신직에서 물러나게 되었다. 베베르와 김홍륙의 입김에 따라 수시로 바뀌던 대신 자리를 1년 5개월이나 지켰다는 것은 대단한 장수였다. 사실 아관파천 이후 그때까지 같은 자리를 유지하고 있던 대신은 이완용 한 명뿐이었다.

일본공사 가토가 베베르에게 모스크바 의정서 위반이라고 항의했

---

11) 『一堂紀事』, 하 362~63쪽.
12) F. H. 해링튼, 앞의 책, 310쪽.

지만 베베르는 군사교관 파견은 조선정부의 요청에 따른 것이며 조선 군대의 양성은 독립국가로서 조선의 자유에 속하는 일이라고 일축했다. 러시아는 조선이 요청하고 있던 차관과 같은 실질적인 도움은 전혀 제공하지 않으면서 오로지 조선 군대를 장악하는 데만 관심을 쏟고 있었다.

우리는 이완용을 만고의 역적이며 매국노라고 욕하고 있다. 그가 매국노인 것은 부인할 수 없는 사실이다. 그러나 8·15 해방 이후 현재까지 미군에 의해 훈련되어 미군의 작전 지휘 아래 동족과 대치하고 있는 오늘의 한국 군대를 보면서 우리는 러시아 군사교관을 거부했던 매국노 이완용의 그 고뇌를 새삼 되씹어 보지 않을 수 없다.

이 책의 첫머리에 인용한 "이완용이 목숨을 걸고 외국에 이권을 넘겨주는 것에 반대했다"고 한 『독립신문』의 논설은 바로 그의 러시아 군사교관 거부를 말하는 것이다. 그런 의미에서 『독립신문』의 논설은 별로 과장된 것이 아니라고 볼 수 있다.

당시 러시아가 이처럼 대조선정책을 공격적으로 추진한 이유는 만주 진출이 교착상태에 빠진 데 따른 것이었다. 러시아는 그 동안 청국 정부를 상대로 하얼빈-장춘-여순-대련으로 이어지는 동청철도의 남부지선 건설권을 획득하려고 교섭해왔다. 시베리아 철도와 연결될 수 있는 부동항을 청국의 요동반도에서 확보하려고 했던 것이다. 그러나 이홍장이 이를 완강히 거부하고 있었다. 그는 "우리는 당신들을 이미 안마당에 들어오도록 허용했는데 이제는 우리의 처자들이 있는 내실에까지 밀고 들어오려 한다"고 말하며 철도 건설권 허가를 거부했다. 러시아는 이홍장의 반대로 남부지선 확보가 어렵게 되자 조선으로 더욱 눈을 돌리게 되었던 것이다.

만민공동회 개최 다음날 전북 관찰사로 쫓겨가다

이완용이 외부대신에서 밀려났을 무렵 독립협회는 회원이 2천여 명으로 늘어나고 독립문 건설 보조금 모금액도 6천 원에 달하는 등 활동이 활발해지고 있었다. 창립 당시는 고급관료들이 주축을 이루었으나 회원이 늘면서 참가 계층도 사회 각계각층으로 확대되어 갔다.

독립협회는 매주 일요일 주제를 하나씩 정해 독립관에서 일반 회원들이 참석한 가운데 토론회를 열기로 했다.

제1회 토론회는 1897년 8월 29일 오후 3시 '조선의 급선무는 인민의 교육'이라는 주제를 갖고 학부대신 이완용의 주관으로 열렸다. 이날 토론회에는 이완용 이외에 법부대신 한규설, 농상공부대신 이윤용도 참석해 각기 자신의 견해를 피력했다.[13] 당시 토론회는 좌우 양편으로 대표 토론자를 나누어 서로 찬성과 반대의 의견을 말하게 하고 이어 방청석에 앉은 일반 회원들이 양편 토론자의 견해에 자신의 찬반의견을 밝히는 방식으로 진행되었다. 이 땅에 민중이 참여하는 토론이라는 형식이 처음으로 선을 보인 것이다. 이 토론회를 전기로 독립협회는 민중이 참여하는 정치단체로 그 성격이 변하기 시작했다.

그러나 토론회 이틀 후인 9월 1일 이완용은 다시 평남 관찰사로 쫓겨 가게 된다. 베베르는 그가 내각에 남아 정치적 영향력을 행사하는 것을 용납하지 않은 것이다.

『독립신문』이 1897년 9월 4일자 「잡보」에서 "학부대신 리완용 씨는 평일에 애국 애민하는 마음만 가지고 나라를 아무쪼록 붙잡고 백성을 구완하며 나라 권리를 외국에 뺏기지 않도록 하려고 애를 쓰다가 미워하는 사람을 많이 장만하여 필경 주야로 사랑하던 자기 대군주 폐하를 떠나 평안남도 관찰사가 되어 떠난다니 …… 이 대신이

---

13) 『독립신문』 1897년 8월 31일자, 3면.

정부에서 나가는 것을 조선을 사랑하고 조선 대군주 폐하께 충성 있는 사람들은 다 섭섭히 여기더라"라고 애석해한 것은 이런 배경에서였다.

이완용이 평남 관찰사로 발령난 다음날인 9월 2일 러시아 공사가 전격적으로 교체되어 신임 공사 알렉시스 드 스페예르(Alexis de Speyer)가 서울에 도착했다. 베베르를 스페예르로 바꾼 것은 러시아가 더욱 노골적으로 조선을 지배하겠다는 분명한 의지의 표시였다. 스페예르는 러시아의 영토와 세력 확장을 위해서라면 물불을 가리지 않는 팽창주의자며 제국주의자였다.

그는 부임한 지 얼마 안 되어 미국공사 알렌을 만난 자리에서 이완용을 지목해 "그는 지금까지 내가 보아온 사람 중에서 가장 나쁜 인간이다. 내가 이곳에 있는 동안 그는 어떤 벼슬도 얻지 못할 것이다. 그는 언제나 독립, 독립을 외치는 친미 그룹의 우두머리다. 나는 이 그룹을 없애버릴 것이니 두고 보라"고 큰소리쳤다.[14]

알렌의 표현에 의하면 스페예르는 부임 몇 주 동안 그야말로 '당장 조선을 집어삼킬 듯한 기세'로 덤벼들었다. 아직 해결되지 않고 있던 군사교관의 고용 계약을 비롯해 러시아의 재정고문을 받아들이고 부산 절영도를 러시아 해군의 석탄고로 내놓으라고 요구했다.

당시 조선정부의 재정고문 겸 해관 총세무사는 영국인 존 M. 브

---

14) *Allen's Diary*, 1897년 10월 14일자. 그런데 단국대 사학과 김원모 교수의 『알렌의 일기』에는 이완용을 한 미국인으로, 위 발언을 스페예르가 아니라 알렌이 한 것으로 번역해 놓고 알렌이 이런 말을 하게 된 배경에 대해 버젓이 주석까지 달아놓는 난센스를 범하고 있다(184~85쪽). 알렌과 이완용의 관계로 보나, 주재국의 정치문제에 간여하지 않는다는 당시 미국정부의 대외정책 기조에 비추어볼 때 알렌이 이런 발언을 하고 일기에 쓴다는 것은 상상도 할 수 없는 일이다. 김원모의 이 날짜 일기 번역문은 '거의 대부분'이 오역 정도가 아니라 '완전한 엉터리 번역'이다. 불량 식품은 시장에서 즉시 전량 수거하여 폐기 처분하는데 이런 엉터리 책이 20년 넘게 유통되고 있으니 얼마나 부끄러운 일인가!!!

라운(John M. Brown)이 맡고 있었다. 스페예르는 브라운을 해고하고 러시아 정부에서 파견한 키르 A. 알렉시에프(Kir A. Alexeieff)를 고용하라고 요구했다. 이 역시 민영환이 니콜라이 2세 대관식에 전권공사로 참석했을 때 러시아에 재정고문 파견을 요청한 것을 근거로 들고 나왔다. 조선정부의 무모한 지원 요청이 결국 화근이 되어 돌아온 것이다.

스페예르가 이처럼 조선정부를 압박하고 있을 때 이완용은 평남 관찰사로 임명받은 지 20일 만인 9월 21일 사직 상소를 올려 관찰사직에서 물러난다. 팔십을 바라보는 양아버지 이호준의 건강이 좋지 않아 가까이에서 모셔야 하므로 멀리 지방으로 갈 수 없다는 것이 사직 이유였다.

고종은 그러나 이완용을 벼슬에서 완전히 물러나게 하지는 않았다. 1주일 후인 9월 27일 그를 중추원 1등 의관으로 임명한 것이다. 그리고 사흘 후에는 77세의 이호준을 중추원 의장으로 임명했다. 이호준과 이완용 부자가 중추원 의장과 의관으로 함께 몸을 담게 된 것이다.

고종이 러시아 공사관에서 환궁한 이후 조정과 민간에서는 독립국의 위엄을 세우기 위해 국왕이 황제의 위에 오르고 독자적인 연호를 세워야 한다는 의견이 대두하기 시작했다. 본래 황제즉위문제는 민비시해 직후 일본공사 미우라가 고종에게 권하면서 처음 거론됐었다. 민비시해의 책임을 모면하기 위한 정략적 의도가 다분히 깔려 있는 제안이었다. 그런데 환궁 이후 이 문제가 본격적으로 추진되어 러시아를 비롯한 열강으로부터도 양해를 얻기에 이르렀다.

1897년 10월 12일 고종은 황제 즉위식을 거행하고 황제의 위에 올랐으며 국호도 대한으로 일컫게 되었다. 동시에 민비를 명성황후(明成皇后)로 추존하고 그때까지 미루어왔던 민비의 국장도 황후의 예를 갖추어 치렀다. 이보다 앞서 이미 8월부터는 칭제를 전제로 건원부터 실시하기로 하고 연호를 광무로 사용하고 있었다. 이로써 조선왕국은 대한제국이 되었다.

국왕이 황제를 칭하고 왕국은 제국으로 명칭이 격상되었지만 국권은 스페예르에게 형편없이 유린당하고 있었다.

스페예르는 한국정부가 재정고문으로 이미 영국인 브라운을 고용하고 있음을 들어 알렉시에프의 고용에 난색을 보이자 10월 25일 알렉시에프와 함께 직접 고종을 알현하고 이 문제의 해결을 요구했다. 스페예르는 브라운을 해고하고 알렉시에프를 고용할 때까지 궁궐의 모든 출입을 통제하겠다고 고종을 위협했다. 또 궁궐 경비병을 철수시키겠다는 협박도 했다. 민비시해의 악몽에서 벗어나지 못하고 있던 고종은 이 위협 앞에서 무력해질 수밖에 없었다. 다음날 한국정부는 브라운의 해고와 알렉시에프의 고용을 알리는 공문을 영국 총영사관에 보냈다. 러시아가 군사권에 이어 한국의 재정권까지 장악하게 된 것이다.

그러자 이번에는 영국이 가만히 있지 않았다. 영국 함대 7척이 인천 앞바다에 몰려와 브라운의 해고 철회를 요구하는 무력시위를 벌인 것이다. 한국정부는 황급히 브라운을 다시 해관 총세무사로 임명하고 알렉시에프에게는 재정고문만 맡기는 것으로 사태를 수습하는 촌극을 벌이지만 나라의 체면은 말이 아니게 되었다. 알렉시에프 고용에 반대 입장을 보이던 탁지부대신 박정양도 대신직에서 물러났다. 이제 개화파는 정부에서 완전히 몰락하게 되었다.

이런 와중에 그해 12월 6일 이완용은 중추원 의관에서 황제의 비서실장 격인 비서원경으로 임명된다. 스페예르의 방해에도 불구하고 고종은 여전히 이완용을 깊이 신임하고 있었다.

이때쯤 독립협회는 토론회가 거듭되면서 러시아의 침략에 저항하는 민중 주도의 정치단체로 성격이 변모해가고 있었다. 특히 재정고문 교체 과정에서 보인 정부의 무능과 러시아의 횡포에 독립협회 회원들은 분노하고 있었다.

이완용은 1898년 2월 27일 안경수에 뒤이어 독립협회 제2대 회장으로 선출된다. 안경수가 고종을 폐위시키고 황태자를 옹립하려는 정변 모의를 하다 탄로나자 일본으로 망명하게 됨에 따라 부회장을 맡고 있던 그가 회장 자리를 이어받게 된 것이다.

독립협회는 1898년 3월 10일 오후 2시 종로에서 일반 회원과 시민 1만여 명이 참석한 가운데 러시아의 군사교관과 재정고문 해고를 요구하는 한편, 절영도조차 강요를 규탄하는 만민공동회를 열었다. 독립협회는 이날 이승만(李承晩) 등 3명을 총대 위원으로 뽑아 이런 요구 사항을 적은 서신을 외부대신 민종묵에게 전달했다. 만민공동회를 계기로 독립협회는 민간 중심의 정치운동단체로 성격이 완전히 바뀌게 된다.

이날 만민공동회는 스페예르의 반대 압력에도 불구하고 이완용과 서재필의 결단에 의해 열리게 된 것이다. 독립협회 연구로 유명해진 신용하(愼鏞廈)는 그의 저서 『독립협회연구』에서 1898년 3월 10일자 『윤치호영문일기』를 근거로 "이완용이 만민공동회 개최를 반대했다"[15]고 주장하고, 일부 연구자들도 『윤치호일기』를 인용해 이완용이 만민공동회 개최를 앞두고 당국의 압력을 의식해 기회주의적인 태도를 보였다고 기술하고 있으나 이는 사실과 완전히 반대되는 주장이다. 이완용이 '3월 10일 만민공동회를 열기로 서재필과 결정했다'고 당시 독립협회 부회장이던 윤치호에게 통보했을 때 대중집회의 위험성을 지적하면서 망설인 것은 오히려 윤치호 자신이었음이 윤치호 일기에 분명히 기록되어 있기 때문이다. 윤치호의 영문일기 3월 10일

---

15) 신용하, 『독립협회연구』(상), 일조각, 2006, 366쪽. 신용하는 "만민공동회 개최를 반대한 이완용 및 외국인 고문들과 만민공동회 개최를 요구한 서재필 사이에서 고심초사하여 독립협회 간부 회원들의 연설을 금지시키기까지 한 윤치호도 ……"라고 쓰고 "『尹致昊英文日記』1898년 3월 10일조 참조"라고 버젓이 각주까지 달았으나 국사편찬위원회에서 편찬한 이 날짜의 영문 『尹致昊日記』어디에도 이런 내용은 없다. 신용하가 『尹致昊英文日記』를 제대로 읽어보았다면 이런 엉뚱한 주장을 할 수는 없었을 것이다.

자 이 부분을 필자가 번역하면 다음과 같다. "이완용 씨가 오늘 아침 나를 찾아와 그와 제이슨이 종각 부근에서 대중집회를 열기로 결정했다(decided to call a popular meeting)고 말하면서 독립협회는 무대 뒤에서 조용히 있어야 하며, 러시아의 고문관 문제와 관련해 인민들에게 현재의 상황을 설명할 연사 몇 명을 소개받았으며, 인민의 대표를 정부 대신들에게 보내 러시아 교관들을 돌려보내도록 촉구해야 하며 그렇지 않을 경우 인민들은 정부를 그다지 존중하지 않을 것이라고 말했다. 나는 이씨에게 이런 종류의 대중집회에 내재된 심각한 위험을 지적했다. 인민들은 의회주의 규칙이나 일체의 규칙에 무지하다. 어떤 연사가 대중들을 흥분시킬 수 있는 그럴듯한 말―김홍륙을 죽여라거나 국왕을 옛 궁궐(경복궁을 뜻하는 듯, 러시아 군사교관의 통제 아래 있는 덕수궁에서 경복궁으로 옮기자는 의미―필자)로 환궁시키자고 호소하게 된다면 인민들은 즉시 폭도가 될 것이며 당국은 이들을 범법자로 처벌할 것이다. 이는 러시아인들이 국왕을 위협하고 더 이상의 대중 시위를 분쇄하기 위한 구실로 작용할 것이다. 이씨는 잠시 생각하다가 나에게 그 문제에 대해 제이슨을 만나보라고 말했다. 제이슨을 찾아가 나의 우려를 말하자 그는 웃으면서 조선 인민들은 당국에 저항할 만한 용기가 없다고 말했다."[16] 당시 이완용은 독립협

---

16) 국사편찬위원회에서 편찬한 1898년 3월 10일자 『尹致昊日記』 이 부분의 영문 원문은 다음과 같다. "This morning Mr. Yi Wan Yong called on me and said that he and Jaisohn had decided to call a popular meeting near the Bell Tower; that the Club should stay quite behind the scene; that a number of speakers has been introduced to explain to the people the condition of things now in connection with the Russian advisors; that a delegation of the people should be sent to the ministers of state urging them to send away the Russian Instructors or else the people would not regard the government as such. I told Yi the grave dangers hidden in a mass meeting of this sort. The people are ignorant of parliamentary rules or any kind of rules. Let a speaker appeal to some plausible but excitable passion of the

회 활동과 관련해 황실과 스페예르로부터 압력을 받고 있어서 입장이 매우 곤란한 형편에 있었던 것은 사실이지만 그는 이날 만민공동회에 독립협회 회장 자격으로 서재필과 함께 참석한다.

그리고 다음날인 3월 11일 이완용은 비서원경에서 전라북도 관찰사로 부임하라는 명령을 받는다. 독립협회 활동에서 그를 떼어놓기 위한 인사 조치였다.[17] 스페예르의 입김이 작용했음은 불문가지다. 이완용에 대해 별로 호의적이지 않던 윤치호마저도 자신의 일기에서 이 인사가 이완용을 독립협회에서 제거시키려는 야비한 조치(an ugly way of getting rid of the president of the club)라고 적고 있다.[18]

윤치호는 그의 일기에서 이완용이 명문가 출신으로서 동료와 아랫사람에게 오만하고 완고하며 교활한 반면 권력자에게는 무조건 추종

populace — such as the killing of Kim Hong Niuk or the return of the King to the Old Palace. The people at once become a turbulent mob which the authorities may properly punish as law breakers. That will give handle to the Russians to scare the King with and to crush out any further popular demonstrations. Yi took in the situation and asked me to see Jaisohn about it. Called on Jaisohn and told him my apprehensions at which he laughed saying that Corean people have no courage to rise against the authorities."

17) 신용하는 『독립협회연구』(상), 125쪽에서 "…… 1898년 2월 27일 간부진을 개편하여 회장에 부회장이던 이완용을 선출하고 부회장에 윤치호 …… 그러나 이완용은 독립협회가 민중 주도하에 민주운동을 전개하는 것을 반대하고 3월 11일 전라북도 관찰사로 전직하였다"라고 마치 이완용이 자진해서 전라북도 관찰사로 간 것처럼 쓰고 역시 "『尹致昊英文日記』1898년 2월 13일조 및 3월 13일조 참조"라고 각주를 달았으나 그 날짜 『尹致昊英文日記』에 "이완용이 독립협회가 민중 주도하에 민주운동을 전개하는 것을 반대했다"는 내용은 고사하고 그와 비슷한 구절도 없다. 신용하는 그의 저서에서 『독립신문』을 수없이 인용하고 있는데 그의 이런 주장은 이완용에 관한 『독립신문』의 보도 내용과도 완전히 배치되는 것이다. 그는 과연 『尹致昊英文日記』나 『독립신문』을 제대로 읽어 보기나 한 것일까? 아니면 자신의 특정 주장을 뒷받침하기 위해 의도적으로 자료를 왜곡한 것인가? 어느 쪽이든 진리를 탐구해야 할 학자의 자세는 아닐 것이다.

18) 국사편찬위원회 편, 앞의 책, 1898년 3월 13일자.

한다고 비난했다.[19] 윤치호는 이완용 이외에 유길준에 대해서도 혹평을 일삼고 특히 '조선인이 외국인보다 나은 것은 협잡과 사기뿐'이라고 쓰는 등 동족에 대해 극단적으로 모멸적인 표현을 수시로 하고 있다. 이완용에 대한 윤치호의 혹평에는 명문가 출신 정통관료에 대한 일종의 열등감도 엿보인다.

이완용이 전북 관찰사로 발령 나던 날 김홍륙은 서울시장 격인 한성부 판윤으로 임명받는다. 함경도의 천인 출신인 김홍륙은 이미 1년 전에 품계가 정2품으로 올라 있었다. 물장수를 하던 그가 고종의 러시아어 통역을 시작한 지 불과 1년 만에 대신급인 정2품의 반열에 오른 것이다. 당시까지도 이완용은 종2품으로 김홍륙보다도 품계가 낮았다. 당시 관료라면 기본적으로 알고 있어야 될 한문도 읽을 줄 모르는 무식한 김홍륙이 과거에 급제한 명문 집안 출신의 정통관료 이완용보다도 불과 1년 사이에 품계가 높아진 것이다. 당시 러시아의 위세가 어느 정도이며 조정의 인사가 얼마나 엉망이었는가를 짐작케 하고도 남는 행태다.

이완용은 전북 관찰사로 부임하는 길에 여주에 들러 양아버지에게 인사를 하고 그때까지 여주에 머물며 아버지 시중을 들던 부인 조씨를 데리고 전주 감영에 부임했다.

이때 독립협회 회원들은 특별히 홍긍섭(洪肯燮) 등 3명을 대표로 뽑아 전북 관찰사로 떠나는 이완용을 전별하면서 그들의 통분하고 비장한 심정을 편지로 써서 그에게 전했다. 이 책 첫머리에 인용한 1898년 3월 29일자 『독립신문』의 「잡보」는 바로 그런 독립협회 회원들의 심경과 감회를 보도한 것이다.

전북 관찰사로 부임한 이후에도 이완용은 여전히 독립협회 회장 직함은 그대로 갖고 있었다. 그러나 이때부터 그는 사실상 독립협회

---

19) 국사편찬위원회 편, 『尹致昊日記』 4, 1896년 1월 21일자.

활동에서 손을 떼게 되며 회장직은 부회장이던 윤치호가 대신 맡아보게 된다. 독립협회의 산파역을 맡았던 서재필도 2개월 뒤인 그해 5월 정부의 압력을 받고 미국으로 돌아간다. 고종이 알렌을 불러 서재필의 미국 송환을 종용하던 차에 미국에서 그의 미국인 장모가 위독하다는 전보가 오자 조선을 떠나게 된 것이다.

이완용은 전북 관찰사로 부임한 지 4개월가량 되던 7월 17일 외부대신으로 재직중일 때 외국에 이권을 많이 내주었다는 이유로 독립협회에서 축출당한다. 이날 독립협회는 그가 외부대신으로 있으면서 철도와 광산, 삼림, 포경권 등을 외국에 넘겨주어 국가에 막대한 해를 끼쳤다면서 이런 사람을 중대한 독립협회 회장에 둘 수 없다고 축출을 결정했다.

이때도 『독립신문』은 「잡보」에서 "독립협회의 결정에 대해 시비할 권리는 없지만 누구든지 설혹 잘못된 증거가 확실히 있다 하더라도 그 사람에게 변명할 권리를 주어야 당연한데 5백 리 밖에 있는 사람에게 한 번 설명할 기회도 허락지 않고 출회한 것은 매우 섭섭한 일이다"[20]라고 이완용을 비호하는 듯한 기사를 실었다. 이처럼 『독립신문』은 시종일관 이완용을 찬양하고 비호했던 것이다.

이로써 이완용과 독립협회의 만 2년에 걸친 인연은 끝나고 독립협회는 8월 28일 회장에 윤치호, 부회장에 이상재를 선출해 새로운 체제로 출범한다. 그러나 독립협회는 4개월 뒤인 그해 12월 25일 망명중인 박영효와 미국으로 돌아간 서재필을 정부 요직에 등용하라고 건의했다가 황제와 정부의 격분을 사 해산당하기에 이른다. 결국 이완용은 독립협회 전체 존속기간의 3분의 2 이상을 위원장, 부회장, 회장으로서 활동한 것이다. 따라서 독립협회를 거론하면서 그를 빼놓고 말할 수는 없다.

---

20) 『독립신문』 1898년 7월 19일자, 「잡보」.

그런데도 우리 학계는 독립협회 내에서의 이완용의 역할과 활동을 의도적으로 외면하거나 축소하고 있다. 심지어 독립협회 연구로 이름을 얻은 어느 유명 교수는 그의 방대한 독립협회 연구 저서에서 이완용의 이름과 직책은 거론하면서도 그의 구체적인 역할에 대해서는 아예 언급하지 않거나 왜곡하고 있다.

이것이 과연 '애국적'인 행동이며 학자로서의 올바른 자세인가.

물론 매국노라는 이름을 천추에 남기게 된, 그래서 매국노와 동의어가 되어버린 인물이 독립협회 운동의 핵심 주역이었다는 사실은 분명 우리 현대사의 비극이자 딜레마임에 틀림없다. 독립협회 활동에 엄청난 역사적 의미를 부여하면서 그 협회 전체 존속기간의 대부분을 그 후 매국노가 되어버린 인물이 실질적으로 주도했다고 쓰기는 계면쩍기도 하고 쑥스럽기도 했을지 모른다. 그것은 독립협회의 의미와 성격 자체를 재검토해야 할 정도로 심각한 문제가 될 수도 있다.

그러나 그렇다고 해서, 독립협회의 민족사적 의미가 훼손되는 것이 두렵다고 해서, 이완용의 독립협회 활동을 의도적으로 외면하거나 왜곡하는 것은 결코 애국적인 행동도 아니며 학문을 연구하는 학자의 자세는 더욱 아닐 것이다. 독립협회 운동사에서 이완용의 이름을 빼버린다고 해서 결코 그의 독립협회 활동 사실 자체가 역사에서 지워지거나 없었던 것으로 되지는 않을 것이기 때문이다.

그보다는 한때 독립협회를 이끌었던 인물이 왜, 어떻게 해서 매국노로 변신하게 되었는가 하는 그 비극적 과정을 규명하려는 노력이 보다 절실하지 않을까. 우리 역사의 치부를 덮어두기보다는 그것을 과감하게 역사의 전면으로 끌어내 조명하는 용기가 진정한 애국이 아닐까. 그러한 작업을 통해서만이 우리는 제2의 이완용이 나타나는 것을 막을 수 있을 것이다.

공금 유용혐의로 전북 관찰사에서 해임당하다

이완용이 전북 관찰사로 쫓겨난 직후인 3월 하순 러시아는 갑자기 한국에서 철수하기 시작했다. 금방이라도 한국을 삼켜버릴 듯 덤비던 스페예르 공사가 니콜라이 G. 마튜닌(Nikolai G. Matiunine)으로 경질되고 군사교관과 재정고문도 보따리를 싸서 떠났다. 불과 3개월 전 알렉시에프가 설립했던 한로은행도 폐쇄되고 러시아어 학교도 문을 닫았다.

한국정부와 민간은 러시아가 왜 갑자기 철수하는지 이유조차 모르고 그저 어안이 벙벙한 표정만 짓고 있었다. 독립협회가 군사교관과 재정고문 해고를 요구했다고 해서 그렇게 간단히 물러날 그들이 아니었다. 그런데도 그들은 한국정부에 아무런 설명도 없이 썰물처럼 빠져나갔다.

그리고 그로부터 한 달 후인 4월 25일 도쿄에서 일본 외무대신 니시토쿠 지로(西德二郞)와 일본 주재 러시아 전권공사 로젠(Rosen) 사이에 한국문제에 관한 새로운 협정이 조인되었다. 핵심 내용은 '장래 한국이 일본 또는 러시아에 조언 및 조력을 구할 경우 훈련교관이나 재정고문관의 임명에 대해서는 사전에 상호 협상을 하지 않고서는 하등의 조치를 취하지 않을 것을 약정하며, 러시아가 한국에서 일본 기업이 크게 발전한 것을 인정하며 한일 양국 간의 상업상 및 공업상의 발달을 방해하지 않는다'는 것이다.

이 같은 내용은 러시아가 한국에서 일본의 경제적 우위를 인정하는 것으로서 아관파천 이후 지난 2년 여 간 취해온 행태에 비춰볼 때 일본에 크게 양보한 것이다.

이보다 앞서 러시아는 3월 27일 청국 정부와 여순 및 대련을 조차하는 협정을 맺었다. 그 전 해 11월 독일이 선교사 피살사건을 구실로 청국의 교주만을 점령하자 러시아도 여순과 대련에 함대를 입항

시켜 사실상 이곳을 점령했었다. 열강에 의한 중국 분할이 본격화되었던 것이다. 결국 청국 정부는 러시아에 여순과 대련을 조차해주지 않을 수 없었다. 3국간섭으로 일본이 청국에 되돌려준 요동반도를 러시아가 차지하게 된 것이다. 요동반도에서 부동항을 획득한 이상 한국에서 더 이상 일본을 자극하면서 경쟁할 필요는 없어졌다. 그래서 그들은 어느 날 갑자기 한국에서 철수하게 된 것이다.

러시아의 철수와 함께 러시아의 주구 노릇을 하며 위세를 부리던 김홍륙의 신세도 하루아침에 끈 떨어진 뒤웅박 신세가 되고 만다. 어제까지도 김홍륙의 눈치를 살피며 아첨하던 대신들이 그를 처벌하라고 들고 일어난 것이다. 러시아가 철수한 지 5개월 만에 김홍륙은 거간꾼에게 뇌물을 받아먹은 죄로 태형 1백 대를 맞고 흑산도로 귀양을 가게 된다. 그리고 두 달 후 고종과 황태자를 독살하려 했다는 죄로 흑산도에서 끌려와 교수형을 당한다. 귀양을 가면서 고종에게 원한을 품고 황제의 서양요리를 담당하는 궁중 요리사를 통해 황제가 마시는 커피 잔에 아편을 넣어 독살하려 했다는 것이다. 실제로 황태자는 이 커피를 마시고 정신을 잃었으며 고종은 맛이 이상해 몇 모금 마시지 않아 무사했다. 이른바 김홍륙 독다사건이다. 러시아 공사 마튜닌도 그의 목숨을 구해주지는 못했다.

중앙 정계에서 이런 소동이 벌어지고 있을 때 이완용은 멀리 전주 감영에서 풍류를 즐기고 있었다.

『황성신문』은 1898년 11월 17일자에서 이완용의 행적과 관련해 다음과 같은 기사를 실었다. "전라북도 관찰사 이완용 씨는 근일 정읍, 순창, 장성, 남원, 부안 등 5개 군에 유람하는데 따르는 기생이 4명이며 주사 6명에 나졸 수십 명을 합쳐 행차 인원이 1백여 명에 이른다. 명산대찰과 멀리 포구의 낙조를 감상하며 다니는데 유독 부안은 명승지인 고로 며칠을 묵으므로 접대비용만 4천여 냥에 달할 뿐만 아니라 나졸들의 행패가 심하여 군민의 원성이 높다니 이 관찰사의 명예를 위하여 애석히 여긴다."

　구한말의 신문기사가 사실 확인 절차 없이 소문에 근거해 쓴 경우가 흔해서 신뢰도에 문제가 많으므로 이 기사 역시 어느 정도 정확한 것인지 확인할 길은 없다. 그러나 주미 공사관원으로서 선진 문명사회를 체험한 개화파 관료이며 독립협회 회장까지 지낸 그가 여전히 중세적인 낡은 특권의식과 관습에서 벗어나지 못하고 있음을 보여주는 자료는 될 수 있을 것 같다. 다만 『황성신문』이 이런 내용을 보도하면서도 다른 관리에 대해서와는 달리 극렬한 비난 대신 "이 관찰사의 명예를 위하여 애석" 운운한 것은 그래도 그에 대해 적지 않은 기대를 갖고 있음을 반증한 것으로 해석된다.

　이완용은 1900년 1월 정2품 자헌대부(資憲大夫)로 승격되지만 그해 5월 11일 전라북도 관내의 호적상태를 늦게 보고해 견책을 받게 된다. 백성들의 수효를 파악하기 위해 내부에서 각 관찰사에게 호적상태를 조사해서 보고하라고 지시했는데 이완용은 이를 기한보다 1년이나 지체했던 것이다.

　이어 두 달 후인 7월 22일 그는 다른 7명의 관찰사와 함께 전북 관찰사에서 면직당한다. 이때 그의 면직은 공금 20여만 냥을 유용했다는 어사 이승욱(李承旭)의 보고에 따른 것인데 고종은 먼저 이완용 등 8명을 면직하고 재임 시의 잘못이 드러나는 대로 엄격히 처벌하라고 법부에 지시했다. 이완용은 자신의 공금 유용혐의가 부당하다고 재판을 청구해 이 재판은 그가 궁내부 특진관으로 관직에 복귀하기 직전인 1904년 8월까지 계속된다. 결국 이 재판은 그의 공금 유용 사실을 밝혀내지 못한 채 흐지부지되고 만다.

　이밖에도 전북 관찰사로 재직중일 때 이완용은 돈과 관련해 상당히 판단하기 곤란한 행동을 한다. 그가 전북 관찰사로 임명받아 전주 감영으로 내려가면서 중인 출신의 만석꾼 이근배(李根培)에게 매달 돈 1백 원씩을 자기 본집, 즉 양아버지 이호준 집에 보내주고 명절에는 몇백 원씩 보내주면 관찰사에서 물러난 후 일시에 갚겠다고 약속했다는 것이다. 그런데 합계가 몇천 원이나 되는 이 돈을 이완용이 총리대신이 된 뒤에까지 갚지 않아 이런 사실이 당시 신문에 보도되기까지 했다.[21] 관찰사 재직중 본집의 생활비를 빌렸다는 것은 어떻게 보면 가렴주구가 횡행하던 시절에 그만큼 돈에 깨끗했다는 얘기가 될 수도 있으나 그 돈을 갚지 않아 말썽이 되었다는 것은 처음부터 떼어먹을 생각이었다는 해석도 가능하다.

이완용은 전북 관찰사에서 면직 당한 지 5개월 만에 징계에서 면제되고 다음해, 즉 1901년 2월 17일 궁내부 특진관으로 임명받는다. 궁내부 특진관은 황실의 일에 관해 황제에게 자문하는 직책이다.

그러나 궁내부 특진관으로 임명받은 다음날 그는 "징계에서 면제된 지 얼마 안 되어 특진관을 제수하니 황공하기 그지없다"면서 사직 상소를 올린다. 임금이 허락하지 않았으나 이틀 후 다시 상소를 올려 특진관에서 물러난다.

그리고 두 달 후인 4월 14일 양아버지 이호준이 81세로 사망한다. 당시 이호준은 서울 교동에서 살고 있었는데 노환으로 사망한 것이다. 고종은 이호준에게 충익공(忠翼公)이라는 시호를 내리고 특별히 이완용을 대궐로 불러 그 선친의 온화하고 너그러운 인품과 변함없던 충성심을 기리며 위로했다. 고종은 이와 함께 이호준의 상가에 장례에 필요한 물품을 후히 보내라고 지시하고 비서승을 보내 조문토록 하는 특별 배려를 했다.

이완용은 이호준을 충남 아산군 영산면 구성리에 있는 선영에 먼

---

21) 『대한매일신보』 1908년 6월 21일자, 「잡보」. "뱃꼽으로 셈, 총리대신 리완용 씨가 년전에 전북 관찰사를 피임하야 나려갈 때에 리근배 씨를 무삼 모양으로 꾀였던지 매월에 돈 백 원씩 자기 본집으로 보내여주고 또 세시에 몇백 원만 당하여주면 관찰사 퇴임한 후에 몰수히 갑는다 하기로 리근배 씨가 몇천 원을 대여 주었더니 리완용 씨가 우금까지 그 돈을 일푼도 갑지 아니하였다더라."

저 죽은 양어머니 민씨와 합장했다. 이후 3년 탈상 때까지 이완용은 벼슬에서 물러나 서울과 아산 선영을 오가며 선친 묘소를 돌보는 것으로 세월을 보낸다. 이 기간 동안 그의 이름은 『고종실록』에도 전혀 등장하지 않는다.

10

매국의 길로 들어서다

8년 만의 학부대신 재입각

이완용이 다시 벼슬길에 돌아온 것은 부친 사망 3년 7개월 만인 1904년 11월 9일이다. 관직에서 떠난 지 오래되었지만 고종은 그를 잊지 않고 궁내부 특진관에 임명해 다시 조정에 불러들인 것이다.

그 사이 세상은 또 엄청나게 변해 있었다.

한때 한반도에서 물러나는 듯하던 러시아는 다시 친러파 이용익(李容翊) 등을 앞세우고 한국에 돌아와 일본과 각축을 벌이기 시작했다. 당시 조정은 완전히 갑오경장 이전 상태로 돌아가 황제의 전제권이 강화된 가운데 모든 정사가 궁중으로 옮겨지고 황제의 측근 몇 명에게 권력이 집중되어 있었다. 그 중에서도 가장 유력한 인물이 황실의 재산을 관리하는 내장원경(內藏院卿)으로 고종의 각별한 총애를 받고 있던 이용익이었다. 함경북도 명천 출신의 무식하고 미천한 인물인 그는 빠른 발걸음 덕분에 급격히 출세의 길을 잡은 특이한 경력의 소유자다. 임오군란 때 충주로 피신한 민비와 척족정권의 수령 격인 민영익 사이에는 청국 군대를 불러들여 대원군을 몰아내려는 음모가 담긴 비밀편지 왕래가 잦았다. 그런데 서울과 충주를 오가는 그 편지 심부름을 이용익이 빠른 발로 하루 만에 도맡아 해낸 것이다. 그는 민비가 환궁한 이후 출세가도를 달리기 시작해 민비가 죽은 후에도 고종의 총애를 한 몸에 받으며 대신의 반열에까지 올라 있었다. 알렌은 1884년 그가 처음 이용익을 만났을 때 이용익은 비천한 인물로 마루를 청소하고 있었다고 회고했다.[1]

이용익은 철저하게 친러 배일적인 인물이었다. 이러한 성향은 그를 출세시켜준 민비를 시해한 일본에 대한 극단적인 증오감에서 비롯된 것으로 보인다.

러시아는 이용익을 앞세우고 세력 확장과 이권 획득을 꾀하고 있었다. 1900년 3월 마산항을 조차 명목으로 점거한 데 이어 1903년 4월에는 서울 주재 러시아 공사 파블로프(Pavloff)가 이용익과 결탁해 압록강 상류의 삼림 벌채권을 획득했다. 이것은 운산금광 채굴권에 못지않은 이권이었다.

이용익은 목재의 저장소로 압록강 하구의 용암포 일대 토지도 일부 러시아에 매각하기로 약속해주었다. 그런데 러시아는 4월 21일 갑자기 벌채업과 그 종업원들을 보호한다는 구실 아래 군대를 동원해 용암포를 불법 점령했다. 러시아는 용암포에 포대를 설치하고 심지어 그 명칭마저 니콜라스로 고쳐 불렀다. 우리 역사는 이용익이나 이범진 같은 친러파들을 마치 애국지사나 항일열사인 양 기록하고 있다. 그들이 을사조약 이후 일제에 반대해 국권회복운동을 벌인 것은 사

---

1) F. H. 해링튼, 앞의 책, 321쪽.

실이다. 또 이용익이 오늘의 고려대학교 전신인 보성학교를 세워 신교육에 기여한 것도 평가할 만한 부분이다. 그러나 그들은 결코 외세에 대해 자주적인 인물이 아니었다. 오히려 그들은 어느 친일파 못지 않게 러시아에 굴종하며 러시아의 앞잡이 노릇을 했다. 일제에 반대했다는 이유만으로 애국지사 대접을 하는 것은 역사를 너무 감정적으로 해석하는 것이다. 만일 러일전쟁에서 러시아가 승리했다면 러시아는 분명히 한국병합에 나섰을 것이며 그런 상황에서 이범진과 이용익은 애국지사 아닌 매국노의 역할을 강요받았을 것임에 틀림없다. 더욱이 그들은 무식해서 세계정세에 무지했고 극단적으로 수구적이었으며 이용익은 부패분자로 지탄받기까지 한 인물이다. 러시아는 그들의 조선 침략정책에 항상 이범진이나 김홍륙, 이용익 같은 수구적이고 무식하며 부패한 분자들을 앞세우고 이용했다.

우리 역사는 일제의 침략을 강조하는 나머지 러일전쟁 직전 러시아의 조선 침략행위에 대해서는 소홀히 다루고 있는 감이 없지 않다. 당시 조선에 대한 야욕이라는 측면에서는 일본이나 러시아 모두 똑같았으며 오히려 러시아가 훨씬 더 노골적이고 공격적이었으며 거칠었다.

용암포 사건이 발생했을 당시 러시아는 만주 전역을 사실상 점령한 상태였다. 청국에서 의화단의 난이 일어난 것을 구실로 1900년 6월 만주에 출병한 이래 난이 평정된 이후에도 철수하지 않고 계속 군대를 주둔시키고 있었던 것이다.

러시아의 이런 노골적인 만주와 조선 침략정책이 영국과 일본의 접근을 촉진시켜 1902년 1월에는 영일동맹이 맺어지기에 이른다. 러시아의 용암포 점령을 계기로 일본과 러시아 간의 전쟁은 이제 불가피한 것으로 인식되고 있었다.

1904년 2월 9일 일본이 인천 앞바다에서 러시아 군함 2척을 격침시킴으로써 러일전쟁은 불이 붙었다. 일본은 한국의 독립과 영토 보전을 명분으로 다음날 정식으로 러시아에 선전을 포고했다.

전쟁 발발과 함께 서울 정계는 완전히 일본의 지배 아래 들어갔다. 10년 전 청일전쟁이 일어났을 때와 똑같은 상황이 재현된 것이다. 러시아 공사 파블로프는 미인으로 서울 장안에 소문이 자자했던 그의 부인과 함께 보따리를 싸들고 철수했다. 그래도 그는 10년 전 원세개처럼 도망치는 모습은 보이지 않고 서울 주재 외교관들의 전송을 받으며 최소한의 체면은 유지한 채 떠났다. 이용익을 비롯한 친러파는 권력에서 배제되고 친일파들이 그 자리를 차지했다.

전쟁이 터진 지 2주일 만인 2월 23일에는 일본의 강요로 외부대신 서리 이지용(李址鎔)과 일본공사 하야시 곤스케(林權助) 사이에 일종의 공수동맹인 '한일의정서'가 조인되었다. 의정서는 일본이 입버릇처럼 말하는 '한국의 독립과 영토를 확실히 보장한다'는 조항을 담고 있지만 핵심 내용은 '일본이 전쟁 수행을 위해 군략상 필요한 한국 내의 지점을 언제든지 수용할 수 있다'는 조항이다. 일본은 이 의정서에 의해 한국정부의 동의 없이 한국 영토의 어느 곳이나 마음대로 수용할 수 있게 된 것이다. 이에 따라 일본은 일차로 오늘날 미군기지로 사용되고 있는 용산의 땅 1백15만 평을 비롯해 평양, 의주의 땅을 합쳐 4백만 평을 수용했다. 이때 일제는 한일의정서를 추진하면서 외부대신 서리 이지용을 1만 원에 매수했다.[2] 당시 쌀 한 가마 값이 4~5원이었으니까 오늘날로 치면 2억 5천만 원 가까운 돈이다. 어리고 경박하며 무식하고 권력에 대한 탐욕이 많은 인물로 『대한계년사』에 묘사된 이지용은 흥선대원군의 친형인 이최응(李最應)의 손자로 고종의 조카가 되는 소위 황족이다. 명색이 황족이라는 자가 돈 1만 원에 매수되어 나라를 파는 조약에 서명한 것이다. 이지용뿐만 아니라 이후 황족 가운데 일제의 앞잡이 노릇을 하지 않은 자가 단 한 명

---

2) 이선근, 『한말의 풍운과 민족의 저항』, 휘문출판사, 1987, 205쪽.

이 없을 정도로 황족은 철저히 친일화되어 갔다.

이어 8월 22일에는 외부대신 서리 윤치호와 하야시 사이에 제1차 한일협약이 체결된다. '외국인용빙협정'이라고도 불리는 이 협정은 '한국정부는 일본정부가 추천하는 일본인 1명을 재정고문으로, 일본정부가 추천하는 외국인 1명을 외교고문으로 각각 고빙하여 재정과 외교에 관한 일체 사무를 그 의견을 들어 시행할 것'을 규정하고 있다. 또 '한국정부는 외국과의 조약 체결 및 기타 외국인에게 특권을 양여하거나 계약을 맺는 것과 같은 중요한 외교 안건의 처리는 미리 일본정부와 협의할 것'도 못 박고 있다.

이 제1차 한일협약으로 한국정부는 사실상 자주성과 독립성을 상실하게 되고 만다.

이 협정에 따라 일본인 메가다 다네타로(目賀田種太郎)가 재정고문으로, 미국인 더럼 W. 스티븐스(Durham W. Stevens)가 외교고문으로 들어와 한국정부의 재정권과 외교권을 장악하게 되는 것이다.

그러니까 이완용이 궁내부 특진관으로 조정에 돌아왔을 때는 이미 한국은 완전히 일본 천지가 되어 있었다. 러일전쟁의 전황도 여순 공방전이 막바지에 달하면서 일본의 승리가 눈앞에 다가오던 시점이었다.

이완용은 한반도를 둘러싼 러일 간의 각축이 전쟁으로 발전하던 격동의 3년 여 동안 벼슬에서 떠나 방관자의 입장에 서 있었다. 그는 청일전쟁과 함께 갑오경장이 진행중이던 격변의 시기에도 생모 신씨의 상을 당해 일시 벼슬에서 물러나 있었다. 묘하게도 그는 한국을 둘러싼 청국과 일본, 러시아의 각축이 전쟁으로 발전하던 결정적 시기마다 정치 현장에서 한 발짝 떨어져 있었던 것이다. 이것은 어떻게 보면 그에게는 하나의 행운으로 작용했다. 그들 간의 각축이 어떤 식으로 결말이 날지 예측을 불허하는 상황에서 그는 굳이 어느 한쪽을 택해야 하는 모험을 할 필요가 없었기 때문이다. 그는 상황이 끝난 다음 아주 자연스럽게 이긴 쪽에 붙을 수 있는 운신의 폭을 누릴 수 있었던 것이다.

이때쯤에는 이미 미국공사 알렌의 영향력도 거의 사라지고 있었다. 러일전쟁이 일어났을 때만 해도 고종은 알렌에게 미국 공사관으로 피신하고 싶다는 뜻을 표시했다.[3] 신변에 위협을 느낀 고종이 미관파천을 제의한 것이다. 고종의 이런 제의는 물론 알렌에 의해 거부되었다. 다른 나라의 국내 정치문제에 개입하지 않는다는 미국의 정책에 비추어 고종의 미관파천 제의는 도저히 수용할 수 없는 성질의 무리한 요청이었다. 하지만 고종은 아직도 알렌을 신임하고 가끔 궁중으로 불러 자문을 구했다. 그러나 러시아가 쫓겨 가고 일본의 독무대가 된 서울 정계에서 과거와 같은 그의 영향력은 이제 찾아볼 수 없게 되었다. 더구나 1904년의 선거에서 재선된 미국 대통령 시어도어 루즈벨트는 대단히 친일적인 인물로서 배일적 성격이 강한 알렌을 별로 좋게 보지 않고 있었다.

알렌은 결국 1905년 3월 루즈벨트 대통령에 의해 공사직에서 해임당하고 귀국하게 된다. 이로써 1884년 9월 최초의 의료 선교사로 조선 땅을 밟은 이래 20여 년간 지속된 알렌과 한국과의 인연은 그 막을 내리게 된다. 그는 주한 공사로만 무려 7년 9개월이나 재임했다. 그의 해임은 그의 배일적인 태도를 문제삼은 일본 측의 로비가 작용했다는 후문도 있다.

일부 연구자들은 이완용이 1905년 9월 18일 학부대신으로 8년 만에 재입각한 것도 알렌의 지원에 의한 것이라는 주장을 펴고 있다. 그러나 이때 알렌은 이미 고향인 미국 오하이오 주 토리도 시에 돌아가 있었기 때문에 내각의 인사에 영향을 미칠 수 없었다.

그보다는 당시 조정의 대신 임명은 일본공사 하야시의 입김이 결

---

3) F. H. 해링튼, 앞의 책, 338~39쪽.

정적으로 작용했기 때문에 지원을 받았다면 그것은 알렌이 아니라 일본 공사관 쪽일 가능성이 높다. 실제로 한규설을 참정대신으로 추천한 것도 하야시였다.

아무튼 이완용은 9월 18일자로 박제순(朴齊純), 이지용 등과 함께 입각하게 된다. 박제순은 평안남도 관찰사에서 외부대신으로, 이지용은 육군 부장에서 내부대신으로 각각 임명받았다. 이완용으로서는 러시아 군사교관을 거부하다 1897년 9월 1일 학부대신에서 평안남도 관찰사로 밀려난 지 만 8년 만의 재입각이며 학부대신만 세 번째 맡게 된 것이다. 이제 그는 중앙 정계에서 영향력을 행사할 위치에 돌아왔지만 동시에 그것은 매국의 길로 들어서는 첫 걸음이 되기도 했다.

을사조약에 찬성하다

이완용이 학부대신으로 재입각했을 때는 이미 러일전쟁은 끝난 뒤였다. 러시아는 여순과 봉천을 함락당하고 해전에서도 발틱 함대가 동해에서 전멸함에 따라 더 이상 전쟁을 수행할 여력이 없어졌다. 그렇다고 일본이 러시아를 완전히 굴복시킬 만한 힘도 없었다. 결국 두 나라는 1905년 9월 5일 미국 대통령 루즈벨트의 주선으로 미국 포츠머스에서 강화조약을 맺게 된다. 이 조약에서 러시아는 '일본이 한국에서 정치 경제 군사상 탁월한 이익을 가질 것과 지도·보호·감독의 조치를 취하는 것'을 승인했다. 이로써 1876년 강화도조약 이래 한국침략을 추구해왔던 일제는 청국에 이어 러시아까지 쫓아냄으로써 한국을 독점적으로 지배할 수 있는 위치를 확보했다.

러시아는 이밖에도 당시 일본의 3개년 국가 예산과 맞먹는 8억 루불이라는 엄청난 돈을 들여 건설한 여순과 대련을 일본에 넘겨주고 장춘-여순-대련으로 이어지는 동청철도의 남부지선 경영권도 일본에 빼앗겼다. 일본은 이 철도를 러시아로부터 넘겨받은 다음 남만철도라고 불렀다. 결국 일본은 청일전쟁 후 3국간섭으로 청국에 돌려주었다가 러시아로 넘어간 요동반도를 10년 만에 다시 차지하게 된 것이다.

러일전쟁 패배로 극동에서 부동항을 영구히 확보하려던 러시아의 국가적 숙원은 완전히 무산되었다. 반대로 당시 세계 최강의 육군국임을 자랑하던 러시아를 물리친 일본은 이제 명실공히 열강의 대열에 올라서서 대륙침략의 발판을 마련하게 되었다. 극동의 조그만 섬나라 일본이 유럽과 아시아에 걸쳐 있는 세계 최대 국가 러시아를 이겼다는 것은 당시 국제사회에서 하나의 충격으로 받아들여졌다.

포츠머스 조약이 조인되기 한 달여 전 일본과 미국은 한국문제에 관한 하나의 범죄적 비밀협정을 체결한다. 당시 일본 수상 가쓰라 타로(桂太郎)는 7월 29일 미국의 육군장관 윌리엄 H. 태프트(William H. Taft)를 도쿄로 초청해 '일제의 한국 강점을 미국이 지지해주는 대가로 일제는 미국의 필리핀에 대한 식민지 지배를 인정하는' 이른바 가쓰라-태프트 밀약을 체결한 것이다. 이런 사정도 모르고 고종은 '만약 제3국이 체약한 일방 국가에 대해 모욕적인 행동을 하게 되면 반드시 서로 도와 거중 조정한다'고 규정한 한미수호통상조약 1조만 철석같이 믿고 미국에 대한 환상과 기대를 버리지 못하고 있었다.

즉 일본이 을사조약을 강요하기 직전인 1905년 10월 헐버트를 통해 루즈벨트 대통령에게 일제의 강압적인 대한정책을 알리면서 도움을 호소하는 친서를 보내고 이승만을 밀사로 미국에 파견했던 것이다. 헐버트는 고종의 친서를 미국 국무성에 접수했지만 국무성 당국자로부터 "우리가 한국문제로 일본과 전쟁이라도 하라는 말이냐"는 퉁명스러운 답변을 들었을 뿐이었다. 고종의 친서는 을사조약이 체결된 뒤에야 루즈벨트에게 전달되었다.

심지어 고종은 을사조약이 체결된 후 알렌에게 한국을 도와달라는 편지와 함께 활동비로 돈 1만 달러를 보내기까지 했다. 알렌은 고종의 청을 물리칠 수 없어 자신이 알고 있는 미국의 유력자들과 협의를 해보았지만 '한국을 위해서는 이미 모든 것이 끝나버렸다'는 결론을 내리고 1만 달러를 되돌려 보냈다.[4] 알렌은 자신과 친하게 지내던 이완용과 이하영 등이 을사조약에 찬성하고 일본의 앞잡이가 되었다는 소식에 오히려 만족감을 표시하기까지 했다. 그런데도 미국에 머물고 있던 한국인들은 알렌을 쫓아다니며 도움을 애원했다. 그런 사람 가운데 하나가 이승만이었다. 미국을 상대로 한 이승만의 구걸외교는 이미 1905년부터 시작되었던 것이다.

일본은 가쓰라-태프트 밀약에 이어 8월 12일에는 제2차 영일동맹을 맺는다. 이 동맹에서도 일제가 영국의 인도에 대한 식민통치를 지지해주는 대가로 영국은 일제의 조선 강점을 지지하는 묵계를 한다.

그리고 포츠머스 조약이 조인된 지 4일 후인 9월 9일 일본 외상 고무라 주타로는 루즈벨트 미국 대통령을 방문해 일제의 한국 외교권 탈취를 승인받고 9월 26일에는 영국정부로부터도 이에 대한 양해를 얻는다.

이렇게 사전 정지작업을 끝낸 일제는 한국정부에 '보호조약'을 강요하기 위해 이토 히로부미를 '한국 황실을 위문하기 위한 천황의 특사'라는 이름으로 한국에 파견한다.

이토는 부산으로 들어와 6개월 전 완전 개통된 경부선 열차로 11월 9일 서울에 도착해 손탁 호텔에 여장을 풀었다. 당시 남산 밑의 일본 공사관은 수리중이었으므로 손탁 호텔을 숙소로 정한 것이다.

이토는 도착 다음날인 10일 덕수궁 수옥헌에서 고종을 알현하고 일황의 친서를 전달했다. 친서는 '동양평화와 한국의 안전을 위해 한일 두 나라는 친선과 협조를 강화해야 하며 그러기 위해서는 한국이 일본의 보호를 받는다고 해도 한국 황실의 안녕과 존엄만은 조금도 훼손되지 않을 것'이라는 내용으로 보호조약을 암시하는 것이었다.

---

4) F. H. 해링튼, 앞의 책, 352~53쪽.

을사조약 체결 전말과 상황 묘사는 한국 측 자료와 일본 측 자료 사이에 상당한 차이가 있으며 한국 측 자료도 출처에 따라 내용이 크게 상반된다. 따라서 어느 한쪽만의 자료를 가지고는 조약 체결 당시의 상황을 입체적이고도 객관적으로 파악하는 것이 불가능하다. 그러므로 여기서는 일본 측 자료와 한국 측의 자료를 종합 분석해 을사조약 체결의 전말을 객관적으로 재구성해보고자 한다.

주로 일본 측 자료를 광범위하게 검토해 일제의 한국침략정책사 연구에 독보적인 업적을 남긴 강동진(姜東鎭) 교수의 연구 성과와 한국 측의 『고종실록』 그리고 단편적이기는 하지만 조약 참가 대신의 회고문 및 조약 체결 직후의 상소문과 당시 신문 보도 등을 참고해 15일부터 조약이 체결된 18일 새벽 1시까지의 상황을 재구성해보면 대강 다음과 같다.

이토는 15일 오후 3시 30분 통역관 겸 서기관 고쿠부 쇼타로(國分象太郎)를 대동하고 고종을 다시 찾은 자리에서 4개조로 된 보호조약 문안을 내놓고 외교권을 일본에 넘기라고 강요한다.

본래 외국과의 조약 체결은 해당국의 공사가 먼저 한국 외부와 교섭하고 외부는 이것을 내각에서 협의한 다음 황제의 재가를 받아 조인하는 것이 일의 순서였다. 그런데 일본은 이런 절차를 완전히 무시하고 이토가 곧바로 황제에게 조약 문안을 들이대고 체결을 강요한 것이다. 이는 우유부단하고 겁 많은 고종을 위협하고 회유해 조약을 단번에 성사시키려는 일제의 야비한 술책에서 나온 것이었다.

이토는 "동양평화를 영구히 유지하기 위해서는 항상 화근이 되는 한국의 대외관계를 앞으로 일본이 맡는 것이 불가피하다"면서 외교권 이양을 요구했다. 그는 또 일본의 목적은 오직 동양평화와 한국 황실의 안녕과 존엄 유지에 있을 뿐 다른 뜻이 없으며 내정은 자치로 맡기니 고종이 계속 한국을 다스릴 수 있다고 회유했다.

한국의 대외관계가 동양평화의 화근이 된다는 일본의 논리는 한국 황실이 무분별하게 청국과 러시아 등을 끌어들여 자신의 영토를 외세의 각축장으로 만듦으로써 전쟁을 유발시켰다는 것이다. 일제의 이런 논리 앞에서 당시 한국 황실과 정부는 반박할 말을 찾지 못하고 있었다. 그러나 일본의 민비시해가 아관파천을 촉발시켰고 이로 인해 러일 간의 각축이 더욱 첨예화되었다는 점에서 동양평화를 깨뜨린 화근은 일본이 먼저 제공한 측면도 없지 않다. 그리고 그런 동양평화의 교란 밑바닥에는 일제의 대륙침략 야욕이 근본 원인으로 깔려 있었다. 그런데도 일제는 그 모든 책임을 한국정부에 덮어씌우며 그것을 외교권 탈취의 구실로 삼고 있었다.

이토의 보호조약 강요에 대해 고종은 그것을 딱 부러지게 거부하지 못한다.

고종은 "외교권 이양을 절대로 거절하는 것은 아니며 조약 내용은 어떻게 규정해도 말하지 않겠으나 형식만이라도 남겨주면 좋겠다"는 뜻을 피력한다.[5] 이토는 고종의 이 같은 요청에 대해 "한국의 외교권을 일본이 장악하지 않으면 또다시 동양에 전쟁이 일어날 원인을 조성하게 되므로 절대로 안 된다"고 단호히 거부한다.

고종은 몇 차례나 더 "조약의 내용은 반대하지 않겠으나 외교권이 한국에도 있다는 흔적만이라도 남겨주도록 이토가 일본 천황과 정부에 말해달라"고 애원조로 부탁한다.

이토는 "이 조약은 일본정부가 확정한 것이므로 더 이상 절대로 변경할 수 없다. 동의도 거절도 자유지만 만약 거절한다면 한국은 조약을 성립시키는 것보다 훨씬 더 곤란한 처지에 빠질 것을 각오해야 한다"고 최후통첩 같은 위협을 했다.

고종은 마침내 "외부대신과 하야시 공사 사이에 조약에 대한 교섭이 끝나면 의정부 회의에서 토의 결정토록 하겠다"고 책임을 내각으

---

5) 강동진, 『한국을 장악하라 — 통감부의 조선침략사』, 아세아문화사, 1995, 101쪽.

로 떠넘겼다.[6]

이토는 고종에게 "이 문제는 속결을 요하는 만큼 오늘밤 당장 외부대신을 불러 하야시 공사와 협의하여 하루빨리 조인토록 하라"는 지시를 내릴 것과 "정부 대신들에게도 황제의 이 같은 뜻을 칙명으로 속히 전하라"고 강요했다.

그는 "내일 정부 대신들로부터 황제의 칙명을 들은 바 없다는 말이 나오지 않도록 확실히 해줄 것"을 거듭 강조한 후 수옥헌을 떠났다.

다음날인 16일 오후 4시 이토는 한국정부 각료와 원로대신들을 자신의 숙소인 손탁 호텔로 불렀다. 고종이 조약을 의정부 회의에서 토의하여 결정토록 하겠다고 했으므로 각료들을 직접 설득하고 위협하기 위해서였다.

이날 소집된 각료는 참정대신 한규설, 내부대신 이지용, 법부대신 이하영, 학부대신 이완용, 농상공부대신 권중현(權重顯), 군부대신 이근택(李根澤), 탁지부대신 민영기(閔泳綺) 등 7명이며 참정대신을 지낸 심상훈이 원로대신 자격으로 참석했다. 외부대신 박제순은 그 시간에 일본공사 하야시와 보호조약문제를 협의하고 있었으므로 여기에는 참석하지 않았다.

손탁 호텔로 말하면 10년 전 청일전쟁 직후 친미·친러적이며 배일적이던 정동파 멤버들의 사교장이자 활동무대였다. 이곳에서 이완용을 비롯한 정동파 멤버들은 미국이나 러시아 외교관 및 선교사들과 어울리며 일본을 배척하는 일에 앞장섰던 것이다. 그런데 이제 이토는 그 '배일파의 소굴'로 한국의 대신들을 불러놓고 보호조약을 강요하게 된 것이다.

이토는 자신의 사명이 외교권 문제에 있다는 것을 밝히고 어제 황제로부터 정부 각료들로 하여금 협의하여 결정토록 하겠다는 약속이

---

6) 같은 책, 103쪽.

있었다는 것을 설명했다. 이어 그는 "제군들은 황제로부터 그 문제에 대해 직접 명령을 받은 적이 있는가"라고 물었다. 이토는 한국의 대신들을 마치 부하를 대하듯이 '제군'이라고 부르며 거드름을 피웠으나 정부 대신 가운데 여기에 반발하는 기색을 보이는 사람은 없었다.

한규설이 "대사의 사명은 황제에게 들었으나 외교의 형식이나마 남겨주기 바란다"고 고종과 같은 내용의 간청을 했다.

이토는 "한국은 본래 청국의 속국이었던 것을 일본이 청국과의 전쟁으로 독립시켜주었고 이번에 많은 인명과 재화를 소모하면서 러시아와 전쟁을 한 것도 한국의 독립과 영토를 보전하기 위해서였다"면서 "한국은 임금과 신하 간에 음모가 많은데다 나라를 지킬 만한 힘이 없어 항상 동양평화를 해치는 화근이 되고 있다"고 윽박질렀다.

이토는 이어 한국정부가 보호조약을 거부한다고 해서 일본이 그대로 보고만 있지는 않을 것이라는 협박도 했다.

이토의 말이 끝나자 법부대신 이하영이 "한국이 오늘 이만큼 독립국이 된 것은 모두 일본의 원조와 보호 덕택이다. 그런데도 한국은 이용익을 프랑스와 러시아로 보내 내통하게 하면서 일본의 의심을 살 행동만 해왔으니 오늘과 같은 결과가 초래된 것도 우리의 책임"이라고 이토에게 아부하는 발언을 했다. 이하영은 친러파 이용익이 5개월 전 비밀리에 출국해 프랑스와 러시아에 원조를 요청한 사실을 이토 앞에서 비난하고 나선 것이다.

이완용과 함께 초대 주미 공사관원으로 근무하고 일본 주재 공사를 지낸 이하영은 이미 오래 전부터 일본의 앞잡이로 전락해 있었다. 1년 전 제1차 한일협약을 체결할 당시에는 일본공사 하야시에게 협약 내용에 반대하는 한국 대신들에게 '위압이 필요하다'는 반민족적인 제의까지 한 적이 있다.[7]

---

7) 같은 책, 82쪽.

이어서 이완용이 이하영의 발언을 거들고 나왔다.

"일본은 한국문제 때문에 두 번이나 큰 전쟁을 치러 이제는 러시아까지 격파했으니 한국에 대해 무엇인들 못하겠는가. 그런데도 일본 천황과 정부가 타협적으로 일을 처리하려고 하니 우리 정부도 일본의 요구에 응하는 것이 마땅하다고 생각한다."[8]

이하영이나 이완용과 같이 외국물을 먹어 소위 세계정세를 어느 정도 알고 있다는 대신들은 일찌감치 일본의 보호조약 강요에 백기를 들고 나선 것이다. 여기에 "때에 따라 마땅한 것을 따를 뿐 달리 길이 없다. 때에 따라 변역하지 않으면 실리를 잃어 끝내 성취하는 바가 없을 것이다"라는 이완용의 기회주의적 인생관도 그의 재빠른 굴복에 한몫을 했을 것이다.

이토는 뒷날 "내가 한국 대신들에게 일한협약문제를 제의했을 때 그들 가운데 감히 의견을 말하는 자가 없었다. 그런데 당시 학부대신이던 이완용이 나서서 '오늘의 동아 형세를 살펴볼 때 대사의 제안은 어찌할 수 없는 것이다'라고 말함으로써 협약이 여기에서 비롯되어 성취되기에 이르렀다"라고 술회하고 "나는 비로소 일당이 탁견과 용기를 갖춘 비범하고 유용한 인물이라는 것을 알게 되었다"고 이완용을 추켜세웠다.[9]

아무튼 이완용은 이날 동아 형세를 들먹이며 일제의 보호조약 강요에 동조함으로써 이토에게 깊은 인상을 심어주고 이토로부터 '비범하고 유용한 인물'이라는 평가를 듣게 되었다. 제국주의 침략자의 눈에 '유용한 인물'로 비쳤다는 것은 곧 매국노로서의 이용가치가 뛰어나다는 것을 의미한다.

일설에는 이토가 친러파의 경력을 갖고 있는 이완용이 보호조약에

---

8) 같은 책, 107쪽.
9) 『一堂紀事』, 상 8쪽, 고미야 사보마쓰의 서문.

반대할 것으로 보고 사전에 하룻밤과 하루 낮을 꼬박 설득했다는 얘기가 있으나 이는 확인되지 않는 풍설이며 당시 이토가 '일개' 한국 대신을 설득하기 위해 그만한 노력과 시간을 들일 필요도 없었다. 그보다는 이날의 대면이 이토와 이완용의 첫 만남이었을 가능성이 더 높다.

이토는 러일전쟁 발발 직후인 1904년 3월에도 일황의 특파대사로 한국 황실에 대한 위문과 감사의 표시를 명목으로 한국을 방문해 열흘 동안 머문 적이 있다. 당시 한국정부는 학부대신 민영환을 영접위원장으로 해서 대신과 협판급 22명을 영접위원에 임명해 대대적인 환영과 접대를 했었다. 따라서 한국정부의 대신급들 대부분은 이토와 낯익은 사이였다. 그러나 이완용은 그때 부친상을 당한 이후 아직 관직에 복귀하지 않은 상태였으므로 영접위원에 끼지 못했으며 이토와 대면할 기회도 없었다.

이완용은 만년에 이르러 이토를 가장 존경하여 "이등박문 공은 나의 스승이다"라고 공언하고 이토가 1909년 10월 26일 만주 하얼빈에서 안중근(安重根) 의사에게 암살당한 이후에는 "세상일을 개탄하며 희망을 잃은 사람처럼 속히 이등 공을 따라 죽지 못함을 한탄하고 슬퍼했다"고 『일당기사』는 기록하고 있다.[10] 사실 이완용에게 이토는 두려움과 존경의 대상이었다. 통감정치가 시작된 이후 이토는 이완용의 가장 강력한 후원자였으며 동시에 직속상관이었다.

이완용의 매국적인 발언이 끝나자 이토는 "이번 조약 안은 절대로 내용을 변경할 수 없다. 그러나 자구나 표현 등 사소한 문제에 관해서는 쌍방이 서로 협의할 수 있는 여지는 있다"라고 아량을 베푸는 듯한 태도를 보였다.

한규설이 한일관계의 내용은 어떻게 규정되어도 반대하지 않겠으나 단지 외교의 형식만이라도 남겨주기 바란다고 또다시 간청했으나

---

10) 같은 책, 하 789쪽, 「言行雜錄」.

이토는 예의 동양평화론을 들먹이며 '절대 불가'를 못 박고 "한국이 지난 10년간 나라의 생존을 위해 한 일이 무엇인가"라고 몰아세웠다. 이날 손탁 호텔에서 있은 이토와의 면담에서 한국의 대신들 가운데 누구도 이토의 보호조약 강요를 정면으로 거부하지 못했다. 한규설이 이의를 제기했으나 그것은 거부가 아니라 간청이나 애원이었다.

강화도조약 이래 한일의정서에 이르기까지 지난 30년간 일본이 입버릇처럼 뇌어온 '한국의 독립 보장' 주장을 들어 보호조약 강요가 부당하다는 것을 지적하며 이토의 논리를 반박할 수도 있었을 텐데 그런 대신은 단 한 명도 없었다. 당시 한국이 처한 상황이 고립무원으로 고단한 것은 사실이었지만 대신들이 그만큼 무능하고 비굴했다는 얘기밖에 되지 않는다.

이날의 면담은 이토가 오후 7시 30분에 하야시 공사의 만찬회에 참석하러 간다면서 자리를 털고 일어나 3시간 반 만에 끝났다. 이토는 한국의 대신들에게 다음날 오전 11시 일본 공사관에서 다시 만나자고 일방적으로 시간과 장소를 정하고 숙소를 떠났다.

엄귀비의 방으로 뛰어든 한규설

다음날인 11월 17일 오전 11시, 한규설 이하 한국 측 대신 8명은 모두 이토가 지정한 대로 일본 공사관에 모였다. 일본 측에서는 이토는 나타나지 않고 하야시만 통역관과 서기관을 대동하고 회의에 참석했다. 이토와 하야시는 전날 밤 만찬에서 어떤 일이 있어도 이날 중으로 보호조약 체결을 강행키로 모의한 바 있다.

먼저 하야시가 전날 외부대신 박제순에게 수교한 보호조약의 문안을 가지고 본격적인 토의를 하자고 제의했다. 그러나 한국 측 대신들은 이미 이토로부터 설명을 들어 그 취지는 이해할 수 있다고 하면서도 누구도 선뜻 의견을 내놓지 않고 서로 눈치만 보고 있었다.

침묵이 계속되자 농상공부대신 권중현이 "이 문제는 비록 대사가 폐하께 말씀드렸고 공사가 외부에다 공문을 보냈지만 우리들은 아직 외부에서 내각에 제의한 것을 접수하지 못했으니 지금 당장 토의하여 결정할 수 없으며 또 중추원에서도 여론을 널리 수집해 논의해야 한다"라고 말문을 열었다.

권중현의 발언이 끝나자마자 하야시가 언성을 높이며 반박하고 나섰다. "당신네 나라는 전제 국가인데 어찌하여 입헌정치의 흉내를 내어 대중의 의견을 물으려 하는가. 대황제의 한 마디 말이면 그것으로 충분하지 않은가."

회의장은 다시 무거운 침묵 속으로 빠져들었다.

하야시는 공사관에서 결론을 내릴 수 없다고 판단했음인지 궁내부대신 이재극(李載克)에게 전화를 걸어 황제를 알현할 수 있게 해달라고 청했다. 그리고 점심을 마친 다음 오후 3시쯤 한국 대신들을 재촉해 대궐로 향했다. 고종은 하야시의 알현 요청을 몸이 불편하다는 핑계로 거절하고 대신들과 어전회의를 열었다. 어전회의가 열리는 동안 하야시는 옆에 붙은 휴게실에서 기다리고 있었다.

먼저 이완용이 입을 열었다.

"문제의 결말이 눈앞에 닥쳤는데…… 우리 여덟 명의 신하가 아래에서 막아내는 것이 과연 쉬운 일이겠습니까. 지금 일본대사가 굳이 폐하를 만나볼 것을 청하는데 만약 폐하의 마음이 오직 한 가지로 흔들리지 않는다면 나라 일을 위하여 진실로 천만다행일 것이지만 만일 너그러운 도량으로 할 수 없이 허락하게 된다면 어떻게 하겠습니까. 이런 것에 대하여 미리 대책을 세워야 할 것입니다."[11] 요컨대 이

---

11) 『고종실록』, 고종 42년 12월 16일. 이완용, 박제순, 이지용, 권중현, 이근택 등 을사5적으로 지목된 대신들이 조약 조인의 전후 사정을 아뢰고 사직을 청한 상소문인 「자오소」(自塢疏). 장문의 이 상소문에는 11월 17일의 어전회의에서 오간 고종과 대신 간의 대화, 그 후의 이토와 각 대신 간의 문답 내

완용의 말은 "너그러운 도량 운운"으로 표현은 부드럽게 했지만 결국 고종이 조약을 받아들일 것에 대비해 미리 대책을 세워두자는 것이다.

이완용의 이 같은 제의에 대해 황제나 대신 모두 입을 다물고 아무런 말이 없었다.

이완용이 다시 나섰다. "신이 미리 대책을 세우자고 하는 것은 만일 할 수 없이 받아들이게 된다면 이 조약의 조문 가운데도 더하거나 덜거나 고칠 수 있는 매우 중요한 사항이 있으니 이 점을 검토해 보자는 것입니다."

이완용의 제의는 언뜻 매우 현실적이고 합리적인 의견처럼 보인다. 그러나 이는 근본적으로 타협의 대상이 될 수 없는 일본의 보호조약 강요를 현실적으로 접근했다는 그 자체가 일제의 침략 야욕에 동조하는 결과가 되고 만다는 것을 간과한 것이다. 이것이 바로 현실주의자의 함정인 것이다. 물론 이러한 이완용의 제의 밑바닥에는 고종의 우유부단함에 대한 불신이 깔려 있었던 것도 사실이다.

마침내 고종이 의견 겸 지시를 내렸다.

"이등박문 대사도 말하기를 이번 조약의 조문에 대해 만약 문구를 더하거나 고치려고 하면 협상하는 길이 있을 것이지만 전혀 거절하려고 하면 이웃 나라 간의 좋은 관계를 보존할 수 없을 것이라고 했다. 이것으로 미루어보면 그 조약 문구를 변통하는 것은 바랄 수도 있을 듯하니 학부대신의 말이 매우 타당하다. 그 조약의 초안이 어디에 있으며 조문 가운데 어느 것을 고치면 좋겠는가."

이때 이하영이 이토가 준 조약문을 품속에서 꺼내 그 자리에서 고종에게 바쳤다. 한국의 대신들은 이토가 제시한 조약의 초안도 없이 어전회의를 열고 있었던 것이다.

용 등 조약체결의 과정이 비교적 상세히 나와 있다.

이완용이 또 나서서 의견을 말했다.

"신의 어리석은 소견으로는 이 조약 제3조 통감의 관할사항에 '외교'라는 두 글자를 명백히 밝히지 않았는데 이것이 뒷날 끝없는 우환거리가 될 것으로 봅니다. 또 외교권을 돌려주는 시기에 대해서도 지금 그 기간을 억지로 정할 수는 없지만 모호하게 두고 지나갈 수는 없다고 봅니다."[12] 이완용은 통감의 권한을 외교에 관한 사무의 감리로 명백히 한정함으로써 월권의 소지를 없애자는 것이다.

고종이 옳은 말이라고 칭찬하고 군부대신 이근택과 내부대신 이지용, 농상공부대신 권중현이 이완용의 발언에 적극 동조하고 나섰다. 이완용은 학부대신으로 내각에 재입각한 지 불과 2개월밖에 안 되었지만 분명히 이날 어전회의의 의견을 주도하고 있었다.

이어 권중현이 "신이 외부에서 얻어 본 일본 황제의 친서 부본에는 우리 황실의 안녕과 존엄에 조금도 손상을 주지 말라는 말이 있었는데 이번 조약 조문에는 여기에 대한 언급이 없습니다. 이것도 응당 따로 한 조항을 만들어야 하리라고 봅니다"라고 제의했다.

"중현은 성격이 교활하고 겉모양을 잘 꾸며 오로지 외국인에게 아부하는 데 뜻을 두어 관직이 몸을 떠나지 않았고 아첨과 농락을 평생의 장기로 삼았다." 『대한계년사』에 실린 권중현에 대한 인물평이다.[13]

실제로 권중현은 1897년에도 고종이 황제의 위에 오를 것을 가장 앞장서서 주장해 고종으로부터 한껏 총애를 받았었다.

권중현의 말이 끝나자 고종은 "그건 과연 옳은 말이다. 농상공부대신의 말이 참으로 좋다"라고 대만족을 표시했다.

이렇게 해서 어전회의는 대강 마무리되어 갔다. 회의가 끝날 무렵 8명의 대신들은 고종 앞에서 다시 한 번 다짐을 했다. "이상 말씀드

---

12) 『고종실록』, 위의 상소문.
13) 정교, 앞의 책, 권7, 166쪽, 광무 9년(1905) 11월, 「일본인과 5조약을 맺다」.

린 것은 미리 대책을 세운 것에 불과합니다. 일본대사를 만나서는 다만 안 된다는 말 한 마디로 물리치겠습니다."

이에 대해 고종은 "조금 전 이미 나의 뜻을 말하였으니 잘 처리하는 것이 좋겠다"[14]고 협상하여 처리할 것을 재삼 당부했다.

대신들이 어전에서 물러나와 휴게실로 들어오자 하야시가 회의 결과를 물었다.

한규설이 "우리 황제 폐하는 협상하여 잘 처리하라는 뜻으로 지시하였으나 우리 여덟 사람은 모두 반대하는 뜻으로 거듭 말씀드렸습니다"라고 태연히 대답했다.

이것은 중대한 막판 대결을 앞두고 스스로 협상전략을 상대방에게 완전히 노출시킨 꼴이다. 실로 일제의 보호조약 강요 앞에서 한국정부는 아무런 대책도, 협상전략도 없었다. 객관적인 조건이 절대적으로 불리한 상황에서 준비도, 대책도, 전략도 없었으니 무력을 배경으로 한 일제의 위협과 노회한 이토의 감언이설과 협박을 무슨 수로 당해낼 수 있겠는가.

을사조약만이 아니다. 1876년의 강화도조약 이래 1965년의 한일국교정상화협정 그리고 최근의 어업협정에 이르기까지 역대의 모든 한일회담은 객관적 조건이 한국 측에 절대로 불리한 것이었다. 그런데도 유리한 입장에 있는 일본은 오히려 만반의 준비와 대책을 세워 회담에 임하는데 조건이 불리한 한국은 대비마저 소홀했으니 회담 결과는 물어보나마나일 수밖에 없다.

한규설의 말이 떨어지자마자 하야시가 그를 질책하고 나왔다.

"당신네 나라는 전제국이니 황제 폐하의 협상하여 잘 처리하라는 지시가 있었다면 나는 이 조약이 순조롭게 이루어질 것으로 알고 있다. 그런데 여러 대신들이 폐하의 명령을 어기는 것을 일로 삼으니

---

14) 『고종실록』, 위의 상소문.

어찌된 일인가. 이러한 대신들은 결코 조정에 둘 수 없으며 특히 참정대신과 외부대신은 갈아버려야 하겠다."

『고종실록』에 실린 이완용 등이 을사조약의 전말과 관련해 올린 상소문인 「자오소」(自鳴疏)에는 하야시로부터 이런 질책을 들은 한규설의 반응이 다음과 같이 기록되어 있다.

> 한규설이 몸을 일으키면서 "공사가 이렇게 말하니 나는 태연스럽게 이 자리에 참석할 수가 없습니다"라고 말하니 여러 대신들이 만류하면서 "공사의 한 마디 말을 가지고 참정대신이 자리를 피한다면 그것은 사리와 체면에 아주 온당치 않습니다"라고 하였습니다. 그래서 한규설이 다시 제자리에 가서 앉았습니다.

일본공사 하야시가 갈아치워야겠다고 일갈하니까 수상인 참정대신이 정말로 자리를 떠나려고 했다는 것이다. 당시 일본공사와 한국 대신들의 관계를 짐작하고도 남음이 있는 서글픈 광경이다.

오후 8시쯤 하야시의 연락을 받은 이토가 조선주둔군 사령관 하세가와 요시미치(長谷川好道)와 일본군 헌병사령관, 군사령부 부관 등을 거느리고 급히 대궐로 들어왔다.

이미 대궐 안팎은 중무장한 일본군이 이중 삼중으로 포위하고 있어 공포 분위기를 연출하고 있었다. 이토는 하야시로부터 사태의 경과를 들은 다음 궁내부대신 이재극을 통해 고종에게 여러 차례 알현을 요청했다.

고종은 "대신들에게 협상하여 잘 처리할 것을 허락하였고 지금 후두부에 종기가 생겨 접견할 수 없으니 대사가 중간에 서서 타협의 방도를 강구해주기 바란다"는 전갈을 보내왔다.[15]

---

15) 『고종실록』, 위의 상소문; 강동진, 앞의 책, 117쪽.

이토는 우선 어전에서 있은 회의 내용을 듣고 싶다면서 한규설을 향해 "참정대신은 무엇이라고 제의했는가"라고 물었다.

한규설이 "나는 반대한다고만 말씀드렸다"고 대답했다. 이토가 다시 "무엇 때문에 반대한다고 했는지 설명해달라"고 하자 한규설은 "특별히 설명할 것 없이 다만 반대할 뿐"이라고 답변했다.

다음에 이토는 외부대신 박제순을 향해 똑같은 질문을 던졌다. 박제순은 "내가 지금 외부대신으로서 외교권이 넘어가는데 어찌 감히 찬성한다고 말할 수 있겠는가. 그러나 명령이라면 어찌할 수 없지 않은가"라고 말꼬리를 흐렸다.

이토는 "이미 협상하여 잘 처리하라는 폐하의 지시가 있었으니 이것이 어찌 명령이 아니겠는가. 외부대신은 찬성하는 편이다"라고 못을 박았다. 이토의 일방적인 판정에 대해 박제순은 아무런 이의를 제기하지 않음으로써 사실상 그의 찬성 판정을 받아들였다.

다음은 탁지부대신 민영기 차례였다. 민영기는 "나는 반대한다"라고 말했다. 이토가 "절대 반대인가"라고 재차 묻자 민영기는 "그렇다"고 대답했다. 이토는 "그렇다면 탁지부대신은 반대하는 편이다"라고 판정을 내렸다.

이어서 이하영은 "지금의 세계정세와 동양의 형편 그리고 대사가 이번에 온 뜻을 모르는 바가 아니다. 그러나 지난해에 이루어진 의정서와 협정서가 있는데 이제 또 외교권을 넘기라고 하는가. 나라의 근본에 관계되는 중대한 문제이니 승낙할 수 없다"라고 전날 이토 앞에서 했던 말과는 다른 소리를 했다. 이토는 "그러나 이미 정세와 형편을 안다고 하니 이 역시 찬성하는 편이다"라고 멋대로 결론을 내렸다.

이토의 눈길이 이완용에게 멎었다. 이완용은 협상하여 잘 처리하라는 황제의 뜻이 이미 일본 측에 전달된 만큼 사태의 방향은 결정된 것이나 다름없다고 판단하고 있었다. 어전회의에서 자신이 한 발언을 대강 설명한 다음 이렇게 말을 보탰다. "이번 일본의 요구는 대세상 부득이한 것이다. 종전의 우리 외교가 변화가 심했던 탓으로 일본은 두 차례나 대전쟁을 치러 많은 희생을 치르고 한국의 독립을 보전하게 만들었다. 이제 우리 외교 때문에 더 이상 동양평화를 위태롭게 할 수 없어 이번 요구를 제기한 것이다. 그러므로 이것은 우리가 자초한 것이다. 일본도 결심한 바 있어 반드시 목적을 관철하려 할 것이다. 국력이 약한 우리가 일본의 요구를 거절할 수 없을진대 더 이상 감정이 충돌하기 전에 원만히 타협하여 일본의 제의를 수용하고 우리 요구도 제기하여 체결하는 것이 좋다고 본다. 자구 등은 다소 수정할 여지가 있는 것 같다."[16]

이완용의 말이 끝나자 이토는 "과연 당신은 완전 동의라고 인정하겠소"라고 만족감을 표시했다.

이어서 이근택, 이지용, 권중현이 차례로 어전회의에서 대체로 학부대신과 같은 뜻이었다고 답변했다. 이토는 이들에게도 모두 찬성 판정을 내렸다.

이토는 문답이 끝나자 궁내부대신 이재극을 불러 "협상하여 잘 처리하라는 폐하의 지시를 받아 각 대신들의 의견을 물었더니 반대한다고 확실히 말한 사람은 오직 참정대신과 탁지부대신뿐이다. 다수결로 가결이 되었으니 주무대신에게 지시를 내려 빨리 조인하도록 폐하께 주청해 달라"고 요구했다.

이때 한규설이 의자에 앉아 두 손으로 얼굴을 가리고 우는 모습을 보이자 이토는 "어찌 울려고 하는가. 군주와 나라를 위해 몸을 바치고 눈물을 씻으면서 단행하는 용기가 없어서는 안 된다"고 싸늘하게 말했다.

대신들 가운데 한규설과 박제순만이 입을 다물고 자리에 앉아 있

---

16) 강동진, 앞의 책, 120~21쪽.

었으며 민영기를 포함해 나머지 6명은 조약 문안을 수정하는 문제로 설왕설래하는 바람에 회의장은 다소 어수선해졌다.

그때 한규설이 갑자기 자리에서 일어나 갓도 쓰지 않은 맨머리로 엄비가 거처하는 내실 쪽으로 뛰어들었다. 순간 여인의 비명 소리가 들려오고 놀란 한규설은 회의실로 되돌아오다 회의실 문 앞에서 정신을 잃고 쓰러졌다. 한규설이 왜 이런 돌출행동을 했는지는 확실하지 않다. 아마도 일본군이 궁 안팎을 삼엄하게 에워싸고 있는 상황에서 갑자기 신변의 위협을 느껴 황제가 있는 내실 쪽으로 몸을 피한다는 것이 잘못해 엄비의 침실로 뛰어든 것이 아닌가 보인다.

그러나 이것은 신하로서 있을 수 없는 실수였다. 결국 한규설은 이것이 빌미가 되어 그날로 "황제의 지척에서 행동이 온당치 못했다"는 이유로 참정대신에서 파면되고[17] 3년 유배형을 받게 된다. 유배형은 곧 면제되었으나 어찌되었건 참정대신에서 파면당할 빌미를 스스로 제공한 것만은 사실이다.

우리의 역사는 이날의 한규설 행동과 관련해 "조약에 반대하는 참정대신을 일본군이 골방에 가두고 조약안을 처리했다"라고 기술하고 있다. 그러나 실상은 그런 것이 아니었다.

한규설의 졸도로 잠시 소란하던 회의장이 어느 정도 진정되자 이토가 직접 붓을 들고 한국 대신들의 의견을 들어가며 조약문에 수정을 가했다.

먼저 이하영이 제1조의 '일본정부가 외국에 대한 관계 및 사무를 감리 지휘한다'라는 조항 가운데 '모두 자기 뜻대로'(全然自行)라는 표현은 한국의 체면을 생각해 삭제할 것을 요구했다. 이토는 서슴지 않고 있으나마나 한 문구라고 지워버렸다.

이어 이완용이 제3조의 '통감'이라는 말이 어폐가 있으며 그 권한

---

17) 『고종실록』, 고종 42년 11월 17일.

도 외교문제에만 국한시켜 내정은 간섭하지 않겠다는 것을 명기하자고 제의했다.[18] 이에 대해 이토는 "그것은 절대로 명기할 수 없다. 그 대신 '오직 외교에 관한 사항을 감리하기 위해 경성에 주재하고'라는 문구를 넣자"고 이완용을 설득했다. 결국 내정간섭 배제라는 내용은 조문에 포함시키지 못했다. 일제는 처음부터 외교문제만 감독하는 것처럼 하면서 내정까지 장악할 의도를 갖고 있었던 것이다.

이완용은 그의 치밀한 성격대로 보호조약에서 가장 심각하게 논란의 소지가 될 수 있는 부분을 정확하게 짚어내 문제를 제기한 것만은 사실이다. 그는 다른 대신들과는 달리 내정간섭 부분에 대해 상당히 집요한 관심을 갖고 이토에게 질문을 하고 있다. 이토는 조약을 체결하고 일본으로 돌아가던 날인 11월 29일 오전 한국의 대신들을 자신의 숙소로 불러 일종의 간담회 자리를 가졌는데 이때도 이완용은 이토에게 "외교관계는 통감이 장악한다고 하지만 내정은 어떻게 되는 것인지 대사의 의견을 듣고 싶소"라고 질문을 던졌다.[19] 이에 대해 이토는 "내정을 당신들에게 맡기는 것은 사실이다. 그러나 한국의 내정이 개선되지 않는 한, 통감의 직무수행에도 막대한 영향을 가져오게 될 것이므로 통감은 항상 시정개선을 위하여 황제에게 직소하고 그 자문에 응답하지 않을 수가 없다"라고 얼버무렸다.

확실히 이완용은 다른 친일 대신들과는 달리 일본에 무조건 추종하는 이른바 '지당대신'은 아니었다. 그는 자신의 주관을 갖고 있었으며 그것을 이토 앞에서 서슴없이 피력했다.

내정간섭문제가 어설프게 결말이 나자 권중현은 어전회의에서 말한 대로 '황실의 안녕과 그 존엄 유지를 보장한다'는 조항을 넣자고 제의했다. 이토는 별다른 이의 없이 즉시 이 같은 내용을 담은 제5조

---

18) 강동진, 앞의 책, 123~24쪽.
19) 같은 책, 143쪽.

를 신설해 기입했다.

이렇게 해서 당초 일본이 요구했던 보호조약은 4개 조항에서 5개 조항으로 늘어나 이른바 을사5조약이 된 것이다. 문안 수정이 끝나고 고종의 재가를 받아 외부대신 박제순과 일본공사 하야시 사이에 정식으로 조약이 체결된 시간은 18일 오전 1시경이었다. 그야말로 눈 깜짝할 사이에 구 한국정부는 대외적으로 주권행사를 할 수 없는 일본의 보호국으로 전락하고만 것이다.

조약 체결 직후 고종은 이토에게 "새 협약의 성립은 두 나라를 위해 축하할 일이다. 짐은 신병으로 피로하지만 당신은 밤늦도록 수고했으니 얼마나 피곤하겠소"라는 위로의 칙어까지 내렸다.[20]

보호조약의 최고 책임자는 고종이다

18일 아침 보호조약이 체결되었다는 소식이 알려지자 서울 장안은 "이제 나라가 망했다"는 비분과 탄식 속에 상가는 철시하고 관민은 넋을 잃었다. 19일부터는 보호조약에 찬성한 대신들을 처단하라는 원로대신과 현직 관료, 지방 유생들의 상소가 빗발쳤다. 이완용의 남대문 밖 중림동 집은 군중들의 방화로 집 2칸이 불에 타고 군부대신 이근택은 집에서 잠을 자다 자객의 습격을 받아 10여 군데나 찔리는 중상을 입었다.

일제는 조약에 찬성한 대신 집에 경비병을 배치하고 이들의 행차에 호위병을 붙여 신변보호에 나섰다. 이제 이완용을 비롯한 조약 찬성 대신들은 그들의 안전과 생명을 전적으로 일본에 의지할 수밖에 없게 되었다.

상소문은 한결같이 박제순, 이완용, 이지용, 권중현, 이근택을 을사

---

20) 같은 책, 126쪽.

5적으로 지목해 처단하라고 격렬한 문구로 요구하고 있었다.

전 참찬 곽종석(郭鍾錫)은 "폐하의 결심이 확고하여 종묘사직을 지키기 위해 목숨을 바치겠다고 맹세했는데 역적들이 임금의 뜻을 어기고 조약을 체결했으니 임금을 욕보인 신하는 죽어야 한다"고 상소했다. 시골 유생 송병선(宋秉璿)은 "5적이 임금을 협박해서 결론을 위조하여 조약에 동의하고 마음대로 조인하였으니 고금 천하에 이런 변이 어디 있느냐"고 한탄을 했다. 상소문은 대부분 황제는 목숨을 걸고 끝까지 반대했는데 역적들이 이런 임금의 뜻을 무시하고 일본과 조약을 체결했으니 5적을 참형으로 다스리라는 내용이었다. 특히 누구보다도 주무대신인 박제순이 비난과 공격의 초점이 되었다.

그러나 사실 이들 상소문을 올린 전·현직 고관들이나 시골 유생들은 17일 어전회의와 조약체결 과정에서 실제로 일어난 일을 알지 못하고 있었으며 또 알 수 있는 위치에 있지도 않았다. 아니 알았다고 해도 신하가 전제군주에게 책임을 추궁할 수는 없는 일이다. 그들은 그저 짐작으로 황제는 반대했는데 역적들이 대신 감투에 연연해 일을 저질렀다고 결론을 내리고 보호조약의 모든 책임을 이른바 을사5적에게 돌리고 있었던 것이다.

통신수단이 미비했던 왕조시대에 상소는 가장 강력한 여론 형성 통로였다. 이들의 상소문을 받아 당시 『대한매일신보』를 비롯한 신문들도 한결같이 '황제는 끝까지 반대했는데 5적이 일본에 굴복해 멋대로 보호조약을 체결했다'고 보도했다. 이렇게 해서 '고종이 을사조약에 반대했다'는 '신화'가 창조되어 그것이 오늘날까지도 마치 역사적 진실인 양 굳어져 전해 내려오고 있는 것이다.

그러나 을사조약의 최고 책임자가 고종이며 이 조약과 관련해 가장 비난받아야 할 당사자가 고종이라는 것은 역사의 기록이 증언하는 부인할 수 없는 사실이다. 고종이 이토의 요구를 단호히 거부하지 못하고 내각에 책임을 떠넘긴 데 이어 나중에는 '협의하여 처리하라'고 지시함으로써 내각 대신들로 하여금 선택의 여지를 없게 만들어버린 것이다. 사실 전제군주 국가에서 황제의 명령은 최종적인 것이며 따라서 황제가 협의해서 처리하라고 지시했는데 대신들이 이를 끝까지 거부할 수는 없는 일이다. 그래서 이토와 하야시는 고종의 이 지시를 최대의 무기로 삼아 대신들을 내리눌렀던 것이다.

오늘날에도 우리의 일부 '애국적인 학자'들은 고종이 을사조약에 반대했고 비준하지 않았으므로 '무효'라는 주장을 펴고 있다. 을사조약이 무효라는 것은 그것이 일제의 군사적인 점령이 이루어진 상태에서 강요된 조약이라는 점에서 충분히 설득력이 있다. 군사적 강제를 전제로 한 국제조약은 시효에 관계없이 무효라고 하는 법 해석이 오늘날 국제적으로 일반화되어 가고 있기 때문이다. 당시 한국은 러일전쟁에 출병했던 일본군에 의해 사실상 점령상태에 있었다.

그러나 고종이 반대하고 비준을 하지 않았다는 것은 사실이 아니다. 그러한 주장은 '애국적'일지 모르지만 진실은 아니다. 그리고 진실이 아닌 것에서 진정한 애국심이 솟을 수는 없다. 나라의 체면을 생각해 무능한 군주를 감싸는 억지주장을 펴기보다는 통렬하게 책임을 물음으로써 역사에서 교훈을 얻으려는 자세가 보다 애국적인 것이 아닐까.

을사조약과 관련해 다음으로 지적해야 할 사항은 이른바 을사5적이라는 용어의 비합리적이고 비이성적인 측면이다. 앞에서도 지적한 바와 같이 이 용어는 원래 상소문에서 비롯된 것이다. 대개의 상소문에서 지목한 5적은 박제순, 이완용, 이지용, 이근택, 권중현 등이다. 그러면 이하영과 민영기는 조약 체결에 아무런 책임이 없다는 말인가. 이토 앞에서 민영기가 분명하게 '반대'라고 밝힌 것은 사실이다. 그러나 그는 다른 대신들과 함께 문안 수정에 참여함으로써 결과적으로 조약에 동의했다. 더구나 이하영은 이토에게 '찬성' 판정을 받았고 오래 전부터 친일 주구 노릇을 해왔다.

또 궁내부대신 이재극도 고종과 이토 사이를 오가며 어느 대신 못지않게 보호조약 체결에 중요한 역할을 했다. 그런데 이런 사정은 도외시한 채 을사조약의 책임을 오로지 5명에게만 물어 을사5적이라고 부르는 것은 이성적인 역사인식의 결과라고 볼 수 없다. 그것은 당시의 감정적 상소문에 등장한 표현이 사실에 입각한 검증 없이 역사적 용어로 굳어져버린 것을 의미한다. 이런 비합리적이고 비이성적인 용어가 중고교 학생들의 역사책에까지 버젓이 등장하고 있는 것은 우리의 이성적인 역사교육을 위해 대단히 유감스러운 일이 아닐 수 없다. 물론 '을사5적'의 그 뒤 계속된 매국행위는 그들에게 이런 낙인이 결코 조금도 과장된 것이 아님을 보여주고는 있다.

보호조약 이후 올라온 수많은 상소 가운데 단연 눈길을 끄는 것은 '조약을 맺은 대신들을 처벌하라'는 외부대신 서리 윤치호의 그해 12월 1일자 상소문이다. 그는 "벼슬자리를 잃을까 걱정하는 무리들이 끝내 거절하지 않고 머리를 굽혀 따름으로써 조약이 성립되었다"면서 "일을 그르친 무리들을 내쫓아 민심을 위로하라"고 주장했다.

그러나 사실 윤치호는 입이 백 개라도 보호조약과 관련해서 말을 할 자격이 없는 사람이다. 외부대신 서리로서 하야시와 제1차 한일협약을 맺어 외교권과 재정권을 상당 부분 일본에 넘겨주고 고문정치를 받아들였던 장본인이 바로 윤치호 자신이 아니었던가. 제1차 한일협약으로 구 한국정부의 자주성은 사실상 상실되었으며 이번 보호조약은 바로 제1차 한일협약의 연장선상에서 체결된 것이다.

그런데도 참으로 후안무치하게도 보호조약을 체결한 대신들을 처벌하라는 상소문을 올리고 있는 것이다. 1898년 12월 독립협회가 강제 해산당한 직후 독립협회 간부들은 대부분 구속되거나 피신하는 고초를 겪었다. 그런데 이런 와중에 독립협회 회장이던 윤치호는 다음 해 1월 초 덕원감리 겸 부윤으로 부임해 화를 피했다. 이를 두고 『대한계년사』는 "그 아비 윤웅렬이 궁중에 뇌물을 바쳐 외관으로 나가 피하도록 한 것인데 윤치호가 혼자 도망을 하였기 때문에 많은 사람들이 침을 뱉고 욕했다"라고 기록하고 있다.[21] 윤치호의 인물됨을 짐작할 수 있는 대목이다.

자신들을 처벌하라는 상소가 빗발치자 이완용 등 을사5적으로 지목된 대신들은 12월 16일 조약의 체결 과정을 상세히 밝히면서 그들의 '억울함'을 호소하는 동시에 사임을 청하는 상소문인「자오소」를 올린다. 이완용 등은 '스스로 탄식한다'는 뜻의 이 상소문에서 "시국에는 어찌할 수 없는 경우가 있다"고 전제하고 "이 조약으로 나라가 이미 망하고 종묘사직은 존재하지 않으며 백성들은 노예가 되었다고 주장하나 이는 조약의 취지를 이해하지 못한 어리석은 자들의 헛된 말"이라고 반박한다.

그들은 "조약 체결에도 불구하고 독립이라는 칭호가 바뀌지 않았으며 제국이라는 명칭도 그대로이고 종묘사직은 안전하며 황실은 높고 엄숙하다. 다만 외교에 대한 한 가지 문제만 잠깐 이웃나라에 맡겼으나 우리나라가 부강해지면 돌려줄 날이 있을 것이다"라고 사태의 실상을 왜곡하고 있다. 그들은 보호조약으로 한국이 주권을 빼앗긴 것은 틀림없는 사실인데도 파렴치하게도 그것이 아니라고 강변을 하고 있는 것이다. 이완용 등은 보호조약이 망국으로 가는 길임을 애써 부인하면서 그들의 행동을 변명하는 데 급급했다. 이어 이완용 등은 이 상소문에서 "규탄하는 사람들이 당일 날 밤의 사정도 모르면서 대뜸 신 등 5명을 '나라를 팔아먹은 역적'이요, '나라를 그르친 역적이요' 하는데 이것은 크게 잘못된 것입니다. 만일 해당 조약에 대한 죄를 정부에다 돌린다면 8명의 사람들에게 모두 죄가 있는 것이지 어찌 꼭 5명만이 전적으로 그 죄를 져야 하겠습니까"라고 자신들의 '억울함'을 호소한다.

---

21) 정교, 앞의 책, 권5, 26쪽, 광무 3년(1899) 1월 기사.

고종은 이들의 사임 요청에 대해 '더욱 힘써 나라일에 전념하라'고 사임을 만류한다. 사실 이때쯤에는 고종이 이완용 등을 해임시킬만한 힘도 없었다. 이토가 일본으로 돌아가기 전에 보호조약에 찬성한 대신들을 유임시키라고 특별히 당부했기 때문이다. 이에 따라 박제순은 한규설의 뒤를 이어 참정대신이 되고 이완용은 일시 학부대신 겸 외부대신 서리까지 맡으며 승승장구한다. 이완용은 친일파로서는 상당히 뒤진 편이었다. 그러나 을사조약에 찬성함으로써 재입각한 지 3개월도 안 되어 단번에 친일 내각의 실세로 자리를 잡았다.

그는 외부대신 서리로 임명받은 다음날인 12월 14일 고종에게 "한일협약이 성립되었으니 각국에 주재하는 우리나라 공사들을 모두 소환해야겠다"고 건의해 승인을 받아낸다.

당시 한국정부와 국교를 맺고 있던 나라는 모두 11개국이었으며 이중 공사를 파견하고 있던 나라는 일본, 미국, 영국, 독일, 러시아, 프랑스, 청국 등 7개국이었다. 그러나 러시아 주재 공사관은 러일전쟁 기간 중 일본의 압력으로 이미 폐쇄되었고 일본 주재 공사도 철수한 상태였다. 이완용은 외부대신 서리로서 한국정부의 마지막 외교업무 청산작업을 맡고 나선 것이다.

이와 함께 서울에 주재하고 있던 외국 공사관도 하나 둘 철수하기 시작했다.

이미 미국은 보호조약이 체결된 지 1주일 만인 11월 24일 기다렸다는 듯이 한국과 외교관계를 맺고 있던 나라 가운데 가장 먼저 서울 주재 공사관을 폐쇄하고 앞으로 한국과의 외교업무는 도쿄를 통해 다루어질 것이라고 한국정부에 통고해왔다. 이로써 1882년에 체결된 한미수호통상조약은 미국에 의해 일방적으로 폐기되었다. 알렌의 후임으로 부임한 미국공사 에드윈 V. 모건(Edwin V. Morgan)은 한국민중이 보호조약에 반대해 철시를 하고 민영환이 자결을 할 때 일본공사 하야시와 축배를 들고 한국정부에 고별의 인사 한 마디 없이 서울을 떠났다.

그리고 그로부터 40년 후, 일제의 한국 강점을 가장 열성적으로 지원했던 미국이 한국의 해방자로 이 땅에 돌아오는 역사의 아이러니를 우리는 목도하게 된다.

11

이토를 대신해 고종을 퇴위시키다

이토의 추천으로 총리대신이 되다

을사조약이 강제 체결된 다음해 3월 2일 이토는 초대 통감으로 서울에 부임했다. 당시 그의 나이는 66세였으나 건강은 소년과 같았다고 구한말의 정치 이면사를 담은 황현(黃玹)의 『매천야록』(梅泉野錄)은 기록하고 있다. 이토가 서울에 도착한 이날 남대문에는 '환영'이라고 쓰인 커다란 현수막이 내걸렸다. 일진회(一進會)가 써 붙인 것이다.

한때 척양척왜를 부르짖으며 일제 침략군에 맞서 이 땅의 산하를 선혈로 물들였던 동학당과 나라의 자주독립을 외치던 독립협회의 잔존 세력들이 일진회를 만들어 이제는 침략 원흉의 통감 부임을 환영하고 나선 것이다.

일진회는 러일전쟁이 발발하던 해 9월에 이용구(李容九)가 만든 진보회와 송병준(宋秉畯)의 사주를 받아 윤시병(尹始炳), 홍긍섭 등이 조직한 유신회가 합쳐서 출범한 당시 이 나라 최대의 민간조직이었다. 이용구는 동학농민전쟁 때 논산에서 동학군 5만 명을 지휘한 동학당의 2인자이며 윤시병과 홍긍섭은 독립협회가 민간주도의 정치 투쟁 단체로 활동할 때 협회를 이끌던 간부들이다.

동학당은 지난 10년 동안 정부의 혹독한 탄압으로 무수한 희생자를 냈다. 2세 교주 최시형(崔時亨)이 처형당한 것을 비롯해 동학교도는 말할 것도 없고 그들과 접촉한 사실만 드러나도 죽음을 면하기 어려운 가혹한 탄압을 받았다. 최시형에 이어 3세 교주가 된 손병희(孫秉熙)와 이용구는 동학의 생존을 위해 러일전쟁의 국면을 맞아 일본을 지원하기로 방침을 정했다. 일본이 전쟁에서 이길 것으로 보고 이길 나라를 지원해 전쟁이 끝나면 그 힘을 빌려 포교권을 얻어 보자는 계산에서였다.

이런 방침에 따라 이용구는 정부의 악정을 공격하면서 전국적 규모로 진보회를 일으켜 세운 것이다. 머리 깎고 검은 옷을 걸친 진보회원은 순식간에 20만 명으로 늘어날 만큼 민중들의 지지를 받으며 무서운 기세로 세력을 확장해나갔다. 당시 정부는 처음에는 진보회의 정체를 알지 못해 어리둥절했으나 곧 그것이 동학당의 후신이라는 사실이 밝혀지자 아연 긴장했다. 10년 전 동학란의 악몽이 되살아났던 것이다. 2세 교주 최시형의 처형에 이어 지난 수년 동안의 혹독한 토벌로 동학당은 이제 그 뿌리를 뽑고 씨를 말린 것으로 생각했었다. 그런데 그 동학당이 정부 개혁과 국정 혁신을 기치로 내걸고 다시 세력을 떨치고 일어섰으니 놀랄 수밖에 없었다. 그래서 한국정부는 군대를 동원해 진보회를 탄압하는 한편, 또다시 일본군의 힘을 빌려 이를 말살시키려고 기도했다. 정부의 이런 움직임 앞에서 천신만고 끝에 재기의 발판을 마련한 동학당은 동학당대로 생존을 위한 방안을 필사적으로 찾고 있었다. 그때 마침 일본군의 비호 아래 불과 수백 명의 회원으로 명맥을 유지하고 있던 유신회가 이용구에게 합병을 제의하고 나왔다. 진보회의 전국적 조직과 기세를 이용하자는 계산에서였다.

유신회는 일본에 망명중 러일전쟁 개전과 함께 일본군의 통역으로 따라왔던 송병준이 독립협회의 잔존세력을 모아 조직한 단체로 이때는 이름을 일진회로 바꾸고 있었다. 정부의 탄압으로 존폐의 기로에 서 있던 진보회는 이 제의를 기꺼이 받아들였다.

결국 이용구는 동학당을 살리기 위해 일본군을 배경으로 조직되어 일본군의 보호를 받고 있던 일진회와 합치는 데 동의했던 것이다. 일진회는 진보회와 통합함으로써 일거에 전국적인 조직으로 세력을 확장하게 되었다. 따라서 일진회의 핵심 조직은 진보회이며 일진회는 진보회의 후신이라고 해도 과언이 아니다. 이로부터 일진회는 송병준과 일본 군부 및 그들과 제휴한 일본 낭인들의 조종 아래 완전한 매국단체로 전락하고 만다. 정부의 가혹한 탄압이 한때의 반외세 민중운동세력을 오히려 외세의 주구로 몰고 간 비극을 낳았던 것이다.

일진회는 당시 서울에 본부를 두고 13도에 지부를, 360여 군에 지회를 둔 이 나라 역사상 최초의 근대적인 전국 조직이었으며 독립협회 이후 최대의 민간단체였다. 그들은 러일전쟁 기간 중 일본군의 경의선 철도 부설공사와 군수품 수송에 회원 수만 명을 동원해 일본에 적극 협력했다. 일제가 보호조약을 강요하기 직전에는 외교권을 일본에 위임하라고 아우성을 치는 매국행위도 서슴지 않았다. 이제 이토가 통감으로 부임하자 그들은 쌍수를 들어 환영하고 나선 것이다.

일제는 광화문 앞에 있는 전 외부 청사에 통감부를 설치했다. 보호조약으로 외부는 이미 폐쇄되었고 한국정부에서도 외부대신 자리는 없어졌다. 이 외부 청사는 아관파천 기간 중 이완용이 외부대신으로 있으면서 독립협회를 창립하고 러시아의 군사교관 파견을 거부했던 독립과 저항의 의지가 서려 있던 곳이다.

이토는 통감으로 부임한 이후 한국정부 대신들과 이른바 '시정개선에 관한 협의회'라는 것을 만들어 운영했다. 한국의 국정 전반에 대해 한국정부 대신들과 협의하고 합의해서 방침을 결정하는 모양새를 갖추기 위해서였다.

통감은 오로지 외교에 관한 사무를 감독한다는 보호조약의 조문은 이토가 부임한 직후부터 사문화되고 말았다. 시정개선 협의회는 이토가 한국의 대신들을 통감관사로 불러 열었다. 통감이 제일 윗자리에 앉고 참정대신을 비롯해 한국의 대신들은 그 옆으로 둘러앉았다. 말이 협의회지 이토가 일방적으로 지시하고 훈계하는 자리였다.

"제군들은 나를 깊이 신용하고 국가를 위해 진력해야 한다. 시정개선의 목적은 한국 국민들을 오늘의 비참한 환경에서 구출하여 문명국민으로 만들고 산업을 진흥시키는 데 있다. 제군들은 이 목적 달성을 위해 충실히 일할 것을 나에게 맹세하지 않으면 안 된다." 이토가 시정개선 협의회에서 한국 대신들을 향해 입버릇처럼 강조하는 말이다.

이런 이토의 훈계성 발언에 대해 한국 대신들은 이토의 방침에 충실히 따를 것을 다짐하는 각오와 아부로 일관한다.

협의회에서 이토가 가장 강조하는 사항이 경찰력 강화를 통한 치안유지였다. 제1회 협의회 벽두부터 이토는 "무엇보다 시급한 것이 경찰력 증강이다. 한국에 일본 군대가 주둔하지 않는다면 어떤 비상사태가 일어날지 알 수 없다. 앞으로 한국 경찰이 강화되면 일본군은 차차 감축할 생각이다"라고 경찰력 강화를 강조했다.

그러자 법부대신 이하영은 "경찰이 더욱 강화되지 않는 한, 일본군의 병력을 조금이라도 감축해서는 안 된다"고 침략군대의 계속 주둔을 애걸하는 발언을 했다.[1]

---

1) 강동진, 앞의 책, 179쪽.

1884년 청국이 베트남 종주권 문제로 프랑스와 전쟁을 벌이면서 임오군란 이후 조선에 주둔시키던 4천 병력 가운데 2천을 철수할 때였다. 당시 청국 군대에 의지해 권력을 유지하고 있던 민씨 척족은 이 소식을 듣자 기겁을 하면서 청국군 진영으로 달려가 제발 군대를 빼가지 말아달라고 애원을 했다.

오늘날에도 이 땅에는 미군 감축이나 철수 얘기만 나오면 까무러칠 듯이 놀라는 사람들이 적지 않다. 외국 군대에 의지해 자신들의 기득권을 유지하려는 세력이 이 땅을 지배하고 있는 한, 나라의 진정한 자주독립은 요원한 얘기일 수밖에 없다.

통감정치가 시작된 이후 한국 내각은 기본적으로 일제의 대한 침략정책을 집행하는 통감부의 하부 기구로 그 성격이 전락했다. 특히 이완용이 맡고 있는 학부는 일제의 식민지 교육을 전담하는 전위 역할을 수행하지 않을 수 없었다. 당시 학부는 시데하라 다히라(幣原坦)가 차관 격인 참여관을 맡고, 타와라 소니치(俵孫一)가 학부 일반행정 촉탁을 맡는 등 일본인이 요직을 차지하고 있었다.

일찍이 이완용이 학부대신으로 있던 1895년 7월에 소학교령이 반포되고 서울에 4개의 6년제 관립 소학교가 설립되었으나 그 뒤 교육시설은 별로 확장된 것이 없었다. 이토가 통감으로 부임했을 당시에도 서울의 관립 소학교는 10개를 넘지 못했고 지방의 공립 소학교도 다 합쳐야 30여 개에 불과했다. 의무교육을 도입할 법적 제도는 이미 10년 전에 마련되었으나 그것을 시행할 교육시설은 거의 진전된 것이 없었던 것이다.

이런 의미에서 이토가 한국의 대신들을 향해 "한국이 지난 10년간 나라의 생존을 위해서 한 일이 무엇인가"라고 윽박질렀어도 별로 할 말은 없었다.

이완용은 시데하라와 타와라의 제의에 따라 우선 학제의 개편에 나섰다. 6년제 관립 소학교를 4년제 보통학교로 개편하기로 한 것이다. 교육시설과 재정이 빈약한 현실에서 일본과 똑같이 6년제 소학교 교육을 실시할 수는 없다는 판단에서였다. 이에 따라 보통학교령이 반포되고 이미 설립되어 운영중이던 서울의 관립과 지방의 공립 소학교들이 1906년 8월부터 4년제 보통학교로 개편되기 시작했다.

이완용은 이런 교육제도 개편에 대한 공로로 1906년 8월 28일 고종으로부터 특별히 훈2등 태극훈장을 받는다.

당시 보통학교 교육과 관련하여 가장 문제가 되고 있던 것이 일본어 교육 여부였다. 일제는 한국 학생들을 상대로 한 식민지 교육정책의 일환으로 보통학교에서 일본어를 가르쳐야 한다고 강력히 주장했다. 특히 이 문제는 시데하라와 타와라 등 학부 안의 일본인 관리들이 집요하게 요구하는 사항이었다. 그들은 '한국인 자신들의 이익을 옹호하고 복지를 증진하기 위해' 일본어를 보통학교에서 가르쳐야 한다는 엉뚱한 논리를 전개했다. 즉 한국이 일본의 보호 아래 있는 상황에서 한국은 일본의 지도와 부축을 받을 수밖에 없으며 일본과의 교류는 날로 더해 가는 추세에 있다. 더욱이 한국으로 이주하는 일본인이 늘어나면서 한국인의 일상생활은 단 하루도 일본인과 분리해서 이루어질 수 없다. 그러므로 한국인 자신을 위해 일본어를 배워야 한다는 주장이었다.

그러나 이 같은 일본어 강제 교육방침은 학부는 말할 것도 없고 사회 각계의 맹렬한 반발을 불러일으켰다.

이른바 국민교육기구인 보통학교에서 일본어를 가르친다는 것은 국가에 대한 모독이라는 여론이 비등했던 것이다. 일본어 교육을 밀어붙이려는 일제와 이에 강력히 반대하는 한국 내의 여론 사이에서 이 문제는 쉽게 결말이 나지 않았다.

그런데 이완용이 학부대신으로서 일제의 편을 들어 일본어 교육을 실시키로 하는 '결단'을 내렸다. 이로써 일본어는 보통학교 교육에서 가장 중요한 학과목으로 지정되고 주당 수업시간도 제일 많이 배정되기에 이른다.

일제는 일찍이 일본어 교육을 동화교육의 가장 중요한 수단으로 삼고 학교를 일본어 보급의 기본 장소로 이용했는데 이완용이 이런 일제의 정책에 적극 동조하고 나선 것이다.

이와 관련해 타와라는 『일당기사』 서문에서 "당시 한국의 형편으로 보아 이 같은 결정은 실로 쉽지 않은 용단이며 오로지 이완용의 밝은 지혜와 무쇠 같은 결심에 의해 비로소 가능했다"고 회고하고 "이것이 바로 내가 이완용 후작을 큰 인물로 존경하는 이유"라고 추켜세웠다.[2]

이완용의 학부는 보통학교에서의 일본어 교육 강요에 이어 도서 검정제도를 실시해 배일적인 책은 교과서로 사용하지 못하도록 했다. 학교 교육이 시작된 이후 그 동안 교과서는 정부에서 편찬하지 않고 민간에서 자유롭게 만들어 사용해왔다. 그런데 통감정치가 시작되면서 학부는 도서 검정을 강화해 『을지문덕전』이나 『이순신전』과 같이 민족의식을 강조하고 배일적인 성격이 강한 책은 교과서로 사용하는 것을 금지해버렸다. 학부가 일제의 식민지화 교육기구로 전락해 한국인의 민족의식 말살에 팔을 걷고 나선 것이다.

이처럼 통감정치에 순응하고 적극 협력함으로써 이완용에 대한 이토의 신임은 날로 높아가고 있었다. 이토는 벌써부터 이완용을 차기 총리대신으로 점찍어놓고 있었다. 1907년에 접어들면서 이토는 고종을 퇴위시키고 지능이 모자라는 황태자를 즉위시켜 한국 황실을 완전히 허수아비로 만들 계획 아래 기회를 노리고 있었다. 고종이 처음과는 달리 이즈음에는 이토의 말에 가끔 제동을 걸고 나와 상대하기가 쉽지 않았던 것이다. 때마침 고종이 헐버트의 제안에 따라 헤이그에서 열릴 예정인 만국평화회의에 한국 대표를 파견해 을사조약이

---

2) 『一堂紀事』, 상 57쪽.

무효라는 호소를 하려 한다는 정보도 들어와 있었다. 이토는 고종 퇴위문제를 은근히 참정대신 박제순에게 떠보았다. 보호조약 이래 박제순이 일제의 앞잡이로 전락한 것은 사실이지만 이 일만은 할 수 없다고 분명히 거절했다.

이것이 계기가 되어 박제순은 1907년 5월 16일 이토에게 물러나겠다는 의사를 표시하게 된다. 이토는 5월 22일 고종을 알현한 자리에서 박제순의 후임으로 이완용을 추천했다. 고종은 이완용이 참정대신으로는 경력이나 연령으로 보아 부적당하며 일반의 평도 별로 좋지 못하다는 이유를 들어 소극적인 반대의사를 표시했다. 그러나 이토는 이완용이야말로 경력이나 연령 면에서 최적임자라고 강력하게 추천했다. 결국 이완용은 이날 오후 7시 반 고종으로부터 부름을 받고 내각 조직의 명령을 받는다. 이로써 이완용은 일인지하에 만인지상이라는 참정대신의 자리에 오르게 되었다. 관직에 들어선 지 21년 만이었으며 이때 그의 나이는 50세였다.

이토는 이완용을 참정대신으로 추천하면서 "일체의 조각은 각하의 뜻대로 하라. 다만 각료 중 두 명은 내가 추천하겠다. 한 명은 조중응(趙重應)이며 다른 한 명은 송병준이다. 조중응은 현재 통감부 농사과 촉탁으로 근무중이며 송병준은 오타니 기쿠조(大谷喜久藏) 소장의 통역으로 일했으나 현재는 일진회 고문이다"라고 말했다.[3] 훗날 이완용은 송병준이라는 이름을 그때 이토 통감으로부터 처음 들었으며 통감부 촉탁을 대신으로 추천한 것에 대해 뜻밖이라 생각했다고 술회했다. 조중응은 통감부 농사과에서 사무를 보다가 자신이 법부대신으로 추천 결정되었다는 소식을 듣고 동료들이 보는 앞에서 마치 술에 취해 미친 사람처럼 어찌할 바를 모르다가 만세를 불렀다고 한다.

통감부 촉탁과 일진회 고문을 대신으로 추천한 것은 그야말로 상

---

3) 같은 책, 상 53~54쪽; 『매일신보』 1926년 2월 19일자, 「일당을 추억하고 6」.

상하기 어려운 파격적인 '발탁 인사'였다. 조중응과 송병준의 당시 품계는 정3품으로 한국정부의 서열에 의하면 도저히 곧바로 대신에 오를 수 없는 위치에 있었다. 요즘으로 말하면 국장급을 장관으로 발탁한 파격 인사였던 것이다. 이토의 말 한 마디 앞에서 한국정부의 관료 임용 서열이나 원칙 같은 것은 존재도 찾아볼 수 없었다.

이완용은 조중응을 법부대신, 송병준을 농상공부대신, 자신의 사돈인 임선준(任善準)을 수석 대신인 내부대신, 육군부장 이병무(李秉武)를 군부대신, 중추원 부의장 이재곤(李載崐)을 학부대신, 경리원경 고영희(高永喜)를 탁지부대신에 임명하는 것으로 조각을 완료했다. 임선준은 이완용의 큰며느리 친정 아버지인 임대준(任大準)의 친동생이다.

내각 교체로 을사조약에 찬성했던 대신은 이완용을 제외하고 모두 물러났다. 이토가 내각을 개편한 이유 가운데 하나는 을사5적이라고 비난받는 대신들을 교체함으로써 민심을 무마해보려는 술책도 들어 있었다. 관제개편에 따라 이완용은 6월 14일 참정대신에서 내각 총리대신으로 다시 임명받는다.

"황실과 나라를 지키는 길은 양위밖에 없다"

1907년 7월 1일 일본 외무성으로부터 이토 앞으로 날아온 한 장의 전문이 한국 황실과 정부를 초긴장 상태로 몰아넣었다. 한국 황제의 밀사를 자처하는 한국인 3명이 헤이그에서 열리고 있는 만국평화회의에 참석을 요구하면서 '1905년에 일본과 맺은 보호조약은 한국 황제의 뜻이 아니며 따라서 무효'라고 주장하고 있다는 내용이었다. 헤이그 주재 일본공사가 외무성에 보낸 긴급 전문을 다시 외무성이 이토에게 전한 것이다.

이토는 이틀 후 총리대신 이완용을 통감 관저로 불러 어디에서 입수했는지 고종이 밀사를 통해 러시아 황제에게 보낸 지원 호소 친서의 초고라는 것을 증거로 제시하면서 "이 같은 행위는 보호조약을 위반한 것이며 일본에 대한 적대적 행위다. 그러므로 일본은 한국에 대해 선전포고를 할 충분한 이유가 있다"고 협박했다.

이토의 추궁에 대해 이완용은 우선 이번 사건은 내각에서 전혀 관여하지 않았음을 극구 변명하며 선처를 빌었다. 이에 대해 이토는 "나 역시 각하와 마찬가지로 이 사건에 책임을 지고 본국 정부에 신명을 바칠 뿐이다. 나는 단지 정부의 명령을 받는 몸인데 어찌 남을 용서할 권능이 있겠는가"라고 냉정하게 대답했다.[4] 이완용은 이토 앞에서 몸둘 바를 모르고 전전긍긍하다 거듭 사죄하고 물러 나왔다.

이토는 이어 이날 오후 일본 해군 연습함대의 장교들을 데리고 고종을 알현한 자리에서도 문제의 친서라는 것을 고종에게 보이며 책임을 추궁했다. 이토는 "이와 같은 음흉한 방법으로 일본의 보호권을 거부하려는 것은 차라리 일본에 대해 당당하게 선전포고를 하는 것만 못하다. 모든 책임은 전적으로 황제가 져야 하며 이런 행동은 일본에 대해 적대적 의도가 있다는 것을 공공연히 드러낸 것으로 협약을 위반한 것이다. 따라서 일본은 한국에 선전을 포고할 수 있는 권리를 보유하고 있다는 사실을 총리대신에게 통고했다"라고 으름장을 놓았다.

이보다 앞서 고종은 그해 4월 초순 전 의정부 참찬 이상설(李相卨)과 전 평리원 검사 이준(李儁)을 헤이그 만국평화회의에 밀사로 파견했다. 밀사 파견은 일찍이 육영공원 교사로 한국에 와 이완용 등을 가르치고 당시는 서울에서 한국의 문화와 정세를 소개하는 『코리아 리뷰』라는 영문 잡지를 발행하던 헐버트의 제안에 따른 것이었다. 그들은 황실 돈인 내탕금 15만 원과 고종의 신임장 그리고 러시아 황제 니콜라이 2세에게 도움을 호소하는 고종의 친서를 받아들고 블라

---

4) 『一堂紀事』, 상 62~63쪽.

디보스토크에서 시베리아 횡단철도를 이용해 페테르부르크로 향했다. 그들은 페테르부르크에서 러시아 주재 공사를 지낸 이범진과 만나 이 문제를 상의했다.

이범진은 아관파천 5개월 후인 1896년 7월 신변에 위협을 느껴 주미공사로 떠난 이래 주미·주러공사로 10년 이상 해외에서 체류하고 있었다. 그는 을사조약으로 한국의 해외 공관이 모두 철수한 뒤에도 귀국을 거부하고 가족과 함께 페테르부르크에 머물며 형세를 관망하고 있었다. 이범진은 자신의 아들인 이위종(李瑋鍾)을 밀사에 합류시켜 헤이그에 파견키로 했다. 이위종은 당시 20세의 청년으로 어려서부터 아버지를 따라 해외에서 생활한 탓으로 영어와 러시아어, 불어를 유창하게 구사했다. 그는 3년 전 러일전쟁 발발 직후인 1904년 3월 18일 러시아 주재 공사관 서기관으로 임명됐었다.

이들 밀사 일행은 6월 25일 헤이그에 도착해 러시아 대표이며 회의 의장인 넬리도프(Nelidov)에게 회의 참석을 요구했다. 그러나 "한국은 이미 일본의 보호국이 되어 외교권이 일본에 양도되어 있으므로 회의에 참석할 자격이 없다"는 이유로 거부당했다. 헐버트까지 합세해 백방으로 노력했으나 회의 참석은커녕 방청조차 거부당하는 참담한 수모를 겪었다. 결국 밀사 일행은 이위종이 각국 신문기자들에게 일본의 한국침략 실상을 폭로하고 한국의 외교권 회복을 호소하는 것으로 역할을 대신했다. 이준은 분을 이기지 못한 나머지 병을 얻어 헤이그에서 사망하고 헐버트와 이상설, 이위종은 미국으로 떠났다.

이 사건으로 이토가 일시 궁지에 몰린 듯한 것은 사실이다. 일본 신문이 사건을 대대적으로 보도하면서 은근히 한국정부에 대한 '감독'을 소홀히 한 이토의 책임을 거론했기 때문이다. 그러나 이토와 일본은 이 사건을 오히려 한국정부의 주권을 말살하기 위한 호기로 역이용하기로 작정하고 우선 총리대신 이완용을 불러 선전포고 운운의 협박을 한 것이다.

이완용은 이토로부터 책임을 추궁받고 돌아온 즉시 내각회의를 소집해 대책을 논의했다. 그러나 구체적인 해결책을 내놓는 대신은 아무도 없었다. 이에 이완용은 스스로 '황태자로 하여금 황위를 대행케 한다'는 '기발한' 아이디어를 제시했다. 밀사사건에 책임을 지고 고종을 2선으로 물러나도록 하자는 것이다. 누구도 여기에 이의를 제기하지는 않았다. 그러나 문제는 누가 감히 황제에게 이런 불충한 진언을 하느냐였다.

신하가 전제군주에게 양위를 말한다는 것은 상상도 할 수 없는 일이며 정상적으로 왕권이 확립된 시절이라면 3족을 멸족당하고도 남을 대역죄에 해당하는 엄청난 행동이다.

이완용은 고민 끝에 이 일 역시 자신이 짊어질 수밖에 없다고 판단하고 이날 밤 고종을 알현해 이런 뜻을 상주했다.[5] '신중히 생각해서 결정을 내리며 한 번 결심한 일은 반드시 성취하는 의지가 굳은 인물'이라는 세간의 평에 걸맞게 그는 신하로서 감히 황제의 거취문제를 제기하고 나온 것이다. 그는 '황실을 보존하고 국가를 유지하기 위해' 고종이 황태자에게 정사를 대리토록 하는 것이 불가피하다고 진언했다. 물론 고종은 그런 행동이 신하의 도리가 아님을 지적하고 절대로 그럴 수 없다고 역정을 냈다.

사흘 후인 7월 6일 이완용은 다시 내각회의를 소집해 '나라의 어려운 형편을 구하기 위해서는 고종이 황제의 자리를 선양하는 길밖에 없다'는 결론을 내리고 각료들과 함께 어전에 들어가 이 같은 뜻을 정식으로 상주했다. 고종은 "신하의 몸으로 어찌 감히 선위를 운운할 수 있는가"라고 크게 진노하면서 다시는 그런 말을 입 밖에 내지 말라는 엄명을 내렸다.

---

[5] 같은 책, 64쪽, 「皇帝禪位에 관한 일」.

일본정부와 이토는 처음 며칠 동안은 한국정부에서 알아서 처리하라는 듯이 내각과 황실의 움직임을 주시하고 있었다. 그러나 구체적인 조치가 나오지 않자 일본 내각은 7월 12일 '현재의 기회를 놓치지 말고 한국 내정에 관한 전권을 장악토록 하며 그 실행은 한국 실정을 잘 아는 통감에게 전적으로 일임한다. 장래의 화근을 뿌리 뽑기 위해 한국 황제의 자리를 황태자에게 양위토록 한다. 단 이는 한국정부로 하여금 실행토록 하는 것이 상책일 것이다'라는 결정을 내리고 '본 건은 극히 중요한 문제이므로 외무대신이 직접 한국에 건너가 통감에게 설명할 것'이라고 이토에게 통고했다.

이에 따라 일본정부는 외상 하야시 다다스(林董)가 7월 18일 서울에 도착한다고 공식적으로 발표했다. 그의 한국 파견은 이토에게 일본정부의 결정을 설명하기 위한 것이었지만 한국정부에는 헤이그 사건에 대한 일종의 문책사절로 비쳐졌다.

이보다 앞선 7월 6일 일본 내각은 '한국을 병합하여 제국 판도의 일부로 만드는 것이야말로 반도에서 우리의 실력을 확립하는 가장 확실한 방법이다. 안팎의 정세를 살펴서 적당한 시기에 단숨에 합병을 단행하여 반도를 명실공히 우리의 통치 아래 두는 것이 제국의 백년대계'라는 이른바 한국에 대한 '대방침'을 결정했다. 헤이그 사건을 계기로 일본정부는 공식적으로 한국병합을 결정한 것이다.

일본 외상 하야시의 입국을 이틀 앞두고 다급해진 이완용은 7월 16일 다시 내각회의를 열어 고종의 양위를 재차 상주했다. 이번에도 고종은 "나라가 어려운 처지에 있는데 어떻게 몸과 마음이 약한 황태자에게 정사를 맡길 수 있겠는가"라고 양위를 거부했다.

이토와 일본정부는 이번 기회에 고종을 황제의 자리에서 물러나게 하기로 확고하게 방침을 정했으나 그들은 절대로 전면에 나서지 않았다. 오직 이완용에게 압력을 넣어 그와 송병준 등의 괴뢰를 통해 일을 추진하고 있었다.

17일에는 오후 7시 30분부터 10시까지 어전에서 회의를 열고 시국의 급박함을 들어 고종에게 노골적으로 양위를 강요했다.

고종은 완전히 친일 주구들에 둘러싸여 고립무원의 처지에 빠져 있었다. 고종은 신하들의 양위 강요에 맞서 황제의 자리를 지키기 위한 최후수단으로 이날 박영효를 궁내부대신에 임명했다. 박영효를 내세워 내각과 일본의 압력을 막아보자는 생각에서였다. 박영효는 한 달 전쯤 고종의 부름을 받고 이미 귀국해 사면된 상태에 있었다. 1895년 6월 역모혐의를 받고 일본에 재차 망명한 지 꼭 12년 만의 귀국이었다. 갑신정변의 '대역죄인'이 이제는 왕권 수호를 위한 유일한 충신으로 등장한 것이다. 박영효가 귀국하자 가장 긴장한 것은 이완용이다. 박영효는 친일 개화파의 대표로 이토와도 가까운 사이며 야심도 만만치 않았다. 이완용의 총리대신 자리를 가장 위협할 가능성이 있는 인물이었던 것이다. 그런데 이제 궁내부대신으로서 양위를 강요하는 이완용과 맞서게 된 것이다. 박영효와 이완용은 일찍이 3국 간섭 직후인 1895년에도 각각 친일파와 친러 구미파로 대립한 정적 사이였다.

고종은 하야시가 서울에 도착하기 직전인 18일 오후 5시 이토를 대궐로 불러 "나는 헤이그 밀사사건에 대해 아는 바가 없다. 이준이나 이상설을 엄중히 조사하면 알 수 있을 것이다"라고 자신의 관련을 부인했다.

이에 대해 이토는 "외국에 있는 한국인을 우리가 어떻게 마음대로 체포해 조사할 수 있겠습니까. 밀사 파견은 보호조약 위반이며 설사 그들이 개인 차원에서 행동했다 하더라도 그들이 한국인인 이상 한국이 책임을 져야 할 것입니다"라고 물러서지 않았다.

고종이 다시 양위문제와 관련해 이토의 의견을 묻자 이토는 "자신은 일본 천황의 신하로서 이 문제에 대해 왈가왈부할 입장이 못 됩니다"라고 시치미를 뗐다.

고종이 계속해서 "이완용 총리가 말하기를, 통감이 양위를 독촉한다고 하는데 통감의 의견이 없을 수가 있소"라고 추궁하듯이 물었다. 그러자 이토는 "이완용을 이 자리에 불러 주십시오. 저도 사서오경 정도는 읽은 사람입니다. 어떻게 남의 나라 황제의 양위를 거론하는 무례를 범할 수 있겠습니까. 한국의 일은 한국 측에서 해결해 주십시오"라고 말한 뒤 어전을 물러 나왔다.

이토가 돌아간 뒤 오후 8시쯤에는 일본 외상 하야시가 서울에 도착해 잠시 고종을 알현하고 입국인사를 했다.

하야시가 입국하자 한국정부는 잔뜩 겁을 먹고 또다시 어전회의를 열었다. 이날 어전회의에서 송병준은 가장 강경하고 불손한 언동으로 고종의 양위를 강요했다. 그는 헤이그 밀사사건에 대한 고종의 책임을 추궁하듯이 따지면서 "황제가 친히 일본 천황을 방문해 사과하든지 아니면 용산에 있는 하세가와 대장의 군사령부를 찾아가 사죄하라"고 윽박질렀다.[6] 당시 송병준은 이토의 신임을 믿고 안하무인으로 행동하면서 내각을 좌지우지하다시피 했다. 이완용을 비롯해 내각 대신들은 그저 묵묵히 황제를 능멸하는 송병준의 이런 언동을 지켜보고만 있을 뿐이었다.

『매천야록』에는 고종이 양위를 윤허하지 않자 "이완용이 칼을 빼어들고 고함을 지르기를 '폐하께서는 지금이 어떤 세상이라고 생각하고 계십니까?'라고 하였다"[7]는 기록이 있으나 이는 믿기 어려운 내용이다. 이완용이 비록 이토의 지시에 따라 움직이는 일제의 괴뢰로 전락하기는 했지만 황실에 대한 그의 평소 충성심으로 보나 평생 붓대만 잡아온 그의 인생 이력으로 보나 칼을 빼들었다는 것은 상상하기 어려운 행동이기 때문이다. 이것은 그 뒤에도 지속된 황실과 이완

---

6) 진단학회/이선근, 앞의 책, 953쪽.
7) 황현, 김준 옮김, 『매천야록』, 제5권, 교문사, 2005, 736쪽, 광무 11년 정미(丁未) 고종의 양위 기사.

용, 특히 고종과 이완용 사이의 돈독한 관계로 볼 때도 납득이 안 되는 주장이다. 대신 그는 '황실과 나라를 보존하기 위해' 고종이 양위할 것을 간곡히 상주하는 형식을 취했다.

일찍이 매국노치고 자신의 매국행위를 애국으로 호도하지 않은 자가 없었다. 이완용 역시 이토를 대신해 고종에게 양위를 강요하면서도 가장 황실을 아끼고 나라를 걱정하는 것처럼 자신의 행동을 위장했다.

이날 밤 고종은 내각 대신들 외에 민영휘, 민영소(閔泳韶), 서정순(徐正淳), 신기선, 이윤용, 박제순, 성기운(成岐運) 등의 원로대신들을 불러 의견을 물었다. 박영효도 불렀으나 그는 병을 핑계로 나오지 않았다. 원로대신들의 의견도 대체로 양위 외에는 다른 길이 없다는 데에 모아졌다.

마침내 고종은 19일 새벽 1시에 '황태자에게 정사를 대리케 하고 그에 따른 예식 절차는 궁내부와 장례원에서 마련해 거행하라'는 조칙을 내렸다. 고종은 끝까지 양위가 아니라 '황태자에게 정사를 대리케 한다'는 생각을 갖고 그런 뜻으로 조칙을 내렸다.

날이 밝으면서 '양위' 소식이 알려지자 서울 장안의 공기는 그야말로 물 끓듯이 끓어 올랐다. 수만 명의 시민이 덕수궁 앞 대한문으로 몰려와 울부짖으며 양위를 반대하는 시위를 벌였다. 무능하고 부패해 백성들에게 선정을 베풀기보다는 가렴주구를 일삼던 황실이다. 백성들로부터 존경과 사랑을 받기보다는 원성과 지탄의 대상이 되어온 것이 이 나라의 황실이었다. 그러나 이제 내각이 완전히 일제의 주구로 전락한 상황에서 황실은 일제의 침략에 저항할 수 있는 마지막 보루로 인식되고 있었다. 그래서 백성들은 일본 순사가 칼을 빼들고 위협하고 일본 헌병이 말을 몰아 쫓아내도 한사코 대한문 앞에 연좌해 양위 반대를 절규한 것이다.

시위 군중들 가운데 일부는 미동에 있는 일진회 기관지 국민신보사(國民新報社)로 몰려가 매국신문이라고 욕하면서 건물과 인쇄시설을 부숴버렸다. 종로와 대한문 앞에서는 '일본과 공모해 5백 년 사직을 팔아먹은 매국노를 처단하라'는 함성이 하늘을 찔렀다. 마침내 진압에 나선 일본 순사와 헌병 그리고 시위 군중 사이에 충돌이 벌어져 시위대 수십 명이 중경상을 입는 유혈극이 벌어졌다. 견지동 병영에서 이 광경을 목격한 한국군 40여 명이 총을 들고 병영을 뛰쳐나와 종로에 있는 일본 순사 파출소를 습격, 일본 순사 3명을 사살했다. 사태가 이처럼 확산되자 이완용 내각은 이날 밤 정식으로 일본군에게 시위대 진압을 의뢰했다.

이완용은 조칙이 내려진 19일에 곧바로 '황제 대리' 의식을 거행하려고 했다. 그런데 문제가 생겼다. 의식을 집행해야 할 궁내부대신 박영효가 이에 반발해 병을 핑계로 대궐에 나타나지 않음으로써 식을 치를 수가 없게 된 것이다.

이에 이완용은 자신이 스스로 궁내부대신 임시 서리가 되어 다음 날인 20일 황태자의 황제 대리 의식을 강행했다. 말이 '대리'지 사실은 순종의 즉위식이나 마찬가지였다.

이날 오전 이토와 이완용을 비롯한 정부 대신과 서울 주재 각국 영사들이 지켜보는 가운데 덕수궁에서 순종 즉위식이 간소하게 거행되었다. 이토는 식을 최소한의 형식만 갖춰 가능한 간략하게 치르려고 했다. 외국 언론의 관심을 불러 세계의 뉴스가 되는 것을 피하기 위해서였다. 을사조약이 체결된 후 한국과 외교관계를 맺고 있던 각국은 공사관을 철수한 대신 자기 나라 국민을 보호하고 상거래의 편의를 위해 서울에 영사관을 두고 있었다.

의식은 남산 왜성대에 일본군 야포 6문이 배치되고 일본군 1개 대대가 덕수궁을 안팎으로 철통같이 에워싼 가운데 진행되었다. 경축의 분위기 대신 팽팽한 긴장감만이 식장을 짓누르고 있었다. 바로 그 시간에 반일단체인 동우회(同友會) 회원들이 덕수궁에서 2킬로미터도 채 떨어지지 않은 이완용의 남대문 밖 중림동 집으로 몰려가 집을 완전히 불살라버렸다. 이 사건으로 가재도구는 말할 것도 없고 대대로 전해져 내려오던 서적 등이 모두 타버려 이완용은 10만 원 상당의 재산 피해를 입었다.

특히 누대에 걸친 조상의 신주까지 불 속에서 사라졌다. 양자를 잘못 들인 탓으로 우봉 이씨 조상들의 위패가 수난을 당한 것이다. 이완용 자신이 조상의 신주를 불 속에서 구하지 못해 조상에게 죄를 지은 것이 일생 중 가장 가슴 아픈 일이었다고 말할 정도로 이 사건은 그에게 큰 충격을 주었다.[8]

을사조약 때까지만 해도 민중들로부터 가장 욕을 많이 얻어먹은 것은 주무대신이던 박제순이었다. 이완용은 박제순에 비하면 상대적으로 공격과 비난의 중심에서 다소 벗어나 있었다. 그런데 고종양위를 계기로 이완용은 완전히 매국노의 대명사로서 민중들의 저주의 대상이 되고만 것이다.

집은 불타고 이완용의 가족들은 "매국노의 일족들을 잡아 죽여라"는 군중의 함성에 쫓겨 남산 아래 왜성구락부로 몸을 피했다. 이런 사정도 모르고 이완용은 덕수궁에서 총리대신으로서, 그리고 궁내부 대신 임시 서리로서 순종 즉위식을 주관했다. 식이 끝나자 이토는 이완용을 재촉해 자신의 마차에 태우고 함께 통감 관저로 향했다.

통감 관저에는 이미 이완용의 가족들이 일본 순사들에 의해 구출되어 보호를 받고 있었다. 오갈 데가 없어진 이완용과 그의 가족들은 이토의 주선으로 이날부터 왜성구락부에 머물기 시작했다. 이완용의 부인 조씨는 왜성구락부에서 거처하기 시작한 첫 1주일 동안은 생활비도 모두 이토가 대주었다고 회고했다. 이완용은 이곳에서 두 달가량 머물다 9월에 식구들을 데리고 장교에 있는 그의 형 이윤용의 집

---

8) 『一堂紀事』, 상 95~98쪽, 「同友會의 來襲」.

으로 들어가 함께 살았다.

그리고 다음해 1월 태황제로 물러난 고종이 '집도 없이 형에게 얹혀사는 총리대신 이완용의 딱한 사정'을 듣고 저동에 있는 남녕위궁을 하사함으로써 비로소 자신의 집을 장만하게 되었다. 고종은 자신에게 양위를 강요한 이완용을 괘씸하게 생각했을 법도 한데 오히려 그에게 황실 소유의 저택까지 하사한 것이다. 일반이 생각하는 것과는 달리 황실과 이완용은 계속 돈독한 관계를 유지하고 있었다는 반증이다.

일본군의 출동으로 시위가 어느 정도 가라앉자 이완용과 법부대신 조중응은 '궁내부대신의 직무를 수행하지 않은 박영효를 처벌하라'는 상소를 새 황제 순종에게 올렸다.

이완용은 상소문에서 '이번에 황제의 위를 물려준 것은 태황제의 순수한 심정에서 나온 것이며 종묘사직이 억만년토록 공고하게 될 기초가 여기에 있으므로 경사롭게 여기고 기뻐하지 않은 신하와 백성이 없다. 그런데 박영효가 그 직책을 회피했으니 그 죄를 물어야 한다'고 사태를 완전히 왜곡하는 주장을 했다.

순종은 물론 그대로 허락했다. 순종이 한일병합 때까지 3년여 황제로 재위한 동안 내각에서 올린 상소문에 대해 이의를 제기하거나 수정 또는 보완을 지시한 경우는 거의 없다. 그저 '올린 대로 처리하라'는 것이 한결같은 답변이었다. 순종은 그것을 거부하거나 보완을 지시할 만한 지적 능력을 갖고 있지 않았다. 그저 황제의 자리에 앉아 있는 허수아비에 불과했던 것이다. 이토가 기를 쓰고 그를 황제로 올린 이유가 바로 거기에 있었다.

이완용의 상소에 따라 박영효는 역시 황제 대리 의식 집행을 거부한 시종원경 이도재, 전 홍문관 학사 남정철과 함께 법부에 구속되었다. 이때 감옥에 갇힌 박영효가 배탈이 나 고생한다는 소식을 들은 이토가 그에게 약을 보냈으나 박영효는 한국에도 약이 있다면서 되돌려 보냈다.

　박영효는 경무청에서 심문을 하자 "총리대신 이완용 씨를 역적이라고 말했을 뿐 죄 지은 것이 없다"[9]고 호통을 쳤지만 결국 유배형을 받고 제주도로 귀양을 갔다.

　구한말 격동의 시기에 수많은 정객과 지사들이 파란만장한 삶을 살았지만 박영효만큼 굴곡이 심한 삶을 산 인물도 드물 것이다. 열두 살 때 철종의 부마가 되었으나 부인 영혜옹주(永惠翁主)와는 혼인 4개월 만에 사별했다. 일찍부터 개화에 눈을 떠 1884년 스물네 살의 몸으로 김옥균과 함께 갑신정변을 주도해 3일 천하를 맛보기도 했다. 그 후 10년간의 일본 망명생활 끝에 일본공사 이노우에의 주선으로 귀국해 한때는 내무대신으로서 내각을 좌지우지했다. 그러나 그의 권력 복귀는 7개월의 단명으로 끝나고 다시 기약 없는 일본 망명의 길을 떠나야 했다. 그로부터 12년 만에 고종의 부름을 받고 궁내부대신으로 돌아왔으나 이번에는 이완용과 대립하다 귀국 두 달 여 만에 귀양 가는 신세가 된 것이다.

　고종은 당초 '황태자로 하여금 정사를 대리토록 한다'는 조칙을 내려 양위가 아님을 분명히 했다. 그러나 '황제 대리' 의식이 거행된 그 날 일본 천황이 순종의 '황제 즉위'를 축하하는 전보를 보내옴으로써 일본은 고종의 양위를 기정사실화해 버렸다. 이어서 이틀 후인 7월 22일 이완용 이하 대신들이 순종을 '대리'라고 하는 대신 '황제'라고 높여 부르자는 상주를 함으로써 '황제 대리 조칙'은 없었던 일이 되고 말았다.

　군중들의 시위가 가라앉고 순종의 즉위가 기정사실화되자 이토는 7월 23일 오전 8시 이완용을 통감 관저로 불러 7개항의 새로운 조약 문안을 내놓고 조인을 요구했다.

---

9) 『대한매일신보』 1907년 7월 27일자, 「잡보」.

주요 내용은, 한국정부는 시정개선에 관해 통감의 지도를 받을 것, 한국정부의 법령 제정 및 중요한 행정상의 처분은 미리 통감의 승인을 받을 것, 한국 고위 관리의 임명은 통감의 동의를 받고 할 것, 한국정부는 통감이 추천한 일본인을 한국 관리로 임명할 것 등이다.

한 마디로 통감이 한국의 입법권과 행정권, 인사권을 완전히 장악하겠다는 의도이자 내용이다. 이토는 이완용에게 "한국의 시정을 개선하고 시국을 안정시키기 위해서는 선진의 지도를 받는 것이 불가피하다"고 조약 제시 이유를 설명했다. 이완용은 이 같은 조약 문안을 받아들고 우선 송병준의 집에서 내각 대신들과 상의해 그대로 수용한다는 데 합의했다. 그리고 다음날 오후 8시부터 11시까지 형식적인 임시 각의를 거쳐 순종의 재가를 받았다.

순종의 재가가 떨어지자 이완용은 송병준과 함께 통감 관저로 달려갔다. 통감 관저에는 나머지 한국의 내각 대신 5명과 일본 외상 하야시, 군사령관 하세가와가 먼저 와서 그들의 도착을 기다리고 있었다. 이완용은 이날 밤 12시쯤 한국 대신들과 하야시 등이 지켜보는 가운데 이토와 새 조약에 조인했다. 이토가 조약안을 제시한 지 하루 만에 단 한 글자의 수정도 없이 제시된 원안 그대로 조인한 것이다. 이것이 이른바 정미7조약 또는 한일신협약이라는 것이다.

당시 한국의 대신들은 이완용의 집이 전소되고 군부대신 이병무의 가옥도 습격당하는 사태가 발생하자 신변에 위협을 느껴 집에도 들어가지 못하고 있었다. 이완용은 왜성구락부에서 이토의 보호 아래 지내고 나머지 대신들은 진고개 일본인 거류지 안에 있는 송병준의 집과 일본인 여관에서 숙식을 하며 불안한 나날을 보내고 있었다. 출퇴근이나 행차 때는 인력거를 타고 다녔는데 총을 메고 칼을 찬 일본 순사와 헌병 10여 명이 전후좌우로 호위를 했다. 그들의 안전은 전적으로 일본인들의 손에 달려 있었던 것이다. 이런 상황에 있었던 만큼 그들은 이토가 내놓은 조약 안에 대해 한 마디라도 이의를 제기할 형편이 못 되었다. 그저 이토가 부르면 통감 관저로 달려가고 조약 안에 도장을 찍으라고 하면 그대로 따르는 주구 노릇을 할 수밖에 없었다.

이 조약으로 통감 이토는 외교권에 이어 한국의 내정권까지 완전 장악함으로써 왕관만 쓰지 않았을 뿐 사실상 한국의 제왕이나 다름없는 존재가 되었다. 이제 한국 정치의 실권은 실질적으로나 형식적으로 모두 통감의 손안에 들어가고 일본의 한국 병합 야욕은 거의 달성되기에 이르렀다. 이완용은 을사조약 직후 조약에 찬성한 대신들을 처벌하라는 상소에 맞서 보호조약에도 불구하고 한국의 독립은 훼손되지 않았다고 강변했다. 그러나 그로부터 불과 2년도 지나지 않아 이제 한국은 이름만 남은 나라가 되고 말았다.

일본 외상 하야시 자신이 정미7조약에 대해 "종래의 협약은 일본 정부가 한국정부에 충고를 주는 것으로 되어 이것을 따르는가의 여부는 한국정부의 자유에 속했으나 이번 신협약에서는 지도를 받는다고 규정함으로써 위반을 허용하지 않는다"고 해석하고 "이제 통감의 지도권으로 안 되는 것이 없으니 보호국에 대한 협약으로는 이 이상 완전한 협약이 없다고 믿는다"고 평했다.[10]

그뿐만이 아니다. 한국정부는 통감이 추천하는 일본인을 한국 관리로 임명해야 한다고 규정함으로써 일본인이 한국정부의 대신이 될 수도 있는 길이 보장되었다. 실제로 정미7조약 이후 일본인들이 정부 각부의 차관과 중요 국장 자리를 독차지함으로써 종래 '고문정치'가 이른바 '차관정치'로 바뀌게 되었다. 통감 이토가 일본인 차관과 의논해 결정을 하면 한국인 대신은 거기에 형식적인 결재만 하는 식으로 일이 진행된 것이다.

이처럼 내정에 관한 권한을 송두리째 일본에 넘겨주었는데도 조

---

10) 『一堂紀事』, 상 104~06쪽, 「同協約의 由來와 將來의 影響」.

정에는 조약 내용에 반대하거나 조약을 체결한 대신들을 처벌하라는 상소 한 장 올라오지 않아 차라리 기이한 느낌을 주었다. 을사조약 체결 당시의 그 우국충정에 넘치던 원로대신과 유림의 선비들은 모두 다 어디로 가버렸는가. 이미 내각과 궁중은 완전 친일 괴뢰화되어 그런 상소를 올릴 만한 인물이 남아 있지 않았다.

그래서 『대한매일신보』는 "세계 각국 사람들이여 매국노를 많이 무역하려거든 대한국으로 건너오시오. 황족 귀인과 정부 대관이 다 나라를 파는 종이요"라고 통탄을 했던 것이다.[11] 이처럼 언론의 비난과 공격이 거세지자 일제는 신문지법을 개정해 통감정치에 방해가 되는 일체의 언론에 대해 발행 정지, 신문 인쇄기 몰수와 같은 강력한 처벌을 할 수 있는 법적 장치를 마련했다. 이완용은 이와 함께 경영난에 빠진 천도교계의 『만세보』를 인수해 이인직(李人稙)에게 발행을 맡겨 친일 내각을 옹호하는 논조를 펴게 했다. 이완용은 언론을 통한 여론조작에도 일찍부터 눈을 뜬 것이다. 『혈의 누』의 작가로 우리에게 잘 알려진 이인직은 이때부터 이완용의 측근으로서 한일합방 당시에도 크게 활약한다.

이토는 내정권을 탈취한 데 이어 군대 해산까지 추진했다. 군대 해산은 7협약을 맺을 때 이미 이완용과 이토 사이에 양해가 된 사항이었다. 겉으로는 정부의 비용을 줄이고 현재의 용병제도로는 국가 방위에 충분하지 못하므로 훗날 징병제도로 바꾸어 군제를 쇄신하기 위함이라는 것을 해산의 명분으로 내세웠다. 그러나 실제로는 양위 과정에서 한국군이 보인 저항에 놀라 한국에서 무력을 완전히 제거할 목적으로 그럴듯하게 명분을 만들어 갖다 붙인 것이다.

『일당기사』에도 "한국 군대가 해산을 면할 수 없는 기운은 오래 전부터 있었지만 이번의 난폭한 행동이 해산을 촉진하는 운명을 초

---

11) 『대한매일신보』 1907년 8월 11일자, 「시사평론」.

래했다"[12]고 양위 당시의 저항이 해산의 직접적 동기가 되었음을 인정했다.

7월 31일 밤 군대 해산에 관한 조칙과 함께 해산에 반발해 폭동이 일어날 경우 이의 진압을 통감에게 의뢰한다는 조칙이 반포되었다. 이에 따라 군부대신 이병무는 다음날인 8월 1일 아침 8시 시위혼성여단장 양성환(梁性煥) 이하 대대장급 이상 한국군 간부들을 모두 하세가와 일본군 사령관 관사로 소집하고 그 자리에서 군대 해산을 알리는 조칙을 발표했다. 이어 이날 오전 10시 황실을 호위하는 1개 대대를 제외한 각 부대 병사들을 훈련원에 집합시켜 해산명령을 내리라는 지시가 떨어졌다. 양성환 이하 지휘관들은 각기 자기 부대로 돌아와 병사들에게 "오늘은 훈련원에서 도수 연습을 한다"는 거짓 지시를 내려 병사들을 맨손으로 소집했다.

사전 지시에 따라 맨손으로 훈련원에 모인 병사들은 중무장한 일본군의 삼엄한 경계 속에 해산명령과 함께 은급이라는 이름으로 나누어주는 몇십 원의 돈을 받아들고 통한의 눈물을 삼키며 발길을 돌리지 않을 수 없었다.

그러나 이날 시위 1연대 1대대장 박성환(朴性煥)이 군대 해산에 반발해 부대에서 권총으로 자살한 것을 계기로 1대대 병사들이 무기고를 깨뜨리고 무장한 후 일본군과 전투를 벌이면서 제2연대 2대대 병사들도 여기에 합세했다. 전투는 남대문을 중심으로 치열하게 벌어졌으나 압도적인 병력으로 기관총까지 동원해 공격해오는 일본군을 당해낼 수는 없었다. 결국 한국군은 2백여 명의 사상자를 낸 가운데 전투는 두 시간 만에 막을 내렸다. 이 전투에서 일본군 역시 1백 명 가까운 사상자를 냈다.

그러나 한국군의 저항이 이것으로 끝난 것은 아니다.

---

12) 『一堂紀事』, 상 107~09쪽, 「軍隊의 散解」.

군대 해산이 지방으로 이어지면서 해산당한 병사들 가운데 상당수가 의병에 가담해 전국 도처에서 일본군과 접전을 벌이기 시작했다. 따라서 당시 의병대책은 일본군과 한국정부가 가장 고심하던 문제였다. 그런데 이완용이 한국인 헌병보조원을 모집해 토벌작전에 투입한다는 '기발한' 아이디어를 내놓았다.

이완용은 "지금 해산당한 군인들이 지방에 흩어져서 어리석은 백성들을 선동해 소요를 일으키고 있는데 이를 일본군으로 진압하게 하면 일반의 반감이 더욱 거세질 것이다. 그러므로 본국인들로 헌병보조원을 모집해서 토벌함이 바람직하다. 이것은 오랑캐로써 오랑캐를 치는 것과 같으며 또 그 사이에 충분히 화해 수단을 시도할 수도 있다"라고 한국인 헌병보조원 제도 도입을 제의했던 것이다.[13] 이렇게 해서 동족으로 하여금 일제의 주구가 되어 동족을 토벌케 하는 악랄한 헌병보조원 제도가 실시되기에 이른 것이다.

원래 헌병보조원 제도는 당시 한국 주둔 헌병대장이던 육군 소장 아카이시 모토지로(明石元二郎)의 작품인 것으로 알려졌다. 아카이시는 군대 해산 이후 의병투쟁이 치열하게 전개되던 1907년 10월 14일 소장으로 진급하면서 한국 주둔 헌병대장으로 임명받았다. 그 전까지만 해도 한국 주둔 일본 헌병은 총 8백 명에 그 대장의 계급은 중령이었다. 그런데 아카이시가 대장으로 부임하면서 병력을 2천 명으로 크게 늘리고 그것도 모자라 헌병 한 명당 한국인 보조원 3명씩을 모집해 붙였던 것이다. 당시 헌병대장에 육군 소장이 임명된 예는 일본 어디에도 없었으며 도쿄에 있는 헌병 총사령관만이 소장일 뿐이었다. 한국 주둔 일본 헌병은 군사경찰 임무만이 아니라 통감 지휘 아래 사법경찰의 역할까지 수행하면서 '헌병정치'의 막을 열었다. 아카이시는 바로 악랄한 헌병정치의 원조였다. 이제까지 헌병보조원 제도는

---

13) 같은 책, 상 118~19쪽, 「軍隊의 散解」.

이 아카이시가 창안했다는 것이 정설로 인정되어왔다.

그런데 헌병보조원 제도가 이완용의 제안에 따라 도입되었다는 것을 『일당기사』에서 자랑스럽게 밝히고 있는 점으로 보아 이는 이완용의 제의를 받아 아카이시가 채택한 것으로 해석된다.

12

이토 암살에 넋을 잃고

황태자의 소사(少師)가 되다

헤이그 밀사사건을 이용해 순식간에 한국에서 내정권을 탈취하고 군대까지 해산시켜버린 이토는 그 공로로 두 달 후인 그해 9월에 후작에서 공작으로 올라간다. 이완용 역시 일본정부로부터 욱일동화장(旭日棟花章)이라는 훈장을 받는다. 이어 이완용은 순종으로부터도 "지금 정사를 새롭게 하는 때에 내각 대신들이 충성을 다해 진력한 결과와 공적이 현저하게 나타나고 있다"는 칭찬과 함께 이화훈장을 받고 다른 대신들도 모두 태극훈장을 받았다. 이완용은 고종을 양위시키고 내정권마저 일본에 넘겨준 '공로'로 일본정부와 한국 황실로부터 모두 훈장을 받은 것이다.

그리고 11월 19일 순종은 이토를 황태자의 태사(太師)로 삼는다는 조칙을 내렸다. 순종은 조칙에서 "짐은 세계의 대세와 나라의 영구한 계책을 깊이 생각하여 장차 문명한 교육을 황태자에게 실시하려고 하는 바 그 책임을 맡길 훌륭한 사부를 얻기가 실로 어려웠다. 안팎으로 널리 찾다가 이제 통감 공작 이등박문을 특별히 선발하여 태자 태사로 삼아 돕고 인도하는 책임을 맡긴다. 이등 통감은 덕과 공로가 높고 학문은 고금을 통달하였으며 우리 대한을 떠받들고 지탱하여 준 공로가 크기에 짐은 언제나 존중하는 사람이다. 이등 통감을 특별히 친왕의 예로 대우하여 모든 관리의 윗자리에 있게 한다"[1]라고 이토를 태사로 삼은 이유와 그에 대한 예우 지침을 밝혔다.

이제 이토는 이 나라의 왕통을 이어갈 황태자의 큰 스승이 되었으며 그에 대한 예우는 친왕, 즉 황제의 친아들에 대한 예우와 같게 함으로써 이 나라의 모든 대신의 윗자리에 앉게 했다. 이토는 일본 공작에다 한국 통감, 한국 황태자 태사에 한국 황실의 친왕 예우라는 온갖 권력과 영예를 한 몸에 걸치게 된 것이다.

이로부터 사흘 후인 11월 22일 순종은 다시 이완용을 황태자 소사(少師)로 삼는다는 지시를 내렸다. 순종은 "이미 황태자의 태사를 정하였지만 가르치는 원칙으로 보아 태사를 보좌해주는 사람이 없어서는 안 될 것이므로 총리대신 이완용을 특별히 선발하여 소사로 임명한다"고 했다. 이완용은 소사로 임명받은 다음날 황태자와 상견례를 가졌다. 이로써 이토는 황태자의 큰 선생, 이완용은 큰 선생을 보좌해주는 작은 선생이 되었다.

이때의 황태자가 아관파천 기간 중에 엄상궁이 임신한 고종의 셋째 아들 영친왕 이은(李垠)이다. 순종은 황제의 위를 이어받은 지 보름 정도 지난 8월 7일 전임 원로대신과 현임 내각 대신들을 불러 모은 가운데 대를 이을 황태자 책봉문제를 제기했다.

---

1) 『순종실록』, 순종 원년(1907) 11월 19일.

순종은 "짐은 나이가 사십이 가까워오는 데다가 병까지 있어 뒤를 이을 아들을 볼 가망이 점점 없어져 간다. 이제 황태자를 정하여 종묘사직을 지키고 나라를 안정케 하려는데 경들의 의견은 어떤가"라고 물었다.

이에 이완용은 "지금 폐하의 연세는 한창이고 황후의 건강도 좋으시므로 많은 자손을 보게 될 경사를 크게 기다리고 있는 중인데 갑자기 이런 지시를 받게 되니 신 등은 대답할 말이 없습니다. 전임 의정에게 물어보는 것이 좋을 것 같습니다"라고 마음에 없는 말을 하면서 답변을 다른 데로 떠넘긴다. 당시 순종의 나이는 34세였다. 몸이 허약해 생식능력이 없다는 것은 이미 공지된 비밀이었다. 고종에게는 큰아들인 순종과 귀인 장씨 소생인 둘째 아들 의친왕 이강(李堈), 그리고 엄귀비 소생인 이은 등 아들 셋이 있었으나 양위할 때 이미 영친왕 이은을 순종의 뒤를 이을 황태자로 점지해 놓은 상태였다. 그래서 이날 논의는 사실 이은을 정식으로 황태자로 책봉하기 위해 밟는 하나의 요식행위에 불과한 것이었다.

그런데 이때 황태자 책봉과 관련하여 이완용이 고종과 엄귀비로부터 거액을 받았다는 소문이 나돌아 한동안 시중의 화제가 되었다. 1909년 8월 25일자 『대한매일신보』는 「잡보」에서 「많이도 먹었다」는 제목 아래 "총리대신 이완용 씨가 덕수궁 돈 기십만 원을 건몰(乾沒)하였다는 것을 모처에서 조사한즉 황태자 전하 책봉시에 태황제 폐하로부터 이십만 원, 엄귀비 전하로부터 이십만 원, 합 사십만 원을 받았는데 이 말은 덕수궁에 근시하는 관리가 전한 것이다"라고 보도했다. 1907년의 40만 원은 한국은행이 쌀값으로 환산해본 결과 지금 돈 83억 원에 해당하는 거액이다. 당시의 신문 보도가 시중에 나도는 소문들을 확인 없이 기사화하는 것이 보통이고 또 이완용을 비롯한 내각 대신들을 집중 공격하고 있었으므로 이 기사가 어느 정도 사실인지는 확신할 수 없다. 그러나 황태자 책봉과 관련하여 총리대신인 그가 고종과 엄귀비로부터 수고했다는 뜻으로 상당한 하사금을 받았을 가능성은 충분히 있다.

이완용은 일찍이 시강원의 검교사서로 순종이 세자 시절 학문을 가르쳤는데 이제는 황태자의 소사가 됨으로써 왕위를 이을 세자 2대에 걸쳐 스승 노릇을 하는 보기 드문 기록을 남겼다. 이완용은 황태자의 소사로 임명된 지 한 달 후인 그해 12월 27일 정2품에서 종1품을 거치지 않고 곧바로 정1품 보국숭록대부(輔國崇祿大夫)를 제수 받아 신하로서는 더 이상 올라갈 수 없는 지위까지 올라간다. 이완용만이 아니라 탁지부대신 고영희, 내부 임선준, 군부 이병무, 법부 조중응, 학부 이재곤, 농상공부 송병준 등 이완용 내각의 대신 모두가 종1품으로 특별 승격하는 벼슬 인플레 잔치가 벌어졌다. 특히 송병준과 조중응은 입각 7개월 만에 정3품에서 종1품으로 올라가는 이조 5백년사에서 유례를 찾아볼 수 없는 파격적 승진을 했다. 이것은 '파격'이라는 말로는 부족한 일종의 '품계 파괴'였다.

이토는 황태자의 태사로서 황태자가 '선진문물과 지식을 습득할 수 있도록' 일본에 유학 보낼 것을 황실에 권유했다. 고종은 늦은 나이에 얻은 막내아들에게 각별한 애정을 갖고 있었다. 그래서 이제 열한 살밖에 안 된 황태자를 일본 땅에 보내는 것에 반대했다. 그러나 황실은 나라를 다스리려면 선진문명을 배워야 한다는 이토의 강권을 마냥 물리칠 수가 없었다. 결국 황태자 이은은 황태자로 책봉된 그해 12월 5일 인천에서 일본 군함을 타고 일본 유학길에 올랐다.

황태자의 일본 유학행에는 이토가 태사의 자격으로 도쿄까지 수행했다.

통감정치가 시작된 이후 전국의 지방에서는 항일 의병전쟁이 그칠 날이 없었지만 서울의 정계는 상대적으로 안정되는 이상현상을 보였다. 한 달이 멀다고 바뀌던 정부 대신 자리가 최소한 1~2년으로 늘어나고 걸핏하면 불거져 나와 피바람을 일으키던 역모사건도 자취를 감추었다. 한국 대신이야 실권 없는 허수아비니까 있으나마나 한 자리고 황제 역시 이름뿐이니 역모가 생길 리 없다고 볼 수도 있겠지만 어쨌든 변화라면 큰 변화였다.

다만 내각 총리대신 이완용에게 항상 가장 골치 아픈 존재는 일진회였다. 내각이나 일진회 모두 일제의 주구이기는 마찬가지다. 내각이 일제 통감 이토의 직접 관할 아래 있는 수족이라면 일진회는 이른바 재야의 앞잡이이기 때문이다. 그런데도 이 둘은 서로 사이가 극도로 좋지 않았다. 대개 일진회가 공격적이라면 이완용은 수세에 있었다.

1908년 6월초 일진회는 "이완용이 국정을 농락하여 자신의 일족으로 정부 요직을 채우고 있다"고 비난하면서 이완용을 총리대신 자리에서 쫓아내야 된다고 대대적인 공세를 폈다. 실제로 당시 내각과 황실의 핵심 요직은 이완용의 친인척들이 독차지하고 있었다. 이윤용은 고종 양위를 반대하다 제주도로 귀양 간 박영효의 후임으로 궁내부대신 자리를 차지하고 있었고 그의 아들 명구(明九)는 시종원 시종, 이완용의 처남 조민희(趙民熙)는 태황제의 비서실장 격인 승녕부 총관, 아들 항구는 승녕부의 시종을 맡고 있었으며 내부대신 임선준은 그의 사돈이었다. 이완용 형제가 국정의 두 기둥인 내각과 궁내부를 차고 앉아 요리하고 있었던 것이다.

그러니 재야단체를 자처하는 일진회가 이완용이 국정을 농락하고 있다고 공격할 만도 했다. 당시 『대한매일신보』는 총리대신 이완용과 궁내부대신 이윤용 형제의 천거로 관직을 얻은 자가 60여 명이나 되는데 일진회에서 이들을 낱낱이 조사하고 있다는 기사를 보도하기도 했다.[2)]

이윤용은 일진회를 회유하기 위해 회장 이용구에게 전화를 걸어 그 처남의 이력서를 보내면 참봉을 시켜주겠다고 말했다가 오히려

---

2) 『대한매일신보』 1908년 6월 17일자, 「잡보」.

이용구로부터 "정부에 이런 부정한 대신만 있으니 어찌 국사가 한심치 않으리요"라는 책망을 듣고 망신만 당했다는 기사가 신문에 보도되기도 했다.[3]

일진회의 공격이 거세지자 이완용은 이토와 긴밀히 상의한 끝에 일진회의 배후 조종자인 송병준을 1908년 6월 6일 농상공부대신에서 내각의 수석대신인 내부대신으로 올려주었다. 이토는 또 이용구를 불러 이완용 내각에 대한 비난을 자제하라고 당부하기도 했다. 이완용의 이 작전은 효과를 발휘해 그 뒤 한동안 일진회의 이완용 내각 공격은 수그러들었다.

이완용은 정미7조약 체결 당시 송병준과 가장 긴밀하게 상의하면서 이토의 하수인으로서 협조관계를 과시했다. 그러나 내면적으로 들어가 보면 그 둘 사이는 항상 껄끄러웠다.

둘은 우선 출신부터가 확연히 달랐다. 이완용이 명문가 출신의 정통 양반관료인 데 비해 송병준은 함경남도 장진 출신으로 어릴 때 상경하여 당시 세도가인 민영환의 식객 노릇을 하다 출세의 길을 잡은 일종의 떠돌이였다. 민영환의 집에 머물면서 무과에 급제해 궁중 수문장과 사헌부 감찰 등을 거쳐 갑신정변 후 일본에 망명한 김옥균을 암살하라는 밀명을 받고 일본에 건너갔다. 그러나 김옥균의 감화를 받아 도리어 그의 동지가 되었다. 귀국 후 김옥균과 통모한 혐의로 구속되었다가 민영환의 주선으로 풀려났으나 결국 그는 이 일로 일본에 망명하게 된다. 그 후 7년 가까이 일본 각지를 돌아다니다가 러일전쟁 개전과 함께 일본군 통역으로 한국 땅을 다시 밟은 것이다.

송병준은 일본말에 능숙하고 일본의 실력자들과도 지면이 넓었으며 특히 일본 군부 강경파들을 등에 업고 있었다. 이에 비해 이완용은 친일파치고는 일본말도 못했고 아는 일본인이라고 해야 한국을

---

3) 『대한매일신보』 1908년 6월 17일자, 「잡보」.

다녀간 자들이 고작이었다. 그러나 이토로부터는 송병준 이상의 신임을 받고 있었다.

이토는 일찍이 송병준과 이완용을 비교하여 말하기를 "모(송병준을 가리킴)는 기발한 재주가 많기는 하지만 다만 학식이 부족한 것이 한이다. 일당(이완용 호)에 미치지 못하는 바가 바로 거기에 있다"라고 이완용을 훨씬 높게 평했다.[4] 송병준은 대체로 행동이 거칠고 공격적인 데 비해 이완용은 이런 송병준과 직접 충돌하지 않으려고 슬슬 피하는 자세를 보였다.

1909년 1월 초순 순종이 이토의 권유로 남도 지방을 순행할 때에도 송병준은 밤에 술에 취해 일본 옷을 걸치고 황제를 수행한 궁녀들에게 욕설을 퍼부으며 행패를 부린 적이 있다. 이완용은 이때까지만 해도 일본 옷은 거의 입지 않았다. 그는 일제시대에도 집에서는 한복을 입고 외출할 때는 양복을 입었다.

남도 순행에 이어 1월 하순 서도 순행을 할 때였다. 이토는 이완용에게 미리 연도의 환영객은 모두 일본과 한국 양국 국기를 들게 하라고 통고했다. 그런데 기차가 개성 역에 도착했을 때 구내에서 만세를 부르는 환영객들의 손에는 모두 태극기만 들려 있었다. 열차 식당에서 점심 식사를 하다 이 광경을 본 이토는 즉시 이완용을 불러 식탁을 두드리며 성난 목소리로 "나는 한국의 신하로 황제를 수행하는 것이 아니라 천황 폐하의 사신으로 동행하는 것인데 환영객들이 일본 국기를 들지 않음은 양국 국교상 불미스러운 일이 아닌가"라고 힐책했다. 이완용은 지시가 제대로 전달되지 못했음을 백배 사죄했다.

그런데 기차가 평남 중화역에 도착했을 때 갓을 쓰고 두루마기를 입은 한 노인이 태극기 대신 일장기만 들고 서 있는 모습이 눈에 들어왔다. 이완용은 순간 이토에게 영어로 "통감, 저기를 보십시오"라

---

[4] 『一堂紀事』, 상 8쪽, 고미야 사보마쓰의 서문.

고 말하며 그 노인을 가리켰다. 일본말을 못하는 이완용이 급한 김에 영어로 말을 건넨 것이다. 일찍이 21세 때 영국에 유학한 이토는 영어로 연설을 할 정도로 영어에 능통했다. "통감 각하, 저 노인이 들고 있는 국기가 어느 나라 국기입니까?" 이완용의 물음에 이토는 "일본 국기, 일장기요"라고 대답했다. "그러면 사람은 어느 나라 백성입니까?" 이완용의 재차 질문에 이토는 "조선인이오"라고 짧게 말했다. 이에 이완용은 "조선인이 일본 국기만 들고 있는 것을 보아도 조선인들은 아직까지 국기에 대한 관념이 없다는 것을 알 수 있지 않겠습니까. 그런데 세계적 대정치가인 통감 각하께서 이 정도의 사소한 일을 가지고 격노하시다니 평소의 통감답지 않으십니다"라고 반격을 했다.

위의 일화는 이완용이 사망하기 1년 전 『매일신보』 기자와 만난 자리에서 털어놓은 것이다. 이 이야기 끝에 이완용은 『매일신보』 기자에게 "세상에서 제일 처신하기 힘든 일이 세 가지가 있다. 쇠약한 나라의 재상과 파산한 회사의 청산인, 빈궁한 가정의 주부가 그것이다"라고 말했다 한다.[5]

이완용의 이런 말에서 우리는 일본인의 주구 노릇을 하면서 그가 겪는 고뇌의 일단을 엿볼 수도 있다. 그러나 그가 스스로 '세상에서 제일 처신하기 힘든 일'을 기꺼이 맡아, 아니 그 역할에서 밀려나지 않으려고 기를 썼다는 점에서 이는 어디까지나 자기변명에 불과한 것이다.

송병준은 이때 평양으로 가는 도중 순종이 탄 열차 안에서 술에 취해 시종무관 어담(魚潭)과 시비를 벌이다 칼을 빼어드는 망동을 부렸다. 이 일로 그는 황제의 지척에서 칼을 빼든 불경스런 행동을 했

---

5) 『매일신보』 1926년 2월 21일자, 「일당을 추억하고(8)」. 이 기사를 쓴 『매일신보』 기자는 1년 전 1월 30일 송병준이 사망하자 그에 대한 회고담을 듣기 위해 이완용을 방문해 이야기를 나누던 중 위의 일화를 듣게 되었다고 적고 있다.

다 하여 사회단체와 중추원 등 각계로부터 집중적인 성토를 당하고 결국 내부대신에서 면직되고 만다. 그의 후임에는 전 참정대신 박제순이 임명되었다.

'며느리와 사통했다' 삼척동자도 노래 불러

이 무렵 이완용의 사생활과 관련해 대단히 망측한 소문이 시중에 파다하게 퍼지고 있었다. 이완용이 그의 며느리, 즉 죽은 큰 아들 승구의 처 임건구(任乾九)와 사통을 하고 있다는 내용이다. 이 소문은 상당히 그럴듯하게 퍼져 당시 삼척동자까지도 "이완용이 자부와 붙었다"고 노래할 정도였다 한다.

소문의 내용은 대강 이런 것이었다. 을사조약 후 이완용의 큰아들 승구가 일본에 유학중 귀국해 어느 날 내실에 들어가 보니 그 아버지가 자기 처를 끌어안고 누워 있더라는 것이다. 그래서 "이제 나라도 망하고 집안도 망했으니 내가 죽지 않고 무엇을 하겠는가"라고 탄식을 하며 자살을 했다는 것이다. 그리고 아들이 죽은 후에는 이완용이 그 며느리를 아예 첩처럼 데리고 산다는 소문이었다.

실제로 『매천야록』에는 '이완용의 자부간통설'이라는 조항이 있고,[6] 당시 『대한매일신보』와 『황성신문』에도 이완용과 며느리와의 '관계'를 암시하는 기사가 몇 차례 등장하기도 했다. 가령 『대한매일신보』

---

6) 황현, 앞의 책, 752쪽. 융희 원년 정미(丁未) 「李完用의 子婦姦通說」 조항에는 "이명구가 귀국한 후 하루는 안채로 들어가 이완용이 자신의 아내를 끌어안고 누워 있는 것을 보고……"라고 당시의 소문과 비슷한 내용이 실려 있다. 그러나 『매천야록』은 이완용의 장남 이름을 승구가 아닌 명구(明九)로 쓰는 등 기본적인 사실관계조차 부정확하다. 명구는 이윤용의 장남이다. 이완용의 자부간통설이나 이완용이 칼을 빼어들고 고종에게 양위를 강요했다는 얘기는 당시 민간에 나돌던 소문을 시골 선비 황현이 『매천야록』에 기록하고 뒷날 사람들은, 심지어 일부 역사학자들까지도 이 『매천야록』의 기록을 근거로 이런 얘기들을 마치 사실인 것처럼 믿게 된 것이 아닌가 생각된다.

가 1909년 8월 17일자「잡보」에서 "총리대신 이완용 씨가 그 사랑하는 자부에게 돈 이만 원을 주어서 영영 각거하기로 결정하였다는데 그 자부가 사직골 등지에 집을 살 차로 사람을 보내어 보았다더라"라고 보도한 것을 비롯해 자부의 이사에 대해 각 신문이 비상한 관심을 갖고 보도를 했던 것이다. 자부와 떨어져 살기로 한 것도 소문에 시달리던 이완용이 그것을 진정시키기 위해 내린 결정이 아닌가 짐작된다. 또 이완용이 이재명(李在明)의 칼을 맞고 대한의원에 입원해 있던 1910년 1월 5일『대한매일신보』는 "총리대신 자부 임부인은 병든 시아버지 구료코자 의원까지 들어가서 시탕하기 힘쓴다지. 평시에는 색양(色養)하여 그 즐거움을 다하더니 병치기우(病致其憂) 저러하니 출중할사 그 효성은 천만고의 특색일세"라고 비꼬는 기사를 실어 며느리와의 사통설을 기정사실인 것처럼 못 박았다. 이 소문은 오늘날까지도 상당히 신빙성이 있는 얘기로 전해져 오고 있으며 일부 역사학자들도 이완용의 파렴치성과 부도덕성을 보여주는 '증거'로 이 사실을 자주 인용하고 있다.

그러나 이 소문은 이완용의 큰아들이 실제로 죽은 시점과 소문의 내용이 일치하지 않는 것으로 보아 신빙성은 없는 것으로 보인다. 즉 이완용의 큰 아들 승구가 사망한 것은 을사조약이 체결되기 전인 1905년 8월 초순(음력 7월 6일)이며 그것도 자살이 아니라 병으로 죽은 것이다. 당시 이완용은 궁내부 특진관이었으며 학부대신으로 입각도 하기 전이다. 따라서 '나라도 망하고 집안도 망하고 운운'의 소문은 사실일 수가 없다. 더욱이 승구는 어렸을 때부터 몸이 허약했으며 일본에 유학했다는 기록도 없다. 승구가 사망했을 당시 나이는 26세였고 벼슬은 참서관이었다.[7]

이로 미루어 며느리와의 사통설은 사실이라기보다는 고종 양위 이

---

7) 『一堂紀事』, 하 530쪽.

후 이완용에 대한 일반 민중의 저주와 증오의 감정이 이런 소문의 형태로 표출된 것이 아닌가 짐작된다. 그러나 사실 여부를 떠나 유교적 전통사회에서 명문가의 세도재상이 며느리와의 사통설로 세인의 입에 오르내렸다는 사실 자체가 얼굴을 들 수 없을 정도로 망신스러운 일임은 말할 것도 없다. 따라서 이 소문에는 당시 일반 민중들의 매국노 이완용에 대한 응징의 감정이 담겨 있다고 해석할 수 있다.

순종이 남도와 서도를 순행한 이후부터 나돌기 시작하던 이토의 통감 이임설은 그해 6월 14일 사실로 나타났다. 이토는 통감으로 부임한 지 3년 3개월 만에 일본 천황의 자문기구인 추밀원 의장으로 전임을 하고 대신 부통감이던 소네 아라스케(曾禰荒助)가 그 자리를 이어 받은 것이다.

이토가 통감에서 물러나자 순종은 당시 일본에 머물고 있던 이토에게 특별히 황태자를 통해 그의 공적을 찬양하는 친서를 전달하면서 아쉬운 감정을 표시했다. 이토는 통감에서 물러났지만 한국 황태자 태사 지위는 그대로 갖고 있었다. 순종은 이 친서에서 이토가 통감으로 재임하면서 "안으로는 일반 정사의 개선을 지도하고 밖으로는 국제적인 여러 가지 사무를 관리하여 법과 규율이 비로소 세워지고 나라의 운세가 점차 트이게 되었으며 황실이 편안하게 되고 영토가 보존되었으며 백성들이 넉넉하게 살 수 있게 되었다"고 그 '업적'을 극찬했다.[8]

황실만이 아니라 고위 관료와 일반 백성, 심지어는 유림 일부에서도 이토의 '송덕비를 세우자'거나 '동상을 건립하자'는 의논이 적지 않았다.[9] 이것은 대단히 부끄러운 일이지만 사실이다. 이 부분에 대해서는 앞으로 보다 솔직한 민족사적 원인 분석과 자기반성이 있어

---

8) 『순종실록』, 순종 2년(1909) 6월 15일.
9) 황현, 앞의 책, 제6권, 867쪽, 융희 3년 기유, 「李鍾國의 이등박문 추도회 편성」; 같은 책, 888쪽, 「閔丙奭의 이등박문 송덕비 건립비 모금」.

야 될 것이다.

그러나 이토의 전임에 대해 누구보다도 충격을 받고 실망한 것은 이완용이었다. 이완용은 말년에 스스로 "이등박문 공은 나의 스승이다"라고 말했듯이[10] 이토를 진심으로 존경했다. 이토의 해박한 지식과 능란한 언변, 통찰력, 지도력 등을 마음으로부터 흠모했던 것이다. 이토 역시 한국의 내각 대신 가운데 이완용을 누구보다도 높이 평가하고 신임했다. 따라서 이토가 통감으로 재임하는 동안 이완용의 지위는 반석 위에 놓인 것이나 같았다. 그러나 후임 통감 소네와는 그렇게 인간적으로 가까운 사이가 아니었다.

이를 반영하듯 이토가 통감에서 물러나자마자 이완용이 총리대신에서 갈린다는 소문이 떠돌기 시작했다. 당시의 신문에 총리 교체설이 보도되고 이완용과 이윤용 형제가 자리 걱정을 하고 있다는 기사가 심심치 않게 비친 것이다.

통감에서 물러난 이토는 이임 인사차인 듯 7월 4일 마산항을 통해 다시 한국에 들어왔다. 순종과 태황제 고종이 각각 별도로 비서실 차장과 비서실장 격인 시종원 부경과 승녕부 총관을 마산까지 보내 그를 영접하게 하고 정부에서는 총리대신 이완용이 직접 마산으로 내려가 그를 맞았다.

한국 황실과 정부는 이토를 맞아 연일 오찬과 만찬을 베풀고 대규모 연회를 열어 그야말로 극진한 석별의 정을 표시했다. 우선 6일 낮 순종이 창덕궁 인정전에서 이토를 접견하고 황실 종친과 내각 대신, 중추원과 궁내부의 고위직 관리 및 신임 통감 소네를 비롯한 통감부와 내각의 일본인 관리들이 모두 참석한 가운데 오찬을 베풀었다. 이날 순종은 "모든 정사가 잘 되어 나가고 유신의 위업이 성공할 수 있게 된 것은 본래 귀 천황 폐하의 깊은 뜻에 의한 것이지만 귀 공작

---

10) 『一堂紀事』, 하 789쪽, 「言行雜錄」.

의 적당한 지도와 도움이 없었다면 어찌 이와 같이 될 수 있었겠는가. 높고 낮은 모든 사람들이 한결같이 귀 공작의 정력을 다한 성의에 감격을 금치 못하고 있다"고 이토의 '시정개선 업적'을 극구 찬양했다.[11]

이어 8일에는 경복궁 경회루에서 한국과 일본의 고등관 이상 문무백관 1천8백여 명이 참석한 가운데 이토의 송별과 신임 통감 소네를 환영하는 대규모 원유회가 열렸다. 9일에는 태황제 고종이 내각 대신들을 배석시킨 가운데 이토와 소네를 접견하고 역시 오찬을 베풀었다.

그리고 10일에는 순종이 직접 통감 관저로 이토를 찾아가 석별의 정을 표시하는 파격적인 행차를 했다. 이날 저녁에는 통감부 주최로 이토 전별 연회가 열렸는데 연회가 끝날 즈음 신임 통감 소네가 은근히 이완용을 불러 통감 관저로 와줄 것을 청했다. 이완용이 통감 관저에 들어서자 소네는 뜻밖에도 '인민의 생명과 재산을 완전히 보호하기 위해' 한국의 사법 및 감옥 사무를 일본정부에 위임하라고 요구했다. 이토가 한국을 찾은 것도 이임인사를 겸해 마지막으로 사법권까지 빼앗자는 심산에서였다.

다음날인 11일은 일요일이라 정부 대신들이 출근을 하지 않는 날이다. 그래서 이완용은 부랴부랴 대신들을 고종이 하사한 자신의 저동 집으로 불러 이 문제를 논의했다. 총리대신 비서관으로서 이날 회의에 배석한 김명수가 『일당기사』에 기록한 각 대신들의 발언 내용은 대략 다음과 같다. 먼저 이완용의 사돈인 탁지부대신 임선준이 "5백년 동안 가져온 사법권을 하루아침에 이웃 나라에 맡긴다면 앞으로는 나라라고 말할 수가 없을 것이다. 이는 나라가 완전히 망하는 것이나 다름없다. 우리 국무대신이 총사직하는 한이 있더라도 이 제안은 절대로 받아들일 수 없다"고 단호히 반대하는 입장을 밝혔다. 이

---

11) 『순종실록』, 순종 2년(융희 3년) 7월 6일.

어 학부대신 이재곤도 "탁지부대신의 말이 옳다. 총사직을 하는 것 외에 달리 길이 없다고 생각한다"고 임선준의 말에 전폭적인 공감을 표시했다. 내부대신 박제순은 "탁지부대신의 말이 틀리지 않다"라고 다소 애매한 태도를 보였다.

군부대신 이병무는 "나는 중의에 따를 뿐"이라고 더욱 모호한 말을 했다.

법부대신 고영희는 "나는 법부대신으로서 내 손으로 사법권을 다른 나라에 넘긴다면 그 죄는 다른 대신들과 비교할 수 없을 정도로 무거울 것이다. 그러므로 나는 다른 대신들의 뜻에 관계없이 혼자서라도 사직을 하겠다"라고 자못 비장한 각오를 피력했다.

농상공부대신 조중응은 "각 대신의 말은 모두 일리가 있다. 그러나 우리가 총사직을 한다면 후임 내각은 이 제안을 거절할 수 없을 것이며 더욱 어려운 입장에 빠질 것이다. 이 점을 생각해야 한다"라고 엉뚱한 걱정까지 했다. 이토의 추천으로 벼락감투를 쓴 조중응은 송병준이 내각에서 쫓겨난 이후 이완용의 일본어 통역 노릇까지 겸하면서 친일 주구의 최선봉에 서왔었다.

이날 논의에서 이완용은 자신의 의견을 말하지 않고 듣기만 하다가 조선주차군 사령관 오쿠보 하루노(大久保春野) 주최의 이토 전별 연회에 참석해야 된다면서 회의를 다음날로 미루고 자리에서 일어섰다.

12일 재차 회의를 열었으나 의견이 분분한 가운데 결국 탁지부대신 임선준의 제의에 따라 총사직을 결의하고 다음날 아침에 모여 사직서를 제출하기로 약속한 다음 헤어졌다. 그런데 다음날인 13일 아침 일찍 이완용은 자신의 비서관인 김명수를 집으로 불러 법부대신 고영희와 농상공부대신 조중응 두 명을 제외한 나머지 대신 집에 전화를 걸게 해 사법권 문제는 이미 결정이 되었으니 오늘 회의는 필요 없게 되었다고 통보하게 했다.

그런 다음 이완용은 내각의 정식 동의도 받지 않고 이날 통감 소네와 1909년 7월 12일자로 사법권 위임 각서에 서명을 해버렸다. 이것은 총리대신 이완용의 월권이며 완전히 불법적인 행동이었다. 이와 관련해 『일당기사』에는 "이 제안에 대해 분명히 거부한 대신은 임선준 탁대, 이재곤 학대, 고영희 법대 3명이었는데 고 법대는 전날 회의가 끝난 후 자신의 입장을 바꾸었으므로 임 탁대와 이 학대 외에는 모두 동의하여 과반수가 찬성하였으므로 각서에 서명했다"라고 적혀 있다.[12]

이것은 그야말로 을사조약 체결 당시 이토가 한국 대신들을 향해 써먹던 과반수 놀음의 완전한 복사판이다. 설사 그의 논리대로 과반수가 찬성을 했다 하더라도 내각회의에서 공식적으로 그것을 확인하고 결의해야 효력을 발휘할 수 있는 것인데도 이완용은 혼자 계산으로 결정을 내리고 하루 전 날짜로 소급해서 서명까지 해버린 것이다. 이완용의 이 같은 독단적 행동은 소네가 12일자로 서명을 마쳐야 된다고 요구했기 때문인 것으로 보인다.

이로써 대한제국은 외교권과 내정에 관한 권한에 이어 사법권까지 일본에 빼앗기고 완전히 껍데기만 남게 되었다. 제국과 황실이라는 거창한 이름도 허울뿐이며 총리대신이라는 감투도 허울뿐이다. 그런데도 이완용은 그 허울뿐인 총리대신 자리를 지키려고 내각 대신들도 모르게 사법권마저 일본에 넘겨준 것이다.

이 일로 인해 탁지부대신 임선준과 학부대신 이재곤은 '총사직을 약속해놓고 자신들도 모르는 사이에 사법권 문제가 결정된 것'에 반발해 사직할 것을 고집, 결국 10월 21일자로 대신직에서 물러나고 만다. 대신 감투를 써보려고 이토의 비서관 집을 들락거리며 아첨하던 무리들이 횡행하던 구한말에 자신의 소신 때문에 대신 자리를 박차

---

[12] 『一堂紀事』, 상 147~51쪽, 「司法 및 監獄事務의 委託」.

고 나간 이들의 행동은 우리에게 그나마 한 가닥 위안이 되고 있다.

서울시 일원에 사흘간 가무음곡 금지명령

1909년 10월 26일 오전 10시 이완용은 통감 소네와 함께 인천항에 정박중인 일본 군함 고우사이호(光濟號) 함장 주최의 연회에 참석하고 있었다. 그때 청국 대련으로부터 추밀원 의장 이토가 암살당했다는 청천벽력 같은 전보가 군함으로 날아왔다. 이완용은 공식 일정을 중단하고 곧바로 서울로 돌아와 통감 관저로 달려갔다. 거기에는 이미 이토가 암살당한 경위가 자세히 들어와 있었다.

이토는 통감에서 물러난 후 한국 황실과 정부의 극진한 환송을 받으며 일본에 돌아와 그해 8월 한국 황태자 태사의 자격으로 황태자와 함께 일본 동북지방을 여행했다. 그리고 10월에 접어들자 만주 시찰 길에 나섰다. 당시 이토는 자신의 만주행에 대해 특별한 정치적 의미가 없는 단순한 개인적 여행이라고 연막을 쳤다. 그러나 그는 하얼빈에서 러시아 정부의 실력자인 재무상 코코우츠프와 회견이 예정되어 있어 단순한 여행일 수만은 없었다. 그의 만주 방문에 대해 일본 신문들은 '일본의 만주경영을 실현하기 위한 단서'라고 떠들고 중국 신문들은 일본과 러시아가 공동으로 만주를 처분하려는 협약을 체결하기 위한 것이라고 경계하는 기사를 실었다.

러일전쟁에서 러시아가 패했다고는 하지만 당시 북만주는 여전히 러시아의 장악 아래 있었으며 하얼빈은 러시아 냄새가 물씬 풍기는 도시였다.

10월 26일 오전 9시 이토가 탄 특별열차가 하얼빈 역에 도착하자 러시아 재무상 코코우츠프가 열차 안으로 들어가 그를 영접했다. 둘은 약 20분간 담화를 나눈 다음 러시아 군악대의 주악이 울려 퍼지는 가운데 열차에서 내렸다. 낮게 깔린 하늘에서는 눈발이 휘날리고 바람도 몹시 쌀쌀했다. 음산한 북만주의 전형적인 초겨울 날씨였다.

이토가 러시아군과 청국군 의장대를 사열하고 각국 외교관들과 악수를 나눈 다음 환영 나온 일본인 거류민단 쪽으로 향하려고 할 때였다. 양복 상의 위에 점퍼를 걸친 중국풍의 청년이 군중 속에서 뛰어나오며 이토에게 10미터 정도 접근한 거리에서 권총 3발을 발사했다. 탄환은 3발 모두 이토의 오른쪽 배와 옆구리에 명중했다. 이토는 급히 열차 안으로 옮겨지고 수행중이던 의사와 환영 나온 일본인 의사 2명이 함께 응급처치를 했다. 이토는 응급처치를 받으면서도 두 번이나 범인이 누구냐고 물었다. 한국인이라고 하자 그는 '어리석은 놈'이라고 중얼거렸다.

의사가 브랜디 한 잔을 건네주자 그는 간신히 한 모금을 마시고 30분 만에 눈을 감았다. 당시 독일의 비스마르크, 영국의 빅토리아 여왕, 중국의 이홍장과 함께 세계적 대정치가라는 평을 들으며 30여 년 동안 동양 정치의 풍운을 주름잡던 이토는 이렇게 해서 69세를 일기로 북만주 하얼빈에서 생을 마감했다. 이토의 유해는 이날 오전 11시 하얼빈에서 기차에 실려 장춘을 거쳐 27일 오전 9시 대련에 도착했다.

이토가 암살을 당했다는 소식이 전해지자 일본과 한국정부는 경악을 금치 못했다. 특히 '범인'이 한국인이라는 사실이 밝혀지자 한국 황실과 정부는 닥쳐올 일본의 문책을 두려워하며 정신을 못 차리고 불안에 떨었다.

총리대신 이완용은 정부 대표로 대련에 가서 조문하기 위해 27일 오전 8시 40분 기차로 남대문 역을 떠나 인천에서 일본 군함 고우사 이호를 타고 대련으로 향했다. 황실에서도 순종은 시종원경 윤덕영(尹德榮)을, 고종은 승녕부 총관 조민희를 역시 조문 칙사로 보냈다.

이완용과 칙사 일행은 다음날 오전 11시 대련만에 도착했으나 항구에 접근하는 것이 허용되지 않았다. 이토가 한국인에게 암살당했다는 소식이 전해지면서 현지의 일본인들 감정이 격해져 한국정부의 조문사절들이 어떤 봉변을 당할지 안전을 보장할 수 없다는 이유에서였다. 결국 이완용과 칙사 일행은 이토의 유해를 실은 일본 군함 아키츠시마(秋津洲)가 대련항을 떠나는 것을 기다려 항구 밖 바다에서 아키츠시마에 올라 윤덕영, 조민희, 이완용 순으로 이토의 유해 앞에서 조의를 표시했다. 이때 조문단에는 한성부민회장 유길준도 서울 시민을 대표해 끼어 있었다.

이완용은 29일 오후 5시 대련에서 서울에 도착하자 곧바로 내각 명령으로 29일부터 31일까지 사흘 동안 조의를 표하기 위해 서울 시내 일원에 일체의 가무음곡을 금지하라는 지시를 내렸다. 또 순종에게 상주하여 일본에 있는 황태자는 스승의 상을 당하여 사제의 예로써 28일부터 3개월 동안 상복을 입도록 했다.

이에 앞서 순종은 27일 오후 친히 통감부를 찾아 조문하고 28일에는 이토에게 '문충공'(文忠公)이라는 시호를 내리는 한편 의친왕 이강을 도쿄에 보내 이토 장례식에 참석토록 했다. 의친왕은 전에 도쿄에 머물면서 공부는 안 하고 돈을 물 쓰듯이 쓰며 방탕한 생활을 하다 이토에게 여러 차례 꾸지람을 당한 전력이 있는 인물이다.

나라는 망해 가는데 황제의 아들이라는 친왕은 침략국에 건너가 국고를 탕진하면서 주색잡기에만 몰두한 것이다. 이것은 부실경영으로 부도위기에 몰린 재벌의 2세가 회사 돈을 몰래 빼내 유흥비로 탕진하는 짓과 조금도 다름없는 부도덕한 행동이다. 그는 이토가 통감으로 부임하자 통감부에 머물며 잠시도 이토 곁을 떠나지 않은 철저한 친일 도배였다. 이런 인물이 3·1운동 때는 독립운동을 한답시고 상해로 떠나다 일본 경찰에 저지당하는 해프닝을 빚기도 했으니 그가 꿈꾸는 독립이라는 것이 과연 어떤 것이었는지 그저 궁금할 뿐이다. 의친왕 이강의 이토 장례식 참석은 일본정부의 사양으로 이루어지지는 않았지만 한국 황실이 그를 보내려고 한 것은 이토와의 이러한 개인적인 인연도 고려한 것으로 보인다.

한국 황실은 이토에게 '문충공'이라는 시호를 내렸다. 학문에 밝고 집안을 잊은 채 오직 나라일만 걱정했다는 뜻에서였다. 그렇다면 그를 암살한 안중근은 당시 무엇이었는가. 오늘날 우리는 안중근을 의사로 추앙하면서 민족적 영웅으로 떠받들고 있다. 아무리 일제의 조종 아래 놓인 허수아비 황실이었다고는 하지만 이토에게 내린 '문충공' 시호는 정말 부끄러운 우리 역사의 치부이다.

이토의 장례는 11월 4일 도쿄 히비야(日比谷) 공원에서 일본의 국장으로 치러졌다. 한국정부에서는 일본통인 농상공부대신 조중응을 정부 대표로 장례식에 파견하고 이토의 가족들에게 은사금으로 10만 원을 전달했다. 그리고 이날 서울의 장충단에서는 서울 시내의 모든 학교 학생들을 동원한 가운데 정부 주최로 이토 추도식이 거행되었다. 추도식에서 이완용은 내각 대신들을 대표해 '고 태자태사 대훈위 문충공 공작 이등박문 전하'에게 올리는 조사를 읽었다.

이후 한동안 한국 내에서는 유림을 비롯해 저마다 조선 13도의 대표를 자칭하는 자들이 이토 암살에 대해 일본에 죄를 청하는 사죄사를 파견한다고 법석을 떨었다.

이들 '사죄사'의 행렬이 현해탄을 건너 줄을 잇고 있던 1910년 3월 26일 오전 10시 안중근은 구슬비가 내리는 가운데 여순 감옥에서 형장의 이슬로 사라졌다. 당시 그의 나이 33세였다.

13

이재명 의사의 칼을 맞다

일진회의 합방 주장에 반대하다

이토의 장례식이 치러진 지 꼭 한 달째 되는 날인 1909년 12월 4일 일진회는 난데없이 '대한제국 2천만 국민의 대표'를 자칭하며 '1백만 회원의 이름으로' 한국 황제와 내각에 한일합방 상주문과 의견서를 보내고 합방 성명서를 발표해 세상을 놀라게 한다. 이토가 암살당한 이후 일본에서는 대한정책을 근본적으로 해결해야 한다는 여론이 비등하고 있었다. 합방이라는 직설적인 표현은 사용하지 않았지만 이른바 '근본적으로 해결해야 한다'는 말속에는 합방의 의미가 포함되어 있었다. 일본인들 특유의 은유적 표현이었다. 이런 분위기를 업고 일진회가 먼저 합방을 제창하고 나온 것이다. 일제는 고종 양위 때도 그랬듯이 그들이 직접 전면에 나서기보다는 조선인 주구들이

자발적으로 일을 추진하도록 분위기를 이끌었다. 그래서 우리 역사에는 항상 이런 분위기에 편승해 과잉 충성하는 매국노들이 문제가 되고 있는 것이다. 더욱이 이번에는 그 과잉충성의 주체가 동학당과 독립협회의 후신이라는 사실에 더 큰 민족적 비극과 수치와 절망감이 있다.

일진회는 합방 상주문과 성명서에서 "일본이 일청전쟁을 통해 한국을 독립시켜주고 일러전쟁으로 러시아에 먹히게 된 것을 구해주었다. 그런데도 한국은 이것을 고맙게 여기기는커녕 이 나라에 붙었다 저 나라에 붙었다 하다가 필경은 외교권을 빼앗기게 되었으니 이는 우리 스스로가 초래한 것이다. 정미7조약을 체결하게 된 것 역시 헤이그 문제를 일으킨 우리에게 책임이 있다. 이등박문 태사가 백성들을 보살펴주고 태자를 이끌어주며 우리 한국을 위해 수고를 다한 것은 잊기 어려운 일이다. 그런데도 하얼빈의 변고가 일어났으니 이제 어떠한 위험이 닥칠지 알 수 없다. 이 또한 우리 한국 사람들 스스로가 그렇게 만든 것이다"라고 일제에게 국권을 빼앗기게 된 사태의 모든 원인과 책임이 한국에 있다고 주장했다.

이어 "천황 폐하는 너그럽고 어진 마음과 큰 도량으로 우리를 책망하지 않고 형제처럼 어루만져주고 있는데 우리는 모든 일에서 신의를 잃고 있다. 지금 한국은 환자에 비유하면 이미 목숨이 끊어진 지 오래된 시체나 다름이 없다. 우리가 이 시체를 끌어안고 통곡한들 무슨 소용이 있겠는가. 최근 해마다 한국으로 들어오는 일본인이 만 명이 넘는다. 이대로 가면 한국은 일본 천지가 되고 한국인은 일본인의 종으로 전락하게 될 것이 뻔하다. 그러니 보호받는 열등 국민으로 살기보다는 차라리 일본과 합쳐 세계 대제국을 만들어 세계의 일등 국민으로 일본인과 똑같은 대우를 받으면서 살아보자. 이것이 조선 민족이 사는 길이며 황실을 보존할 수 있는 유일한 길이다"라는 궤변을 늘어놓았다.

요컨대 일진회는 '황실을 지키고 민족을 구하기 위해서'라는 미명 아래 스스로 매국에 앞장선 것이다. 을사조약과 고종 양위를 거치면서 일진회는 이미 매국단체로 민중들 사이에 낙인이 찍혀 머리 깎고 검은 옷 입은 그 회원들은 의병들에게 걸리면 처단당하기 일쑤였다. 일진회가 당시 대한협회, 서북학회와 함께 대표적인 민간사회단체였던 것만은 사실이지만 1백만 회원은 터무니없이 과장된 것이다. 실제로 활동중이던 회원은 수천여 명에 불과했으며 그나마 합방을 요구하는 성명서는 이용구를 비롯한 수뇌부 몇 명이 그들의 일본인 고문과 상의해서 작성한 것이다.

일진회가 합방 성명서를 발표하자 사회 각계에서 즉각 일진회를 격렬히 성토하고 나왔다. 김윤식이 의장으로 있는 중추원은 "신하의 몸으로 어찌 감히 이런 말을 할 수 있는가. 송병준은 일진회의 두령이므로 성명서의 내용을 사전에 몰랐을 리가 없다. 그런 송병준이 중추원의 고문으로 있다는 것은 중추원의 수치이니 그를 고문에서 쫓아내야 한다"는 공문을 총리대신 이완용에게 보냈다. 한성부민회장 유길준도 이 기회에 일진회를 해산하고 흉악한 상주문을 반포한 그 기관지 국민신보사를 폐쇄하라고 요구하는 건백서를 역시 이완용에게 제출했다.『대한매일신보』는 일진회가 합방 성명서를 발표한 바로 그 다음날인 5일자 논설에서 "오늘날 대한국의 형세를 살펴볼 때 사법권까지 넘겨주고 이제 남은 것은 대한이라는 빈이름뿐이다. 이 이름이 있다고 나라가 망하지 않았다고 할 수 없으며, 이 이름이 있다고 인민이 죽지 않았다고 할 수 없다. 그러나 너희가 이름과 실상이 같게 되도록 노력은 못할지언정 어찌 차마 그 이름까지 없애고자 하는가"라고 일진회를 꾸짖었다.

『대한매일신보』는 7일자 논설에서도 "저희 일진회는 동등정치를 얻어서 황실의 안녕을 만세에 이어가고 인민이 일등으로 대접받는다고 하였으나 이는 범의 입에 물려 생명을 장구히 유지하고 종 문서를 만들어 바치며 공경대부가 되기를 바라는 것과 같은 것으로 삼척동자라도 믿지 못할 소리"라고 일진회의 기만성을 통박했다.

총리대신 이완용도 일진회의 합방 주장을 규탄하는 국민대연설회 개최를 서둘렀다. 이완용은 측근 인물인 이인직을 급히 불러 사회 원로와 단체 대표들을 동원해서 즉시 이를 추진하도록 지시했다.

이에 따라 일요일인 5일 낮 정오에 서대문 원각사에서 대한협회, 서북학회, 한성부민회 회원 등 4천여 명의 군중이 모인 가운데 국민대연설회가 열려 일진회의 흉악무도함을 공격하는 동시에 이제부터 일진회 회원들은 국민으로 인정하지 않는다는 결의를 했다.

이완용의 이 같은 일진회 공격에 대해 당시『대한매일신보』는 "원래 일진회와 내각은 얼음과 석탄 같은 사이인데 이완용이 이번 기회에 한국을 영원히 일본에 붙여 자신의 지위를 굳히려고 할 즈음에 일진회가 먼저 합방 성명서를 발표하고 나오자 이를 방해하기 위해서 이인직을 시켜 국민대연설회를 열게 했다더라"라고 보도했다.[1]

다시 말하면 이완용이 합방의 공을 일진회에 빼앗길까 보아 일진회의 합방 주장에 반대했다는 것이다. 이런 분석은 오늘날까지 그대로 하나의 정설이 되어 내려오고 있다. 그 뒤 이완용의 행동을 보면 이런 주장이 전혀 근거 없는 것이라고 말하기는 어렵다. 또 합방을 두고 일진회와 내각이 서로 공을 다투는 양상을 보인 것도 사실이다. 그러나 그렇다고 이완용이 순전히 합방의 공을 일진회에 빼앗기지 않으려는 욕심에서 일진회의 합방운동에 반대했다는 단정 역시 그대로 수긍키 어려운 면이 없지 않다. 합방을 하면 총리대신 자리가 없어질 것은 뻔한 데다 이름뿐인 나라지만 그래도 대한제국에서 온갖 영예와 권력을 누린 그가 자신의 지위를 굳히려고 합방을 서둘렀다는 주장은 논리적으로 선뜻 납득이 되지 않기 때문이다.

---

1) 『대한매일신보』 1909년 12월 5일자, 「잡보」.

사실 이완용은 일진회의 합방 주장에 대해 이면에서 상당히 집요하게 반대운동을 전개했다.

국민대연설회가 열리던 날 이완용은 통감부 관저로 소네를 방문해 일진회의 합방 성명서 문제를 상의한 다음 내각회의를 거쳐 일진회에서 황제와 내각에 보낸 상주문과 의견서를 되돌려 보내기로 했다.[2] 이완용이 통감 소네와 면담 직후 이런 조치를 취하기로 한 것을 보면 소네 역시 일진회의 합방 주장에 부정적이었던 것으로 보인다. 실제로 소네는 일진회가 통감부를 통해 일본 천황에게 올린 합방 상주문을 되돌려 보냈다.

이완용은 이어 왕년의 척족세도 대신인 민영규(閔泳奎)와 민영소를 시켜 대한협회와 제휴해 일진회의 합방 주장에 반대하는 국민대회를 발기하도록 종용했다. 대한협회는 원래 배일적인 단체로 출범했으나 그 후 성격이 변질되어 얼마 전에는 일진회와 연합 제휴까지 한 상태였다. 대한협회가 일진회와 연합한 것은 순전히 이완용 내각 타도라는 공통목표에서 출발한 것이다. 당시 대한협회 회장은 왕년의 친일파 김가진이었는데 이완용 내각을 몰아내고 그 자리를 차지해보려는 욕심이 없지 않았다. 그런데 일진회가 합방 성명서를 발표하자 여기에 반대해 갈라서게 된 것이다.

민영소는 이완용의 지시에 따라 국민대회를 발기시키고 그 회장에 취임해 일진회 공격의 선봉에 나섰다. 이완용은 또 일진회 부회장 홍긍섭에게 영향력을 행사해 그를 일진회에서 탈퇴시키는 데도 일익을 했다. 홍긍섭은 일찍이 이완용이 독립협회 활동 때문에 전라북도 관찰사로 쫓겨갈 때 독립협회 대표로서 이완용을 전별한 남다른 인연을 갖고 있었다.

『대한계년사』는 당시 민영소와 홍긍섭의 행동에 대해 "민영규와

---

[2] 『황성신문』 1909년 12월 7일자 2면; 『대한매일신보』 1909년 12월 7일자 2면.

민영소는 오래도록 관직을 얻지 못했는데 기회를 타서 이완용에게 아첨하여 그 욕심을 이루었다"라고 적고 홍긍섭은 "이완용이 사람을 시켜 6백 환을 주며 일진회에서 탈퇴하면 당장 진주 관찰사에 임명하고 또 1만 환의 돈을 주겠다고 했다. 홍긍섭은 일진회에서 탈퇴했지만(12월 7일) 이완용이 그 약속을 지키지 않아 뉘우치며 한탄했다"라고 기록하고 있다.[3] 이것이 어느 정도 사실인지는 확인할 수 없지만 어쨌든 민영소가 일진회를 공격하고 홍긍섭이 일진회의 합방 주장에 반발해 일진회를 탈퇴한 것만은 사실이다.

이처럼 일진회의 합방 성명서를 놓고 이완용과 일진회가 갈등을 빚고 있던 그해 12월 22일 이완용은 종현 가톨릭 성당, 즉 오늘날의 명동성당 앞에서 이재명의 칼에 찔려 빈사상태에 빠지게 된다.

대한의원 입원실에서 맞은 '경술년' 새해 아침

이완용은 이날 오전 10시 종현 가톨릭 성당에서 벨기에 총영사 주최로 열린 벨기에 황제 레오폴드 2세의 추도식에 참석했다. 추도식이 끝나고 11시 30분쯤 저동 집으로 돌아가기 위해 인력거를 타고 막 출발하려고 할 때였다.

양복에 머리를 깎은 청년 한 명이 칼을 빼들고 이완용에게 달려들었다. 청년은 저지하는 인력거꾼 박원문(朴元文)을 단칼에 쓰러뜨린 후 이완용의 왼쪽 어깨를 찔렀다. 이완용이 몸을 피하려다 인력거 아래로 굴러 떨어지자 청년은 이완용을 타고 앉아 두 번이나 더 칼을 휘둘렀다.

청년은 이완용을 경호하던 조선인과 일본인 순사에게 허벅지를 찔리고 체포되었다. 인력거꾼은 현장에서 숨이 끊어지고 이완용은 유혈

---

[3] 정교, 앞의 책, 권9, 95쪽, 기유년(1909), 융희 3년 12월 「일진회에서 한일합방론을 제안하다」 기사.

이 낭자한 채 땅바닥에 쓰러져 정신을 잃었다. 이완용은 추도식에 참석했던 누군가의 인력거에 실려 급히 저동 집으로 옮겨졌다. 그가 집에 도착했을 때는 출혈이 심해 맥박이 불규칙하고 체온도 35도 이하로 떨어져 거의 빈사상태에 있었다.[4] 급보를 받고 한성병원의 일본인 의사가 달려오고 30분 정도 후에는 당시 한국 최고의 의료기관이던 대한의원 원장 기쿠치 쓰네사부로(菊池常三郎)가 의사 2명과 간호원 2명을 데리고 도착했다. 대궐에서도 전의 두 명이 허겁지겁 달려왔다.

이완용은 이들 일본인 의사들의 응급치료를 받고 그날 밤을 자신의 집에서 보냈다.

이튿날 이완용은 기쿠치 원장의 권유에 따라 헌병과 경관의 삼엄한 호위 아래 대한의원에 입원, 기쿠치의 집도로 이날 오후 3시 50분부터 약 50분간에 걸쳐 수술을 받았다. 그가 수술을 받는 동안 그의 생질이자 조선인 비서관인 김명수와 일본인 비서관 우에무라 마사키(上村正己), 그의 형 이윤용과 또 다른 생질 한상룡(韓相龍)이 입회했다.

상처는 대단히 깊었다. 왼쪽 어깨로 들어간 칼끝은 왼쪽 폐를 관통하는 치명상을 입혔다. 숨을 쉴 때마다 구멍 뚫린 폐로 공기가 새어나와 폐기종을 일으킬 징후까지 보였다. 이완용은 만년에 해소병으로 고생을 하고 끝내 서식과 폐렴으로 죽게 되지만 그 원인이 이때 입은 상처에서 비롯된 것이다. 허리 부분을 찔린 두 번째와 세 번째 칼의 상처도 신장 가까이에 이를 정도로 심각했다. 의사는 이완용이 다른 사람의 부축을 받지 않고 혼자 힘으로 일어나 앉게 되기까지는 최소한 30일이 지나야 될 것이라는 진단을 내렸다.[5]

이완용은 한일합방이 이루어지던 경술년 국치의 새해를 대한의원

---

4) 『一堂紀事』, 상 172쪽, 「鍾峴加特道敎堂前에서의 遭難」.
5) 같은 책, 상 177~78쪽.

홍화당 제5호실의 입원실에서 맞았다. 회복은 예상보다 빨라 입원한 지 33일 만에 혼자 걸을 수 있게 되었으며 입원 53일 만인 1910년 2월 14일 퇴원했다.

이완용이 피습당한 다음날 순종과 고종은 시종을 보내 위문하고 순종은 대한의원으로 직접 전화를 걸어 경과를 물을 만큼 그의 안부를 걱정했다. 특히 순종과 고종은 그가 입원한 다음날부터 퇴원하는 날까지 하루도 빠짐없이 시종을 보내 경과를 묻고 위문할 정도로 지극한 '군신간의 정'을 표시했다. 일본에 있는 황태자가 스승의 흉보에 놀라 위로 전문을 보내고 황족과 대신들의 위문 발길이 이어졌으며 전국의 관찰사와 군수들로부터 위문 전보와 위로금이 답지했다. 일본에서도 수상 가쓰라가 통감부 비서관을 통해 위문한 것을 비롯해 일본인 고관들이 줄지어 대한의원을 찾았고 벨기에 황제가 위로 전문을 보내왔다. 순종은 특별히 위로금으로 2천 원, 고종은 1천 원을 보내왔는데 이때 이완용에게 들어온 위로금은 무려 2만 원이 넘었던 것으로 알려졌다.

이완용의 피습과 함께 일진회의 합방 성명서를 둘러싼 논란도 일시 소강상태로 빠져들었다. 국민대회의 회장을 맡아 일진회의 합방 주장에 맹렬히 반대운동을 벌이던 민영소도 회장직을 내놓고 슬그머니 꽁무니를 빼버렸다. 이후 국민대회 활동 역시 시들해졌다.

이완용이 입원해 있는 동안 내각회의는 내부대신 박제순이 대신 주재했지만 내각 사무는 여전히 총리대신 이완용의 이름으로 처리되었다.

이완용을 찌른 청년은 당시 23세의 평양 출신 이재명이었다. 독실한 기독교도인 그는 일찍이 미국에 건너가 샌프란시스코에서 노동으로 생활을 하다 을사조약에 이어 정미7조약이 체결되었다는 소식을 듣고 나라가 망하게 된 것을 개탄하며 1907년 10월 귀국했다. 일진회가 합방 성명서를 발표하자 이완용과 이용구 등을 처단하기로 동지들과 의논하고 기회를 엿보던 중 12월 22일자 신문에 그날 종현 성당에서 열리는 벨기에 황제 추도식에 내각 대신들이 참석한다는 기사가 난 것을 보고 결행을 한 것이다.

이 사건으로 이재명과 그의 동지 12명이 경찰에 체포되어 재판에 회부되었다.

1910년 5월 13일 열린 첫 공판에서 일본인 재판장은 이재명에게 "이완용을 죽이려고 한 이유가 무엇인가"라고 물었다. 이재명은 "이완용은 죽일 만한 죄가 허다하지만 그 중에서도 제일 큰 죄목이 여덟 가지가 있으니 하나는 을사5조약을 체결한 것이며 ……"라고 진술할 때 통역이 말을 끊고 그 내용을 재판장에게 통역해주었다.

재판장이 이재명에게 "이완용을 죽이려 한 것은 5조약을 체결한 때문인가"라고 말을 바꾸어 심문함으로써 이완용의 여덟 가지 죄목을 일일이 나열하는 것은 여기서 끊기고 말았다.

이어 재판장이 "작년에 일진회에서 합방 성명을 발표했을 때 이완용이 여기에 반대했는데 오히려 그를 죽이려 한 것은 무엇 때문인가"라고 심문했다. 이에 대해 이재명은 "이완용이 이미 일곱 가지의 큰 죄를 지었으므로 나는 항상 그를 위하여 회개하기를 기도하였으나 이제 또 한 가지 죄를 더하여 여덟 번째 큰 죄를 지으니 어쩔 수 없이 죽여 없애기로 결심했다"라고 답변했다.

이번 사건의 직접적인 발단이 된 것은 물론 일진회의 합방 성명서 발표였다. 이를 계기로 이재명과 그 동지들은 이완용과 이용구 가운데 누구를 먼저 처단하느냐는 문제를 놓고 논란을 벌였다. 이재명은 오늘의 사태를 초래한 것은 을사5조약과 정미7조약을 맺은 이완용이므로 이완용을 처단해야 한다는 주장을 폈고 김정익(金貞益)은 합방 성명서를 발표한 이용구를 먼저 없애야 한다고 주장했다. 결국 두 사람은 서로 각각 이완용과 이용구를 처단하기로 결의하고 기회를 노려왔다. 이재명은 이완용이 일진회의 합방 주장에 대해 겉으로는 반대운동을 하고 있으나 과거 그의 행적에 비추어 속으로는 합방을 추진하고 있다고 보고 이것을 그의 여덟 번째 큰 죄로 지적한 것이다. 이재명은 5월 18일 경성 지방재판소에서 사형선고를 받고 9월 13일 교수형에 처해졌다. 그의 동지 12명도 모두 징역 15년에서 5년형을 선고받았다.

이재명이 사형선고를 받던 날 이완용은 피습 이후 149일 만에 순종과 고종을 알현하고 그 동안의 경과를 상세히 주달하면서 '군신의 정'을 나누었다. 이어 의사의 권고에 따라 온양온천에 요양 갈 것을 청해 허락을 받았다. 그리고 다음날 이완용은 궁내부대신을 통해 총리대신 사직 청원서를 제출했다. 그러나 순종은 그가 요양하는 동안 내부대신 박제순으로 하여금 임시로 총리서리를 맡게 하고 이완용은 계속 총리에 유임토록 하라는 은혜를 베풀었다.

이완용은 5월 23일 기차로 천안역에 도착해 가마를 타고 온양으로 향해 그곳의 일본인 여관에 숙소를 정했다. 그가 지나는 길은 경시청의 특별 지시에 따라 해당 지역의 순사들이 엄중히 경계를 서고 있었다.

그가 온양에서 요양을 시작한 지 7일째 되던 5월 30일 그 동안 병을 앓아오던 소네가 통감직에서 물러나 일본으로 귀국하고 후임 통감에 육군대신 데라우치 마사다케(寺內正毅)가 임명되었다. 러일전쟁 이전인 1902년부터 줄곧 육군대신을 맡아온 데라우치는 일본 군부의 최고 실력자로 한국의 즉각 병탄을 주장하는 일본 군부 내의 대표적 강경파였다. 일본정부가 그런 인물을 통감으로 임명한 것은 그를 앞세워 합방을 신속하게 강행하겠다는 의지의 표시였다. 당시 일본에는 내부대신에서 쫓겨난 송병준이 건너와 데라우치를 비롯한 일본 군부 강경파들을 두루 만나고 다니며 합방을 충동질하고 있었다. 그는 수상 가쓰라에게 1억 엔이면 한일합방을 끝낼 수 있다고 큰 소리를 치기도 했다.

데라우치가 통감에 임명되자 한국 정계에는 송병준이 데라우치와 함께 귀국한다거나 데라우치의 통감 임명은 송병준 작품이라는 등의 풍문이 나돌았다. 송병준의 일본 내 영향력과 일본 군부와의 유착 정도를 짐작케 하는 소문들이다. 데라우치의 통감 임명에 누구보다도 기대에 들뜬 것은 일진회였다. 군 출신인 그가 통감으로 부임하면 군부와 가까운 일진회의 송병준이나 이용구가 총리대신이 될지도 모른다는 희망 섞인 관측에 부풀어 있었던 것이다.

이런 와중에 이완용은 온양에서 온천욕과 천렵, 글씨 쓰기로 소일하고 있었다. 그가 온양에 머무는 동안 순종과 고종은 특별히 온양에까지 각각 별도로 칙사를 보내 병세를 묻고 술과 다과를 하사해 그를 감읍케 했다. 순종이 보낸 칙사 일행에는 궁내부대신 민병석과 시종원경 윤덕영까지 동행했다. 황실의 이완용에 대한 이 같은 지극한 보살핌을 어떻게 보아야 할 것인가. 그가 일본을 등에 업고 있기 때문에 마지못해 한 관심 표시인가, 아니면 단순히 현직 총리대신에 대한 예우 차원인가. 거기에는 이러한 수준을 넘어선 군신 간의 끈끈한 정이 엿보이는 것이 사실이다. 이완용은 변함없이 황실에 충성을 바쳐왔고 더구나 순종의 세자 시절 스승이었으며 현재는 황태자의 소사가 아닌가.

6월 24일에는 한국의 경찰 사무를 일본정부에 위탁하는 각서가 데라우치와 내각 총리대신 임시 서리 박제순의 이름으로 조인되었다. 데라우치는 육군대신과 통감을 겸임하면서 아직 부임도 하지 않은 상태에서 공문 한 통으로 간단히 한국의 경찰권을 빼앗아버린 것이다. 경찰권을 빼앗은 것은 합방을 위한 마지막 정지작업이었다.

당시 한국의 경찰권은 이원화되어 있었다. 사법권을 일본에 빼앗긴 후 사법경찰권은 통감부로 넘어갔지만 일반 경찰권은 그대로 한국정부가 갖고 있었다.

그런데 데라우치가 박제순에게 "지난번 사법권을 위임할 때 사법경찰권은 제국 정부에 넘어왔지만 나머지 경찰권이 귀국 정부에 남아 있음으로 해서 일반 경찰사무를 집행하는데 불편이 적지 않다는 사실을 잘 알고 있을 것으로 믿는다. 그러므로 경찰기관을 통합하여 효율을 완벽하게 하려는 목적에서 귀국 정부는 이제 일체의 경찰권을 남김없이 제국 정부에 위탁할 것을 이처럼 서면으로 알려드린다"는 공문을 보내 경찰권 이양을 요구했다.

실로 데라우치식 으름장의 진면목을 보여주는 일방적 문구이며 통고였다. 데라우치는 일반 경찰권까지 빼앗아 경찰업무를 일원화함으로써 헌병과의 협조 아래 한국의 치안 장악력을 강화할 의도로 이 같은 공문을 보낸 것이다. 박제순은 데라우치로부터 경찰권 이양 요구를 받고 6월 23일 각의를 소집해 이 문제를 논의했다. 탁지부대신 고영희와 학부대신 이용직(李容稙)이 반대의사를 표시했으나 결국 대세는 어쩔 수 없다는 결론을 내리고 내각 대신 전원 찬성의 형식으로 이를 받아들였다. 이로써 한국은 이제 일본에 더 이상 내줄 것이 없는 이름만 남은 빈껍데기 나라가 되어버렸다.

이완용은 6월 24일 온양에서 경찰권을 일본에 위탁하는 각서에 조인했다는 내각의 전보를 받았다. 그리고 나흘 후인 6월 28일 요양 간 지 한 달여 만에 서울로 돌아와 6월 30일부터 다시 총리대신으로 출근하기 시작했다.

14

이름뿐인 나라마저 일제에 넘겨주다

"그물 속으로 물고기가 뛰어 들어왔다"

공문 한 통으로 한국의 경찰권을 탈취한 데라우치는 통감으로 임명받은 지 거의 두 달 만인 7월 23일 오전 10시 군함 야쿠모(八雲)함을 타고 인천에 도착해 부임했다. 순종과 고종은 칙사를 인천에 보내고 이완용 이하 내각 대신들도 모두 인천까지 출영해 그를 맞았다.

데라우치의 임무가 한국병합이라는 것은 누구나 짐작하고 있었다. 일본은 데라우치가 부임하기 전에 이미 합병에 대비해 한국에 헌병 1천 명을 증파했다. 그리고 당시 한국 주둔군 참모장으로 전임해 있던 헌병정치의 원조 아카이시 모토지로를 다시 헌병대장에 임명해 헌병과 경찰을 총지휘하는 경무대장에 앉혔다. 이어 한국 북부지방에 분산 배치되어 있던 병력을 은밀히 서울로 집결시켰다. 합방에 따른 민심의 동요와 저항을 막기 위한 조치였다.

데라우치와 일본은 이렇게 병합 준비를 은밀히 추진하면서도 합방이라는 말은 일체 입 밖에 꺼내지 않았다. 답답한 것은 오히려 한국 황실과 이완용 내각이었다. 일본의 본심을 알 수 없었던 것이다.

1910년 8월 4일 이완용은 마침내 자신의 측근인 이인직을 통감부 외사국장 고마쓰 미도리(小松綠)에게 보내 일본의 본심을 확인하게 한 다음 먼저 합방을 제의했다. 이인직은 이후에도 두 차례나 더 고마쓰를 찾아간다.[1] 일본은 더위나 가시면 본격적으로 합방을 추진할 생각으로 일정을 잡고 있었다. 그런데 이완용이 먼저 합방을 제의하고 나온 것이다.

그래서 고마쓰는 이인직이 먼저 자신을 찾아와 이완용의 합방 제안을 전달한 것을 두고 훗날 자신의 저서인『명치외교비화』에서 "그물 속으로 물고기가 뛰어 들어온 기분이었다"고 썼다.[2] 이인직은 1902년 관비유학생으로 일본에 건너가 도쿄 정치학교를 졸업한 일본 유학생 출신이다. 고마쓰는 바로 그의 도쿄 정치학교 시절 국제법을 강의한 은사였다. 그는 정치학교 졸업 후 일본 육군성에 통역으로 들어가 러일전쟁에 종군했으며 을사조약이 체결된 후에는『국민신보』와『만세보』주필을 거쳐 이완용에 의해『대한신문』사장이 되었다. 『혈의 누』라는 신소설 작가로 유명한 이인직은 이때부터『대한신문』을 통해 이완용 내각을 옹호하면서 이완용의 개인비서 비슷한 측근으로 활동해왔다.

이인직은 일진회가 합방 성명서를 발표했을 때는 이완용의 지시에 따라 일진회를 맹공하며 합방 반대운동을 벌였었다. 그런데 그로부터 불과 8개월 후에는 그 이완용의 지시를 받고 고마쓰와 이완용 사이를

---

1) 고마쓰 미도리,『朝鮮併合之裏面』, 中外新論社, 1920, 124～44쪽.
2) 고마쓰 미도리,『明治外交秘話』, 千倉書房, 1936, 442쪽.

오가며 병합의 막후 공작을 벌이는 기막힌 이중 역할을 하게 된 것이다.

이때 이완용이 이인직을 통해 먼저 합방을 제의한 것은 분명히 합방의 공을 자신이 차지하겠다는 욕심에서 비롯된 것이라고 볼 수 있다. 일본은 말로 표현만 하지 않고 있을 뿐 합방을 확고한 방침으로 정하고 있음이 분명해 보였다. 지금까지의 경험으로 보아 그가 반대한다고 병합을 망설이거나 못할 일본이 아니었다. 사실 합방은 이제 하나의 요식행위에 불과했다. 이완용이 선뜻 응하지 않으면 송병준을 내각 총리대신에 임명해 성사시킬 수도 있었다. 실제로 데라우치는 그런 가능성을 이완용에게 은근히 풍기고 있었다. 어차피 합방이 불가피한 대세라면 그 공을 송병준에게 빼앗기기보다는 자신이 차지하고 싶은 것이 이완용의 솔직한 심정이었을 것이다. 그래서 서둘러 합방을 제의하고 나온 것이다.

일본으로 볼 때도 무리하게 망나니 같은 송병준을 내세워 일을 추진하기보다는 그래도 한국의 명문가 출신 정통 관료 이완용과 합방조약을 맺는 것이 더 바람직하다고 판단했을 법도 하다. 이완용은 이인직이 고마쓰로부터 받아온 합방조약의 초안을 놓고 당시 중추원 의장이던 김윤식과도 의논했다. 김윤식과는 갑오경장 때 외무대신과 협판으로 함께 일한 사이이며 이른바 온건 개화파라는 점에서 이완용과 성향도 비슷했다. 김윤식도 '동양평화를 유지하고 인민을 구제한다'는 명분을 내세워 합방에 찬성했다.

8월 16일 이완용은 농상공부대신 조중응을 통역 겸 참모로 데리고 통감 관저로 데라우치를 찾아갔다. 표면적으로 내세운 방문 명목은 당시 도쿄를 휩쓴 수재 위문이었으나 실제는 합방문제를 마무리지으려는 데라우치의 뜻에 따라 이루어진 것이었다. 한일합방은 이날 이완용과 데라우치의 면담으로 사실상 확정되었다.

이틀 후인 8월 18일 이완용은 내부 박제순, 탁지부 고영희, 학부 이용직, 농상공부 조중응 등을 소집한 가운데 비상 내각회의를 열어

합방문제를 논의했다. 외부대신 자리는 없어진 지 오래되었고 군부와 법부대신 자리도 이미 사라져버려 내각회의라고 해야 총리대신까지 합쳐도 참석자는 5명에 불과했다. 이용직이 반대의사를 표시했을 뿐 나머지는 '대세상 어쩔 수 없다'는 논리로 합방을 받아들였다. 이렇게 해서 이완용과 박제순은 을사5적에 이어 양오적의 오명을 얻게 되었다.

그런데 한일합방안이 내각에서 통과되던 이날 순종은 이완용이 부상당했을 때 힘을 다하여 치료한 공로로 대한의원장 기쿠치에게 훈1등을 주고 태극훈장을 수여한 것을 비롯해 일본인 의사 6명에게 훈장을 수여했다. 합병이라는 나라가 없어지고 민족이 말살당하는 민족 역사상 최대의 수치스러운 순간이 다가오고 있는데도 황실은 마치 아무 일도 없다는 듯이 지극히 평온한 가운데 이완용을 치료한 일본인 의사에게 훈장이나 수여하는 일을 하고 있었던 것이다.

그리고 나흘 후인 8월 22일 오후 1시 창덕궁 대조전 흥복헌에서 내각 대신과 중추원 의장 김윤식, 시종무관장 이병무 등 문무 원로대신과 운현궁의 흥친왕 이재면 등 황족 대표들이 참석한 가운데 어전회의를 열고 합방안을 최종적으로 확정했다.

이날 어전회의에서 순종은 "부황 폐하로부터 대임을 물려받아 4년에 이르렀으나 백성과 나라의 곤궁한 형편을 구하지 못하고 이제 1천5백만 인민의 화가 눈앞에 닥쳐왔음을 보게 되었다. 이에 짐은 저들과 같은 궁민을 차라리 선진 유덕한 일본 천황에게 위탁하려 하는데 여러 신하 가운데 만약 인민을 구제할 방책이 있다면 숨김없이 말해보라"고 짐짓 백성과 나라를 구할 묘책을 제시하라는 지시를 내렸다.

이에 먼저 흥친왕 이재면이 나서서 "오늘의 하교는 부득이한 것이지만 태황 폐하의 기십 년에 걸친 실덕을 말한다면 누가 오늘의 일을 예측할 수 없었겠는가"라고 나라가 이 지경이 된 것을 고종의 실정 탓으로 돌렸다. 이재면 역시 합방을 어쩔 수 없는 것으로 받아들인 것이다.

이어 이완용은 "인민을 구제할 양책이 있다면 들어보시겠다는 하교에 대해 드릴 말씀이 없나이다. 다만 책임을 다하지 못한 죄를 자책하여 황공할 뿐입니다"라고 답변했다. 회의에 참석한 다른 대신들은 아무런 말이 없었다.

합방의 방침은 이미 정해져 있었다. 따라서 어전회의는 형식에 불과했다. 이완용의 발언이 끝난 후 회의장은 일순 무거운 침묵에 싸였다. 이윽고 순종은 한국에 대한 통치를 극히 신뢰하는 대일본제국 황제 폐하에게 넘겨주기로 결정했다고 밝히고 내각 총리대신 이완용을 전권위원으로 임명해 통감과 합방조약을 맺도록 지시했다. 이완용은 전권위임장을 받아들고 곧바로 통감부로 가서 데라우치와 '한국 전체에 대한 일체의 통치권을 완전히 그리고 영구히 일본에 넘겨준다'는 한일합방조약에 조인했다. 조약은 한국과 일본 양국 황제의 재가를 받아 공포하는 날로부터 시행하도록 규정되었다. 이로써 조선왕조는 27대 5백19년 만에 망하게 되었으며 5천 년 역사를 가진 한민족도 사라질 운명에 놓이게 되었다. 이완용 또한 자신의 이름으로 3천리 강토와 1천5백만 명의 인민을 일제에 넘겨주는 합방조약에 서명함으로써 만고에 씻을 수 없는 매국노의 오명을 남기게 되었다.

합방조약 역시 을사조약이나 정미7조약처럼 순식간에 처리되었다. 그러나 이전의 두 조약을 체결할 때와는 달리 일제로부터 직접적인 협박이나 강요, 공포 분위기 조성 같은 것은 없었다. 한국정부 쪽에서도 어떠한 반발이나 저항의 기미는 보이지 않았다. 일반 백성에게는 비밀로 한 채 한국정부는 큰 고뇌나 망설임 없이 지극히 평온하게 일을 추진했다. 이렇게 해서 합방조약은 한국정부가 요청하는 것을 일본이 받아들이는 형식으로 조인된 것이다.

그리고 4일 후인 8월 26일 순종은 이완용과 궁내부대신 민병석에게 대한제국 최고 훈장인 금척대수훈장을 수여하고 내부대신 박제순,

탁지부 고영희, 학부 이용직, 농상공부 조중응, 중추원 의장 김윤식, 시종원경 윤덕영, 시종무관장 이병무에게는 그보다 두 단계 낮은 이화대수훈장을 골고루 수여했다.

합방조약 발효를 앞두고 한국 황제 순종이 신하들에게 베푸는 마지막 은전이었으며 합방조약을 성사시킨 '공로'에 대한 일종의 포상과도 같은 성격을 지닌 훈장이었다. 금척대수훈장은 황족과 문무관 가운데 서성대훈장을 받은 사람으로서 특별한 공훈이 있을 때 황제의 특별 지시로 수여하는 훈장이다. 결국 이완용과 민병석은 나라를 파는 조약을 성사시킨 '특별 공훈'으로 이 최고훈장을 받은 것이다.

이보다 앞서 8월 21일에는 황후 윤비가 이완용의 아내인 정경부인 훈2등 조씨를 훈1등으로 승격시키고 서봉훈장을 수여하는 등 전·현직 내각 대신의 부인과 황실 종친의 부인, 궁중의 상궁 등 40여 명에게 무더기로 훈장을 주는 훈장 잔치를 벌였다. 합방을 앞두고 황실이 이들 여인들에게도 골고루 마지막 선심을 베푼 것이다.

합방 사실은 공식적으로 발표되기 전에 벌써 영국과 미국의 신문에 보도되기 시작했다.

일제가 이들 열강에 사전 통고를 하고 양해를 구하는 과정에서 이들 정부를 통해 언론에 정보가 흘러나갔던 것이다. 한국의 멸망에 동정을 표시하는 열강은 없었다. 백인들의 관심은 오로지 그들이 그 동안 한국에서 누려오던 치외법권의 특권이 사라지는 것에만 집중되어 있었다. 한국이 일본에 병합된 이상 그들은 일본 본토에서와 마찬가지로 이제 더 이상 한국에서 치외법권을 누릴 수 없게 되었던 것이다.

합방은 8월 29일 공식적으로 공포되고 이 날짜로 시행되었다. 대한제국은 이제 세계 지도에서 사라지고 통감부는 조선총독부로 이름이 바뀌었으며 데라우치는 총독으로 올라갔다. 한국 황제 순종은 일본 천황에 의해 왕으로 책봉되어 창덕궁 이왕으로 불리게 되고 일본에 유학중인 황태자는 왕세자로, 태황제 고종은 이태왕으로 봉해졌다.

천황의 이름으로 대사령이 내려져 국사범과 정치범 등 8백여 명이 석방되고 합방 전에 세금을 횡령하거나 착복한 관리에 대해서도 죄를 묻지 않고 변상을 면제시켜주는 '은전'이 베풀어졌다. 일본은 이른바 은사공채 3천만 엔을 발행해 왕족과 대신으로부터 시골의 양반 한학자로 장수하는 자, 효자 열녀로 표창 받은 자에 이르기까지 전국 곳곳의 8만 9천8백64명에게 골고루 뿌렸다. 송병준이 부른 합방자금 1억 엔을 데라우치는 3천만 엔으로 해치운 것이다. 당시 3천만 엔은 한국은행이 일본 물가지수를 이용해 1999년 현재 가치로 환산한 바에 의하면 약 3천6백95억 원에 해당하며, 우리나라 쌀값으로 환산할 경우 약 6천3백98억 원에 해당하는 금액이다.

합방 당일로 조선귀족령이 반포되어 당시 내각의 각원과 칙임 1등 이상의 신료 76명에게 각기의 '공로'에 따라 작위가 수여되었다. 이완용은 백작의 작위와 '은사금'으로 15만 원을 받았는데 왕족과 척족이 아닌 자 가운데 백작을 받은 것은 이완용이 유일했다. 이완용이 받은 은사금 15만 원은 쌀값으로 환산할 경우 1999년 현재 약 32억 원에 해당하는 돈으로 알려진 것만큼 그렇게 엄청난 금액은 아니었다. 이때 의친왕 이강과 대원군의 장남 이재면은 공작으로 봉해지고 은사금 83만 원을 각각 받았으며 순종의 계비 윤비의 아버지인 윤택영(尹澤榮)은 후작의 작위와 은사금 50만 4천 원을 받았다.

이밖에 과거 정변으로 피해를 입은 고위 관료들에게도 구제차원에서 김옥균·홍영식·어윤중·김홍집·안경수 등에게는 각각 1만 원, 정병하·권형진·서광범·우범선·이주회(李周會)·박영교(朴泳敎)·조용희(趙龍熙)·유기환(俞箕煥) 등에게는 각각 5천 원의 은사금이 주어졌다.

은사금은 연리 5푼의 공채로 지불되었으며 기명식이어서 일본정부의 허가 없이는 양도나 저당을 잡힐 수 없었다. 이 은사공채의 원금은 5년 거치 50년 이내 전액상환으로 되어 있었는데 일제의 지배가

36년으로 끝나는 바람에 실제로 원금은 한푼도 지불되지 않았다. 결국 이완용은 은사금 15만 원의 원금은 받지 못하고 매년 이자 7천5백 원씩 34년 동안 총 25만 5천 원을 매국의 대가로 받은 것이다. 그러나 이 공채이자는 조선인의 혈세로 짜여진 총독부 예산에서 지급되었기 때문에 매국 대가 역시 조선인의 주머니에서 나간 셈이 되었다.

작위가 수여된 76명 가운데 판돈녕부사를 지낸 김석진(金奭鎭)과 흥선대원군의 둘째 사위 조정구(趙鼎九)는 작위를 거부하고 한규설, 유길준, 홍순형(洪淳馨), 민영달(閔泳達), 조경호(趙慶鎬), 윤용구(尹用求) 등 6명은 반납했으며 이중 김석진은 음독자살했다.

"조국을 위해 죽는 것보다 더 기꺼운 일은 없다." 그러나 합방 당시 망국을 한탄하며 조국을 위해 목숨을 바친 의인은 김석진과 금산군수 홍범식(洪範植), 선비 이희철(李喜喆) 등 3명뿐인 것으로 기록되고 있다. 나머지는 모두 일제가 수여하는 은사금과 관작을 기꺼이 받아들이고 천황 폐하의 충실한 신민이 될 것을 다짐했다. 특히 구한국에서 나라의 은혜를 많이 입은 자들일수록 먼저 앞장서서 일제의 품 속으로 뛰어들었다. 1945년 8월 15일 일본 천황 히로히토가 항복 방송을 한 이후 8월 중에만 '패전에 책임을 지고' 자살한 일본인이 육군대장에서 사병에 이르기까지 5백여 명에 달했다는 것에 비하면 대한제국의 망국에서는 그런 비장감도 찾아보기 힘들었다.

9월 10일 이완용은 내각 총리대신의 인장과 내각 인장을 총독부에 넘겨주고 24일에는 8월 28일부터 30일까지 3일간 잔무를 처리한 수당으로 총독부로부터 60여 원을 받았다. 10월 3일에는 총독부로부터 퇴직금으로 1천4백58원 33전을 받았다.[3] 이날 이완용은 내각 소속 판임관 이상 관리들에게 총독부에서 내려온 은사금 사령서를 나눠주고 몇 마디의 작별인사말을 하는 것으로 구한국 총리대신으로서

---

3) 『一堂紀事』, 하 592쪽.

의 역할을 최종적으로 마쳤다. 인사말은 아주 간단했다.

"이번 폐관(廢官)한 일은 어쩔 수 없는 시세에 따른 것임을 모두 알고 있을 터이니 달리 말할 필요는 없다. 다만 몇 년간 관직생활을 함께 하며 고락을 같이했는데 오늘 각자 흩어지게 되어 착잡한 감회가 깊을 것이다. 앞길이 어렵겠지만 무슨 일을 하더라도 지난날보다 더욱 주의하여 생계를 유지하기 바란다. 오늘 우리가 눈물을 머금고 헤어지게 되어 섭섭한 마음을 금할 수 없으나 모든 일을 잘 계획해서 생업에 종사하기를 간절히 바란다."[4]

비록 매국의 당사자이기는 해도 그 역시 대한제국의 신민이었던 만큼 망국을 당해 일말의 감회가 없을 수는 없었을 것이다. '천황 폐하에게 충성' 운운하는 낯간지러운 발언을 하지 않은 것은 그래도 최소한의 민족적 양심이 남아 있었기 때문인지도 모른다.

그러나 비록 합방으로 총리대신 자리는 잃었지만 그에게는 친일 세도가로서의 화려한 새 인생이 예약되어 있었다. 10월 7일에는 총독부에서 작위 수여식을 갖고 정식으로 백작의 작위를 받았으며 10일에는 한 해에 2천 원을 받는 조선총독부 중추원 고문에 임명되었다. 중추원은 원래 구한국 당시 내각의 자문기구였으나 합방 이후에는 총독부의 자문기구로 역할이 바뀌었으며 의장은 총독부 정무총감이 겸직했다.

대한제국의 총리대신이던 그의 지위가 이제는 총독부 자문기구의 고문으로 격하된 것이다. 23일에는 그의 부인 조씨와 큰며느리 임씨, 아들 항구(恒九)를 조선 귀족과 그 부인들로 구성된 일본 관광단에 포함시켜 도쿄로 떠나보냈다. 이제 이완용 일가는 천황으로부터 작위를 받은 조선 귀족으로서 선진 일본 문명의 혜택을 한껏 누리며 새로운 세상을 살게 된 것이다.

---

4) 같은 책, 하 429~30쪽, 「일한병합후, 元內閣소속 判任官이상 各員에 대한 說諭」.

15

총독정치에 적극 협력하다

일본 천황과 조선 왕실에 똑같이 충성을 바치다

합방 이후에도 이완용은 여전히 이제는 '이왕가'가 되어버린 조선 왕실에 충성을 바치며 왕실에 가장 영향력 있는 '조선인'으로 활동했다. 왕실과 그와의 관계는 그가 대한제국의 총리대신으로 재직할 때와 조금도 다름없이 돈독했다.

동시에 그는 일본 천황의 신하로서 천황에게 충성을 다했으며 가장 신뢰할 만한 '조선 귀족'으로서 조선총독부의 식민통치에 충실하게 자문 역할을 했다. 이렇게 그는 이왕가와 일본에 동시에 충성을 바치면서 이왕가와 조선총독부의 공식 행사는 물론 각종 사회단체에 안 끼는 곳이 없을 정도로 활발하게 정치 사회활동을 벌인다. 그는 합방 이후에도 합방 전이나 다름없이 이왕가와 일본에 가장 영향력 있는 조선인이었다. 박영효 역시 원조 친일파로서 그보다 한 단계 높은 후작의 작위를 받았지만 정치 사회적 영향력이라는 면에서 본다면 이완용에게는 비교도 되지 않을 정도로 미약했다. 이완용은 이렇게 친일 세도가로 위세를 떨치면서 한편으로는 한가롭게 일본과 조선의 명승지와 고적을 유람하고 시와 붓글씨로 유유자적하며 인생 후반기를 즐겼다.

합방 후 그가 일본을 처음 방문한 것은 합방 1년 만인 1911년 10월 15일이었다. 메이지(明治) 천황의 탄생일인 이른바 천장절 축하 행사에 조선 귀족대표로 참석하기 위해서였다. 이것은 그의 생애에서 최초의 공식적인 일본 방문이다. 물론 이완용은 1887년 11월 초대 미국 공사관원으로 부임하는 길에 나가사키 땅을 밟은 적이 있으며 1888년 10월 재차 미국 공사관에 부임할 때도 일본을 거쳐 갔다. 그러나 그때는 잠깐 들른 정도였다. 그때 이후 이완용은 실로 23년 만에 일본을 찾은 것이다.

대부분의 친일파들이 일본을 뻔질나게 드나들고 일본말을 능숙하게 구사했던 것에 비하면 이런 점에서 과연 이완용을 진정한 의미의 친일파로 규정해야 하느냐는 의문이 제기될 수도 있다. 그러나 이후 그는 어떤 친일파 못지않게 일본을 자주 드나들게 된다.

10월 28일 이완용은 메이지 천황 부부를 알현하게 되는데 메이지는 황공하옵게도 그에게 "먼 길에 어려움은 없었는가"라고 친히 묻고 성찬을 내렸다. 그는 황궁에서 물러 나오자 곧바로 왕세자 이은을 찾아 알현했다. 천장절에 참석하고 11월에 조선에 돌아온 그는 다음해 1월 요양을 위해 일본의 유명한 온천지인 벳푸에 가서 두 달 동안이나 머문다.

그리고 그해, 즉 1912년 7월 25일에는 메이지 천황이 위독하다는 전갈에 따라 역시 조선 귀족대표로 도쿄에 문안차 갔다가 메이지의 장례가 끝날 때까지 두 달 동안이나 도쿄에 체류하게 된다.

메이지의 상을 당해 이완용이 도쿄에 머무르고 있던 8월 12일 그는 총독 데라우치로부터 조선총독부 중추원 부의장에 임명되어 사령장을 받는다. 합방 후 중추원 부의장은 김윤식이 맡아왔으나 그가 자진 사퇴함에 따라 이완용이 임명된 것이다. 중추원 부의장은 비록 실권도 없고 의장인 총독부 정무총감을 보좌하는 자리지만 일제 식민통치 아래서 조선인이 차지할 수 있는 친임 대우의 최고위 관직이었다. 즉 일본 천황이 친히 임명하는 친임 대우를 받는 자리였다. 이완용은 이때부터 이 최고위직을 그가 죽을 때까지 무려 15년 동안이나 보유했다. 이것은 그가 일본인으로부터 얼마나 신임을 받고 있었는가를 보여주는 가장 확실한 증거다. 그가 죽은 뒤에 이 자리는 박영효가 이어 받았다.

메이지의 장례가 끝난 후 조선으로 돌아오자마자 이완용은 자신의 장손 이병길(李丙吉)을 일본으로 유학 보낸다. 병길은 원래 이완용의 둘째 아들 항구의 장남으로 태어났으나 큰아들 승구가 소생이 없이 죽자 승구의 양자로 입적해 집안을 잇게 한 장손이다. 이병길은 일본 귀족의 자녀들이 다니는 도쿄의 학습원에 입학하게 된다.

이때 이완용은 장손을 일본에 유학 보내면서 "앞으로 75년 후에 이씨 성을 가진 일본 내각 총리대신이 나올 것"이라는 말을 했다고 한다.[1] 그가 구체적으로 어떤 근거에서 75년이라는 말을 했는지는 알 수 없다. 그러나 이완용이 '이씨 성' 운운한 것으로 미루어 75년 후 자신의 집안에서 일본 내각 총리대신이 나올 것을 기대했음이 분명해 보인다.

당시 조선인은 일본인으로부터 거의 미개인 취급을 받고 있었다. 그런 조선인 가운데서 일본 내각 총리대신이 나올 것이라고 말한 것은 역시 이완용다운 당돌함의 표현이다. 어쩌면 그는 자신이 일본 내

---

1) 『一堂紀事』, 상 10쪽, 고미야 사보마쓰의 서문.

각 총리대신을 맡을 만한 능력이 있는 인물이라고 생각했는지도 모른다. 실제로 일본인 가운데는 다소 과장된 칭찬의 뜻도 있겠지만 "이완용이 불행하게도 조선에서 태어나 빛을 보지 못했지만 만약 일본에서 태어났더라면 능히 내각 하나를 떠맡았을 것"이라고 말하는 사람도 없지 않았다.[2] 그러나 그로부터 불과 30년도 안 되어 일제는 창씨개명이라는 세계 역사상 유례를 찾아볼 수 없는 민족말살정책을 자행했다. 따라서 '이씨 성' 운운한 이완용의 발언은 전적으로 일제 식민통치의 악랄한 본질을 파악하지 못한 단견이며 민족과 역사를 망각한 발상이라고밖에 볼 수 없다.

다음해, 즉 1913년 2월에는 둘째 손자 병희(丙喜)도 일본에 유학 보내고 4월 22일에는 합방 후 네 번째로 도쿄를 방문한다. 조선 귀족을 대표해서 메이지에 이어 등극한 다이쇼(大正) 천황에게 문안을 드리기 위해서였다. 이완용은 천황 폐하 부부를 알현하고 포도주 한 상자와 과자를 하사받은 다음 일본 귀족들을 두루 만나고 메이지 천황 능에 참배한 후 서울에 돌아온다. 서울에 도착하자 곧바로 조선 귀족들을 불러 모아 천황으로부터 하사받은 포도주를 나누어 들고 '천황 폐하 만세'를 불렀다.

이 해부터 그는 생일도 양력으로 바꾸어 지냈다. 그의 생일은 원래 음력 6월 7일인데 이 해부터 양력 7월 17일로 바꿔 이날 가족과 친지들을 집으로 불러 생일잔치를 벌였다.

생일잔치를 치른 열흘 후 그는 또다시 일본으로 떠난다. 천황 다이쇼에게 문안인사를 하고 돌아온 지 두 달 만이다. 이번에는 메이지의 1년 제사에 조선 귀족대표로 참석하기 위해서였다.

이 해 가을 그는 낙엽이 물들기 시작하는 풍악산, 즉 금강산을 유람한다. 종자 두세 명을 거느리고 23일 동안 유유자적하며 금강산의

---

2) 같은 곳.

산천을 둘러보고 시문을 지었다. 호위 순사나 헌병도 따르지 않았다. 이때쯤에는 그를 따라다니던 신변의 위협도 사라진 듯 그는 충주 장호원, 여주 신륵사, 안변 석왕사, 합천 해인사 등 조선 8도의 명승지와 고적지를 아무데나 거리낌 없이 돌아다녔다.

금강산 유람을 마치고 집에 돌아온 지 며칠 안 된 10월 11일 이완용은 뜻밖에도 일본 천황 다이쇼로부터 그의 필법을 직접 보고 싶으니 휘호를 써 보내라는 황공하옵기 그지없는 '천은'을 입게 된다. 총독 데라우치로부터 이완용의 필법이 뛰어나다는 말을 들은 천황 다이쇼가 그를 통해 이런 뜻을 전해 온 것이다. 데라우치는 이완용이 휘호를 쓸 비단 한 필을 중추원을 통해 보내왔다. 이처럼 이완용의 필법은 일본 천황의 귀에까지 들어갈 정도로 당시 동양 제일이라는 평을 들었다.

이완용은 그날로 '未離海底千山暗 及到天中萬國明'이라는 14자의 시를 비단에 써서 일본 궁내성에 바쳤다.[3] '해저를 벗어나지 못하니 온 세상이 어두웠는데, 천중(천황)에 이르니 만국이 밝아지도다'라는 뜻으로 원래 암흑 천지였던 온 세상을 천황이 밝게 해주었다는 의미다. 이완용은 말년에는 자신의 필법을 남기기 위해 천자문을 쓰기도 했으나 발간하는 데까지는 이르지 못했으며 따라서 오늘날 그가 쓴 천자문이 남아 있지는 않다.

다음해, 즉 1914년 5월에는 메이지 천황의 부인이 죽자 역시 장례에 참석하기 위해 일본에 갔다 오면서 부산에서 내려 경주의 불국사와 석굴암, 태종 무열왕 능, 반월성, 김유신 묘 등의 유적들을 골고루 둘러본다. 일제 치하에서 그의 인생 후반기는 그야말로 권위와 여유로 가득찬 다복한 삶 그 자체였다.

1916년 6월 초대 조선총독 데라우치는 일본 내각 총리대신으로 영

---

3) 『一堂紀事』, 하 625쪽.

전한다. 조선은 일제 침략자들의 출세 코스였다. 그들은 조선을 통치하는 동안 온갖 호사의 극치를 누리고 떠날 때는 더 높고 좋은 자리로 영전했다. 오늘날도 주한 미군 사령관은 미군 수뇌부가 가장 탐내는 자리 가운데 하나다. 미군 수뇌부에게 주한 미군 철수는 이처럼 물 좋은 자리 하나가 없어지는 것을 의미한다.

데라우치가 내각 총리대신으로 부임하자 이완용은 이를 축하하고 후임 하세가와 총독을 맞이하기 위해 도쿄로 떠난다. 이때 이완용은 조선귀족회 일동의 이름으로 데라우치에게 '재임 6년간의 노고에 감사하며' 호랑이 가죽 한 장과 표범 가죽 한 장을 기념품으로 바치고 특별히 자신과 지난 6년간 나눈 '정의 표시'로 병풍 한 폭을 선물했다.[4] 당시 일제 침략자들에게 조선산 호랑이 가죽만큼 값진 선물은 없었다.

이완용은 일본 천황과 일본인들에 대한 충성 못지않게 조선 왕실도 지극 정성으로 받들었다. 합방 다음해인 1911년 7월 20일 엄비가 사망했을 때 그는 이왕가로부터 장례식 고문으로 임명받아 장례절차 일체를 주관한다. 그는 우선 과거 황태자 소사로서 생모의 상을 당해 귀국하는 왕세자 이은을 부산에 내려가 맞이해 서울 도착 때까지 수행한다. 고종의 지시를 받아 지관 두 명을 데리고 두 차례나 직접 홍릉에 가서 엄비의 장지를 조사하고 토지의 형상과 묘역사업 전체를 상세히 보고했다. 이완용은 고종의 지시로 '덕안궁'(德安宮)이라는 엄비의 궁호 편액도 직접 썼다.[5]

1915년 1월 이완용은 순종에게 표범 박제 하나를 바친다. 이 표범은 원래 의친왕 이강에게 배속된 무관이 사냥해 이완용에게 선물한 것이다. 이완용은 사람을 시켜 이를 정교하게 박제로 만들었다. 표범

---

4) 같은 책, 하 658쪽.
5) 같은 책, 하 601~02쪽.

은 마치 살아 있는 것과 같았다. 순종은 이 살아 있는 것 같은 표범 박제를 받고 대단히 기뻐했다.

순종은 한 달 후 이에 대한 감사의 표시로 이완용에게 은제 가베기구 1조, 즉 커피를 달여 마시는 커피세트를 하사했다. 순종과 고종은 대단한 커피 애호가였다.

그해 가을 이완용의 막내딸이 달성 서씨 서병항과 결혼할 때는 순종이 2백 원, 고종이 1백 원의 돈을 하사했다. 이완용과 그의 부인이 회갑을 맞았을 때도 순종과 고종은 각각 네 차례에 걸쳐 축하금과 잔치 비용으로 1천4백50원이나 되는 큰돈을 보내왔다. 1924년 4월 30일 이완용의 장손 이병길이 전주 이씨 이인영(李仁榮)의 딸과 혼인할 때는 순종이 결혼 선물로 금시계와 금비녀, 금반지 각 한 개씩과 비단 두 필을 하사했다.

당시 일반 민중들은 '조선 왕실은 일제 침략의 피해자며 이완용은 그 일제를 등에 업고 왕실을 핍박한 가해자'로 생각하고 있었다. 또 우리 역사도 그런 식으로 기술하고 있다. 그러나 왕실과 이완용과의 관계는 전혀 그런 것이 아니었다. 그 둘은 합방 전과 마찬가지로 합방 후에도 항상 서로를 깊이 신뢰하고 충성을 바치는 군신관계를 유지하고 있었다. 왕실은 인척관계에 있는 박영효보다도 이완용을 훨씬 더 신임했으며, 이완용 역시 박영효보다 훨씬 더 열성적으로 왕실을 보살폈다. 일제 치하에서 왕실과 이완용은 다 같이 일제의 보호를 받는 운명공동체적 입장에 있었다고 해야 할 것이다.

총독정치가 시작된 이후 이완용의 정치활동 영역은 형식적인 자문 역할을 하는 것으로 제한되었다. 그러나 그는 사회활동만은 대단히 활발하게 벌였다. 일제 식민통치 36년을 통틀어 아마도 이완용만큼 다양하고 광범위하게 사회활동을 벌인 조선인은 없었을 것이다. 물론 이런 활동들의 대부분은 총독부가 조선통치를 원활히 하기 위해 그에게 의뢰함으로써 이루어진 것이다. 결국 그는 다양한 사회활동을 통해 총독정치에 적극 협력한 것이다.

맨 처음 그가 맡은 직책이 소위 농사장려회 회장이었다. 농사장려회는 1912년 7월 11일 경기도청에서 경기도 내 50정보 이상의 농지를 소유한 지주들로 결성된 단체다. 농업생산의 증산을 위해서는 소작인들의 노력만으로 부족하며 지주들의 협조가 필요하다는 총독부의 판단에 따라 농사를 개량한다는 목적으로 만들어진 것이다. 이날 회의에서 이완용은 회장, 송병준과 조중응이 부회장에 선정되었다. 물론 이 단체 결성 전에 이완용은 조선귀족회를 만드는 데도 주도적인 역할을 했다.

1915년 10월에는 총독부에서 농업지도와 농민지배를 목적으로 조직한 전국적인 농민단체인 조선농회의 회두가 되었다. 조선농회는 오늘날의 농협과 성격이 비슷한 단체로 회두는 농협회장과 같은 자리다. 이완용은 데라우치의 추천으로 이 자리를 맡았다.

이어 1916년 7월에는 이문회(以文會) 회두로 선정되었다. 이문회는 조선에서 글깨나 한다는 인사들이 일본인과 함께 만든 모임으로 전회두는 박제순이었다. 이문회를 통해 조선과 일본의 문사 및 총독부 실력자들은 수시로 만나 시문을 지으며 글자랑을 했다.

1917년 2월에는 불교옹호회를 만들어 회장에 취임했다. 이완용은 일찍부터 불교에 지대한 관심을 갖고 불교를 널리 보급해 조선의 종교로 삼아야 된다는 생각을 갖고 있었다. 이어 1918년 5월 25일에는 조선귀족회 부회장에 선출되었다. 당시 회장은 박영효에 이어 후작인 윤택영이 맡았다.

1922년 3월에는 제1회 조선미술전람회 심사위원으로 위촉되어 이후 사망하기 전해인 1925년 제4회 때까지 매년 서예부문 주임으로 활동했으며 1923년 1월에는 조선사편찬위원회 고문이 되었다.

이밖에도 총독부 교육조사위원, 애국부인회 고문, 총독부 산업조사위원회 위원, 내선인 친목회 발기인 등 이완용의 직함은 일일이 열거하기 힘들 정도로 많고 다양했다. 이들 가운데는 물론 단순히 친일 세도가로서의 그의 이름을 빌린 것에 지나지 않은 것도 없지 않았다. 이완용은 이들 단체에 적게는 몇십 원에서 많게는 2~3백 원에 이르기까지 기부금도 심심치 않게 냈다.

3·1운동과 동족을 향한 협박

이완용이 '고종이 승하했다'는 급전을 받은 것은 1919년 1월 22일 오전 도쿄에서 시모노세키로 향하는 열차 안에서였다. 이완용은 전날 오후 1시쯤 왕세자 이은과 일본 황족인 나시모토노미야 마사코(梨本宮方子)와의 결혼식에 참석하기 위해 도쿄에 도착해 여관에 막 짐을 풀었을 때 '덕수궁 이태왕 전하의 환후가 위중하다'는 급보를 받았다. 이은과 마사코의 결혼식은 1월 25일로 잡혀 있었다. 이완용은 곧바로 왕세자의 저택으로 달려가 전보 내용을 알렸으며 이은은 다음날 조선으로 가겠다는 뜻을 밝혔다.

당시 이은과 마사코의 결혼은 합방 이후 일본이 줄곧 부르짖어온 이른바 내선일체를 상징하는 행사로써 일본 황실은 이를 선전하기 위해 거창한 결혼식 준비를 해놓고 있었다. 조선총독부에서도 총독 하세가와를 비롯해 총독부 고위관리들이 결혼식 준비와 참석차 대거 도쿄에 몰려와 있었다. 특히 하세가와는 이 결혼을 자신의 공적으로 생색내기 위해 동분서주하고 있었다. 그런데 식을 불과 나흘 앞두고 고종이 위독하다는 급전이 도착한 것이다.

이 결혼에는 처음부터 이완용이 개입했다. 이은과 일본 황족과의 결혼 얘기가 처음 나온 것은 1915년 10월 당시 총독 데라우치를 통해서였다. 데라우치가 이완용에게 일본 황실에서 이은 왕세자와 일본 황족과의 혼인을 논의하고 있는데 먼저 이태왕과 이왕의 뜻이 어떤지 알아봐 달라고 요청했던 것이다.[6] 왕세자 이은의 비로는 이미

10여 년 전에 민영돈의 딸이 간택되어 왕세자의 귀국만을 기다리고 있던 상태였다.

그러나 이완용으로부터 일본 황실의 뜻을 전달받은 고종과 순종은 별다른 반대 없이 찬성을 표시했다. 이렇게 해서 왕세자와 마사코의 결혼이 본격 추진된 것이다. 이완용 자신이 이른바 일선융화를 위한 최선의 방법은 내선인 간의 결혼을 장려하는 것이라고 하면서 이 결혼에 적극 찬성했다.

그는 일찍이 "정치나 무력적인 방법을 통해 일면 위무하고 일면 강제한다면 백 년이 흘러도 일선융화는 불가능하다. 먼저 조선과 일본의 황족이 혼인을 해서 자녀를 탄생시키고 하층민 역시 결혼을 통해 다수의 자녀를 생산한다면 세월이 흐르면서 양쪽 인민의 풍기가 자연스럽게 혼합될 것이다"[7]라고 양쪽 인민의 결혼이 내선일체를 위한 가장 확실한 길임을 '갈파'했다.

하세가와는 고종의 승하에도 불구하고 결혼식을 강행하고 싶어 했다. 그는 이완용에게 "야마가타 정무총감의 전보에 의하면 조중응 자작과 기타 중요 인사들이 말하기를 조선의 구례에는 국왕이 승하했을 때 사정에 따라 국상 발표를 며칠간 하지 않은 경우가 있다고 했다. 왕세자의 가례가 나흘밖에 남아 있지 않으니 태왕의 승하 반포를 늦추고 25일의 가례를 치를 수 있을 것으로 생각이 되는데 각하의 의견은 어떤가"라고 물었다.

이에 대해 이완용은 "조선의 구례에 후계자가 정해지지 않은 상태에서 국왕이 승하했을 때 후계자를 정하기까지 하루 이틀 국상 반포를 미룬 적은 있지만 가례 때문에 국상 반포를 늦춘 일은 일찍이 듣지 못했다"라고 대답했다.[8] 이렇게 해서 이완용의 말에 따라 왕세

---

6) 같은 책, 하 649쪽.
7) 같은 책, 하 813~14쪽, 「言行雜錄」.
8) 같은 책, 하 681~82쪽.

자의 가례는 국상이 끝난 뒤로 연기되고 이완용과 왕세자 일행은 급히 조선으로 향하게 된 것이다.

이완용은 서울에 도착한 직후 왕실로부터 국장고문 겸 '어장주감제조'(御葬主監提調)에 임명되어 국장 준비를 서둘렀다. 그러나 고종 국장은 철저히 일본 측 주관 아래 진행되었다. 우선 장의 사무소가 도쿄의 궁성 안에 있는 내각에 설치되고 조선에는 그 분실의 형태로 총독부 중추원에 장의실이 마련되었다. 일본 내각은 총독부 정무총감 야마가타 이사부로(山縣伊三郎)를 장의괘장(葬儀掛長)으로 임명해 장례에 대한 총책임을 맡도록 하고 두 번째 서열인 장의괘 차장에 이완용과 이토의 아들인 공작 이토 히로쿠니(伊藤博邦)를 임명했다. 이토의 아들에게 이처럼 중요한 직책을 맡긴 것은 아마도 일본 측이 생전에 고종과 이토의 남다른 인연을 고려해 내린 조치가 아닌가 생각된다.

어쨌든 이완용은 고종 국장 당시 조선인으로서는 국장의 최고 책임자로서 장례행사 전체를 주도한다. 고종의 생전 일대기를 기록한 행장과 덕행을 칭송하는 「시책문」(諡册文)을 쓴 것도 이완용이었다.[9] 고종의 국장은 3·1만세운동의 소용돌이 속에서 3월 3일에 치러졌다.

그런데 3·1운동을 모의하는 과정에서 주모자 가운데 한 인사가 고종 국장 준비에 정신이 없던 이완용을 찾아가 거사계획을 설명하고 민족대표로 참여해줄 것을 요청했다고 한다. 이때 이완용은 "사람들이 모두 나를 민족반역자다, 매국노다라고 욕하는데 지금 독립운동에 참가한다고 해서 나를 애국자라고 하겠느냐"면서 일언지하에 거절했다 하는데 이 인사는 이완용이 입을 열지 않을까 조바심했으나 끝내 입을 열지 않았다고 한다.[10] 그에게도 한 가닥 민족적 양심이

---

9) 같은 책, 하 684쪽.
10) 차문섭, 「3·1운동을 전후한 수작자와 친일한인의 동향」, 『3·1운동 50주년 기념논집』, 동아일보사, 1969, 397쪽. 이완용에게 참가를 권유한 인사가 33인

남아 있었다는 증거일 것이다. 사실 이완용은 일제의 조선 침략정책과 총독정치에 적극 협력했지만 내놓고 일제에 과잉 충성하는 비열하고 차원 낮은 행동은 하지 않았다.

적어도 그는 이토나 그 후임 총독 앞에서 남들이 듣기에 낯간지러운 아첨 발언을 한 적은 없다. 뭐라고 할까, 유교적 전통교육을 충실히 받은 정통 양반 관료로서 최소한의 품위는 지키려 했다고 보아줄 수 있는 면이 없지 않았다. 일제가 그를 끝까지 높이 평가하고 중용한 것도 아마 이런 그의 이용가치를 인정했기 때문이 아닌가 생각된다.

문제는 이완용에게까지 참가를 권유한 3·1운동 주도자들의 의식에 있다. 물론 그들은 이완용뿐만 아니라 합방 당시 일제로부터 작위를 받은 김윤식과 박영효, 작위를 반납한 한규설 그리고 이미 친일파로 변신한 윤치호 등에게도 참가를 권유했다가 거절당했다. 구한말에 대신을 지낸 인물들 가운데 평판이 그리 나쁘지 않고 어느 정도 인망이 있는 거물들을 대상으로 참가 교섭을 벌였던 것이다. 민중의 폭넓은 참여를 이끌어내기 위해 이른바 명망가들을 대거 참가시킨다는 전략에 따른 것이었다고 한다. 그러나 그 자신의 표현대로 매국노라고 온 나라 사람들로부터 지탄을 받고 있던 이완용에게까지 참가를 권유한 것은 3·1운동 주도자들의 상황인식에 적지 않은 문제가 있었음을 보여주는 것이다. 아니면 반대로 당시까지도 이완용이 독립운동에 참가할 수 있는 민족적 양심을 지닌 인물로 평가되고 있었다는 얘기가 될 수도 있다. 그들은 어쩌면 왕년에 독립협회를 주도하던 이완용을 생각하면서 그에게 만세운동에 참가할 것을 권유했는지도 모른다. 아무튼 이것은 당시 3·1운동 주도자들의 이완용에 대한 인식의 일단을 엿볼 수 있게 하는 흥미 있는 일화다.

의 대표인 손병희라는 설도 있다.

만세운동의 물결이 전국으로 퍼져나가자 이완용은 손병희의 사위이며 천도교 주임인 정광조(鄭廣朝)를 만나 이번 사태가 천도교의 장래에 불리하게 작용할 것이라고 은근히 겁을 주면서 운동의 종식을 종용했다. 이런 가운데 김윤식과 합방 당시 학부대신이던 이용직이 총독부에 조선독립을 요구하는 청원서를 보낸 사건이 일어났다.

이완용은 이 소식을 듣고 "이는 조선 민족을 소멸시키는 짓이다"라고 개탄하면서 곧바로 총독부로 하세가와 총독을 찾아가 '그 악영향'이 다른 곳으로 퍼지지 않도록 노력해야 한다는 의견을 피력했다. 이어 유림의 교육기관인 각도의 경학원에 "강사들은 행동에 각별히 근신하기 바라며 경거망동하면 섶을 지고 불 속으로 뛰어드는 것과 같은 결과를 초래할 것이다"라는 경고를 발송했다.[11]

이완용은 만세운동이 격화되자 마침내 4월 5일 '황당한 유언에 미혹치 말라'는 1차 경고문을 총독부 기관지인 『매일신보』를 통해 발표한다. 이완용은 이 경고문에서 "조선독립이라는 선동이 허설이며 망동이라는 것은 다시 말할 필요가 없음에도 무지몰각한 아동배가 망동하고 이어서 각 지방에서 풍문을 듣고 일어나 치안을 방해하는지라 당국에서 즉시 엄중히 진압하려고 하면 어찌 방법이 없겠는가. …… 근일 듣자 하니 모모 처에서 다수 인민이 사상하였다는데 그 중에는 혹 주창한 자도 있겠지만 대다수는 남을 따라 나선 자로 나는 자신한다. 농사철이 다가왔으니 마음을 진정하고 생업에 종사하면 안락이 있겠지만 남을 따라 망동한다면 이는 살아서 죽을 길을 구하는 것이 아닌가. …… 오호 동포여, 나의 말을 잘 듣고 이후에 후회하지 말지어다. 이번 권고에 대하여 혹시 다른 의견이 있는 사람은 1차 본인과 면회하여 가슴을 터놓고 의견을 나누기를 바라노라"라고 했다.

이완용은 이때 자신이 경고문을 발표한 이유에 대해 "하세가와 총

---

11) 『一堂紀事』, 하 689~90쪽.

독이 수차례 타일렀으나 소요가 그치지 않아 당국이 부득이 엄중히 진압하기로 방침을 정함에 따라 사상자가 발생하는 것을 면하기 어렵게 되었다. 그래서 그대로 좌시할 수 없어 동포의 충정으로 경고문을 발표하게 되었다"[12]라고 밝히고 있다. 이완용은 그의 주장대로 진정 동포의 충정으로 그런 경고문을 발표했는지도 모른다. 그러나 당시 민중들에게 그의 경고문은 일종의 협박문으로 받아들여졌으며 『매일신보』의 '시의적절한 경고'라는 평가와 달리 일제 당국을 위해서도 사태의 진정에 도움이 되기는커녕 오히려 반감만 불러일으키는 결과를 초래했다.

만세운동이 격화되자 조중응, 윤덕영 등 대부분의 친일파들은 숨을 죽이고 눈치를 보고 있었으며 송병준은 고종의 국장이 끝나자 달아나듯이 일본으로 건너가 몸을 숨겨버렸다. 이런 상황에서 이완용만이 전면에 나서서 경고문을 발표하고 나온 것은 역시 그다운 '소신의 피력'이었다고 보아줄 수 있다.

이완용은 이로부터 이틀 후인 4월 7일 또다시 '돌이켜 자신을 구하고 다복을 구하라'는 내용의 인정에 호소하는 제2차 경고문을 발표했다. 이때도 이완용은 "하세가와 총독에게 관대하게 대처해줄 것을 요청했으나 총독은 국법에 관한 중대사건이므로 용서할 수 없다고 말하고 또 일본 육군성에서 조선의 소요진압을 위해 군대를 증파한다는 방침이 발표된 것을 알고 동포의 충정으로 참을 수 없어 경고문을 발표하게 되었다"[13]고 밝혔다.

제2차 경고문에서 특히 눈길을 끄는 부분은 이완용이 스스로 자신을 '매국적'(賣國賊)이라고 표현한 것이다. 그는 여기서 "본인이 지난번 동포 제군에게 경고한 목적은 단순히 인민의 사상이 없게 하고자

---

12) 같은 책, 하 690쪽.
13) 같은 책, 하 690~91쪽.

함"이라고 밝히고 "근일 각 신문지상으로 제군도 알고 있는 바와 같이 각처의 언론이 갈수록 엄중하니 본인도 조선인인지라 책임상으로든지 인정상으로든지 그 위험이 목전에 닥친 것을 알고 있는 이상 한 마디 말이 없을 수 없는 바 매국적의 경고라 하여 자신의 안위에까지 유관한 일을 듣지 않음이 너무 생각이 없는 것이 아닌가. …… 지성이면 하늘도 감하신다 하니 제군이 감하기까지 위협을 불원하고 다시 한 번 경고하노라"라고 자못 호소조로 썼다.

만세운동이 어느 정도 진정되어 가던 5월 29일 이완용은 마지막으로 장문의 제3차 경고문을 발표한다. 이완용은 이 경고문에서 "본인이 다시 한마디 하고자 하는 것은 독립지설이 허망함을 우리들로 하여금 확실히 깨닫게 하여 우리 조선 민족의 장래 행복을 도모함에 있다"라고 밝히고 "이번 조선독립지설은 구주대전의 여파로 최근에 수입된 소위 민족자결주의라는 말이 제군으로 하여금 동요케 한 원인이 된 것은 명백한 사실이지만 민족자결주의가 조선에 부적당함은 본인이 다시 말하지 않거니와 …… 대저 조선과 일본은 상고 이래로 동종동족(同宗同族)이며 동종동근(同種同根)임은 역사에 있는 바라 그런즉 일한합병으로 말하면 당시에 내로는 구한국의 사세(事勢)와 외로는 국제관계로 천만번 생각할지라도 역사적 자연한 운명과 세계적 대세에 순리하여 단행된 것으로 …… 우리 조선은 국제경쟁이 과격하지 않던 시대에도 일국의 독립을 완전히 유지하지 못했음은 제군도 아는 바로써 오늘날과 같이 구주대전으로 인하여 전 세계를 개조하려는 시대에 우리가 이 삼천리에 불과한 강토와 모든 정도가 부족한 천여 백만의 인구로 독립을 고창함이 어찌 허망타 아니하리요"라고 조선독립이 불가능함을 강조했다. 이완용은 이어 "병합 이래 근 십 년 동안 총독정치의 성적을 보건대 인민이 누린 복지가 막대함은 내외국이 공인하는 바다"라고 총독정치의 실상을 왜곡하면서 "지방자치, 참정권, 병역, 교육, 집회와 언론 등의 문제는 제군들의 생활과 지식 정도에 따라 정당한 방법으로 요구한다면 동정도 가히 얻을 수 있다"고 회유하고 "가장 급한 것은 실력 양성"이라고 결론을 내렸다.

이완용의 이 같은 참정권 언급과 실력 양성론은 그 후 일제에 투항한 수많은 민족운동 변절자들에게 하나의 교과서적인 변절논리로 작용하게 된다. 3·1운동 후 소위 일제의 문화통치가 시작되면서 이광수(李光洙)를 비롯해 일제에 투항한 민족개량주의자들이 부르짖은 실력양성론의 원조는 바로 이완용이었다.

이완용은 6월 들어 독립청원서 사건으로 구속된 이용직의 출옥에 보증을 서 그를 석방시키는 데 일조를 한다. 이용직 사건을 담당한 일본인 검사가 이용직 자작이 자신의 행동을 깊이 반성하고 있으므로 석방해도 좋겠는데 다만 귀족 가운데 두 명의 보증이 필요하다는 뜻을 전해왔다. 이에 이왕직 장관으로 있던 민병석과 이완용이 보증을 서게 된 것이다. 그러나 이완용은 그의 치밀한 성격대로 그냥 보증을 선 것이 아니라 감옥으로 이용직을 직접 면회 가서 그의 '반성' 정도를 확인한 다음에야 보증을 했다.

3·1운동 후의 민심을 수습하기 위해 일본은 무단통치의 상징처럼 비쳐진 육군대장 출신 총독 하세가와를 불러들이고 대신 부드러운 이미지를 풍기는 해군대장 출신 사이토 마코토를 후임으로 임명했다. 이완용은 전례대로 부산까지 내려가 부임하는 사이토를 영접했다.

1919년 9월 2일 오후 5시 이완용의 안내로 사이토가 서울역에 내렸을 때 그를 맞은 것은 강우규(姜宇奎) 의사의 폭탄이었다. 사이토가 역 귀빈실 밖 현관 입구에 세워진 마차에 오르려는 순간 폭탄이 마차를 향해 날아와 폭발한 것이다. 사이토와 이완용은 화를 면했지만 서울역 앞은 순식간에 폭음과 부상자들의 신음으로 아수라장이 돼버렸다.

9월 10일 이완용은 사이토를 총독 관저로 방문해 조선통치에 관한 자신의 몇 가지 의견을 제시한다. 13개 항목에 걸친 이 의견서에서 특히 눈길을 끄는 것은 일본인들의 조선인에 대한 멸시문제를 거론한 대목이다. 이완용은 "내지인의 조선인 멸시와 오만이야말로 조선인들이 가장 불평하는 문제이므로 이에 대해 관민이 협력하여 개선의 방도를 강구해야 한다"[14]고 밝혔다. 그는 "미국인들은 마음속으로는 조선인을 개나 돼지처럼 생각하더라도 밖으로는 친절하게 대하는데 일본인은 조선인에 대한 멸시를 직접적으로 나타낸다. 그러므로 조선인이 일본을 배척하는 것이 아니라 일본인이 조선인을 무시하는 언동을 일삼고 있는 것이다. 이런 현실에서는 진정한 내선인 융화는 이루어질 수 없다"고 주장했다.

이완용은 또 각 도에서 유력한 조선인을 약간 명 선정하여 중앙의 중추원과 같이 지방행정에 의견을 개진할 수 있는 기구를 만들자는 제의도 한다. 전적으로 이완용의 이 같은 의견을 받아들인 것인지는 분명치 않지만 그 후 도마다 이른바 도평의회라는 기구가 만들어진 것은 사실이다. 이밖에도 그는 이 의견서에서 재정의 독립을 속히 추진하고 만세운동으로 체포된 사람 가운데 단순 가담자에게는 관용을 베풀 것도 제의한다.

그 동안 총독정치에 적극 협조하면서 3·1운동을 진정시키는 데 진력하고 천황에게 충성한 것을 인정했음인지 일본 천황은 1920년 12월 29일 이완용을 후작으로 올려주는 '천은'을 베풀었다. 당시 후작은 일본 안에서도 몇 명 되지 않을 정도로 권위가 높은 작위였다. 이어 1924년 1월 24일에는 이완용의 아들 항구도 천황으로부터 남작의 작위를 받아 조선인으로는 유일하게 부자 귀족이 탄생하는 '광영'을 입었다. 합방 당시의 수작자 이외에 추가로 작위를 받은 것은 항구가 유일했다.

일제 식민통치 36년을 통틀어 이완용 일가만큼 일본 천황의 은혜

---

14) 같은 책, 하 697~99쪽.

〈그림 4〉 친일세도가로 위세를 떨치던 시절의 이완용 3대
앉은 사람이 이완용. 가운데 선 사람은 아들 항구, 왼쪽 뒤는 장손 병길, 오른쪽 선 사람은 차손 병희, 왼쪽 앞줄에 선 사람이 3손 병주, 품에 안긴 아이는 4손 병철. 이때만 해도 이완용의 묘가 병주의 아들 석형에 의해 폐묘되는 사태가 일어날 줄 누가 상상이나 했겠는가.

를 듬뿍 입은 집안은 없었다.

일부 역사학자들은 이완용이 3·1운동 이후에는 이용가치가 떨어져 일제로부터도 소외를 당했다는 주장을 펴고 있다. 또 3·1운동 후 그와 가깝게 지내던 일본인 관료들이 대거 본국으로 돌아감으로써 영향력도 줄게 되었다는 주장도 한다. 그러나 이런 주장은 사실과 다르다. 1923년 2월 이재극의 후임으로 민영기를 이왕직 장관에 추천해 임명케 한 배후가 바로 다름 아닌 이완용이었다. 당시 정무총감 아리요시 주이치(有吉忠一)는 2월 18일 관저로 이완용을 초청해 통역도 물리친 채 그에게 필담으로 후임 장관의 추천을 의뢰했다. 아리요시는 그때 일본에 출장중이던 총독 사이토로부터 후임 장관 임명을 이완용과 협의해 결정하라는 지시를 받고 그렇게 한 것이다.[15] 이완용은 자신과 가깝게 지내던 민영기를 추천했으며 민영기는 며칠 후 장관에 임명되었다. 이왕직 장관은 구한말 당시의 궁내부대신과 같은 직책으로 일제 통치하에서 조선인이 실권을 행사할 수 있는 유일한 최고위 자리였다. 왕실 재정을 둘러싼 이권도 만만치 않아 그 자리를 놓고 잡음과 쟁탈전이 끊이지 않았다. 이런 요직을 이완용은 자신의 측근 인물로 채운 것이다. 3·1운동 이후에도 이완용은 죽을 때까지 조선 왕실은 물론 일제 총독부 당국에 가장 영향력 있는 조선인이었다. 데라우치나 사이토가 이완용을 존경하고 중히 여긴 것은 대개 그를 중용한 이토의 견해를 따른 것이라고 말하는 일본인도 있다.[16]

---

15) 같은 책, 하 747~48쪽.
16) 같은 책, 상 8~9쪽, 고미야 사보마쓰의 서문.

16

학교비 납부 거부 소동과
여론의 집중 비난

조선 귀족 중 민영휘 다음의 두 번째 재산가

1925년 봄 이완용은 자신에게 부과된 학교비가 터무니없이 많다고 주장하며 납부를 거부하는 소동을 벌여 또다시 여론의 혹독한 질타를 받는다.

학교비는 3·1운동 후 실력양성론에 자극받아 일반의 교육열이 급격히 높아지면서 학교시설을 확충할 필요성이 제기됨에 따라 도입된 일종의 교육세였다. 3·1운동 후 일반의 교육열은 급격히 높아가고 있는데 이들을 수용할 교육시설은 형편없이 부족했다. 이에 따라 전국적으로 학교 창설운동이 벌어져 시·도·군마다 일대 학교 설립 붐이 일었다. 학교비는 이런 분위기를 타고 1920년 7월 공포된 조선학교비령에 근거해 징수되기 시작한 세금이다.

학교비령에 의해 경성부는 1921년 학교비 부담금으로 14만 원을 책정하고 경성에 거주하거나 또는 1년 이상 체류하는 사람으로서 일년에 4백 원 이상의 소득이 있는 사람에게 소득에 따라 학교비를 차등 부과하기로 했다. 이때 학교비를 부담하게 된 사람은 경성 시내 총 호수 3만 7천여 호 가운데 1만 1천6백31명으로 조사되었다. 부담 등급은 1등부터 40등으로 세분화되어 1등은 1년에 1천2백78원, 최하 40등은 2원 80전을 부과토록 했는데 당시 1등은 민영휘이고 그 다음이 이완용이었다. 이 같은 경성부의 학교비 부과 방침 내역은 학교비 평의원회에 제출되어 그대로 확정되었다.

1923년에는 등급을 1등부터 50등으로 더 세분화했으나 형편이 어려운 때에 1등부터 5등은 액수가 너무 과하다고 해서 대상이 없는 것으로 결정했다. 대신 6등을 최고 등급으로 하여 민영휘와 이완용 두 사람을 6등으로 책정해 각각 3천2백66원 40전을 부과했다. 이때까지도 이완용은 별다른 이의 없이 부과된 학교비를 납부했다.

그런데 1924년 이완용의 등급을 민영휘와 똑같이 6등에서 5등으로 올려 3천8백85원 40전을 부과하자 이완용은 그해 8월 말 자신에게 배달된 제1기 납세고지서를 경성부로 되돌려 보내고 납부를 거부했다. 이완용은 다음해 3월에 배달된 제2기 납세고지서도 역시 되돌려 보내며 완강하게 납부 거부 입장을 보였다. 당시 이왕직 예식과장으로 있던 둘째 아들 항구에게는 4백 원이 부과되었다.

경성부에서는 여러 차례 이완용에게 납부를 권고하고 심지어 일본인 경성 부윤이 직접 이완용 집을 찾아가 보통학교 교육을 위해 학교비를 내주면 고맙겠다는 요청까지 했다. 그러나 이완용의 납부거부 입장은 요지부동이었다. 상대가 당대 최고의 친일 세도가인 이완용 후작이므로 경성부로서도 달리 어떻게 해볼 방도를 못 찾고 시일만 끌고 있었다.

이 같은 사실이 알려지자 그렇지 않아도 그에 대해 적대적이던 일반의 여론이 또다시 들끓기 시작했다. 당시 『동아일보』는 "이완용 일가는 조선에서 몇 째 안 가는 큰 부자로 수천만 원 수백만 원의 현금을 가지고 있다고 하는데 학교비 3천8백 원을 못 내겠다고 하니 기막힌 일"이라고 지적하고 경성부의 미온적인 태도를 비난했다.

이 신문은 한 학교비평의원의 말을 인용해 "불쌍하고 가난한 부민은 기한만 넘으면 한 개뿐인 솥이라도 빼어가고 숟가락 한 개라도 차압하지 못해 애를 쓰면서 왜 이완용 후작에게는 손을 대지 못하는지 까닭을 알 수 없다. 경성부 당국에서는 단호한 태도로 강제집행해야 한다. 이완용에게 손을 못 댄다면 다른 부민에게도 차압수속을 하지 말아야 된다"고 주장했다.

당시 신문보도에 의하면 경성부는 이완용의 연수입이 24만 2천 원 이상이라고 보고 그 기준에 따라 학교비 등급을 6등에서 5등으로 올려 부과했다고 한다.[1] 그러나 이완용은 자신의 재산이 민영휘에 비해 월등히 적은데 같은 등급으로 책정된 것은 납득할 수 없다면서 납부를 거부한 것이다. 민영휘는 당시 조선 제일의 갑부로써 이완용과는 비교도 되지 않을 정도로 재산이 많았던 것은 사실이다. 총독부가 조선귀족들의 생활 상태에 대해 조사한 「조선귀족 약력」에 의하면 1925년 당시 민영휘의 재산은 6천만 엔인데 비해 이완용은 3백만 엔으로 나와 있다.[2] 그러므로 이완용이 민영휘와 같은 등급으로 책정된 것에 반발한 것은 어느 정도 수긍이 가는 면이 없지도 않다. 당시 신문기사도 두 사람의 재산규모에 차이가 있다는 것은 인정하고 있다.

결국 학교비 소동은 경성부가 이완용의 등급을 10등급으로 낮춰서 1천6백31원 20전으로 감액해주고 이완용이 이 돈을 1925년 6월 17일 납부함으로써 10개월 만에 해결을 보게 된다. 경성부가 스스로 재산

---

1) 『동아일보』 1925년 7월 2일자, 「이완용 학교비문제와 당국자」.
2) 강동진, 『일제의 한국침략정책사』, 한길사, 1980, 178쪽.

조사가 불완전했음을 인정하고 이완용의 납부 거부에 완전히 손을 든 것이다.

그러나 경성부의 이 같은 조치는 여론의 격렬한 저항과 비난을 불러왔다. 신문들은 "경성부의 행정 수준이 5등과 10등을 구분하지 못할 정도인가. 이런 당국에 어떻게 30만 부민의 생명과 재산을 맡길 수 있다는 말인가"라고 경성부를 공격하면서 "이번 조치가 총독부의 경성부에 대한 압력 때문인가"라고 의혹을 제기했다.[3] 총독부가 이완용을 편들어 경성부에 압력을 행사한 의혹이 있다는 주장이었다.

학교비평의원회는 평의원회의 자문을 받아 결정한 학교비를 경성부가 일방적으로 반감한 것은 평의원회를 무시한 처사라고 부윤에게 항의하고 급기야는 평의원 전원이 사퇴하는 사태로 발전했다.[4] 아무튼 이 학교비 납부거부 사건은 이완용에 대한 여론을 극도로 악화시켜 합방조약 때 이상으로 그에 대한 비난과 저주가 쏟아졌다. 당시 신문들은 이 사건을 보도하면서 이완용의 이름 밑에 '씨'자도 붙이지 않고 '이완용 사건' '이완용 학교비 문제'라고 보도할 정도로 그에 대한 좋지 않은 감정을 표시했다.

그러나 이 학교비 사건을 계기로 이완용의 재산이 민영휘에는 크게 못 미치지만 조선귀족 가운데서는 그가 민영휘 다음의 재산가이며 재산규모가 3백만 원에 이른다는 것만은 공식적으로 확인이 되었다. 이완용은 합방 직후인 1911년 『시사신보』에서 조사한 50만 원 이상 조선인 자산가 32명 가운데 흥친왕 이희(李熹), 의친왕 이강, 박영효, 송병준, 이재완(李載完), 민영휘, 민영달 등과 함께 들어 있었다.[5] 당시 조선에 거주하는 50만 원 이상 자산가는 모두 1천18명인데 대

---

3) 『동아일보』 1925년 7월 2일자, 「이완용 학교비문제와 당국자」.
4) 『동아일보』 1925년 7월 16일자, 「이완용사건으로 평의원 총사직」.
5) 『매일신보』 1911년 7월 28일자, 2면, 「朝鮮의 資産家」; 국사편찬위원회 편, 『일제침략하 한국36년사』 1, 1966, 399쪽.

부분이 일본인이고 조선인은 32명에 불과했다. 이 32명 가운데는 이완용이 전북 관찰사로 재직할 때 그의 부탁으로 양부 이호준에게 생활비를 대준 이근배도 들어 있다.

그러면 이완용은 이 막대한 재산을 어떻게 모았을까.

그의 양아버지 이호준으로부터도 어느 정도 물려받았겠지만 그 규모는 그렇게 커 보이지 않는다. 이호준이 돈과 관련된 구설에 휘말린 적이 없이 비교적 깨끗하게 관직생활을 했고 또 이완용 역시 양아버지로부터 별다른 재산을 물려받지 않았음을 암시하고 있기 때문이다. 그는 이호준이 말년에 삼청동 별장에 거주할 때 "나를 양자로 삼은 것은 오로지 조상의 제사를 끊이지 않도록 하기 위함이다. 내가 양자로 들어온 이후 재산을 물려받은 것이 없다고 하더라도 어찌 나의 책임을 소홀히 하여 나를 양자로 데려온 본뜻을 저버릴 수 있겠는가"[6)]라고 말해 양부로부터 물려받은 재산이 별로 없음을 비치고 있다.

따라서 이완용의 재산은 대부분 이완용 당대에 형성된 것이라고 볼 수 있다.

그러나 이완용의 재산 축적 내용과 과정을 설명해줄 수 있는 구체적 자료는 거의 없다. 구한말 『매천야록』이나 각종 신문에 이완용의 돈과 관련한 의혹들이 여러 차례 등장하지만 사실 이러한 기사는 신빙성에 대단히 문제가 많기 때문에 그대로 인용하기는 곤란하다. 이완용에 대한 감정에 치우친 나머지 시중에 떠도는 소문을 아무런 확인 절차 없이 기사화한 것이 대부분이기 때문이다. 하지만 이런 기사들은 이완용의 재산 축적 과정을 추정해볼 수 있는 참고자료는 될 수 있다.

이완용의 재산형성 과정에서 가장 확실한 부분은 왕실의 하사금과 일제의 은사금이다. 영친왕 이은의 황태자 책봉 때 고종과 엄비로부

---

6) 『一堂紀事』, 하 784~85쪽, 「言行雜錄」.

터 받았다는 40만 원과 고종으로부터 하사받은 남녕위궁이 대표적인 예다. 을사조약 체결 직후 그의 집 2칸이 시위대에 불탔을 때도 왕실에서는 수리비로 2만 원을 하사했고 순종 즉위 때도 10만 원을 받은 것으로 알려졌다. 합병 당시 은사금 15만 원을 받은 것은 이미 언급한 대로다.

다음은 뇌물과 관련된 부분이다. 이 부분은 명백하게 확인된 것은 없지만 그 개연성은 충분히 있다. 이미 기술한 바와 같이 아관파천 당시 열강에 이권을 내주는 과정에서, 특히 경인철도 부설권을 미국인 모스에게 특허해주면서 1만 5천 달러의 뇌물을 챙긴 혐의가 짙다. 그 밖에 전라북도 관찰사로 재직하면서 공금을 횡령하고 미국인 헨리 콜브란(Henry Collbran)이 한미전기회사를 설립할 때 고종이 출자한 내탕금 가운데 40만 원을 횡령했다는 『매천야록』의 기록이 있으나[7] 이는 확인되지 않은 풍설이다. 아관파천 다음날인 1896년 2월 12일 윤치호는 그의 영문일기에서 이완용이 학부대신으로 재직할 때 4천 달러를 사실상 횡령한 것으로 적고 있다. 이날 윤치호는 학부협판으로 임명받아 대신 서리를 겸무하게 되었는데 그는 자신의 일기에서 "이완용이 학부대신으로 있을 때 학부 돈 4천 달러를 알렌 박사에게 맡겼으며, 알렌 박사의 영수증은 학부 회계국에 있고, 그 돈은 자신 이외에는 아무도 찾을 수 없었으며, 이미 대부분 자신이 사용했다고 말하고 이제 그 영수증은 쓸모없는 종이쪽지가 되었으니 자신에게 조용히 돌려달라고 해서 그를 놀라게 했다"고 적고 있다. 그러면서 그는 "이완용의 5개월분 월급이 1천5백 달러를 넘지 않는데 이

---

7) 황현, 앞의 책, 제6권, 889~90쪽. 융희 4년 경술(庚戌)「李完用의 鐵道補修金 착취」조항에는 "처음에 미국인 콜브란이 전차회사를 설립할 때 이완용과 이윤용 등이 고종에게 권하여 100만 원을 보조금으로 희사하였다. 그런 후 이완용은 그중 40만 원을 착복하고 60만 원만 콜브란에게 주었는데……"라고 적혀 있다.

한 번의 장난(trick)으로 4천 달러를 챙겼다면서 그에게 절대로 그 돈에 대한 영수증을 돌려줄 수 없다!"[8]고 썼다. 이완용이 민비시해 사건이 일어나기 전 3개월 여 학부대신으로 재직하는 동안 학부공금 4천 달러를 알렌에게 사사로이 맡겨놓고 갖다 썼다는 얘기다. 이완용은 아관파천 당일 외부대신 겸 학부대신 서리, 농상공부대신 서리로 임명받아 대신 감투를 세 개나 썼는데 다음날 윤치호가 학부협판으로 대신 서리를 겸무하게 되자 아마도 업무 인계 차원에서 이 같은 사실을 밝힌 것으로 보인다.

일제의 통감정치가 시작된 이후 매관매직의 악습은 많이 사라졌다고 하지만 아직도 횡행하고 있었기 때문에 이완용이 총리대신으로서 지방의 관찰사와 군수의 인사를 하면서 뇌물을 챙겼을 가능성도 배제할 수 없다.

이미 기술한 대로 이완용은 술도 마실 줄 모르고 여자도 밝히지 않았으며 성격은 치밀하고 일상생활 역시 검소한 편이었다. 그는 이렇게 모은 돈으로 전국의 토지를 사들이고 개간해서 엄청난 규모의 땅을 소유하게 된다. 땅이 유일한 생산수단이고 또 토지 매입 이외에 달리 투자 대상이 없던 시절이라 돈이 생기면 그저 '땅에 묻어두는 것'이 가장 확실한 재산관리 방법이었다. 이완용의 토지 매입 및 투기와 관련한 기사는 구한말 신문에 자주 등장한다. 앞에서도 언급했듯이 이들 기사는 신빙성에 문제가 많기 때문에 그대로 믿거나 인용하는 것은 위험하지만 실제로 이완용이 소유한 토지는 이들 기사에 보도된 것보다 훨씬 더 광대한 것으로 추정되고 있다.

이들 보도와 『일당기사』에 의하면 이완용의 토지는 제주도를 제외한 전국 13도에 걸쳐 광범위하게 널려 있다. 남쪽으로는 개항장인 전남 목포와 진도로부터 북으로는 평북 정주와 함북 무산에 이르기

---

8) 국사편찬위원회 편, 『尹致昊日記』 4, 1896년 2월 12일자.

까지 그의 토지가 없는 곳이 없다. 전북 김제와 만경의 곡창지대 농지 수십만 평을 매입했으며 충남 강경, 경북 김천과 문경, 강원도 회양군, 황해도 곡산군에도 그의 토지가 있었다. 우봉 이씨 선영이 있는 경기도 용인군과 고양군, 김포군, 광주군 일대에도 대규모 토지와 임야를 소유하고 있었다. 이완용의 생가에서 멀지 않은 경기도 광주군 도척면 유정리 일대의 땅 8만여 평은 1911년 이완용 명의로 등기된 이래 최근까지도 그대로 내려왔다. 일제시대에는 이곳 주민 가운데 이완용의 소작인이 아닌 사람이 없었다는 말이 나돌 정도였다.

특히 이완용은 목포와 군산 같은 개항장 주변의 개발 가능성이 높은 지역 땅을 대규모로 매입했는데 이 가운데 일부는 외국인에게 전매해 이익을 챙긴 혐의도 있다. 윤치호는 그가 진남포 감리로 있던 1900년 12월 18일자 영문일기에서 "진남포의 외국인 조계로부터 감리 청사에 이르는 주요 통로를 포함해서 많은 요지의 땅을 이완용과 팽한주(彭翰周) 같은 도둑놈들(thieves)이 소유하고 있다면서 이들은 이완용이 수년 전 외부대신으로 있을 때 정부가 공공의 목적으로 이 일대를 수용할지도 모른다고 주민들을 위협해 형편없이 싼 값으로 이곳 땅을 사들였으며 이 악당들(scoundrels)은 이 땅을 중국인들에게 쪼개서(by metres) 팔아 엄청난 이득을 남긴다"[9]고 적고 있다.

이처럼 전국에 걸쳐 있는 이완용의 광대한 토지는 하사금과 뇌물 등으로 매입한 것도 있겠지만 상당부분은 개간을 빙자해 헐값으로 불하받거나 일제의 토지조사사업 과정에서 소유권이 불분명한 땅을 점유함으로써 확보한 것으로 추정된다.

그는 일본인의 농장을 방문해 영농기술을 살피고 일본에서 양수기

---

9) 국사편찬위원회 편, 『尹致昊日記』 5, 1900년 12월 18일자. 팽한주는 외부 번역관, 원산·성진·진남포 등 개항장의 감리를 지냈으며 독립협회 발족 당시 간사원으로 활동했다(주진오, 「독립협회의 주도세력과 참가계층」). 윤치호는 일기에서 그를 "오늘날 부패한 조선인 관리의 전형"이라고 묘사했다.

를 도입해 실험하는 등 농업생산에 관심을 보였으나 자신이 직접 농장을 경영하지는 않고 자신의 토지를 모두 소작의 형태로 운영했다. 따라서 그의 수입의 대부분은 소작료에서 나온 것으로 볼 수 있다.

1924년 학교비 파동 당시 경성부는 그의 연간 수입을 24만 2천 원으로 산정해 5등급을 매겼다고 했는데 일제로부터 받은 은사금 공채의 이자와 중추원 부의장으로 받는 돈은 합쳐봐야 연간 1만 원을 넘지 않는다. 따라서 나머지는 대부분 소작료 수입이라는 계산이 나온다.

이완용이 소유한 땅의 전체 규모를 파악하는 것은 불가능하다. 그러나 아주 거칠게는 추정해 볼 수도 있다. 1935년 민영휘가 죽었을 때 그의 유산은 추수 8만 석으로 보도되었다. 1925년 현재 이완용의 재산은 민영휘의 20분의 1인 3백만 원으로 나와 있다. 10년이라는 기간의 차이가 있기는 하지만 이 비율을 그대로 적용하면 이완용의 토지는 4천 석쯤 된다는 계산이 나온다. 보통 천 석이 40만 평에서 수확할 수 있는 양이므로 4천 석이면 1백60만 평의 농지를 소유했다는 얘기다. 그러나 이것은 어디까지나 추정치일 뿐이며 임야와 대지는 포함되지 않은 것이다. 이완용은 자신의 묘가 있는 전북 익산군 낭산면에만 36만 평의 땅을 갖고 있었고 선영이 있는 경기도 일대와 충남 아산, 경북 문경, 김천 등지에도 광대한 임야를 소유하고 있었다. 따라서 이들 임야까지 합치면 이완용 소유의 토지가 수천만 평에 달한다는 항간의 소문이 과장만은 아닐 것으로 보인다.

이완용은 고관대작치고는 이사도 자주 다닌 편이다. 당시 신문들은 이 같은 잦은 이사에 대해 집 투기 의혹을 제기하기도 했다. 1908년 1월 고종으로부터 하사받아 입주한 저동 남녕위궁에서 합방 다음해인 1911년 3월에는 이문동으로 이사한다. 이문동 집은 이전의 태화궁으로 당시 이윤용이 소유하고 있었는데 이완용이 이를 사들인 것이다. 그로부터 2년 후인 1913년 12월에는 다시 옥인동에 새 집을 지어 이사한다. 옥인동 저택은 대지 3천 평에 안채는 조선식을 약간

개량해서 지었고 바깥채는 순 서양식 2층 건물로 지었다. 일본식 대신 서양식을 택한 것은 미국 주재 공사관에 근무하면서 서양식 주택의 효용성을 경험했기 때문일 것이다. 이 집터는 지금은 옥인동 동사무소로 변해 있다.

일제시기에 이완용은 금융자본에도 투자해 한성은행의 대주주가 된다. 1923년 9월 당시 한성은행은 자본금 6백만 원에 발행주식 12만 주였는데 이완용 일가는 이 가운데 1만 1천7백74주를 소유한 2대 주주였다. 최대 주주는 3만 7천90주를 갖고 있던 이왕가였다.[10] 당시 은행장은 2천7백66주를 소유한 이완용의 형 이윤용, 전무는 그의 생질인 한상룡이 맡고 있었으며 이들 이완용 일족이 갖고 있던 은행 지분은 전체 주식의 10퍼센트가 넘었다.

그래서 한성은행은 속칭 '이완용 은행'이라고 불리고 이완용이 경성 제일류의 현금부호라는 소리를 들었던 것이다.

합방 이후 상당수의 귀족들이 무위도식하거나 방탕한 생활로 몰락해갔다. 그들 가운데는 파산지경에 이르러 품위 유지는 물론 생활조차 꾸려나가기 힘들 정도로 어려움을 겪고 있는 사람도 적지 않았다. 이에 비해 이완용은 착실하게 재산을 관리하고 불려서 자손들에게 물려주었다.

---

10) 김병석, 『인물은행사』 상, 은행계사, 1978, 89쪽.

17

화려한 장례식,
고종 국장 이후 최대의 장례 행렬

생전의 영광이 죽어서도 이어지다?

이재명의 칼에 찔려 폐를 다친 이후 이완용은 겨울철만 되면 해소와 서식으로 고생을 했다. 이런 증상은 나이가 들면서 점점 더 심하게 나타났다. 1925년에도 가을까지는 전라남도 화순 동복의 명승지 물염적벽을 유람하고 11월 하순에는 순종에게 문안인사를 드리는 등 활발하게 활동을 했다. 그러나 찬바람이 불면서부터 다시 해소가 심해져 12월 5일 황해도 장단군 소남면 유덕리의 우봉 이씨 시조 이공정 묘에서 열린 제사에도 참석하지 못했다. 이공정 묘는 오래 전에 유실된 것을 이완용이 찾아내 개축공사를 끝내고 제사를 지내게 되었으므로 이날 행사의 주인공은 이완용이었다. 따라서 어지간하면 참석하는 것이 도리였으나 기침 때문에 도저히 움직일 수가 없었다.

그 후 한동안 집에 들어앉아 요양을 한 덕분에 어느 정도 증상이 호전되는 것 같았다. 그래서 1926년 1월 12일 오전 10시 총독부에서 열린 중추원 신년 제1회 회의에 다소 무리를 해 참석했다. 총독부는 그해 1월 1일 경복궁 안에 신축한 청사로 이전해 있었으며 중추원도 새 청사의 한 귀퉁이에 자리를 잡고 있었다. 새 청사는 데라우치가 계획을 세워 하세가와가 착공한 이래 9년 만에 완공을 본 당시 동양 최대의 건물이라고 했다. 이완용은 새 청사에서 열린 새해 첫 회의인 데다 사이토 총독도 참석한다고 해서 빠질 수가 없어 무리를 한 것이다. 그러나 이것이 그의 병을 결정적으로 악화시키고 말았다.

찬바람을 쏘인 탓으로 기침과 서식이 심해져 아예 자리에 눕게 된 것이다. 이제 몸도 노쇠해진 데다 워낙 오래된 병이라 뚜렷한 치료방법도 없었다. 2월 11일 오전 그의 병이 위독하다는 소식을 들은 순종은 붉은 포도주 한 상자를 이완용의 집으로 보냈다. 순종 자신도 이때는 몸을 제대로 가누지 못할 만큼 병이 깊었지만 늙은 신하의 목숨이 경각에 달렸다는 말을 듣고 마지막 정을 표시한 것이다.

이날 오후 1시 20분 이완용은 순종이 보낸 포도주를 입에 대보지도 못한 채 일본인 의학 박사 두 명과 조선인 주치의, 그리고 그의 형 이윤용과 아들 항구가 지켜보는 가운데 69세를 일기로 옥인동 집에서 조용히 눈을 감았다. 상주인 장손 이병길은 일본에 유학중이어서 임종하지 못했다.

와석종신(臥席終身), 매국노라고 온 민족으로부터 지탄을 받던 그는 제 명을 다 살고 자신의 안방에서 편안히 죽은 것이다.

서양 속담에 "반역자는 자신의 침대 위에서 죽을 수 없다"는 말이 있다. 동양에서도 악인은 제 명에 죽지 못하는 것으로 여겨왔다. 그래서 누구나 와석종신을 인생의 마지막 큰 복으로 생각했다. 노령과 질병으로 죽음을 눈앞에 두고 있던 백범 김구의 암살범 안두희는 "민족정기를 위해 민족반역자를 제 명에 죽게 할 수 없다"는 한 열혈 시

〈그림 5〉 이완용이 숨을 거둔 서울 옥인동 저택
대지 3천 평에 달하는 이 집터는 지금은 옥인동 소재 종로구 보건소로 변해 있다.

민에 의해 끝내 살해되었다.

매국노 이완용의 와석종신, 우리는 이것을 어떻게 보고 해석해야 할 것인가. 이것은 우리 역사의 심각한 숙제가 아닐 수 없다.

이완용의 직접적인 사망 원인은 서식에 폐렴이 병발한 때문이었다. 사망 당시 이재명 의사에게 찔려 다친 왼쪽 폐는 완전히 기능을 상실한 상태였고 오른쪽 폐는 폐렴이 발생해 어떻게 손을 쓸 수 없었다고 주치의는 밝혔다. 사망 당일 오전 일본인 의학 박사 두 명과 조선인 의사 한 명이 달려와 진찰을 하자 이완용은 "지금부터 두 시간 후에는 이 세상을 떠나게 될 것이니 이제 약을 권하지 말라"는 최후의 말을 남겼는데 과연 그의 말대로 오후 1시 20분에 갑자기 눈을 감았다고 한다.

그가 죽은 다음날 일본 천황은 특별히 그를 정2위로 추서하고 대훈위 국화대수장이라는 최고의 훈장을 주었다. 또 천황 부부는 그의 부인 조씨를 위문하는 뜻으로 과자 한 상자를 보내왔다. 순종도 어사를 보내 조의를 표하게 하고 관을 비롯해 장례에 필요한 물품과 돈

1천5백 원을 하사했다. 일본에 있는 왕세자 이은 역시 사람을 보내 스승의 죽음에 애도를 표시했다.

총독 사이토는 그의 죽음에 대해 "이완용 후작은 동양 일류의 정치가에 비하여 하등의 손색이 없고 그 영풍은 흠모할 바가 많았는데 이제 유명을 달리하였으니 국가에 일대 손실이며 통석을 금할 수 없다"[1]라고 애석해했다.

그가 죽은 지 5일 후인 2월 16일 이항구는 그의 유언에 따라 사회사업 기부금으로 3만 원이라는 거금을 총독 사이토에게 전달했다.

이완용의 장례는 정말 거창하고 화려하게 진행되었다. 조선총독부 정무총감 유아사 쿠라헤이(湯淺倉平)가 장의위원장을 맡고 부위원장은 후작 박영효와 총독부 내무국장 두 명이 맡았으며 장의위원은 일본인과 조선인 명사를 망라한 50여 명에 달했다. 일본 천황이 조선총독부 법무국장을 칙사로 삼아 애도의 뜻을 담은 글과 장례용품을 보내온 것을 비롯해 일본 황태자와 황족 전원, 일본 내각 수상 이하 대신 전원, 귀족원과 중의원 의장, 일본의 고위 귀족들이 모두 장례용품과 조위금 및 조화를 보내왔다.

2월 18일 영결식 당일의 장례 행렬은 더욱 화려했다. 이날 오후 4시 이완용의 시신은 일본식 마차에 실려 옥인동 집을 나서 영결식장인 용산으로 향했다.

장례 행렬의 맨 앞에는 기마 순사가 서고 그 뒤로 의장병이 위엄을 더한 가운데 신주를 모신 조선 구식의 소교의(素交椅) 한 쌍과 곡비(哭婢) 한 쌍이 곡을 하며 따랐다. 붉은 비단에 '조선총독부중추원부의장정2위대훈위후작이공지구'(朝鮮總督府中樞院副議長正二位大勳位侯爵李公之柩)라고 쓰인 명정이 바람에 날리고 그의 혼을 담은 혼여(魂轝)가 이어졌다. '명정에 쓸 직함이 많아야 양반'이라던 시절에 이

---

1) 『매일신보』 1926년 2월 14일자, 「英風이 欽慕할 만한 豪邁果斷한 人格者」.

완용의 유족들은 대한제국 총리대신을 비롯해 그 수많은 화려한 직함을 다 물리치고 일본 천황이 준 벼슬만 명정에 쓴 것이다. 이를 두고 사람들은 "이완용은 죽어서도 일제에 충성했다"라고 평했다. 명정 다음에 일본 천황과 황족, 순종을 비롯한 이왕가의 왕족들이 보낸 조화의 행렬이 이어지고 대한제국 황실이 수여한 훈1등 이화대수장과 대훈 금척대수장, 일본 천황이 준 욱일동화장과 대훈위 국화대수장 등 그의 생전의 '공훈'을 말해주는 갖가지 훈장들이 친척들의 손에 들려 줄을 지었다.

이어 기마 순사들의 호위 아래 이완용의 시신을 실은 마차가 천천히 따르고 상주 이병길과 이항구를 비롯한 유족들이 마차의 뒤를 따랐다.

그러나 이날 장례 행렬의 압권은 무엇보다도 조객들의 인력거 행렬이었다. 조선 천지에서 내로라하는 천여 명의 조객들이 저마다 인력거를 타고 뒤를 따르니 장례 행렬은 옥인동에서 광화문통까지 10여 리에 걸쳐 이어졌던 것이다. 이 화려한 장례 행렬을 보려고 구경꾼까지 합세하는 바람에 이완용의 장례는 고종 국장 이래 최대의 인파가 운집한 일대 장관을 연출했다. 당시 총독부 기관지『매일신보』는 이 거창한 장례 행렬을 두고 "생전 영예가 사후에 잇는 대장의(大葬儀)"라고 표현했다.[2] 일제는 이완용의 장례식 전체를 기록영화로 만들었다. 친일 세도가의 화려한 장례식 광경을 일반에 보여줌으로써 '사회 교화'의 재료로 삼기 위해서였다.

이완용의 장례 행렬은 광화문 네거리를 지나 서울역 앞을 거쳐 용산의 영결식장에 도착했다. 영결식에서는 박영효가 장의 부위원장으로서 이완용의 생전의 업적과 활동을 추모하는 조사를 낭독했다. 이완용과 박영효는 1895년 3국간섭 이후 친러파와 친일파로 대립한 이

---

2) 『매일신보』1926년 2월 19일자, 2면 머릿기사.

래 정적관계였다. 그러나 합방 이후에는 옛 원한을 떨쳐버리고 다 같은 친일파로서 일제의 품안에서 행복한 말년을 보냈다. 한때의 정적이었다가 이제는 친일 동지가 된 이완용의 조사를 읽는 박영효의 감회가 남달랐을 것임은 쉽게 짐작할 수 있는 일이다.

사실 박영효는 친일의 선구자였지만 이완용이 살아 있는 동안에는 친일파로서도 이완용의 빛에 가려 크게 각광을 받지 못했다. 그래서 중추원 부의장 자리도 이완용이 죽은 다음에야 비로소 물려받을 수 있었다.

조사에 이어 일본 천황의 칙사를 선두로 일본 황족과 조선 왕족의 어사, 상주, 총독 사이토, 군사령관, 장의위원장, 일반 조객 순으로 분향이 끝나고 이완용의 시신은 이날 오후 6시 25분 용산역에서 특별열차에 실려 장지로 향했다.

이완용의 시신은 다음날 즉 2월 19일 오전 6시 30분 강경역에 도착했다. 여기서부터는 순 조선식 상여로 이날 낮 12시쯤 30리 떨어진 전북 익산군 낭산면 낭산리 선인봉 장지에 이르게 된다. 묘지터는 이완용이 전라북도 관찰사로 있을 때 진주의 유명한 지관 이은정(李殷鼎)을 시켜 골라둔 천하의 명당이라고 일컬어지는 자리다.

강경역에서 장지까지 이르는 30리 길도 서울에서의 행렬 못지않게 순사의 선도와 호위 아래 장례 행렬이 10여 리에 걸쳐 이어질 정도로 거창했다. 이제 일세를 풍미했던 친일 세도가 이완용은 매국노라는 오명을 남기고 땅 속에 묻혔다.

그러나 그와 관련된 소동과 얘깃거리가 그의 죽음과 함께 끝난 것은 아니다. 장례를 치른 지 불과 4개월도 안 되어 이완용의 묘지 옆에 있는 묘지기 집에 강도가 들기도 하고 누군가 봉분을 훼손하는 사건이 일어나 익산 경찰서에서 묘지에 순사를 배치하는 소동이 벌어진 것이다. 이를 두고 사람들은 "이완용은 죽어서도 일본 순사의 보호를 받는다"고 빈정대었다.

또 서울의 공중변소에는 '이·박 요리점'이라는 낙서가 심심치 않게 휘갈겨져 있어 청소부들을 귀찮게 했는데 이제 이완용이 죽음으로써 이런 낙서가 사라지게 되어 청소부가 편하게 되었다는 우스개 섞인 기사가 잡지에 등장하기도 했다. 이·박은 이완용과 박제순을 말하는 것이며 변소가 그들의 요리점이라는 것은 그들이 똥을 먹는 개와 같다는 뜻이다.

이완용이 죽은 후 그의 후작 작위는 장손 이병길에게 습작되었으며 옥인동 저택을 비롯해 전 재산도 그에게 상속되었다. 이병길은 말썽도 많던 양어머니 임씨와 같이 이 집에 살면서 생부 이항구와 함께 대를 이어 일제에 충성했다. 도쿄의 귀족학교 학습원을 거쳐 교토제대 문과를 나온 이병길은 친일파로서 그 할아버지만큼 이름을 날리지는 못했지만 조선귀족회 이사와 조선임전보국단 이사, 국민총력 조선연맹 참사를 하면서 일제의 식민통치와 침략전쟁에 적극 협력했다. 일제의 중국침략전쟁이 본격화되던 1937년에는 국방헌금으로 1만 원을 바치기도 했다.

그러나 1945년 8월 15일 일제의 항복과 함께 이완용가의 영화도 막을 내리고 그들 일족은 이 땅에서 매국노의 후손이라는 손가락질을 받으며 얼굴을 들지 못하게 되었다.

미군의 진주와 함께 대부분의 친일파들이 재빨리 친미파로 변신해 일제시대 이상의 권세를 휘둘렀지만 정작 친미파의 원조인 이완용의 후손들은 그 친미파 세상에서 숨도 제대로 못 쉬게 되었으니 역사란 참으로 아이러니컬하다고 하지 않을 수 없다.

사실 이완용은 대세에 밀려 친일파가 되기는 했지만 미국을 조선이 지향해야 할 이상적인 나라로 생각한 이 나라의 친미파 1세대였다. 그런데 그 친미파 원조의 후손들이 친미파 세상에서 기를 못 피게 되었으니 그가 민족 앞에 지은 죄가 너무 컸기 때문인가.

이병길은 1949년 반민특위에 체포되어 재산 2분의 1 몰수라는 가

벼운 처벌을 받고 풀려 나왔는데 한국전쟁이 일어나자 피난 도중 평택 부근에서 행방불명된 것으로 알려졌다.

이완용의 묘지는 당대의 지관이 택점한 천하의 명당이다. 그러나 천하의 명당이 무슨 소용이 있는가.

이완용 부부와 그 옆에 묻힌 이항구 부부의 묘는 1979년에 그의 증손자 이석형(李錫衡)에 의해 파헤쳐져 유골은 화장되고 집안은 멸문의 화를 입었으니 말이다. 온 민족으로부터 매국노라는 비난을 듣고 소풍 나온 초등학생들까지도 이완용의 묘를 짓밟으며 매국노라는 욕설을 퍼붓자 마침내 폐묘라는 극단적인 방법을 취한 것이다.

이완용의 묘가 있던 산은 지금은 채석장으로 변해 있고 그의 묘 자리는 다른 사람의 묘가 차지하고 있다. 아마도 명당이라고 하니까 누군가 그 자리에 묘를 썼을 것이다. 경기도 고양시 향동동에 있는 장남 이승구의 묘도 수난을 겪기는 마찬가지다. 매국노 아들의 묘라고 사람들마다 침을 뱉고 파손시켜 비석은 없어지고 값비싼 상석은 부서진 채 방치되어 있다.

"누가 일대의 영화로써 능히 만고의 적막을 면한 자냐." 이완용이 사망한 이틀 후인 1926년 2월 13일 『동아일보』가 그의 죽음과 관련해 '무슨 낯으로 이 길을 떠나가나'라는 제목으로 쓴 사설 가운데 한 구절이다. 이 사설이 지적한 대로 그는 생전에 사람이 누릴 수 있는 온갖 영화를 다 누렸다. 그러나 그는 만고의 적막을 면할 수는 없었다. 아니 적막을 면하는 정도가 아니라 매국노라는 지탄 속에 끝내는 증손자에 의해 묘지마저 파헤쳐지는 치욕을 당했다.

그의 묘지를 파헤쳤을 때 매장 후 53년이 지났는데도 '조선총독부중추원부의장정2위대훈위후작이공지구'라고 쓰인 붉은색 비단 명정은 조금도 손상되지 않은 채 어제인 양 그대로 있었다고 한다. 역시 그의 묘지 터는 천하의 명당이었던 것 같다. 전라북도 익산에 있는 원광대학교 박물관은 이 명정을 묘지를 파헤치는 작업을 한 인부들로부터 구입해 박물관에 비치해놓았다. 그런데 이 소식을 들은 국사학자 이병도(李丙燾)가 원광대에 찾아와 이 명정을 입수해 가지고 자신의 집에서 태워버렸다고 한다. 이병도는 이완용의 손자뻘 되는 친척이다. 국사학자가 집안 할아버지의 민족 반역적인 삶을 증언해주는 역사적 유물을 없애버린 것이다.

증조부의 묘를 폐묘시킨 이석형은 이항구의 셋째 아들 병주(丙周)의 장남이다. 병주는 동족의 손가락질을 견디지 못하고 1962년 일본 정부를 찾아가 "내 뼈를 일본에 묻어달라"고 요청해 일본 국적을 취득했다. 이완용의 종손인 이병길의 장남 이윤형(李允衡)도 캐나다로 이민을 떠나는 등 이완용의 후손들은 뿔뿔이 흩어져 오늘 이 땅에서 그의 직계 자손은 찾아볼 수가 없다.

이윤형은 1992년 이완용의 땅을 찾겠다고 소송을 내 세상을 떠들썩하게 한 장본인이다. 그는 이 소송을 통해 실제로 서울 서대문구 북아현동에 있는 시가 30억 원대의 대지 712평을 비롯해 여주, 용인 일대의 자투리 전답 수천 평을 되찾기도 했다. 홍익대 건축과를 나온 이윤형은 1970년대에 대한사격연맹 사무국장을 하면서 박정희 정권의 실력자들과 가깝게 지낸 경력이 있다. 그때 사격연맹 회장이 피스톨 박으로 유명한 청와대 경호실장 박종규다. 이런 인연으로 이윤형은 박정희 정권 실력자들과 사귈 수 있었던 것이다. 그는 박종규가 청와대 경호실장에서 물러난 후인 1975년 캐나다로 이민을 갔다가 1992년 일시 귀국해 본격적으로 땅 찾기 소송에 나섰다. 그러나 이제 이런 소송은 더 이상 가능하지 않게 되었다. 노무현 정부 때 제정된 친일반민족행위자재산국가귀속에 관한 특별법에 의해 2007년 이완용의 남은 재산은 모두 국고에 환수되었기 때문이다.

이윤형은 8·15 당시 열두 살이었는데 해방되기 5개월 전에 옥인동 집에서 성북동으로 이사했다고 한다. 일제가 항복하자 그의 아버지인 후작 이병길은 집에서 두문불출하고 사람들이 집에 돌팔매질을 해대는 바람에 공포의 나날을 보냈다고 한다. 염량세태를 반영하듯 문중 사람들도 발길을 완전히 끊고 나중에는 지역단위로 종친회를 급조해 이완용 명의의 재산을 가로채기에 급급했다는 것이다.

대한제국의 총리대신으로서 우봉 이씨 가문을 빛내고 한일합방의 일등공신으로서 친일 세도가로 위세를 떨치던 이완용 일가는 이제 매국노라는 오명과 함께 멸문의 화를 입었다. 매국노와 그 후손에 대한 역사와 민족의 준엄한 심판이기는 하지만 어디 이런 심판을 받을 자가 과연 이완용 일족뿐이던가.

18

이완용만 매국노인가

비열한 책임전가와 역사의 이지메

우리는 흔히 이완용이 나라를 팔아먹었다고 말한다. 이 말 속에는 이완용만 아니었으면 나라가 망하지 않았을 것이라는 뜻도 포함되어 있다. 그래서 망국과 매국의 모든 책임을 이완용 한 개인에게 돌리고 그를 저주하는 것으로 위안을 삼고 있다.

물론 그가 1905년 을사조약에 찬성한 이후 학부대신으로서, 또는 내각 총리대신으로서 일제의 한국병탄 작업에 앞장서서 협력한 것은 사실이다. 특히 1910년 8월 22일 대한제국 전권위원으로 합방조약에 서명함으로써 그는 우리 역사가 지속되는 한, 매국노의 오명을 씻을 수가 없게 되었다.

그러나 이완용 때문에 나라가 망했다는 것은 사실도 아니며 망국과 매국의 모든 책임을 이완용 한 사람에게 돌리는 것 역시 이성적인 역사인식이 아니라는 점만은 지적해둘 필요가 있다. 이런 식의 단세포적인 역사인식이 계속되는 한, 우리는 역사에서 아무런 교훈도 얻지 못할 것이기 때문이다.

사실 한일합방은 어느 날 갑자기 닥쳐온 것이 아니다. 냉정하게 얘기해서 러일전쟁이 끝났을 때쯤에는 이미 대한제국의 운명은 돌이킬 수 없는 지경에 와 있었다.

문제는 상황이 거기에 이를 때까지 이 나라 지배집단이 한 일이 무엇인가에 있다. 1884년 갑신정변 이후 러일전쟁에 이르기까지 20년 동안 대한제국은 일제와 청국, 러시아 등 주변 열강의 속박으로부터 벗어날 수 있는 기회를 몇 차례 맞았었다. 갑신정변 후 청일 양국이 군사적 충돌을 피하기 위해 조선에서 서로 철군을 단행했을 때라든가, 그 후의 갑오경장은 이용하기에 따라 이 나라가 외세의 영향에서 벗어나 자주독립 국가를 건설할 수 있는 절호의 기회였다. 그러나 그 호기를 이 나라 지배집단은 어떻게 보냈는가.

청일 양국이 철군을 끝내기도 전에 이번에는 무분별하게 러시아를 보호국으로 끌어들이려다 원세개라는 난폭자로부터 10년 동안이나 국권을 유린당했다.

우리보다 국력이 약한 세계의 수많은 약소국들이 제 혼자 힘으로 잘 버티고 잘 사는데, 왜 이 나라는 항상 자신을 보호해줄 대국을 필요로 하는가. 왜 종주국이 없으면 불안해서 못 견디는가. 중국으로부터 수백 년 동안 보호받아 온 타성 때문인가. 오늘날에도 미군이 철수한다는 말만 나오면 대한민국의 상하는 일제히 자지러질 듯이 비명을 지른다. 휴전선에서 사소한 무력충돌 사건이라도 발생하면 대뜸 미군부터 들먹인다. 보호자가 없으면 불안해서 못살겠다는 것이다. 이건 정말 치유 불가능한 고질병인가. 개항 이래의 민족사가 수난의 연속이었지만 외국 군대와 혈맹이 되어 형제자매인 제 동족을 철천

지원수로 삼아 총부리를 겨누고 있는 오늘의 남북대치 상황보다 더 비극적인 때는 일찍이 없었다.

원세개의 횡포 아래서도 민씨 척족은 청국에 의지해 권력을 유지하기에 급급하다가 동학농민전쟁이 일어나자 청국 군대를 불러들여 끝내는 이 땅을 외세의 전쟁터로 만들었다. 청국 군대에 운동을 해서 며느리가 시아버지를 납치해가게 만들고 시아버지는 일본 낭인들에 업혀 그 며느리를 죽이는 이성 잃은 권력투쟁을 벌이는 가운데 나라는 돌이킬 수 없는 망국으로 치달았다. 그리고 끝내는 국왕이 자신의 조카에게 왕위를 빼앗길까 두려워서 '왕실을 보호하기 위해' 러시아 공사관으로 몸을 숨기는 주권 포기 행동까지도 서슴지 않았다.

냉정하게 말해서 대한제국은 일제의 침략에 의해서 망했지만 왕실과 지배집단이 자신들의 권력 유지를 위해 스스로 외세의 침략을 불러들인 면도 무시할 수 없다. 그런데도 우리 역사는 일제의 침략 야욕만을 강조하면서 침략을 자초한 잘못에 대한 반성에는 인색하다. 그것이 마치 애국적인 태도라도 된다는 듯이 이런 지적을 하면 '식민사관'이라고 눈을 부라린다.

도대체 식민사관이 무엇인가. 우리의 잘못과 약점을 지적하고 거기에 동조하면 그것이 식민사관인가. 물론 이런 지적이 민족을 부정하는 수단으로 이용된다면 그것은 마땅히 식민사관이라고 매도해야 할 것이다. 그러나 우리 역사에 대한 공정한 비판마저 식민사관이라고 외면한다면 우리는 진정 식민사관을 극복할 수가 없을 것이다. 이제 '해방' 반세기를 넘기고 비록 국토와 민족이 양단되어 고통을 겪고 있지만 여러 면에서 우리의 국제적 지위도 향상된 것이 사실이다. 그런 만큼 불행한 역사를 순전히 남의 탓으로만 돌리는 편협한 자세에서 벗어나 보다 열린 마음으로 우리 역사를 진지하게 되돌아보는 여유를 가질 때도 되지 않았을까. 이런 자세를 갖지 않는다면 우리는 식민사관을 비판하면서도 '항상 자신을 보호해줄 외세를 필요로 하고 그 외세의 보호 없이는 불안해하는 식민사관적 행태'에서 영원히 벗어나지 못할 것이다.

구한말은 그야말로 매국노들로 득실거리는 매국노 천지였다고 해도 과언이 아니다. 오죽했으면 『대한매일신보』가 "황족 귀인과 정부 대관이 모두 나라를 파는 종"이라고 통탄했겠는가.[1] 사실이 그랬다. 소위 황족 가운데 일제의 병탄 음모에 항거하는 시늉이라도 한 자가 있었던가. 정부 대신 가운데 일제 통감 이등박문에게 아부하지 않고 그 자리를 얻은 자가 단 한 명이라도 있었던가. 이것이 당시 이 나라 지배집단의 실상이었다.

어디 그뿐인가.

한때 척양척왜를 기치로 내걸고 일제 침략군에 맞서 이 땅의 산하를 선혈로 물들였던 동학당과 나라의 자주독립을 외치던 독립협회의 잔존세력들이 일진회를 만들어 외교권을 일본에 넘기라고 아우성을 치고 한일합방 상주문을 올리는 기가 막히는 일을 벌이지 않았던가. 이런 판국에 어찌 망국과 매국의 책임을 이완용에게만 물을 수 있는가.

오늘 이 수많은 매국노들과 그 후손들은 모두 이완용의 등 뒤에 숨어서 오직 매국노는 이완용 한 명뿐이라는 듯이 그를 속죄양으로 삼아 자신들의 매국행위를 호도하면서 또다시 이 나라의 지배집단으로 군림하고 있다.

이것은 정말 비열하고 파렴치한 행위다.

우리 역사학자들은 이완용의 매국행위를 기술하면서 "그가 시세에 따라 친미파에서 친러파, 친일파로 카멜레온적 변신을 거듭한 기회주의자의 전형"이라고 비난한다. 그것은 어느 정도 맞는 말이다. 그러나 이러한 변신이 이완용에게만 해당되는 악덕은 아니다.

골수 친청 사대수구파이던 대원군도 청일전쟁 후 슬그머니 친일로

---

1) 『대한매일신보』 1907년 8월 11일자, 「시사평론」.

변신해 갑오경장과 민비시해 사건 당시 일본인의 앞잡이 노릇을 했다. 청나라에 기대 권력을 유지하던 민비 역시 청일전쟁 후 일본공사 이노우에게 솔깃하다가 3국간섭으로 일본이 약세를 보이자 러시아에 붙었다. 이완용은 친미에서 친일로 변신했지만 그 과정이 적어도 민비나 대원군처럼 그렇게 하루아침에 표변하거나 파렴치하지는 않았다. 사실 구한말에 이 나라 지배층 가운데 친청, 친러, 친일로 우왕좌왕하면서 변신을 하지 않은 자는 손을 꼽을 정도다. 그리고 1945년 일제의 항복과 함께 그들 친일파는 집단적으로 친미파로 변신해 오늘에 이르고 있다.

지난 1992년 이완용의 증손자가 이완용 땅 찾기 소송을 냈다고 해서 한바탕 소동이 벌어진 적이 있다. 매국의 대가로 얻은 재산을 그 후손이 되찾겠다고 나서다니 민족감정상 용납할 수 있는 짓이냐는 것이다. 일부 국회의원들은 이런 국민감정에 호응해 '반민족행위자 재산몰수에 관한 특별법제정 촉구 성명'을 발표하기도 했다.

백번 천번 옳은 말이다.

그러나 냉정하게 우리 사회를 한번 휘둘러보자. 매국의 대가로 얻은 재산을 고스란히 이어 받았을 뿐만 아니라 그것을 토대로 오늘 이 나라의 지도자로 군림하고 있는 사람이 어디 한둘인가. 대표적인 예를 몇 명만 들어보자.

이완용과 함께 초대 주미 공사관의 서기관으로 근무한 이하영은 법부대신으로서 을사조약에 찬성한 매국노다. 그는 그 공로로 합방 때 일제로부터 자작의 작위를 받았다. 그는 을사조약 이후 통감 이토에게 한국의 치안이 안정되기 전에는 절대 일본군을 철수하면 안 된다는 반민족적 언동까지 하면서 일제에 아부했다.

그런 그의 장손자가 '해방 독립된 대한민국'에서 육군 참모총장과 국방장관을 지내고 '참군인'으로 추앙받고 있는 이종찬(李鐘贊)이다.

민병석은 이완용과는 친구 사이이며 합방 당시 궁내부대신으로서 합방에 반대하는 궁중여론을 무마하고 황실의 합방작업을 마무리한 매국노다. 그 역시 합방 때 자작의 작위를 받았는데 그의 아들 민복기(閔復基)는 대한민국의 대법원장을 두 차례나 지냈다.

친일 개화파로 갑신정변에도 관여했던 윤웅렬 역시 합방 때 남작을 받았다. 그 자손들 또한 대부분 친일파로서 윤치호가 장남이고 윤치영(尹致暎)은 조카이며 4대 대통령을 한 윤보선(尹潽善)은 윤웅렬의 조카 윤치소(尹致昭)의 아들이다.

과연 이완용과 이하영, 민병석, 윤웅렬의 매국행위에 얼마나 큰 차이가 있다고 한쪽은 묘까지 파헤쳐지고 그 자손은 이 땅에서 얼굴을 들지 못하고 있는데, 다른 쪽은 대한민국 최고의 명문가로 떵떵거리며 그 후손은 대통령, 대법원장, 육군 참모총장으로 이름을 날리고 있는가. 이것이 정상적인 사회인가.

냉정하게 말하면 이하영이나 민병석, 윤웅렬은 '또 다른 이완용'일 뿐이다. 보다 이성적인 눈으로 우리 사회와 역사를 되돌아볼 필요가 있다.

거듭 강조하지만 이완용은 만고의 매국노다. 그러나 그가 결코 멀쩡한 나라를 팔아먹은 것은 아니다. 독립협회 활동에서 보여주듯이 그는 한때나마 나라의 독립을 위해 헌신했으며 민족의 장래를 두고 깊이 고뇌한 적도 있다. 위에 열거한 이하영이나 민병석으로부터는 그러한 고뇌의 흔적조차도 찾아볼 수 없는 것이 사실이다.

망국에 이르기까지의 과정에서 민비나 대원군이 역사와 민족 앞에 저지른 죄과는 이완용의 그것에 비교가 되지 않을 정도로 크고 무거운 것이다. 우리는 이완용에 대한 단죄와 함께 이들 망국배와 매국노들에 대해서도 공정한 역사의 심판을 내려야 한다. 그렇지 않고 망국과 매국의 모든 책임을 이완용 한 사람에게만 묻는다면 그것은 또 다른 역사의 이지메이며 그를 속죄양으로 삼은 대다수 매국노들의 비열한 책임전가라는 평가를 면치 못할 것이다.

| 이완용 관련 연표 |

1858. 6. 7.　　　경기도 광주군 출생.
1867. 4. 20.　　당시 예방승지 이호준의 양자로 들어감.
1870. 3. 6.　　　양주 조씨 조병익의 딸과 혼인.
1882. 10. 24.　　증광별시 문과에 급제.
1886. 3. 24.　　규장각 대교.
　　　　9.　　　육영공원 입학.
1887. 5. 9.　　　시강원 겸사서.
　　　7. 20.　　미국 주재 공사관 참찬관에 임명됨.
　　　11. 26.(양력 1888. 1. 9) 미국 워싱턴에 도착, 부임.
1888. 5. 8.　　　병으로 일시 귀국.
　　　8. 14.　　정3품 통정대부, 승정원 동부승지.
　　　10.　　　주미 공사관 참찬관으로 다시 도미.

	12.	주미 대리공사.
1890. 10.		주미 대리공사로 2년 근무하고 귀국.
	10. 29.	승정원 우부승지.
1891. 3. 28.		성균관 대사성.
	5. 19.	종2품 가선대부, 시강원 검교사서.
	5. 22.	형조참판.
	8. 6.	승정원 우승지.
1892. 9. 7.		이조참판.
1893. 6. 15.		한성부 좌윤.
	8. 4.	공조참판.
	8. 6.	생모 신씨 상을 당해 일체의 벼슬에서 물러남.
1894. 8. 16.		일본 주재 전권공사에 임명되었으나 생모의 상중임을 들어 부임 거부.
	11. 21.	외부협판.
1895. 5. 10.		학부대신.
	8. 20.	민비시해 당일 학부대신에서 면직당하고 미국 공사관에 피신.
	10. 12.	고종을 경복궁에서 빼내려는 춘생문 사건에 가담.
1896. 2. 11.		아관파천 당일 외부대신 겸 학부대신 서리, 농상공부대신 서리에 임명됨.
	7. 2.	독립협회 창립총회에서 초대 위원장으로 선출됨.
1897. 7. 30.		학부대신.
	9. 1.	평안남도 관찰사.
	9. 21.	평안남도 관찰사 사직.
	12. 6.	비서원경.
1898. 2. 27.		독립협회 회장에 선출됨.
	3. 10.	독립협회 회장으로서 만민공동회 개최.

	3. 11.	전라북도 관찰사.
	7. 17.	독립협회에서 제명당함.
1900. 1. 28.		정2품 자헌대부.
	7. 22.	공금 유용혐의로 전라북도 관찰사에서 면직당함.
1901. 2. 17.		궁내부 특진관.
	4. 14.	양부 이호준의 상을 당함. 이후 3년 7개월 동안 벼슬에서 물러남.
1904. 11. 9.		궁내부 특진관.
1905. 9. 18.		학부대신.
	11. 17.	을사조약에 찬성.
	12. 13.	학부대신 겸 외부대신 서리.
1907. 5. 22.		의정부 참정대신.
	6. 14.	관제 개편으로 참정대신에서 내각 총리대신이 됨.
	7. 20.	내각 총리대신 겸 궁내부대신 임시 서리로서 헤이그 밀사 사건과 관련, 고종 양위와 순종의 '황제 대리' 의식을 주관.
	7. 24.	이토 히로부미와 정미7조약에 조인.
	9. 17.	일본정부로부터 욱일동화장을 받음.
	11. 22.	황태자 소사(少師).
	12. 28.	정1품 보국숭록대부.
1908. 1. 23.		고종이 하사한 남녕위궁으로 이사.
1909. 7. 12.		사법과 감옥에 관한 사무를 일본에 위탁하는 약정서에 통감 소네 아라스케와 조인.
	12. 22.	종현 가톨릭 성당 앞에서 이재명의 칼을 맞음.
1910. 2. 14.		대한의원에서 입원 53일 만에 퇴원.
	5. 23.	요양차 충남 온양온천으로 떠남.
	6. 30.	요양 끝내고 총리대신으로 다시 출근.
	8. 16.	통감 데라우치와 한일합방에 합의.

8. 22.	대한제국 전권위원으로 통감 데라우치와 한일합방조약에 서명.
10. 7.	일본 천황으로부터 백작의 작위를 받음.
10. 10.	조선총독부 중추원 고문.
1912. 7. 11.	농사장려회 회장.
8. 12.	조선총독부 중추원 부의장.
1915. 10. 13.	조선농회 회두.
1916. 7. 30.	이문회 회두.
1918. 5. 25.	조선귀족회 부회장.
1919. 1. 31.	고종 국장 당시 두 번째 서열인 장의부 차장에 임명됨.
1920. 12. 29.	후작으로 승작.
1922. 3. 14.	조선미술전람회 서예부문 심사위원.
1923. 1. 6.	조선사편찬위원회 고문.
1926. 2. 11.	서울 옥인동 집에서 사망.

| 참고문헌 |

1. 신문 및 주간지

『개벽』 1925년 6월호, 1926년 3월호.

『대한매일신보』(1905~09)

『독립신문』(1896. 4~98)

『동아일보』(1921~26)

『매일신보』(1910~26)

『시사저널』 148호.

『新民』 14호, 新民社, 1926.

『조선일보』(1921~26)

『황성신문』(1898, 1906)

2. 사서 및 일지

『고종 · 순종실록』

국사편찬위원회 편,『고종시대사』4 · 6, 1968.

김명수 편,『一堂紀事』

3. 국내서

강동진,『일제의 한국침략정책사』, 한길사, 1980.

_____,『한국을 장악하라』, 아세아문화사, 1995.

강만길,「대한제국의 성격」,『창작과 비평』49, 1978.

_____,『통일운동시대의 역사인식』, 청사, 1990.

강재언,「조선문제에 있어서 內田良平의 사상과 행동」,『역사학연구』 307호.

고려대 아세아문제연구소 편,『구한국외교문서』, 1965~83.

국사편찬위원회 편,『尹致昊日記』, 탐구당, 1975.

_____,『일제침략하 한국36년사』, 1996.

_____,『주한일본공사관기록』6, 1991.

김병석,『인물은행사』, 은행계사, 1978.

김영모,『한말지배층의 연구』, 한국문화연구소, 1972.

김옥균, 조일문 역주,『갑신일록』, 건국대학교출판부, 1977.

문일평,『한미50년사』, 탐구당, 1975.

_____,『호암전집』, 민속원, 1982.

민족정경문화연구소 편,『친일파군상』, 1948.

고원섭 편,『민족정기의 심판』, 혁신출판사, 1949.

박득준,『조선교육사』, 한마당, 1989.

박영석,「이완용연구 — 친미 · 친로 · 친일파로서의 행위를 중심으로」,『국사관논총』제32집.

박은식,『한국통사』, 박영사, 1980.

방선주, 「서광범과 이범진」, 『최영희교수 화갑기념 한국사논총』, 탐구당, 1987.
신용하, 『독립협회연구』, 일조각, 2006.
_____, 『독립협회와 만민공동회』, 한국일보사, 1975.
유재곤, 「일제통감 이등박문의 대한침략정책 1906~1909」, 『청계사학』 10, 1993.
이광린, 『한국개화사연구』, 일조각, 1969.
_____, 『개화기의 인물』, 연세대학교출판부, 1993.
이만규, 『조선교육사』, 거름, 1991.
이민원, 「아관파천 전후의 한로관계 1895~1898」, 한국정신문화연구원 한국학대학원 박사학위 논문, 1994.
_____, 「독립협회의 이권양여 반대운동과 열강의 반응」, 한국정신문화연구원 석사학위 논문, 1984.
_____, 「독립협회에 대한 열국공사의 간섭」, 『청계사학』 2, 1985.
이배용, 『구한말 광산이권과 열강』, 한국연구원, 1984.
이용선, 『거부실록』 6권, 양우당, 1979.
이현종, 『한로관계 100년사』, 한국사연구협의회, 1984.
_____, 「대한협회에 관한 연구」, 『아세아연구』 통권 39권.
이현희, 『한국철도사』 제1권 창시시대, 철도청, 1974.
임대식, 「이완용의 변신과정과 재산축적」, 『역사비평』, 1993년 가을호.
임종국, 『실록 친일파』, 돌베개, 1991.
_____, 『친일, 그 과거와 현재』, 아세아문화사, 1994.
정교, 조광 편, 변주승 역주, 『대한계년사』(전10권), 소명출판, 2004~07.
정신문화연구원 편, 『한국민족문화 대백과사전』, 1991.
_____, 『대한제국관원이력서』, 1972.
조항래, 『한말사회단체사논고』, 형설출판사, 1972.
주진오, 「독립협회의 주도세력과 참가계층」, 『동방학지』 77~79 합집.

진단학회 이선근,『한국사』, 을유문화사, 1978.
_____,『한말의 풍운과 민족의 저항』, 휘문출판사, 1987.
_____,『한말 격동기의 주역 8인』, 신구문화사, 1975.
_____,『한국의 인간상』1, 신구문화사, 1972.
차문섭,「3·1운동을 전후한 수작자와 친일한인의 동향」,『3·1운동 50주년 기념논집』, 동아일보사, 1969.
車相瓚 편,『朝鮮四千年秘史』, 북성당서점, 1934.
최영희,「주한일본공사관기록수록 한말관인의 경력일반」,『사학연구』21, 1969.
한철호,「초대 주미 전권공사 박정양의 미국관 — 미속습유를 중심으로」,『한국학보』66, 1991.
황현, 김준 옮김,『매천야록』, 교문사, 2005.

4. 외서

고마쓰 미도리(小松綠),『明治外交秘話』, 千倉書房, 1936.
_____,『朝鮮倂合之裏面』, 中外新論社, 1920.
곤도 시로스케(權藤四郞介),『이왕궁비사』, 조선신문사, 1926.
루스 베네딕트, 김윤식·오인석 옮김,『국화와 칼』, 을유문화사, 1992.
F. A. 맥켄지, 신복룡 역주,『대한제국의 비극』, 탐구당, 1974.
F. H. 해링튼, 이광린 옮김,『개화기의 한미관계』, 일조각, 1997.
H. B. 헐버트, 신복룡 옮김,『대한제국멸망사』, 평민사, 1984.
와타나베 겐타로(山邊健太郞), 안병무 옮김,『한일합병사』, 범우사, 1991.
키다 주(貴田忠) 편,『조선통치의 회고와 비판』, 조선신문사, 1936.
호러스 N. 알렌, 김원모 옮김,『알렌의 일기』, 단국대학교출판부, 1991.
_____, 신복룡 역주,『조선견문기』, 집문당, 2010.
후루노 나오야(古野直也), 김해경 옮김,『조선군사령부』1910/1945, 대왕사, 1997.

| 찾아보기 |

| ㄱ |

가쓰라 타로(桂太郎) 204
가쓰라-태프트 밀약 160, 204, 205
가토 마쓰오(加藤增雄) 169, 176, 177
갑신정변 35, 47, 52, 62, 74, 101, 106, 342
갑오경장 35, 58, 104, 105, 107, 119, 121,
  128, 129, 131, 136, 144, 174, 197, 201,
  289, 341
강동진(姜東鎭) 206
강우규(姜宇奎) 312
강진희(姜進熙) 81
강화도조약 106
개화파 51, 114, 115, 117, 175, 185
경의선 철도 부설권 160, 161
경인철도 부설권 153, 156~58, 322

고마쓰 미도리(小松綠) 288
『명치외교비화』 288
고무라 주타로(小村壽太郎) 155, 205
고영희(高永喜) 165, 237, 258, 268, 286,
  289, 292
고종(高宗) 18, 43, 73, 138~42, 145~47,
  151, 164, 176, 178, 180, 184, 185, 194,
  202, 207, 208, 214~17, 222, 223,
  225, 227, 235, 238, 242~44, 247,
  271, 282
고종 환궁운동 20
『고종실록』 206, 217
고쿠부 쇼타로(國分象太郎) 206
곽종석(郭鍾錫) 223
광무 184
국민대연설회 278, 279

찾아보기 • 351

『국민신보』 288
권재형(權在衡) 165, 166, 168
권중현(權重顯) 208, 213, 215, 219, 221, 222, 224
권형진(權瀅鎭) 103, 293
금성광산 채굴권 160
기쿠치 쓰네사부로(菊池常三郞) 281
길모어, 조지 W.(Guilmore, George W.) 64
김가진(金嘉鎭) 80, 103, 118, 120, 128, 165, 166, 170
김각현(金珏鉉) 165
김명수(金明秀) 26, 57, 267, 268
『일당기사』 26, 27, 57, 95, 139, 148, 150, 179, 235, 251, 254, 267, 323
김병시(金炳始) 104
김식진(金奭鎭) 294
김옥균(金玉均) 51~53, 62, 63, 293
『갑신일록』 63
김윤식(金允植) 64, 143, 277, 289, 290, 292, 299, 308
김정익(金貞益) 283
김종한(金宗漢) 165, 166
김집(金集) 32
김학우(金鶴羽) 103
김홍륙(金鴻陸) 154, 155, 176, 189, 193, 199
김홍집(金弘集) 104, 112, 116, 146, 293

| ㄴ |

나시모토노미야 마사코(梨本宮方子) 305, 306
남궁억(南宮檍) 165
남만철도 203
남정철(南廷哲) 154, 247
넬리도프(Nelidov) 239

농사장려회 304
니시토쿠 지로(西德二郞) 192

| ㄷ |

다이, 윌리엄 M.(Dye, William M.) 113, 131
다이쇼(大正) 천황 300
단발령 144
대원군(大院君) 33, 41, 43, 47, 50, 103, 108~10, 128~34, 136, 138, 140, 143, 340, 342
『대한매일신보』 152, 223, 251, 257, 259, 263, 264, 277, 278, 340
『대한신문』 288
대한제국 65, 295, 297, 338, 339
데라우치 마사다케(寺內正毅) 284, 287~89, 291, 299, 301, 302
데이비스, 로버트 H.(Davis, Robert H.) 93
독립문 169~73
『독립신문』 17~23, 161, 165, 167, 168, 174, 175, 181, 182, 189, 190
독립협회 20, 67, 165~68, 182, 185, 186, 190, 191, 231, 340
『동아일보』 37, 170, 319, 334
동학당 230, 340
동학란 102
딘스모어, 휴 A.(Dinsmore, Hugh A.) 77, 86

| ㄹ |

러일전쟁 199
로바노프(Lobanoff) 162
로웰, 퍼시벌(Lowell, Percival) 59, 60, 82
『고요한 아침의 나라, 조선』 59, 82

로젠(Rosen)　192
리젠드르, 찰스 W.(Legendre, Charles W.)　113

| ㅁ |

마튜닌, 니콜라이 G.(Matiunine Nikolai G.)　192, 193
만국평화회의　235, 237, 238
만민공동회　182, 186, 188
『만세보』　251, 288
만주철도　161
『매일신보』　262, 309, 310, 331
메가다 다네타로(目賀田種太郎)　201
메이지(明治) 천황　298
명성황후(明成皇后)　184
모건, 에드윈 V.(Morgan, Edwin V.)　227
모스, 제임스 R.(Morse, James R.)　118, 155~59, 322
모스크바 의정서　164, 176, 177
묄렌도르프(Möllendorff, Paul Georg von / 목인덕穆麟德)　74
문창업(文昌業)　26
미우라 고로(三浦梧樓)　128, 130, 133, 137, 138, 142, 184
민겸호(閔謙鎬)　41
민병석(閔丙奭)　109, 285, 291, 292, 312, 341, 342
민복기(閔復基)　342
민비(閔妃)　36, 40, 43, 44, 47, 53, 107, 108, 110, 111, 113, 115, 130, 132~36, 341, 342
민비시해　35, 133, 134, 149, 184
민상호(閔商鎬)　138, 165~67
민승호(閔升鎬)　74
민영규(閔泳奎)　279
민영기(閔泳綺)　208, 218, 220, 224, 314, 315
민영달(閔泳達)　294, 320
민영돈(閔泳敦)　67, 306
민영목(閔泳穆)　53
민영소(閔泳韶)　244, 279, 280, 282
민영익(閔泳翊)　47, 50, 53, 59~63, 74, 75, 78~82, 198
민영준(閔泳駿)　71, 101, 104, 129
민영환(閔泳煥)　21, 114, 161~63, 175, 211
민영휘(閔泳徽)　101, 244, 317~20, 325
민용현(閔龍顯)　33
민응식(閔應植)　104
민종묵(閔鍾黙)　180
민치록(閔致祿)　74
민태호(閔台鎬)　53, 74
민형식(閔炯植)　104

| ㅂ |

박성환(朴性煥)　252
박세익(朴世翼)　40
박영교(朴泳敎)　293
박영효(朴泳孝)　51~53, 62, 108~10, 112, 116, 119, 120, 175, 242, 247, 248, 298, 299, 308, 320, 330~32
박원문(朴元文)　280
박정양(朴定陽)　21, 69, 70, 77~79, 83~89, 91~94, 114, 116~18, 121, 124, 148, 154, 155, 175, 185
『미속습유』(美俗拾遺)　83
박제순(朴齊純)　203, 208, 212, 218, 219, 222~24, 236, 244, 246, 282, 285, 286, 289~91, 333
박준양(朴準陽)　108
배재학당　66
벙커, 델젤 A.(Bunker, Dalzell A.)　64
베베르, 카를 이바노비치(Weber, Karl

찾아보기 · 353

Ivanovich) 50, 113, 120, 137, 138, 141, 142, 145, 146, 149, 154, 155, 161, 169, 176, 178, 179, 181, 182
베이어드, 토머스 F.(Bayard, Thomas F.) 72, 86, 88
변수(邊燧) 59, 62
불교옹호회 304
브라운, 세블론(Brown, Sevelon) 88
브라운, 존 M.(Brown, John M.) 183, 185

| ㅅ |

사대수구파 51, 52, 114, 117
사이토 마코토(齋藤實) 45, 312, 330
3·1운동 305, 307, 313
3국간섭 112, 113, 115, 135, 136, 193, 341
서광범(徐光範) 52, 59, 62, 63, 88, 97, 110, 116, 137, 168, 293
서병항(徐丙恒) 152, 303
서재필(徐載弼) 18~20, 52, 62, 88, 97, 116, 161, 165, 168, 186, 190
서정순(徐正淳) 244
성기운(成岐運) 244
세브란스 병원 76
소네 아라스케(曾禰荒助) 265
소학교령 122, 233
손병희(孫秉熙) 230
손탁, 안토니에테(Sontag, Antoniette) 113
송병선(宋秉璿) 223
송병준(宋秉畯) 230, 231, 236, 237, 241, 243, 249, 260~62, 277, 284, 285, 289, 293, 304, 310, 320
송시열(宋時烈) 32
수구파 174, 175
순종(純宗) 54, 246, 247, 249, 256, 257, 265, 267, 271, 282, 290~92, 303, 328, 329

스크랜턴, 메리 F.(Scranton, Mary F.) 66
스티븐스, 더럼 W.(Stevens, Durham W.) 201
스페예르, 알렉시스 드(Speyer, Alexis de) 183~86, 188, 192
시데하라 다히라(幣原坦) 233
시모노세키 조약 111, 127
『시사신보』 320
「시책문」 307
신기선(申箕善) 51, 54, 174, 175
신령군(神靈君) 115
『신민』 44
신사유람단 60
신용하(愼鏞廈) 186
『독립협회연구』 186
실, 존 M. B.(Sill, John M. B.) 113, 138, 179
심상훈(沈相薰) 174, 178, 180
심순택(沈舜澤) 51

| ㅇ |

아관파천 35, 67, 127, 148~52, 154
아리요시 주이치(有吉忠一) 314, 315
아서, 체스터 A.(Arthur, Chester A.) 60
아카이시 모토지로(明石元二郎) 253, 287
아펜젤러, 헨리 G.(Appenzeller, Henry G.) 66, 76, 113, 114, 141, 169
아편전쟁 29
안경수(安駉壽) 103, 120, 129, 130, 137, 140, 142, 143, 165, 166, 169, 186, 293
안중근(安重根) 211, 273
안환(安桓) 146
알렉시에프, 키르 A.(Alexeieff, Kir A.) 184, 185
알렌, 호러스 N.(Allen, Horace N.) 63, 70, 71, 73~77, 79~81, 84~87, 90,

92~95, 99, 107, 113, 114, 116~20, 137, 138, 141~43, 149, 155~59, 183, 198, 202, 322, 323
야마가타 아리토모(山縣有朋) 162
야마가타 이사부로(山縣伊三郞) 307
양성환(梁性煥) 252
어윤중(魚允中) 147, 293
언더우드, 호러스 G.(Underwood, Horace G.) 76, 113, 114, 141, 142, 161
엄상궁 145, 151, 152
영약 3단 78, 84, 91
영일동맹 199
오닐, 찰스(O'Neill, Charles) 93
오다 간지로(小田幹治郞) 44
오도리 가이스케(大鳥圭介) 102
오장경(塢長慶) 42
오카모토 류노스케(岡本柳之助) 129, 131
오쿠보 하루노(大久保春野) 268
오타니 기쿠조(大谷喜久藏) 236
우범선(禹範善) 130~32, 293
우에무라 마사키(上村正己) 281
우정국 62
운산금광 채굴권 158, 159, 198
원세개(袁世凱) 42, 48~51, 71, 99, 103, 119, 338
유기환(兪箕煥) 293
유길준(兪吉濬) 59~61, 83, 97, 103, 128, 137, 146, 189, 272, 277, 294
『서유견문』(西遊見聞) 83
유신회 230, 231
유아사 쿠라헤이(湯淺倉平) 330
육영공원 54, 57, 58, 62, 64~67
윤덕영(尹德榮) 271, 272, 285, 292, 310
윤보선(尹潽善) 342
윤시병(尹始炳) 230
윤용구(尹用求) 294
윤웅렬(尹雄烈) 142, 143, 225, 342

윤치소(尹致昭) 342
윤치영(尹致暎) 342
윤치호(尹致昊) 97, 114, 121, 143, 161, 186, 188, 190, 225, 226, 308, 322~24, 342
『윤치호영문일기』 186
『윤치호일기』 186
윤택영(尹澤榮) 293, 304
은산금광 채굴권 160
을사5적 223~25, 237, 290
을사조약 160, 203, 223, 227, 229, 235, 291
이강(李堈) 257, 272, 293, 320
이경하(李景夏) 114
이계필(李啓弼) 94
이공정(李公靖) 25, 327
이광수(李光洙) 312
이근배(李根培) 194, 321
이근택(李根澤) 208, 219, 222, 224
이근호(李根澔) 165, 166
이길배(李吉培) 27
이노우에 가오루(井上馨) 63, 106~09, 112, 127, 128, 135, 341
이도재(李道宰) 51, 247
이두황(李斗璜) 130, 131
이만성(李晩成) 32, 33, 36
이명복(李命福) 35
이문회 304
이범진(李範晉) 114, 115, 120, 128, 137~39, 142, 143, 145, 146, 149, 198, 199, 239
이병길(李丙吉) 299, 303, 328, 333, 335
이병도(李丙燾) 335
이병무(李秉武) 237, 249, 258, 268, 290, 292
이병문(李秉文) 54
이병주(李丙周) 335

이병희(李丙喜) 300
이상(李翔) 32, 33, 36
이상설(李相卨) 238
이상재(李商在) 69, 70, 87, 92, 105, 114, 121, 165, 166
이석형(李錫衡) 334, 335
이숙(李翿) 32
이승만(李承晩) 186, 204
이승욱(李承旭) 194
이완용 은행 326
이용구(李容九) 229~31, 259, 260, 282, 283
이용익(李容翊) 197~200, 209
이용직(李容稙) 286, 289, 290, 292, 309, 312
이용희(李容熙) 39
이위종(李瑋鍾) 239
이유인(李裕寅) 41
이윤용(李允用) 32, 33, 104, 110, 121, 137~39, 148, 155, 165, 182, 244, 259, 325, 326
이윤형(李允衡) 335
이은(李垠) 256~58, 298, 302, 305, 321, 330
이은정(李殷鼎) 332
이인영(李仁榮) 303
이인직(李人稙) 251, 278, 288
『혈의 누』 251, 288
이재(李縡) 32
이재곤(李載崑) 237, 268, 269
이재극(李載克) 213, 225, 314
이재면(李載冕) 50, 129, 137, 138, 290, 293
이재명(李在明) 264, 275, 280, 282~84, 327
이재선(李載先) 111
이재순(李載純) 158

이재완(李載完) 320
이종찬(李鐘贊) 341
이주회(李周會) 293
이준(李儁) 238
이준용(李埈鎔) 50, 129, 131, 134, 139
이준용 역모사건 108, 110, 120
이지용(李址鎔) 200, 203, 208, 219, 222, 224
이채연(李采淵) 69, 70, 78, 114, 118, 119, 138, 155, 157, 165~69
이최응(李最應) 200
이카이시 모토지로(明石元二郎) 253
이토 히로부미(伊藤博文) 47, 63, 111, 133, 205~12, 218~21, 224, 225, 229, 232, 236~39, 241~43, 249, 255, 261, 262, 267, 270, 271, 307
이토 히로쿠니(伊藤博邦) 307
이하영(李夏榮) 69, 70, 114, 138, 208~10, 214, 218, 220, 224, 232, 341, 342
이학균(李學均) 138
이한응(李漢膺) 67
이항구(李恒九) 295, 313, 318, 328, 330, 333
이호석(李鎬奭) 25, 32, 40
이호준(李鎬俊) 31~33, 35~39, 43, 77, 99, 184, 194, 195, 321
이홍장(李鴻章) 40, 47, 78, 111, 162
이화학당 66
이희(李喜) 320
이희철(李喜喆) 294
일진회 229, 231, 259, 260, 275~79, 283, 285, 340
임건구(任乾九) 263
임대준(任大準) 237
임선준(任善準) 237, 258, 267, 269
임오군란 35, 40~43
임최수(林最洙) 142

| ㅈ |

「자오소」(自墺疏) 217, 226
장박(張博) 146
장음환(張蔭桓) 85
정광조(鄭廣朝) 309
정교(鄭喬) 154
  『대한계년사』(大韓季年史) 154, 200, 215, 225, 279
정동파 67, 111, 114~16, 120, 139, 161, 168, 170, 174
정미7조약 250, 291
정범조(鄭範朝) 104
정병하(鄭秉夏) 118, 130, 137, 146, 293
정여창(丁汝昌) 42
정익호(鄭翼浩) 39
제1차 한일협약 201, 225
제3차 김홍집 내각 121
제물포조약 42
제이슨, 필립(Jaisohn, Philip) 19, 165, 187
제중원 76
조경호(趙慶鎬) 294
조민희(趙民熙) 259, 271, 272
조병세(趙秉世) 104
조병익(趙秉翼) 39
조병직(趙秉稷) 156
조선귀족회 304
조선농회 304
조선총독부 292, 297
조성하(趙成夏) 35
조용희(趙龍熙) 293
조일수호조약 102
조정구(趙鼎九) 294
조중응(趙重應) 236, 237, 247, 258, 268, 273, 289, 292, 304, 310
조희연(趙羲淵) 103, 137, 146
지석영(池錫永) 53, 54

지운영(池運永) 53
진보회 230, 231

| ㅊ |

차관정치 250
창씨개명 300
천진조약 48
청일전쟁 106, 111, 135
총독정치 297, 303, 304, 308, 311, 313
최시형(崔時亨) 230
춘생문 사건 143, 154
친러파 114
친미·친러파 117, 121, 137, 148, 150, 154
친미파 117

| ㅋ |

『코리아리뷰』 238
코코우츠프 270
콜브란, 헨리(Collbran, Henry) 322
클리블랜드, 스티븐 G.(Cleveland, Stephen G.) 84, 88

| ㅌ |

타와라 소니치(俵孫一) 233, 235
태프트, 윌리엄 H.(Taft, William H.) 204
통감정치 235, 251

| ㅍ |

파블로프(Pavloff) 198, 200
파커, 윌리엄 H.(Parker, William H.) 77
팽한주(彭翰周) 324
포츠머스 조약 204
포크, 조지 C.(Foulk, George C.) 60, 61,

63, 64, 72
푸챠타(Putiata) 164
푸트, 루시우스 H.(Foote, Lucius H.) 58
프레이저, 에버렛(Frazar, Everett) 87

| ㅎ |

하나부사 요시타다(花房義質) 41
하세가와 요시미치(長谷川好道) 217, 249, 302, 305, 306, 309
하야시 곤스케(林權助) 200, 202, 203, 212, 213, 216, 224
하야시 다다스(林董) 241~43, 249, 250
한규설(韓圭卨) 174, 182, 203, 208, 209, 211, 212, 216, 218~20, 294, 308
한상룡(韓相龍) 281, 326
한성은행 326
한성조약 106
한일의정서 200, 212
한일합방 336, 338

한일합방조약 291
헌병보조원 제도 253, 254
헌병정치 253
헌트, 라이 S. J.(Hunt, Leigh S. J.) 159
헐버트, 호머 B.(Hulbert, Homer B.) 64, 65, 141, 204, 239
『대한제국의 소멸』 65
헤이, 존(Hay, John) 95
현흥택(玄興澤) 138, 165~67
홍긍섭(洪肯燮) 189, 230, 279, 280
홍범식(洪範植) 294
홍순목(洪淳穆) 52
홍순형(洪淳馨) 294
홍영식(洪英植) 52, 59, 61, 62, 82, 293
『황성신문』 193, 194, 263
황현(黃玹) 229
　『매천야록』(梅泉野錄) 229, 243, 263, 321, 322
후쿠자와 유키치(福澤諭吉) 124